宁德市
档案史料
丛书

编纂委员会

闽东

抗日战争档案史料

宁德市档案馆　厦门大学马克思主义学院　编

第十二辑　防空监视队哨

主　编　郑　伟　李小平　张　侃

执行主编　董兴艳　王高勇　叶召法

厦门大学出版社
XIAMEN UNIVERSITY PRESS
国家一级出版社
全国百佳图书出版单位

图书在版编目（CIP）数据

闽东抗日战争档案史料. 第十二辑 / 郑伟，李小平，张侃主编；董兴艳，王高勇，叶召法执行主编. -- 厦门：厦门大学出版社，2024.10

（宁德市档案史料丛书）

ISBN 978-7-5615-8627-3

Ⅰ. ①闽… Ⅱ. ①郑… ②李… ③张… ④董… ⑤王… ⑥叶… Ⅲ. ①抗日战争-历史档案-福建 Ⅳ. ①K265.06

中国国家版本馆CIP数据核字(2024)第001446号

责任编辑　韩轲轲
美术编辑　李夏凌
技术编辑　朱　楷

出版发行　厦门大学出版社
社　　址　厦门市软件园二期望海路39号
邮政编码　361008
总　　机　0592-2181111　0592-2181406(传真)
营销中心　0592-2184458　0592-2181365
网　　址　http://www.xmupress.com
邮　　箱　xmup@xmupress.com
印　　刷　厦门集大印刷有限公司

开本　787 mm×1 092 mm　1/16
印张　31
插页　4
字数　680千字
版次　2024年10月第1版
印次　2024年10月第1次印刷
定价　188.00元

本书如有印装质量问题请直接寄承印厂调换

厦门大学出版社
微信二维码

厦门大学出版社
微博二维码

前　言

1931 年“九一八”事变后，中国人民经过十四年艰苦卓绝的浴血奋战，最终赢得了抗日战争的胜利，这是中国近代以来抗击帝国主义入侵的第一次完全胜利，也是为世界人民反击法西斯主义暴政和争取和平所做出的重大贡献。抗日战争中，中国人始终洋溢着自信、自立、自强的民族精神；而抗日战争的胜利，也开启了古老中国凤凰涅槃、浴火重生的新征程；如今，鲜血写就的抗日战争历史，其精神已凝结为中华民族走向伟大复兴的核心价值。

历史是一个民族的灵魂，不是任人打扮的婢女。维护历史的尊严，就是维护人类良知，就是要留下正义、善良与仁慈，将邪恶、血腥和残暴钉在历史的耻辱柱上；坚守真实的共同记忆，就是坚守理性火炬而照亮自我，念念不忘，必有回响，才可穿越丛林，走向未来。

20 世纪像一列轰轰烈烈的火车，正渐渐地驶离我们的视野。但它依旧是未曾合上的书，与现实生活仍有千丝万缕的联系。习近平总书记在中共中央政治局第二十五次集体学习时强调，坚持正确的历史观，就是“让历史说话，用史实发言”。[①] 史料是一切历史阐述的基础，前辈学者早就指出：“只有掌握了更丰富的史料，才能使中国的历史，在史料的总和中，显出它的大势；在史料的分析中，显出它的细节；在史料的升华中，显出它的发展法则。”[②]有人比喻，历史解释犹如果肉，历史事实犹如果核，严肃、负责的历史解释都必须建立在“事实的硬核”之上。[③] 缺乏基本史实的支撑，任何历史描述和历史解释只能是没有生命的空壳。

① 习近平：《让历史说话　用史实发言　深入开展中国人民抗战研究》，《人民日报》2015 年 8 月 1 日。

② 翦伯赞：《略论中国文献学上的史料》，翦伯赞：《史料与史学》，北京大学出版社 1985 年版，第 17 页。

③ ［英］爱德华·霍列特·卡尔：《历史是什么？》，商务印书馆 1981 年版，第 4 页。

一直以来，日本极右翼分子不顾历史事实，美化战争，甚至走向否认历史、推卸战争责任的极端。清代龚自珍说："欲知大道，必先为史。""灭人之国，必先去其史。"因此，如何遏制解构、歪曲、篡改历史的行为，已成为社会各界必须面对的问题。在纪念世界反法西斯战争胜利和中国人民抗日战争胜利70周年之际，习近平总书记高屋建瓴地指出："抗战研究要深入，就要更多通过档案、资料、事实、当事人证词等各种人证、物证来说话。"①此论切中要害。敬畏历史，尊重事实，才能守住记忆。

1937年"八一三"事变后，日本除在华北各地进一步扩大侵略和进攻上海外，还加紧在沿海地区的侵略活动。8月25日，日本海军宣布对中国海岸实行封锁，企图占领福建，变其为侵略华南地区乃至东南亚地区的基地。宁德俗称闽东，南靠福州市，北邻浙江省温州市，东临东海，西接南平，现辖蕉城、福鼎、霞浦、福安、寿宁、周宁、古田、屏南、柘荣9县(市、区)。宁德人民素有光荣的革命传统，为了抗击日本帝国主义的野蛮侵略，开展了多种形式的民众抗日运动，实行全民抗战。

闽东抗日战争档案史料丰富，为了使整理、编辑工作细致有序地展开，我们以"防空监视队哨"为主题进行相关档案的汇编。1931年10月，日本战机轰炸锦州，此为日本帝国主义利用飞机轰炸我国重要城市之始。1932年，上海"一·二八"事变中，日机轰炸工厂区、文化机关和居民区，因没有防空组织，民众亦无防空知识和防空意识，损失惨重。1933年7月，南京成立我国首个正式防护团。1938年6月，国民政府军事委员会颁发《各省市县防护团组织规程》，各省市防空司令部指挥各地防护团的防空工作。全面抗战爆发后，1937年8—9月福建省保安司令部派员指导各县组建防空监视队，福安县组建第三防空监视队。防空监视队官兵视同现役。各县防空监视队下设防空监视哨，主要任务是监视、传递和发布敌方飞机临空警情，并对我方及盟军机员实施救助。1939年7月，根据《福建省防空监视队哨配置计划及改组计划》，福安第三防空监视队改组为福安第一防空监视队。1940年9月，福建全省防空司令部会同省政府颁发《福建全省防空监视队哨整理办法》，防空司令部在军事、政治重要地点及敌机经常袭扰之县份共设立防空监视队9个，其中福安县防空监视队番号为"一"；不设防空监视队之县份设防空监视哨，霞浦县设防

① 习近平：《让历史说话 用史实发言 深入开展中国人民抗战研究》，《人民日报》2015年8月1日。

空监视哨，番号为“三”。1944 年 5 月，防空监视队哨改隶各地区内之防空情报（分）所，福安县防空监视队番号调整为“福建省第十防空监视队”。《闽东抗日战争档案史料》第十一、十二辑“防空监视队哨”主要为抗战时期福安县、霞浦县防空监视队、哨编组和业务执行情况的档案。

闽东抗日战争档案现在被保存在宁德市各级档案馆中，它们既是“闽东之光”的历史见证，也是宁德人民的精神财富和文化遗产。为了充分发挥档案“存凭、留史、资政、育人”的作用，宁德市各级档案馆与厦门大学马克思主义学院合作，编辑出版《闽东抗日战争档案史料》，谨以为志。铭记历史，用史实发言；开创未来，中华民族走在复兴路上。

编辑说明

"宁德市档案史料丛书"汇编宁德市、县(市、区)的珍贵馆藏档案。宁德市档案馆民国档案历经辗转,接收时大部分已虫蛀、破损。从1986年开始,档案馆逐卷进行整理、托裱,编制卷内目录和案卷目录,更换案卷皮,重新编制全宗号和案卷号。目前已有案卷目录和全引目录两种检索工具。

本辑《防空监视队哨》所用档案资料以宁德市档案馆藏民国档案资料辑成,为了便于利用,采取了两种方式处理。

一、分类排列,给每份档案定名并确定时间。第一部分为霞浦县防空监视哨,下分编组、经费与粮饷、被服与装具三节;第二部分为防空监视队哨业务,下分防护、敌情与处置二节。按时间归类排列。

二、保留每份档案的馆藏档号,以维护档案的原有属性和归档系统。宁德市档案馆藏民国档案档号为:0158、0161、0165、0168、0170。

影印出版闽东抗战档案资料,既保持了文献内容的原汁原味,又可呈现史料原貌,亦为抗战史研究提供了颇具特色、细致翔实的历史文献。

为便于阅读,将部分较大页面分为a、b面排版,并尽可能保留原档案所载信息。只是,档案文稿底色、印鉴颜色等因黑白印刷之故,无法保留原色。

由于经验及水平限制,我们在编辑与考订上难免存在缺漏。本书的错误和缺点必定不少,诚恳地希望各方面提出批评和指正。

目录

一、霞浦县防空监视哨

(一)编组 …… 3
福建省霞浦防空监视哨士兵开补报告单(1941年3月2日) …… 3
霞浦县政府公文联单　霞浦防空监视哨呈报三十年七月份员兵人数名册(1941年7月1日) …… 6
附件　霞浦防空监视哨三十年七月份员兵人数名册(1941年7月1日) …… 7
福建省霞浦防空监视哨官兵姓名册(1943年1月11日) …… 8
福建省霞浦防空监视哨士兵伕役花名箕斗册(1943年10月16日) …… 11
福建全省防空司令部关于防空队哨隶属系统的训令(1944年4月20日) …… 15

(二)经费与粮饷 …… 16
霞浦县政府公文联单　霞浦防空监视哨呈送三十年十月份官兵领粮证明册(1941年10月7日) …… 16
附件　霞浦防空监视哨三十年十月份官兵领粮证明册(1941年10月7日) …… 17
霞浦防空监视哨关于编送预算的呈文(1942年1月25日) …… 22
霞浦县政府公文联单　福建省霞浦防空监视哨呈送三十一年九、十月份饷项证明册、单据粘存簿、经费累计表及现金出纳表(1942年10月28日) …… 23
附件　福建省霞浦防空监视哨三十一年九月份薪饷证明册(1942年9月30日) …… 24
附件　福建省霞浦防空监视哨中华民国三十一年九月份经费支出计算表(1942年9月30日) …… 25
附件　福建省霞浦防空监视哨中华民国三十一年九月份官佐薪饷证明册(1942年9月30日) …… 27
附件　福建省霞浦防空监视哨中华民国三十一年九月份士兵饷项证明册(1942年9月30日) …… 28
附件　福建省霞浦防空监视哨三十一年九月份单据粘存簿(1942年9月30日) …… 31

附件　福建省霞浦防空监视哨三十一年九月份单据粘存簿(办公费收据)
(1942年9月30日) …… 32
附件　福建省霞浦防空监视哨三十一年九月份单据粘存簿(官佐薪俸费收据)
(1942年9月30日) …… 33
附件　福建省霞浦防空监视哨三十一年九月份单据粘存簿(士兵饷项费收据)
(1942年9月30日) …… 34
附件　福建省霞浦防空监视哨三十一年九月份单据粘存簿(官佐生活补助费收据)
(1942年9月30日) …… 35
附件　福建省霞浦防空监视哨三十一年九月份单据粘存簿(官兵主食费收据)
(1942年9月30日) …… 36
附件　福建省霞浦防空监视哨三十一年九月份单据粘存簿(士兵副食费收据)
(1942年9月30日) …… 37
附件　福建省霞浦防空监视哨三十一年九月份单据粘存簿(官兵医药费收据)
(1942年9月30日) …… 38
附件　福建省霞浦防空监视哨三十一年九月份单据粘存簿(士兵草鞋费收据)
(1942年9月30日) …… 39
附件　福建省霞浦防空监视哨经费累计表(中华民国三十一年度九月份)
(1942年9月30日) …… 40
附件　福建省霞浦防空监视哨经费类现金出纳表(中华民国三十一年度九月份)
(1942年9月30日) …… 42
附件　福建省霞浦防空监视哨三十一年十月份薪饷证明册(1942年9月30日) …… 43
附件　福建省霞浦防空监视哨中华民国三十一年十月份经费支出计算表
(1942年10月30日) …… 44
附件　福建省霞浦防空监视哨中华民国三十一年十月份官佐薪饷证明册
(1942年10月30日) …… 46
附件　福建省霞浦防空监视哨中华民国三十一年十月份士兵饷项证明册
(1942年10月30日) …… 47
附件　福建省霞浦防空监视哨三十一年十月份单据粘存簿(1942年10月30日) …… 50
附件　福建省霞浦防空监视哨三十一年十月份单据粘存簿(办公费收据)
(1942年10月30日) …… 51
附件　福建省霞浦防空监视哨三十一年十月份单据粘存簿(官佐薪俸费收据)
(1942年10月30日) …… 52
附件　福建省霞浦防空监视哨三十一年十月份单据粘存簿(士兵饷项费收据)
(1942年10月30日) …… 53
附件　福建省霞浦防空监视哨三十一年十月份单据粘存簿(官佐生活补助费收据)
(1942年10月30日) …… 54
附件　福建省霞浦防空监视哨三十一年十月份单据粘存簿(官兵主食费收据)
(1942年10月30日) …… 55

附件　福建省霞浦防空监视哨三十一年十月份单据粘存簿(士兵副食费收据)
(1942年10月30日) …… 56
附件　福建省霞浦防空监视哨三十一年十月份单据粘存簿(官兵医药费收据)
(1942年10月30日) …… 57
附件　福建省霞浦防空监视哨三十一年十月份单据粘存簿(士兵草鞋费收据)
(1942年10月30日) …… 58
附件　福建省霞浦防空监视哨经费累计表(中华民国三十一年度十月份)
(1942年10月30日) …… 59
附件　福建省霞浦防空监视哨经费类现金出纳表(中华民国三十一年度十月份)
(1942年10月30日) …… 61
霞浦县政府公文联单　福建省霞浦防空监视哨呈送三十一年十一、十二月份经费支出计算表、薪饷证明册、经费单据粘存簿、经费现金出纳表和经费累计表等计十六份
(1943年1月25日) …… 62
附件　福建省霞浦防空监视哨三十一年十一月份经费支出计算表、薪饷证明册
(1942年11月30日) …… 63
附件　福建省霞浦防空监视哨中华民国三十一年十一月份经费支出计算表
(1942年11月30日) …… 64
附件　福建省霞浦防空监视哨中华民国三十一年十一月份官佐薪饷证明册
(1942年11月30日) …… 66
附件　福建省霞浦防空监视哨中华民国三十一年十一月份士兵饷项证明册
(1942年11月30日) …… 67
附件　福建省霞浦防空监视哨三十一年十一月份经费单据粘存簿
(1942年11月30日) …… 70
附件　福建省霞浦防空监视哨三十一年十一月份单据粘存簿(办公费收据)
(1942年11月30日) …… 71
附件　福建省霞浦防空监视哨三十一年十一月份单据粘存簿(官佐薪俸费收据)
(1942年11月30日) …… 72
附件　福建省霞浦防空监视哨三十一年十一月份单据粘存簿(士兵饷项费收据)
(1942年11月30日) …… 73
附件　福建省霞浦防空监视哨三十一年十一月份单据粘存簿(官佐生活补助费收据)
(1942年11月30日) …… 74
附件　福建省霞浦防空监视哨三十一年十一月份单据粘存簿(官兵主食费收据)
(1942年11月30日) …… 75
附件　福建省霞浦防空监视哨三十一年十一月份单据粘存簿(士兵副食费收据)
(1942年11月30日) …… 76
附件　福建省霞浦防空监视哨三十一年十一月份单据粘存簿(官兵医药费收据)
(1942年11月30日) …… 77

附件 福建省霞浦防空监视哨三十一年十一月份单据粘存簿(士兵草鞋费收据)
(1942 年 11 月 30 日) …… 78
附件 福建省霞浦防空监视哨经费累计表(中华民国三十一年度十一月份)
(1942 年 11 月 30 日) …… 79
附件 福建省霞浦防空监视哨经费类现金出纳表(中华民国三十一年度十一月份)
(1942 年 11 月 30 日) …… 81
附件 福建省霞浦防空监视哨三十一年十二月份经费支出计算表、薪饷证明册
(1942 年 12 月 31 日) …… 82
附件 福建省霞浦防空监视哨中华民国三十一年十二月份经费支出计算表
(1942 年 12 月 31 日) …… 83
附件 福建省霞浦防空监视哨中华民国三十一年十二月份官佐薪饷证明册
(1942 年 12 月 31 日) …… 85
附件 福建省霞浦防空监视哨中华民国三十一年十二月份士兵饷项证明册
(1942 年 12 月 31 日) …… 86
附件 福建省霞浦防空监视哨三十一年十二月份单据粘存簿
(1942 年 12 月 31 日) …… 89
附件 福建省霞浦防空监视哨三十一年十二月份单据粘存簿(办公费收据)
(1942 年 12 月 31 日) …… 90
附件 福建省霞浦防空监视哨三十一年十二月份单据粘存簿(官佐薪俸费收据)
(1942 年 12 月 31 日) …… 91
附件 福建省霞浦防空监视哨三十一年十二月份单据粘存簿(士兵饷项费收据)
(1942 年 12 月 31 日) …… 92
附件 福建省霞浦防空监视哨三十一年十二月份单据粘存簿(官佐生活补助费收据)
(1942 年 12 月 31 日) …… 93
附件 福建省霞浦防空监视哨三十一年十二月份单据粘存簿(官兵主食费收据)
(1942 年 12 月 31 日) …… 94
附件 福建省霞浦防空监视哨三十一年十二月份单据粘存簿(士兵副食费收据)
(1942 年 12 月 31 日) …… 95
附件 福建省霞浦防空监视哨三十一年十二月份单据粘存簿(官兵医药费收据)
(1942 年 12 月 31 日) …… 96
附件 福建省霞浦防空监视哨三十一年十二月份单据粘存簿(士兵草鞋费收据)
(1942 年 12 月 31 日) …… 97
附件 福建省霞浦防空监视哨经费累计表(中华民国三十一年度十二月份)
(1942 年 12 月 31 日) …… 98
附件 福建省霞浦防空监视哨经费类现金出纳表(中华民国三十一年度十二月份)
(1942 年 12 月 31 日) …… 100
霞浦县政府公文联单 福建省霞浦防空监视哨呈送三十二年三月份官兵领粮证明册
(1943 年 3 月 1 日) …… 101

附件　福建省霞浦防空监视哨三十二年三月份官兵领粮证明册
(1943 年 3 月 1 日) …… 102
福建省霞浦防空监视哨领导官兵三十二年三月份食米八百四十市斤的收据
(1943 年 3 月 2 日) …… 106
福建省霞浦防空监视哨领导官兵三十二年三月份食米四百二十斤的收据
(1943 年 3 月 19 日) …… 107
霞浦县政府公文联单　福建省霞浦防空监视哨呈送三十二年五月份官兵领粮证明册
(1943 年 5 月 1 日) …… 108
附件　福建省霞浦防空监视哨三十二年五月份官兵领粮证明册
(1943 年 5 月 1 日) …… 109
附件　福建省霞浦防空监视哨三十二年五月份官兵领粮证明册(1943 年 5 月) …… 114
福建省霞浦防空监视哨关于补给本哨三十二年一月份食米六百市斤凭购证的呈文
(1943 年 6 月 1 日) …… 119
霞浦县政府公文联单　福建省霞浦防空监视哨呈送三十二年七月份官兵领粮草册
(1943 年 7 月 1 日) …… 121
附件　福建省霞浦防空监视哨三十二年七月份官兵领粮草册
(1943 年 7 月 1 日) …… 122
霞浦县政府公文联单　福建省霞浦防空监视哨呈送三十二年六月份官兵领粮证明册、米粮出纳计算书(1943 年 7 月 21 日) …… 127
附件　福建省霞浦防空监视哨三十二年度六月份米粮出纳计算表
(1943 年 7 月 21 日) …… 128
附件　福建省霞浦防空监视哨三十二年六月份官兵领粮证明册
(1943 年 7 月 21 日) …… 129
霞浦县政府公文联单　福建省霞浦防空监视哨呈送三十二年八月份官兵领粮草册
(1943 年 7 月 27 日) …… 134
附件　福建省霞浦防空监视哨三十二年八月份官兵领粮草册
(1943 年 7 月 27 日) …… 135
霞浦县政府公文联单　福建省霞浦防空监视哨呈送三十二年十一、十二月份官兵薪饷证明册、经费单据粘存簿、现金出纳表、经费累计表等(1943 年 12 月 30 日) …… 140
附件　福建省霞浦防空监视哨三十二年十一月份官兵薪饷证明册、经费支出计算表
(1943 年 11 月 30 日) …… 141
附件　福建省霞浦防空监视哨中华民国三十二年十一月份经费支出计算表
(1943 年 11 月 30 日) …… 142
附件　福建省霞浦防空监视哨中华民国三十二年度十一月份官佐薪饷证明册
(1943 年 11 月 30 日) …… 144
附件　福建省霞浦防空监视哨中华民国三十二年十一月份士兵饷项证明册
(1943 年 11 月 30 日) …… 145

附件 福建省霞浦防空监视哨三十二年十一月份官兵薪饷证明册、经费支出计算表
(1943年11月30日) …… 148
附件 福建省霞浦防空监视哨三十二年十一月份经费单据粘存簿
(1943年11月30日) …… 149
附件 福建省霞浦防空监视哨三十二年十一月份单据粘存簿(官佐薪俸费收据)
(1943年11月30日) …… 150
附件 福建省霞浦防空监视哨三十二年十一月份单据粘存簿(办公费收据)
(1943年11月30日) …… 151
附件 福建省霞浦防空监视哨三十二年十一月份单据粘存簿(士兵饷项费收据)
(1943年11月30日) …… 152
附件 福建省霞浦防空监视哨三十二年十一月份单据粘存簿(官佐生活补助费收据)
(1943年11月30日) …… 153
附件 福建省霞浦防空监视哨三十二年十一月份单据粘存簿(官兵主食费收据)
(1943年11月30日) …… 154
附件 福建省霞浦防空监视哨三十二年十一月份单据粘存簿(士兵副食费收据)
(1943年11月30日) …… 155
附件 福建省霞浦防空监视哨三十二年十一月份单据粘存簿(官兵医药费收据)
(1943年11月30日) …… 156
附件 福建省霞浦防空监视哨三十二年十一月份单据粘存簿(士兵草鞋费收据)
(1943年11月30日) …… 157
附件 福建省霞浦防空监视哨经费累计表(中华民国三十二年度十一月份)
(1943年11月30日) …… 158
附件 福建省霞浦防空监视哨经费类现金出纳表(中华民国三十二年度十一月份)
(1943年11月30日) …… 160
附件 福建省霞浦防空监视哨三十二年十二月份官兵薪饷证明册、经费支出计算表
(1943年12月30日) …… 161
附件 福建省霞浦防空监视哨中华民国三十二年十二月份经费支出计算表
(1943年12月30日) …… 162
附件 福建省霞浦防空监视哨中华民国三十二年度十二月份官佐薪饷证明册
(1943年12月30日) …… 164
附件 福建省霞浦防空监视哨中华民国三十二年十二月份士兵饷项证明册
(1943年12月30日) …… 165
附件 福建省霞浦防空监视哨三十二年十二月份官兵薪饷证明册、经费支出计算表
(1943年12月30日) …… 168
附件 福建省霞浦防空监视哨三十二年十二月份经费单据粘存簿
(1943年12月30日) …… 169
附件 福建省霞浦防空监视哨三十二年十二月份单据粘存簿(办公费收据)
(1943年12月30日) …… 170

附件　福建省霞浦防空监视哨三十二年十二月份单据粘存簿(官佐薪俸费收据)
(1943年12月30日) ………………………………………………………… 171
附件　福建省霞浦防空监视哨三十二年十二月份单据粘存簿(士兵饷项费收据)
(1943年12月30日) ………………………………………………………… 172
附件　福建省霞浦防空监视哨三十二年十二月份单据粘存簿(官佐生活补助费收据)
(1943年12月30日) ………………………………………………………… 173
附件　福建省霞浦防空监视哨三十二年十二月份单据粘存簿(官兵主食费收据)
(1943年12月30日) ………………………………………………………… 174
附件　福建省霞浦防空监视哨三十二年十二月份单据粘存簿(士兵副食费收据)
(1943年12月30日) ………………………………………………………… 175
附件　福建省霞浦防空监视哨三十二年十二月份单据粘存簿(官兵医药费收据)
(1943年12月30日) ………………………………………………………… 176
附件　福建省霞浦防空监视哨三十二年十二月份单据粘存簿(士兵草鞋费收据)
(1943年12月30日) ………………………………………………………… 177
附件　福建省霞浦防空监视哨经费累计表(中华民国三十二年度十二月份)
(1943年12月30日) ………………………………………………………… 178
附件　福建省霞浦防空监视哨经费类现金出纳表(中华民国三十二年度十二月份)
(1943年12月30日) ………………………………………………………… 180
霞浦县政府关于防空监视哨所送三十二年十一、十二月份经费报销表类与联单收悉，
经核各准列支一千一百二十四元的指令(1944年1月10日) ……………… 181
福建省霞浦防空监视哨关于再造本哨九至十二月份官佐请领眷粮证明册，恳迅请
照数发给的呈文(1943年12月30日) …………………………………… 182
福建全省防空司令部关于颁发三十二年度各市县防空监视队哨编制经费表的代电
(1943年12月) ……………………………………………………………… 183
附件　福建省各县区防空监视队哨编制经费表(三十二年度)(1943年12月) ……… 184
附件　中华民国三十二年度防空监视队哨数量表(1943年12月) ………………… 185
福建省霞浦防空监视哨关于请准由本哨三十二年度办公费节余项下开支补给归垫的
呈文(1944年2月19日) …………………………………………………… 188
霞浦县政府关于防空监视哨请增补办公费等情悉知，俟本年度新预算核示到县再行
核办的指令(1944年2月25日) …………………………………………… 190
福建省政府关于各县防空监视队哨三十三年度经费奉令改列省预算，预算未核前
防空监视队哨经费暂由各市县地方预备金项下垫借的代电(1944年1月) …… 191
霞浦县政府公文联单　福建省霞浦防空监视哨呈送三十三年一月份官兵领粮、官佐
眷米证明册(1944年1月10日) …………………………………………… 192
附件　福建省霞浦防空监视哨三十三年一月份官兵领粮、官佐眷米证明册
(1944年1月) ……………………………………………………………… 193
附件　福建省霞浦防空监视哨三十三年一月份官兵领粮证明册(1944年1月) …… 194
附件　福建省霞浦防空监视哨三十三年一月份官佐眷米证明册(1944年1月) …… 198

附件 福建省霞浦防空监视哨三十三年一月份官兵领粮、官佐眷米证明册（1944 年 1 月） …… 199
霞浦县政府公文联单 福建省霞浦防空监视哨呈送三十三年二月份官佐眷粮、官兵领粮证明册（1944 年 2 月 11 日） …… 200
附件 福建省霞浦防空监视哨三十三年二月份官佐眷粮、官兵领粮证明册（1944 年 2 月） …… 201
附件 福建省霞浦防空监视哨三十三年二月份官兵领粮证明册（1944 年 2 月） …… 202
附件 福建省霞浦防空监视哨三十三年二月份官佐眷粮证明册（1944 年 2 月） …… 206
附件 福建省霞浦防空监视哨三十三年二月份官兵领粮、官佐眷粮证明册（1944 年 2 月） …… 207
福建省霞浦防空监视哨关于恳请签发归垫本哨一至三月份经费尾款的签呈（1944 年 3 月 10 日） …… 208
霞浦县政府公文联单 福建省霞浦防空监视哨呈送三十三年三月份请领官佐眷粮、官兵军粮清册（1944 年 3 月 16 日） …… 210
附件 福建省霞浦防空监视哨三十三年三月份请领官兵军粮清册（1944 年 3 月） … 211
附件 福建省霞浦防空监视哨三十三年三月份请领官佐眷粮清册（1944 年 3 月） … 217
霞浦县政府公文联单 福建省霞浦防空监视哨呈送三十三年四月份请领官佐眷粮、官兵军粮清册（1944 年 4 月 9 日） …… 220
附件 福建省霞浦防空监视哨三十三年四月份请领官兵军粮清册（1944 年 4 月） … 221
附件 福建省霞浦防空监视哨三十三年四月份请领官佐眷粮清册（1944 年 4 月） … 227
霞浦县政府公文联单 福建省霞浦防空监视哨呈送三十三年五月份请领官佐眷粮、官兵军粮清册（1944 年 4 月 26 日） …… 230
附件 福建省霞浦防空监视哨三十三年五月份请领官兵军粮清册（1944 年 5 月） … 231
附件 福建省霞浦防空监视哨三十三年五月份请领官佐眷粮清册（1944 年 5 月） … 237
福建省政府关于各县防空队哨经费应列到本年度省预算，未改列前所有经费及食米准由县暂先垫发，俟预算确定后拨还的训令（1944 年 4 月 27 日） …… 240
霞浦县政府公文联单 福建省霞浦防空监视哨呈送三十三年六月份请领官兵军粮清册（1944 年 5 月 25 日） …… 241
附件 福建省霞浦防空监视哨三十三年六月份请领官兵军粮清册（1944 年 5 月） … 242
福建全省防空司令部关于六月份经费军粮已由本部拨发，至五月份以前该县垫借若干请按月列表报部以便拨还的代电（1944 年 6 月 2 日） …… 248
霞浦县政府公文联单 福建省霞浦防空监视哨呈送三十三年五、六两月份官佐食米尾数清册（1944 年 6 月 11 日） …… 249
附件 福建省霞浦防空监视哨请借垫补发民国三十三年五、六月份官佐食米尾数清册（1944 年 6 月） …… 250
附件 福建省霞浦防空监视哨请借垫补发民国三十三年五月份官佐食米尾数清册（1944 年 6 月） …… 251

附件　福建省霞浦防空监视哨请借垫补发民国三十三年六月份官佐食米尾数清册（1944 年 6 月）…… 252
附件　福建省霞浦防空监视哨请借垫补发民国三十三年五、六月份官佐食米尾数清册（1944 年 6 月）…… 253
霞浦县政府关于防空监视哨所请补发五、六月份尾数候奉省令核准后再行核办的指令（1944 年 6 月 19 日）…… 254
霞浦县政府公文联单　福建省霞浦防空监视哨呈送请借三十三年七月份官兵军粮清册（1944 年 6 月 26 日）…… 255
附件　福建省霞浦防空监视哨请借民国三十三年七月份官兵军粮清册（1944 年 6 月）…… 256
福建省霞浦防空监视哨关于缓缴六月份军粮以留继续接济七月份军粮，俾免官兵断炊的呈文（1944 年 6 月 28 日）…… 262
霞浦县政府关于准予防空监视哨暂留六月份军粮，唯七月份军粮发到时应归偿勿违的指令（1944 年 7 月 21 日）…… 264
霞浦县政府关于拨借本县防空哨队食米数量表的呈文（1944 年 7 月 21 日）…… 265
附件　霞浦防空监视哨队三十三年度拨借食米数量清单（1944 年 7 月 21 日）…… 266
福建全省防空司令部关于迅将各月份该县防空哨预借经费、食米数目列表报核的代电（1944 年 7 月）…… 267
霞浦县政府关于呈复本县防空监视哨一至六月份向县政府预借经费、食米数目的代电（1944 年 8 月 10 日）…… 268
福建全省防空司令部关于各县（市）区政府六月份以后垫借防空队哨经费食米应自行收回的代电（1944 年 8 月）…… 270
福建省政府关于防空队哨食米已由省拨发，各县市区政府以前垫付食米应即如数扣还具报的训令（1944 年 9 月 6 日）…… 271
霞浦县政府关于防空哨领借食米由田粮处代扣归还、所借经费解库归垫的训令（1944 年 11 月 8 日）…… 273
福建省补给委员会关于抄发省防空部队八月份驻防该县现有人数通知表并遵新办法办理的代电（1944 年 9 月 6 日）…… 275
附件　霞浦县三十三年八月份征购防空驻县部队副食、马干、实物、人马通知表（1944 年 9 月 6 日）…… 276
霞浦县政府关于抄转八月份驻本县防空哨现有人数通知表的公函（1944 年 9 月 23 日）…… 277

（三）被服与装具 …… 278
福建省霞浦防空监视哨关于恳迅补制本年度冬季士兵棉服装十套以资御寒的呈文（1943 年 11 月 28 日）…… 278
附录　士兵棉服估价单（1943 年 11 月 24 日）…… 279
附录　福建省霞浦防空监视哨三十二年冬季士兵服装预算书（1943 年 11 月）…… 280

福建省霞浦防空监视哨关于恳准在本哨三十二年度经费盈余项下签发价款购买草席、草荐的呈文(1944年1月3日) …… 283
附录 草席、草荐估价单(1943年12月1日) …… 284
福建省霞浦防空监视哨关于士兵棉被未制发前,恳请先准予签发价款购买草席、草荐的呈文(1944年2月19日) …… 285
福建省霞浦防空监视哨关于本哨所久未修理,瓦片、壁板均已破坏,恳请准予修理的呈文(1944年3月31日) …… 287
福建省政府关于该县防空哨需用电池八只请速购发,款就本年度该县防护宣传费项下拨支并造具预算呈核的代电(1944年4月) …… 288
福建省霞浦防空监视哨关于造具本哨本年度购买电池预算书,恳迅签发俾资购买装用的呈文(1944年5月24日) …… 289
附件 福建省霞浦防空监视哨三十三年度购买电池费预算书(1944年5月) …… 291
霞浦县政府关于购买电池费预算书准予签发即来府具领购用的指令(1944年6月10日) …… 294
霞浦县政府关于呈报本县防空监视哨购买电池预算书的代电(1944年6月12日) …… 295
福建省政府关于该县防空队电池费准发三千二百元,由县普通经费总存款户项下垫付的代电(1944年10月14日) …… 297

二、防空监视队哨业务

(一)防护 …… 301
福建全省保安司令部关于倘遇敌机散发荒谬传单应责由各保甲长督率民众拾缴区署转呈县府焚毁以安人心的训令(1937年10月28日) …… 301
福建省政府关于对于飞机降落时之处置的训令(1937年10月30日) …… 302
福建省政府关于军机防护法施行期间再予展限九个月的训令(1937年11月17日) …… 304
福建全省保安司令关于飞机被迫降落及航员跳伞降落不得射击损毁希遵照的快邮代电(1938年8月31日) …… 306
驻闽绥靖主任公署关于飞机被迫降落及航员跳伞降落不得射击损毁希遵照的快邮代电(1938年8月31日) …… 308
霞浦县政府关于我敌飞机降落及航员跳伞降落应予保护招待或生擒俘获不得射击损毁的训令(1938年9月11日) …… 310
福建省政府关于所有击落敌机残骸及军用品等一经发现应即呈送政府,如有隐匿以侵占等论罪的训令(1938年9月20日) …… 312
霞浦县政府关于所有击落敌机残骸及军用品等一经发现应即呈送政府,如有隐匿以侵占等论罪的布告(1938年9月20日) …… 314

福建省保安司令关于转令夺获敌之毒气罐及毒气有关之材料均应缴呈的训令
(1938 年 10 月 14 日) …… 316
霞浦县政府关于奉令凡夺获敌之毒气罐及毒气有关之材料均应缴呈的训令
(1938 年 10 月 26 日) …… 317
福建省政府关于奉电遇战死及敌机轰炸炮击而死人马应遵列示办法掩埋的训令
(1938 年 11 月 7 日) …… 319
福建省政府关于俘获空军战利品应随时电告航空委员会核办或就近点交空军机关或航空站场的训令(1938 年 11 月 18 日) …… 321
福安县政府译驻闽绥靖公署主任兼第二十五集团军总司令部关于据近日各处敌机轰炸情形,必有汉奸在地面指示目标,应予加紧肃清以杜后患的电文
(1939 年 5 月 16 日) …… 323
福安县政府关于奉令加紧肃清汉奸组织以杜后患的代电(1939 年 6 月 2 日) …… 324
福安县政府译福建省国民抗敌自卫团闽东区司令部关于敌机常来我区轰炸迅饬驻守部队选择适当地点组设对空射击班的电文(1939 年 7 月 5 日) …… 325
福安县政府关于奉令组织对空射击班或挑飞行高度六百公尺以内之低飞者方得射击的训令(1939 年 7 月 11 日) …… 326
福安县政府关于敌机肆虐各地防空哨应加紧监视的训令(1939 年 7 月 6 日) …… 328
福安县政府译福建省政府关于如有敌机经过应速电报三元防空股的电文
(1939 年 7 月 22 日) …… 330
福安县政府关于奉令转饬如有敌机经过应速电报三元防空股的代电
(1939 年 7 月 23 日) …… 331
福建省政府关于转饬各县防护团及防空监视队哨随时派员现地督查的密快邮代电
(1939 年 7 月 21 日) …… 332
福安县政府关于防空监视队哨随时派员现地督查办理情形具报训令
(1939 年 8 月 29 日) …… 334
福建省政府关于敌机散布鼠疫杆菌请注意严防的代电(1940 年 12 月 15 日) …… 335
福建省政府关于遇敌机散布传单或任何物品应即焚毁以资防范传播病菌的快邮代电
(1940 年 12 月 28 日) …… 336
福安县政府关于遇敌机散布传单或任何物品应即焚毁以资防范传播病菌的训令
(1941 年 1 月 11 日) …… 337
福安县政府公报剪贴　福建省政府关于准卫生署函请转饬各卫生医疗机关协助当地防空司令部组织防毒设计委员会共同设计研究并实施毒气(菌)之防御的训令
(府卫甲报永字第 01876 号民国三十年十月四日)(1941 年 10 月 19 日) …… 338
福安县政府关于奉令组织实施毒气防御的训令(1941 年 10 月 23 日) …… 339
福建省保安处关于奉转敌施放毒气希饬属注意的代电(1941 年 10 月 20 日) …… 340
霞浦县政府关于奉转敌施放毒气注意防范的训令(1941 年 11 月) …… 342
福建省保安处关于饬属防范敌机投下放毒谷物的代电(1941 年 11 月) …… 344

福闽师管区司令部关于奉令颁布防毒掩蔽部符号饬属一体遵用的代电
(1941 年 12 月 31 日) …… 345
霞浦县政府关于转发防毒掩蔽部符号并遵用的代电(1942 年 1 月 12 日) …… 346
行政院关于抄发处理敌机掷下物品须知的训令(1942 年 2 月 26 日)
附件 处理敌机掷下物品须知(三十一年二月一日修正)(1942 年 2 月 1 日) …… 347
附件 处理敌机掷下物品须知(三十一年二月一日修正)(1942 年 2 月 1 日) …… 348
福建省政府教育厅关于奉教育部电遇有敌机投下可疑物品应即审慎从事迅速检验报告的代电(1942 年 3 月 3 日) …… 349
福建全省防空司令部关于抄发防制敌机散播鼠疫杆菌实施办法及处理敌机掷下物品须知并严密防范的代电(1942 年 3 月 24 日) …… 350
附件 防制敌机散播鼠疫杆菌实施办法(1942 年 3 月 24 日) …… 352
附件 处理敌机掷下物品须知(1942 年 3 月 24 日) …… 354
福安县政府关于抄发防制敌机散播鼠疫杆菌实施办法及处理敌机掷下物品须知的代电(1942 年 5 月 3 日) …… 356
福安县政府译福建省军管区司令部电饬属保护此次敌机迫降之机密,机内文件及机件妥为收存(1942 年 4 月 27 日) …… 357
福安县防空监视队关于划定警报信号并于十二日晚演习的公函
(1944 年 7 月 11 日) …… 359
附件 福建省警报信号表(1944 年 7 月 11 日) …… 360
福建全省防空司令部关于遇有飞机失事坠落人迹不到之处,各乡保长应迅速报告的代电(1945 年 6 月 30 日) …… 361
霞浦县政府关于遇有飞机失事坠落人迹不到之处,各乡保长应速报查的代电
(1945 年 9 月 19 日) …… 362

(二)敌情与处置 …… 363

1.敌情报告 …… 363
福建省第一防空监视队关于报送本日敌机空袭情形报告表的呈文
(1940 年 7 月 11 日) …… 363
附件 福安县城受敌机空袭情形报告表(1940 年 7 月 11 日) …… 364
福安县政府第四区区署关于报送本区受敌机空袭情形报告表的呈文
(1939 年 7 月 21 日) …… 365
福建省第一防空监视队关于报送福安县敌机空袭情形报告表的呈文
(1940 年 8 月 16 日) …… 367
附件 福安县敌机空袭情形报告表(1940 年 8 月 16 日) …… 368
霞浦县政府关于嵛山岛敌情致杉洋石司令的(齐)电稿(1944 年 10 月 8 日) …… 369
霞浦县政府关于嵛山敌情复福安专署的(酉齐)电文(1944 年 10 月 8 日) …… 370
霞浦县政府关于嵛山敌情的(酉佳)复电(1944 年 10 月 9 日) …… 371

霞浦县政府关于嵛山敌情及疏散情形呈福建省政府的(酉灰)电文
(1944 年 10 月 10 日) …… 372
霞浦县政府关于据报有敌机五架坠落大京附近迅彻查报核的训令
(1945 年 1 月 19 日) …… 373
附件 李仙关于大京村民称有飞机落于东湾海面的报告(1945 年 1 月 13 日) …… 374
福安防空队敌情报告表 秦屿哨报告川石敌人五六百向霞浦下浒登陆,企图取道霞浦福鼎往浙江(1945 年 7 月 7 日) …… 376

2.坠落敌机及处置 …… 377
私立霞浦圣教医院关于敌机飞行员跌伤由院注射治疗共需医药费五百九十元请如数签发以清手续的呈文(1944 年 12 月 20 日) …… 377
霞浦县政府关于检具支出凭证呈凭核发敌机飞行员医药费的指令
(1945 年 1 月 4 日) …… 378
私立霞浦圣教医院关于报送敌机飞行员医药费单据乞如数签发以便支领的呈文
(1945 年 1 月 8 日) …… 379
霞浦救济院关于掩埋敌飞行员地址的呈文(1944 年 12 月 21 日) …… 381
霞浦县政府译闽东警备司令部关于速将文件、敌俘、战利品等解送本部的(亥梗)电文
(1944 年 12 月 24 日) …… 382
霞浦县政府关于文件、敌俘、战利品一部分已解送八区专署的呈复电文
(1944 年 12 月 25 日) …… 383
霞浦县政府关于坠机尚有机件已遵电径解闽东警备部核收的代电
(1945 年 1 月 24 日) …… 384
霞浦县政府关于解送敌飞行员一名及飞机重要零件并机关炮、飞行地图等密件的代电(1944 年 12 月 20 日) …… 385
附件 军用品杂项清单(1944 年 12 月 20 日) …… 387
霞浦县政府译福建省保安处关于速将俘获人员及文件、机枪等解送赣副长官室的(亥梗酉战)电文(1944 年 12 月 27 日) …… 388
霞浦县政府关于敌俘及文件并机件一部分已解送福安八区专署,余正赶办续解中的复电(1945 年 1 月 3 日) …… 389
霞浦县政府关于派警察局巡官张宝荣押解敌俘一名并机关炮等件往福安专署投收的训令(1944 年 12 月 26 日) …… 390
霞浦县长溪镇公所关于郭其炎经雇扛运敌机受伤请予救济的呈文
(1945 年 1 月 12 日) …… 391
霞浦县政府关于俟省款拨到即酌予郭其炎救济的指令(1945 年 1 月 23 日) …… 393
霞浦县长溪镇公所关于敌机降落搬运费由镇暂垫请察核如数发还以资归垫的呈文
(1945 年 1 月 24 日) …… 394
附件 霞浦县长溪镇公所代垫搬运敌机拆卸机件费用清单(1945 年 1 月 24 日) …… 395

霞浦县政府关于长溪镇公所代垫敌机降落搬运费用清单核示的指令
(1945 年 4 月 16 日) …… 398
福建省政府关于坠县敌机运费经议决由省府垫支准予汇拨的代电
(1945 年 2 月 9 日) …… 401
霞浦县政府译电　霞浦县敌坠机运费省政府已拨至县政府(1945 年 2 月 14 日) …… 402
霞浦县政府关于敌机坠落本县所用运费及旅费应由何项开支请即赐示的代电
(1945 年 2 月 25 日) …… 403
霞浦县政府译福建省政府关于坠落敌机运费及航空员受伤医药费迅即呈复的电文
(1945 年 5 月 9 日) …… 405
霞浦县政府关于报送本县解运各批敌机零件清册及办理坠机经过情形的代电
(1945 年 3 月 19 日) …… 406
附件　霞浦县政府未拆卸敌机件清单(1945 年 2 月) …… 409
附件　霞浦县政府解缴敌坠机飞行员及什物暨附属各机件清册(1945 年 2 月) …… 410
霞浦县政府签呈表　林济民呈请核发护运机件赴福安专员公署副食费及旅运费
13263 元以资归垫(1945 年 3 月 2 日) …… 424
霞浦县政府签呈表　林济民呈请核发护运机件赴福安专员公署副食费及旅运费
21080 元以资归垫(1945 年 3 月 2 日) …… 425
霞浦县政府关于元月护运机件前往福安之旅运费依照规定核准计发 27860 元,
超出之数应予列除的指令(1945 年 4 月 9 日) …… 426
霞浦县国民兵团分队长林国斌关于报送旅费运费报告表的签呈
(1945 年 3 月 7 日) …… 427
霞浦县政府签呈表　林国斌呈请核发护运机件赴福安专员公署旅运费 22085 元以资
归垫(1945 年 3 月 9 日) …… 429
霞浦县政府签呈表　林国斌呈请核发护运机件赴福安专员公署旅运费 20405 元以资
归垫(1945 年 3 月 8 日) …… 430
霞浦县政府关于两次护运机件前往福安之旅运费依照规定核准计发 27860 元,
超出之数应予列除的指令(1945 年 4 月 9 日) …… 431
霞浦县政府关于林国斌多借军用品旅运费已由护送敌机旅运费项下扣还的指令
(1945 年 6 月 12 日) …… 432
霞浦县政府签呈表　林金玉呈请核发护运机件赴福安专员公署旅运费 11638 元以资
归垫(1945 年 3 月 10 日) …… 433
霞浦县政府签呈表　林金玉呈请核发护运机件赴福安专员公署士兵副食费及旅运费
14463 元以资归垫(1945 年 3 月 10 日) …… 434
霞浦县政府关于两次护运机件前往福安之旅运费依照规定核准计发 14480 元,
超出之数应予列除的指令(1945 年 4 月 9 日) …… 435
霞浦县政府签呈表　林金标呈请核发坠落敌机夜间官兵看管津贴、拆卸技工工资
及运送装贮材料费等垫付款(1945 年 3 月 13 日) …… 436

霞浦县政府译福建省政府关于霞浦县将坠落敌机拆运所耗运费等列账取据报省以转航委会核拨归垫的电文(1945 年 4 月 2 日) …… 437
霞浦县政府关于报送坠落敌机卸运各项旅运费报销表据的呈文(1945 年 5 月 11 日) …… 438
附件 霞浦县政府拆运敌机旅运费用一览表(1945 年 5 月 11 日) …… 440
福建省政府关于所报敌机旅运费表列数不符更正呈府核转并剩余款迅即缴库的代电(1945 年 6 月 8 日) …… 442
附件 霞浦县政府拆运敌机旅运费用一览表(1945 年 5 月 11 日造表,1945 年 6 月 8 日发还) …… 443
霞浦县政府关于奉令改造拆运敌机旅运费一览表呈核,剩余款缴库另候报核的代电(1945 年 7 月 2 日) …… 445
福建省政府关于拆运敌机旅运费单据簿未据附送速呈,三沙渔民运费剩余款克日填具缴款书缴库的代电(1945 年 8 月 6 日) …… 447
霞浦县政府关于夜间看管坠落敌机津贴超领之数应分别追缴的指令(1945 年 4 月 9 日) …… 448
霞浦县政府关于存县无法拆运之飞机机翼、机尾被敌拆毁运走损失缘由的代电(1945 年 6 月 30 日) …… 449
附件 霞浦县国民兵团关于前存西门外航空站无法拆运之机翼、机尾被敌拆毁运走的报告(1945 年 6 月 23 日) …… 450
第三战区闽东区警备司令部关于腾午咨电准予转报核备的代电(1945 年 8 月 15 日) …… 451
霞浦县政府关于报送拆运敌机旅运费支出凭证簿并请汇寄三沙渔民捞获军用品运费尾数的代电(1945 年 8 月 30 日) …… 452
福建省政府关于所送拆运敌机费用一览表、支出凭证簿已核转,三沙渔民旅运费余款克日缴库的代电(1945 年 10 月 2 日) …… 454
福建省政府关于第三战区司令长官部电复该县拆运敌机旅运费册据已转航委会的训令(1945 年 12 月 8 日) …… 455
霞浦县政府关于本县拆运飞机旅运费剩余款已交由福建省银行汇缴的呈文(1945 年 12 月 18 日) …… 456
福建省政府关于拆运飞机旅运费剩余款迅补解的代电(1946 年 2 月 5 日) …… 457
霞浦县政府关于所少拆运飞机旅运费剩余款系扣作汇费之用的复电(1946 年 2 月 26 日) …… 458
福建省政府关于拆运飞机旅运费剩余款短解之款扣作汇费,准由省另拨抵补,迅填具三联收据送府核办的代电(1946 年 4 月 5 日) …… 459
霞浦县政府关于奉令填送本府给缴拆运飞机旅运费剩余款经费收据的代电(1946 年 4 月 25 日) …… 460
福建省政府关于拆运飞机旅运费汇费已代填缴款书交库收账并检发收据请查收的代电(1946 年 6 月 1 日) …… 461

附件 国库福建分库缴款书(1946 年 5 月 20 日) …………………………………… 462
第三战区副司令长官办公室关于抄发福建省办理迫降敌机核奖表并径向省府领款
转发的代电(1946 年 2 月 24 日) ………………………………………………… 463
附件 福建省办理迫降敌机核奖表(1946 年 2 月 24 日) …………………………… 465
霞浦县政府关于请核发办理迫降敌机奖金的呈文(1946 年 3 月 25 日) ………… 467
霞浦县政府向福建省政府领到办理迫降敌机奖金一万元的收据(1946 年 3 月) …… 469
福建省保安司令部关于抄发福建省各县办理迫降敌机核奖表并遵办具报的代电
(1946 年 4 月 15 日) ……………………………………………………………… 470
霞浦县政府关于备具办理迫降敌机奖金印领一纸,随电送核的代电
(1946 年 5 月 25 日) ……………………………………………………………… 471
霞浦县政府向福建省保安司令部领到办理迫降敌机奖金一万元的收据
(1946 年 5 月) ……………………………………………………………………… 472
霞浦县政府关于本县无遗留机件的代电(1946 年 10 月 2 日) ……………………… 473

一

霞浦县防空监视哨

(一)编组

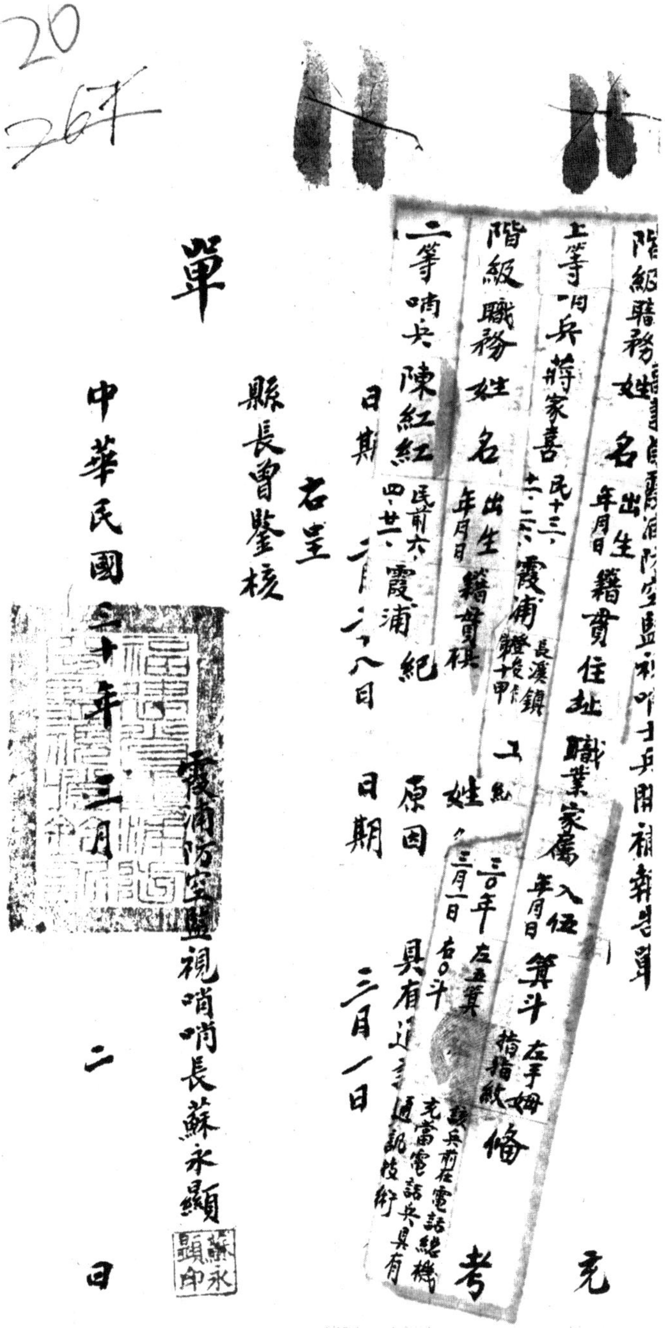
20
26件

霞浦防空監視哨士兵開補報告單

階級職務	姓名	出生年月日	籍貫住址	職業家屬	入伍年月日	箕斗	左手姆指指紋	備考
上等哨兵	蔣家喜	民十三、十二、二八	霞浦長溪鎮第十甲	工	三十年三月一日	左五箕右〇斗		該兵前在電話總機充當電話兵具有通訊技術

階級職務	姓名	出生年月日	籍貫
二等哨兵	陳紅紅	民前六、四、廿六	霞浦

開 日期 三十年二月二十八日

補 姓名 原因 具有通訊技術 日期 三月一日

右呈

縣長曾鑒核

霞浦防空監視哨哨長蘇永顯（蘇永顯印）

中華民國三十年三月二日

福建省霞浦防空监视哨士兵开补报告单(1941年3月2日) 0168-001-0026

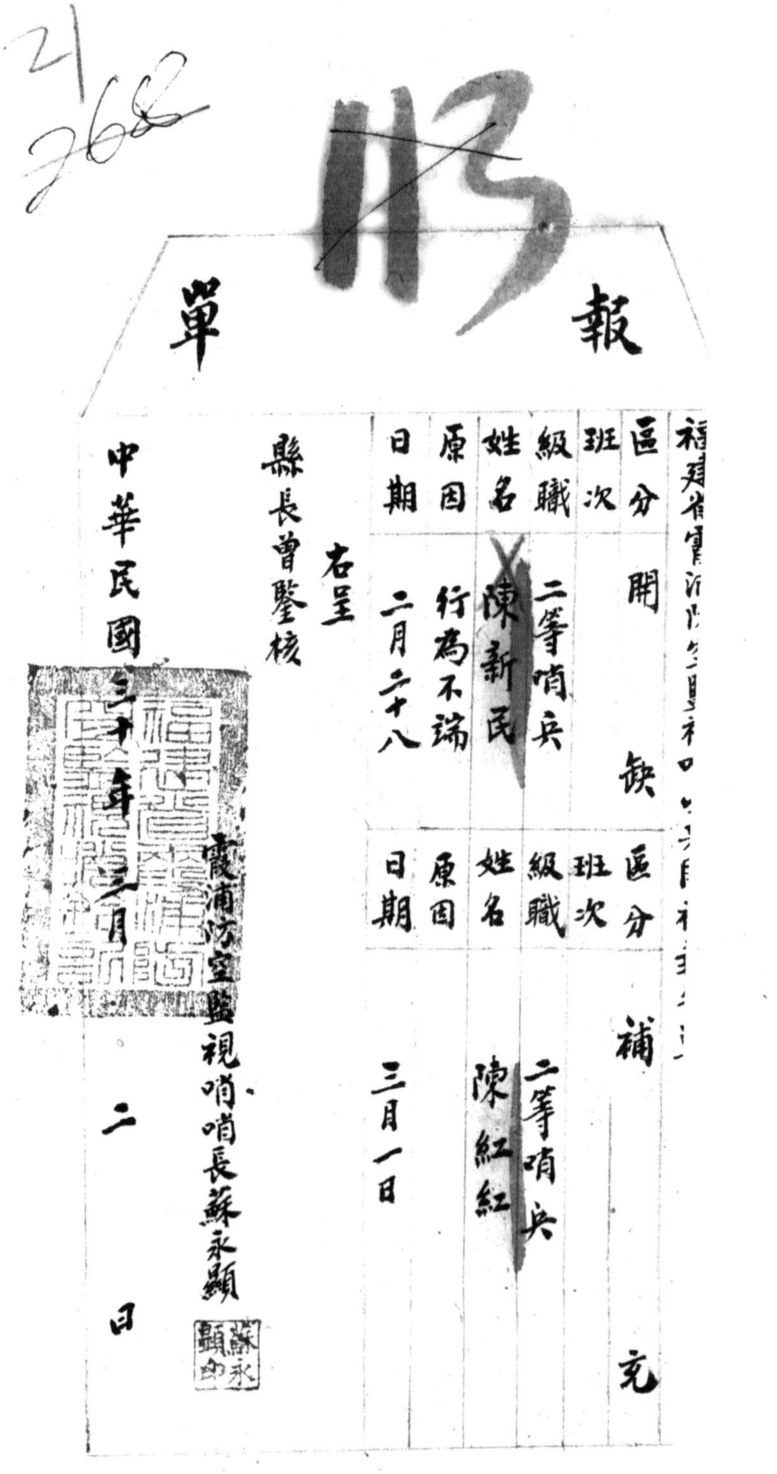

21
268

照

報單

福建省霞浦防空監視哨士兵開補報告單

區分	班次	級職	姓名	原因	日期
開缺		二等哨兵	陳新民	行為不端	二月二十八
補充		二等哨兵	陳紅紅		三月一日

右呈

縣長曾鑒核

霞浦防空監視哨哨長蘇永顯 蘇永顯印

中華民國三十年三月二日

福建省霞浦防空监视哨士兵开补报告单（1941 年 3 月 2 日）　0168-001-0026

職別	姓名	年齡	籍貫
分哨長	林國雄	三一	霞浦
哨丁	林亜明	二九	霞浦
	王克芹	三一	霞浦
	林文壽	三四	霞浦

福建省霞浦防空监视哨士兵开补报告单(1941年3月2日) 0168-001-0026

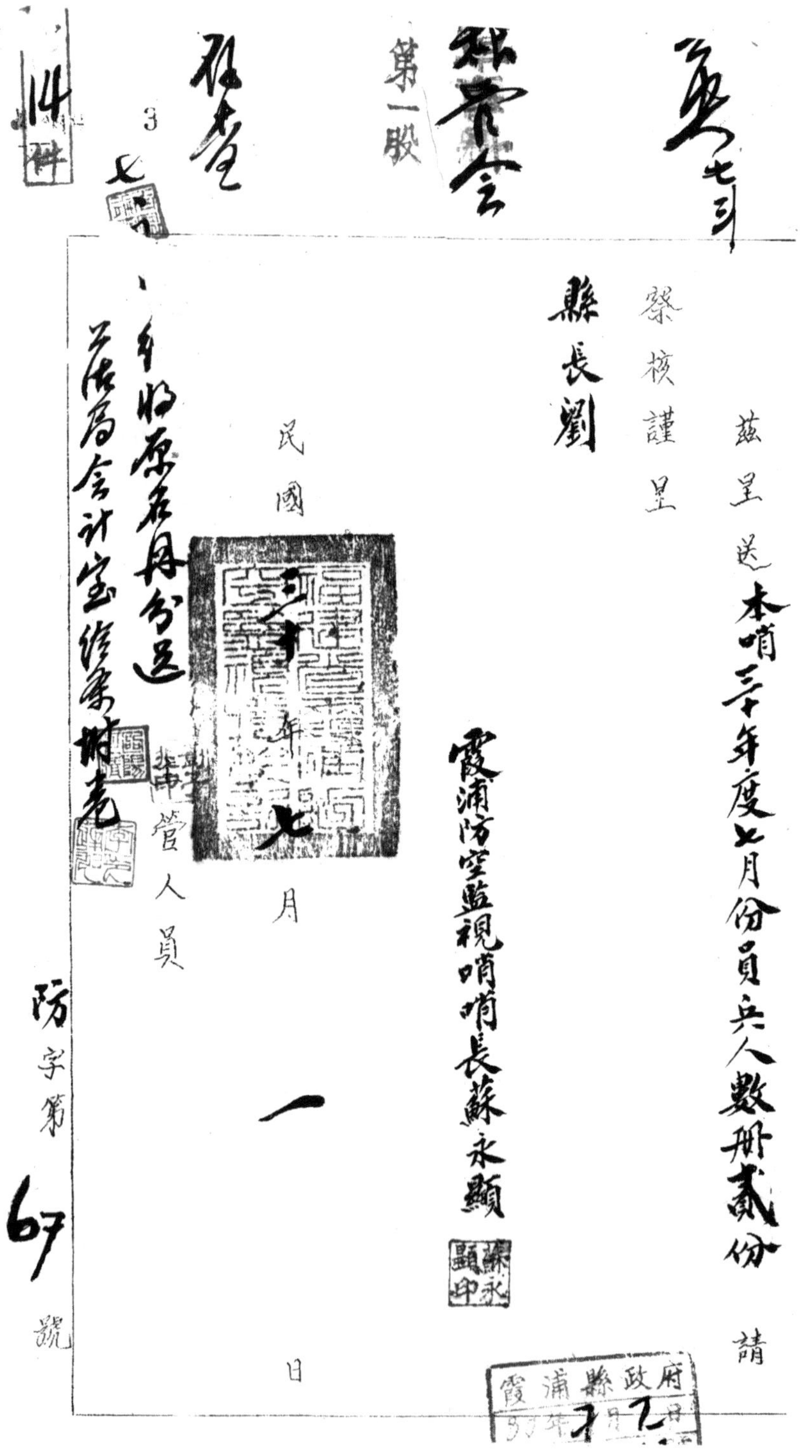

茲呈送本哨三十年度七月份員兵人數册貳份　請

察核謹呈

縣長劉

霞浦防空監視哨哨長蘇永顯

民國三十年七月一日

防字第67號

經管人員

霞浦县政府公文联单　霞浦防空监视哨呈报三十年七月份员兵人数名册

（1941 年 7 月 1 日）　0168-001-0302

霞浦县防空监视哨三十年七月份员兵人数名册

哨长 [illegible]永熙　　文书 周锦丹

班长 [illegible]楼　　哨兵 平桂财

哨兵 林桂生　　〃 林作人

〃 [illegible]善　　〃 苏玉陵

〃 王士行　　〃 赵英

〃 陈细弟　　〃 陈仁乙

附件　霞浦防空监视哨三十年七月份员兵人数名册(1941 年 7 月 1 日)　0168-001-0302

57

福建省霞浦防空監視哨官兵姓名冊

級職	姓名	備考
中尉哨長	蘇永題	
准尉分哨長	陳貽誠	三沙分哨
准尉分哨長	謝錦搭	漁洋分哨長調回本哨助理情報
准尉分哨長	周慶鑾	塩田分哨
上士班長	陳桂生	
中士班長	蘇文校	
中士班長	許慶祥	該班長係漁洋分哨調回本哨
上等哨兵	李友官	

民國三十二年一月十一日

哨長蘇永題 [印]

福建省霞浦防空监视哨官兵姓名册(1943年1月11日)a面　0168-001-0352

仝	蘇文霖	
仝	蔣家喜	
仝	陳宗亨	
一等哨兵	蘇玉渡	
仝	蘇永蕃	
仝	鄭廷搗	
仝	王景星	
二等炊事兵	蘇全詩	以上係本哨士兵
中士班長	吳春官	
上等哨兵	吳依鉅	以上係三沙分哨士兵

福建省霞浦防空监视哨官兵姓名册(1943 年 1 月 11 日)b 面　0168-001-0352

58

职别	姓名
中士班長	蘇永天
二等炊事兵	蘇富堅

以上係鹽田分哨士兵

福建省霞浦防空监视哨官兵姓名册(1943 年 1 月 11 日) 0168-001-0352

61

福建省霞浦防空監視哨士兵伕役花名箕斗冊

職級	姓名	出生年月日	籍貫	詳細住址	職業	家屬	入伍年月日	箕斗	指摸蓋章	備考
上士班長	陳桂生	民八 六.十三	福建閩侯	大義鎮后田保第四甲	軍	母一 兄二	民三〇 八.一	左二箕 右五斗		
中士班長	蘇文揆	民六 三.四	福建德化	葛嶺鄉洪田保第八甲	商	兄一 妻一	民三二 九.一	左一箕 右四斗		
上等哨兵	余吓寶	民前一 三.三	福建霞浦	長溪鎮中山保第七甲	農	母一 兄二	民三二 二.一	左〇箕 右二斗		
仝	蘇文寨	民前六 四.五	福建德化	葛嶺鄉洪田保第八甲	農	兄一 妻一	民三一 六.一	左一箕 右三斗		
仝	蔣家喜	民十三 四.十	福建霞浦	長溪鎮登仁保第二甲	農	父一 兄一	民三二 三.三	左二箕 右一斗		
仝	陳宗亨	民十四 七.廿六	福建福安	第三區鳳林保第三甲	農	母一 兄一	民三二 十.二	左四箕 右一斗		
一等哨兵	蘇玉渡	民前九 九.廿五	福建德化	葛嶺鄉洪田保第二甲	農	妻一 子一	民二九 十.一	左三箕 右一斗		
仝	蘇永蕃	民前六 七.廿六	福建德化	葛嶺鄉洪田保第八甲	農	母一 弟一	民三二 六.一	左二箕 右四斗		

福建省霞浦防空监视哨士兵伕役花名箕斗册(1943年10月16日)a面　0168-001-0352

级职	姓名	出生	籍贯	住址	职业	家属	日期	指纹	备注
仝	鄭廷搞	民十四 十二·一	福建德化	葛嶺鄉濁頭保第十甲	農	祖父一 妻一	民三二 十·一	左一箕 右四斗	
仝	王景星	民前九 三·十五	福建閩侯	鳳崗鄉下道保第三甲	商	妻一 子二	民三二 八·一	左二箕 右二斗	
二等伙事兵	蘇全詩	民前四 三·一	福建德化	葛嶺鄉洪田保第二甲	農	兄一 妻一	民二九 十·一	左四箕 右一斗	以上係本哨士兵
中士班長	許慶祥	民九 九·三	福建霞浦	下滸鎮三州保第五甲	農	父一 母一	民三二 九·一	左一箕 右三斗	
上等哨兵	林進藹	民五 七·十四	福建德化	桂溪鄉云溪保第三甲	農	母一 弟二	民三二 三·一	左三箕 右五斗	
一等哨兵	李保金	民九 七·廿	福建福安	橋北鄉堯池保第十甲	軍	父一 妹一	民三二 三·一	左〇箕 右二斗	
仝	鄭誠	民八 三·一	福建連江	小馬鎮同明保第九甲	商	兄一 弟二	民三二 三·一	左三箕 右五斗	
二等伙事兵	蘇宏恢	民十三 十二·四	福建德化	葛嶺鄉洪田保第五甲	農	父一 兄一	民三二 三·一	左二箕 右四斗	以上係鴻洋分哨士兵
中士班長	陳銀水	民六 五·八	福建閩侯	現住在霞浦縣長溪鎮錢塘保第二甲	商	母一 妻一	民三二 十·十	左三箕 右二斗	
上等哨兵	吳依鉅	民十六 三·九	福建閩侯	南門鎮桂枝保第十甲	商	母一 兄一	民三二 十·一	左三箕 右四斗	

福建省霞浦防空监视哨士兵伕役花名箕斗册(1943 年 10 月 16 日)b 面　0168-001-0352

59

一等哨兵	蔡文霖	民前一、五、十五	安徽進化	桂明鄉生林保第七甲	軍	父一 兄一	民三二、三、一一	左三箕 右六斗		
仝	林進生	民六、一、一三	福建福鼎	後俊鄉全仁保第九甲	農	母一 弟二	民三二、三、二六	左五箕 右四斗		
二等炊事兵	楊明英	民九、六、十三	福建閩侯	桂枝鎮全魚保第六甲	商	母一 妹一	民三二、三、一六	左一箕 右六斗		以上係三沙分哨士兵
中士班長	蘇永天	民九、五、九	福建德化	葛嶺鄉洪田保第十五甲	農	妻一 弟一	民三二、三、一六	左四箕 右一斗		
上等哨兵	周伏寶	民八、八、七	福建霞浦	長溪鎮登仁保第十三甲	商	父一 母一	民三二、三、一六	左五箕 右0斗		
一等哨兵	吳九鏗	民六、十二、五	福建長樂	群南鄉東北保第七甲	農	母一 弟一	民三二、三、一六	左四箕 右0斗		
仝	馮在鑾	民十六、三、十五	福建霞浦	閭東鄉橋頭保第三甲	農	父一 妹二	民三二、三、一六	左四箕 右一斗		
二等炊事兵	蘇富堅	民十、八、十五	福建德化	葛嶺鄉洪田保第十五甲	農	母一 妹一	民三二、三、一六	左五箕 右0斗		以上係塩田分哨士兵

移交者蘇永題 蘇永題印

接收者張應之

福建省霞浦防空监视哨士兵伕役花名箕斗册(1943 年 10 月 16 日)　0168-001-0352

中華民國三十二年十月十六日

福建省霞浦防空监视哨士兵伕役花名箕斗册(1943 年 10 月 16 日) 0168-001-0352

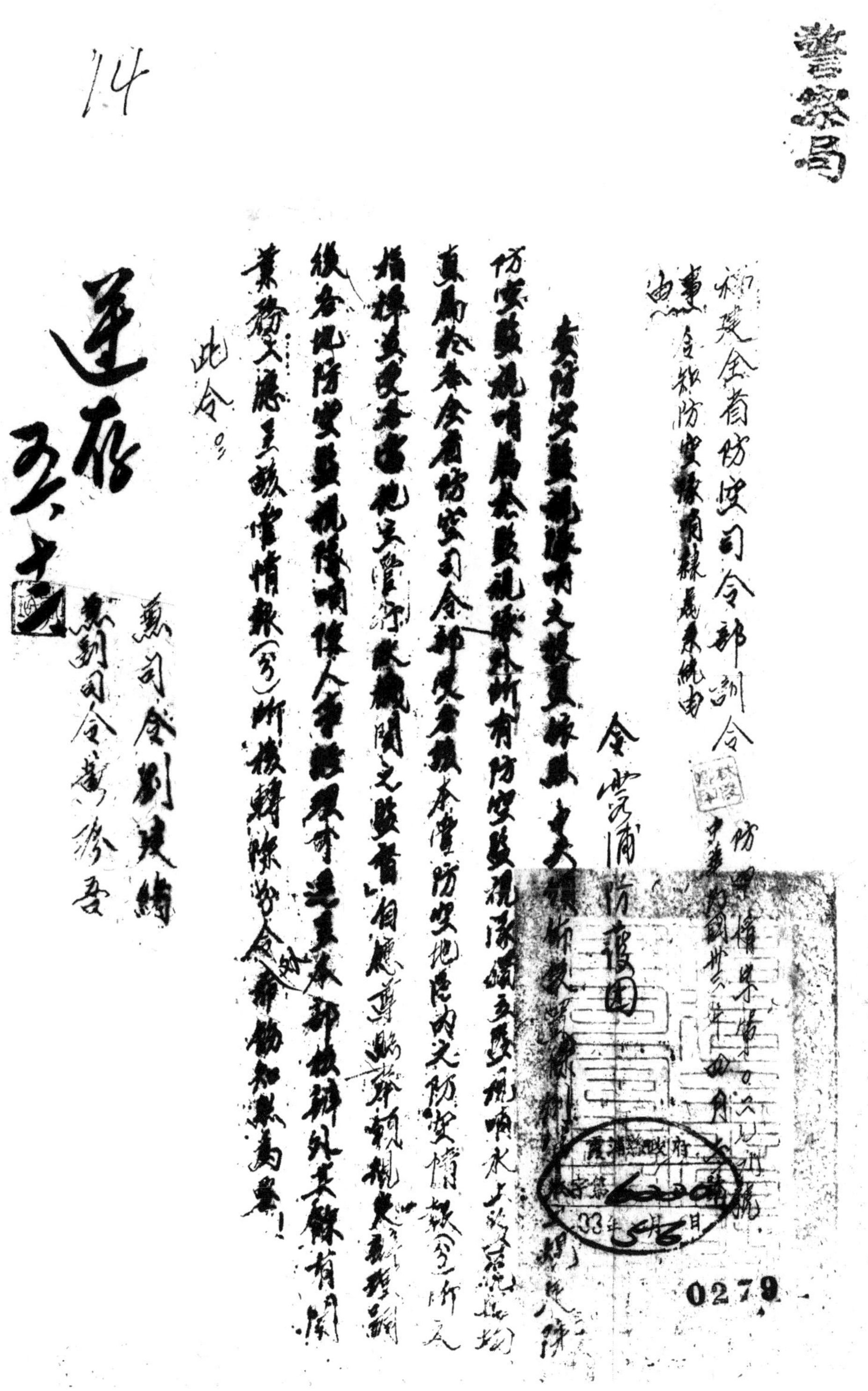
14

警察局

福建全省防空司令部訓令

事由：令飭防空隊哨隸屬系統由

防甲情字第〇六八八號

中華民國卅三年四月 日

令霞浦防護團

查防空監視隊哨之設置，[illegible]

防空監視哨為本監視隊所有防空監視隊[illegible]

直屬於本全省防空司令部，受本部[illegible]防空地區內之防空情報（分）所及

指揮并受本[illegible]監視區暨有關機關之監督，自應遵照[illegible]

後各地防空監視隊哨人事[illegible]除遵照本部核辦外，其餘有關

業務，大應受該管情報（分）所指揮，除分令外，合行令仰知照為要！

此令。

兼司令 劉建緒

兼副司令 黃珍吾

逕存 五、六、十二

霞浦縣政府 收字第 號 33年5月 日

0279

福建全省防空司令部关于防空队哨隶属系统的训令（1944 年 4 月 20 日） 0168-001-0531

(二)经费与粮饷

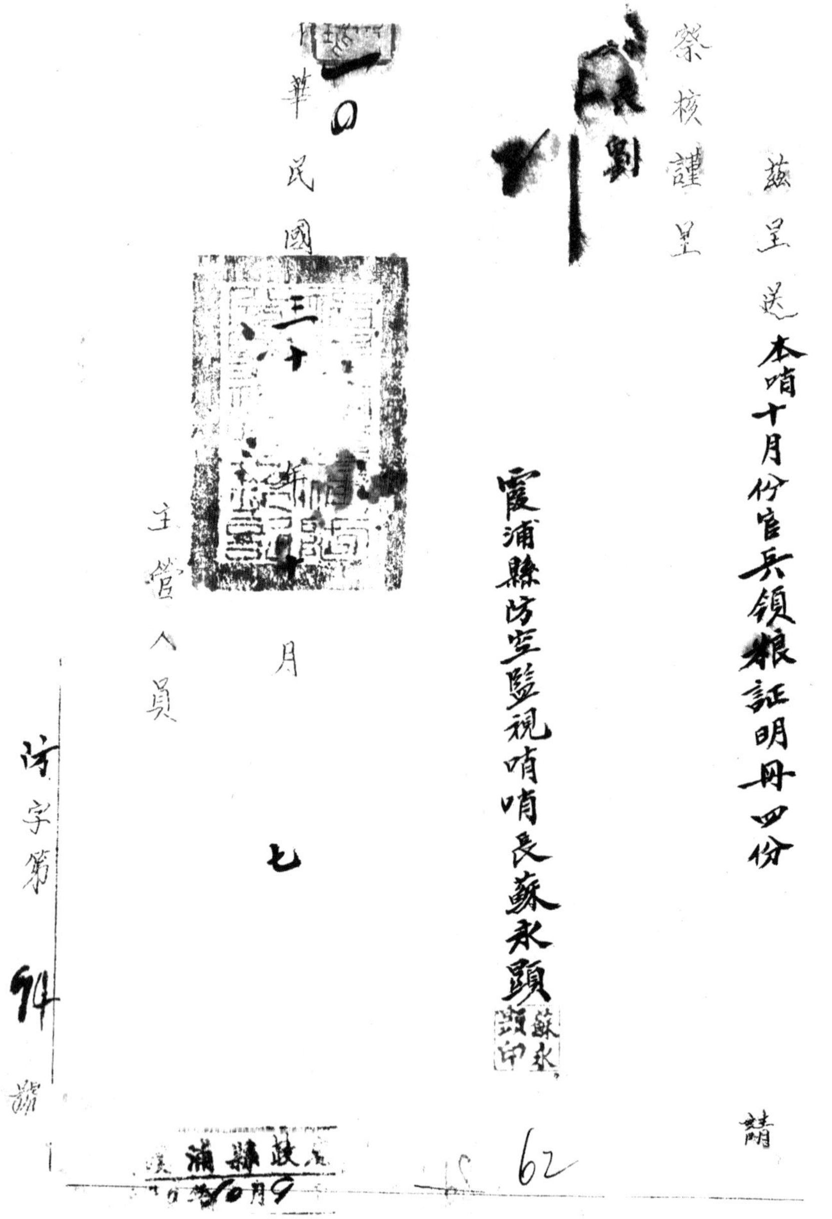
茲呈送本哨十月份官兵領粮証明冊四份
察核謹呈
霞浦縣防空監視哨哨長蘇永顯
蘇永顯印
中華民國三十年十月七日
主管人員
防字第94號

霞浦县政府公文联单　霞浦防空监视哨呈送三十年十月份官兵领粮证明册

（1941 年 10 月 7 日）　0168-001-0248

哨民国卅年十月份官兵领粮证明册

附件　霞浦防空监视哨三十年十月份官兵领粮证明册(1941 年 10 月 7 日)　0168-001-0248

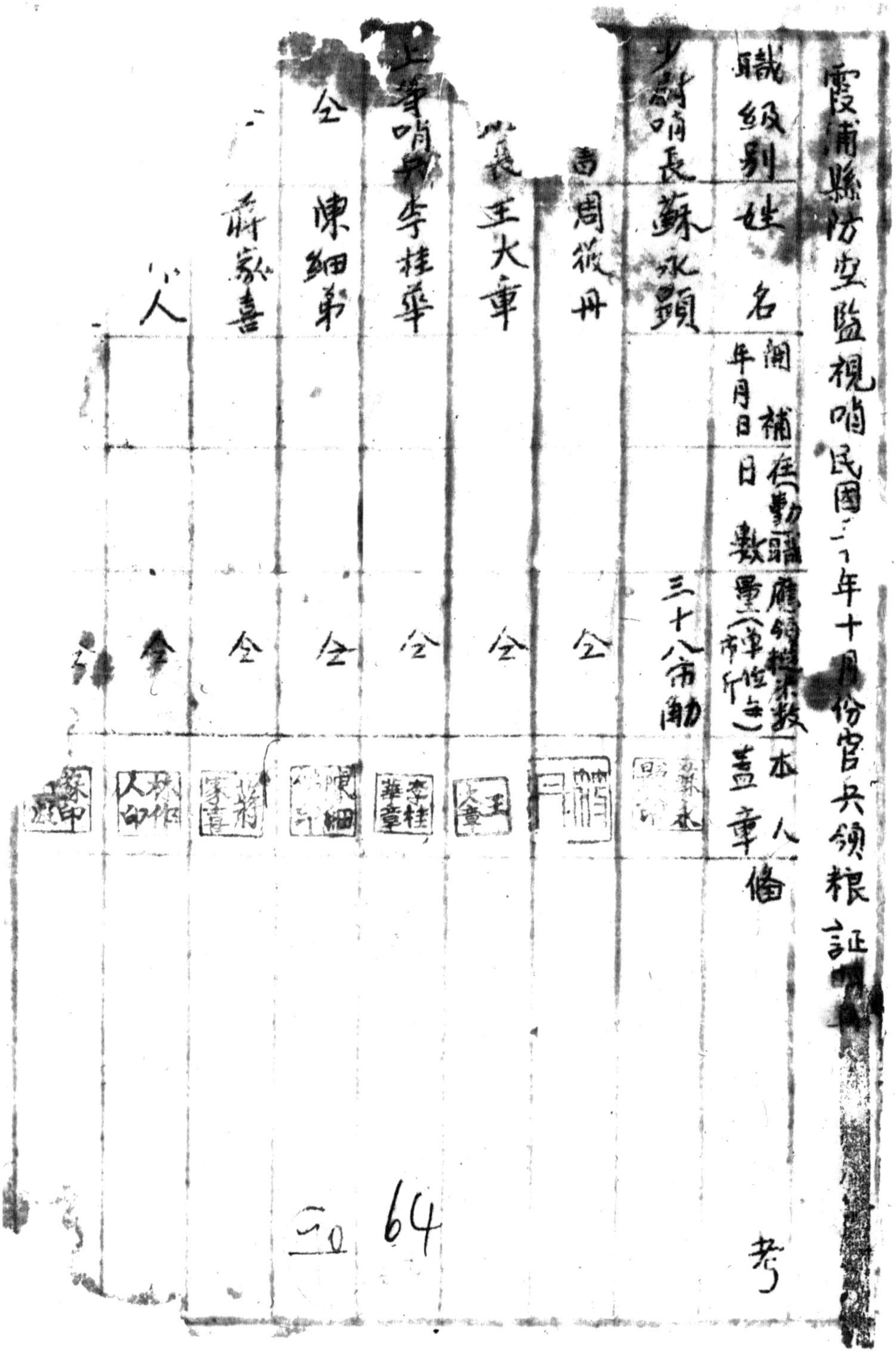

霞浦縣防空監視哨民国三十年十月份官兵領粮証明册

職級別	姓名	開補年月日	在勤日數	應領粮秣數量（單位：市斤）	本人蓋章	備考
少尉哨長	蘇永顯			三十八市斤	蘇永[illegible]	
書	周從丹			仝	[illegible]	
[illegible]長	王大東			仝	王大章	
上等哨兵	李桂華			仝	李桂華章	
仝	陳細弟			仝	陳細[illegible]	
	蔣家喜			仝	蔣家喜	
	[illegible]人			仝	林佃人印	
				仝	[illegible]印	

二0 64

附件　霞浦防空监视哨三十年十月份官兵领粮证明册（1941年10月7日）a面　0168-001-0248

职别	姓名			印	备考
[illegible]	[illegible]		仝	[illegible]	
	大		仝	趙[illegible]	
	王士行		仝	王士行印	
二等炊事兵	陳紅紅		仝	陳紅紅	以上係監視哨官兵
准尉分哨長	陳昭誠		仝	陳昭誠印	
班長	吳春官		仝	吳春官印	
[illegible]	陳依謀		仝	陳依謀印	
二等炊事兵	陳開華		仝	陳開華印	以上係第一分哨官兵
准尉分哨兵	周慶鏊		仝	周慶鏊	
中士班長	平桂射		仝	平桂射印	

附件　霞浦防空监视哨三十年十月份官兵领粮证明册(1941 年 10 月 7 日)b 面　0168-001-0248

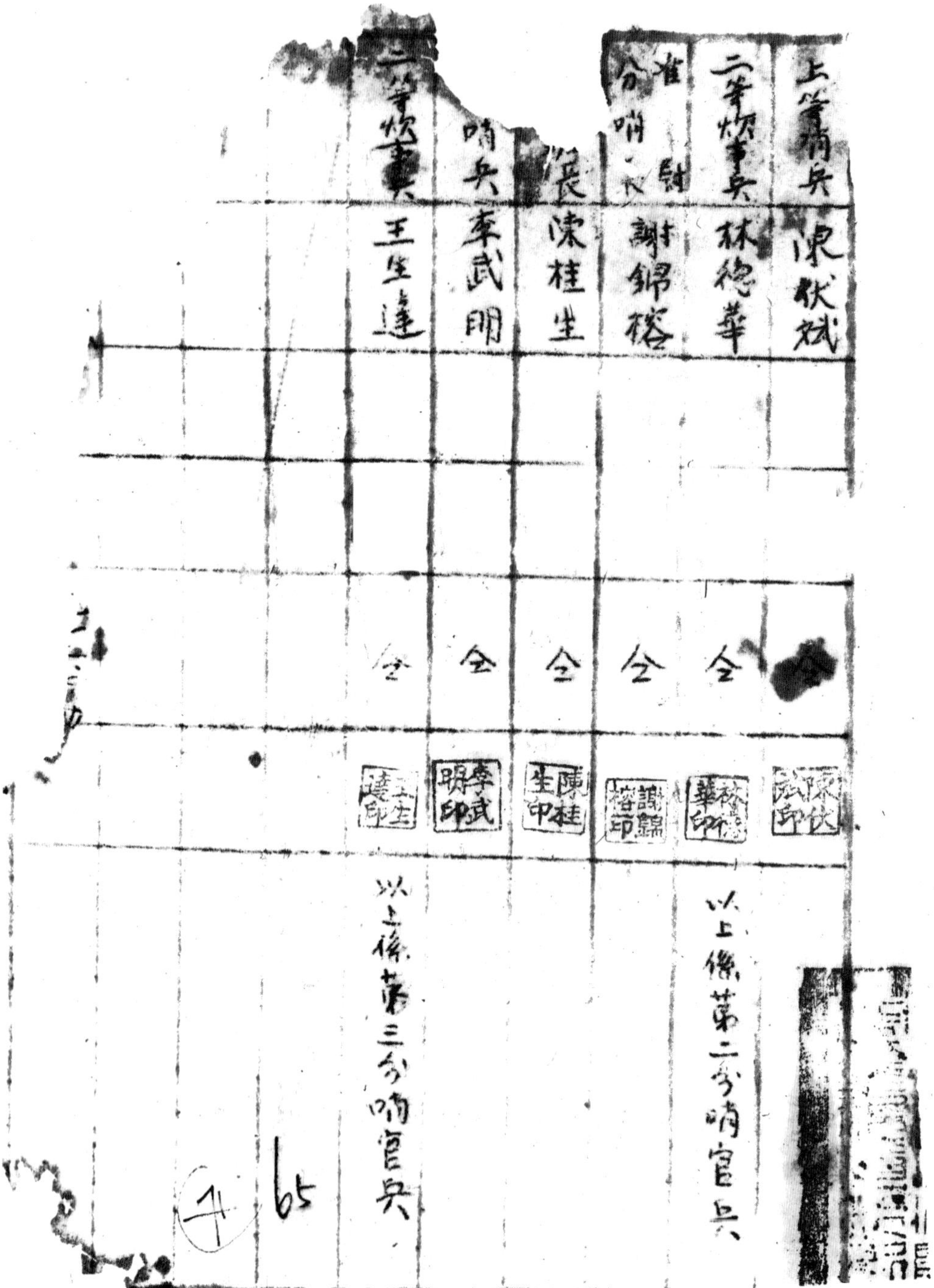

職別	姓名		蓋章
上等哨兵	陳伏斌	仝	陳伏斌印
二等炊事兵	林德華	仝	林德華印
准尉分哨長	謝錦榕	仝	謝錦榕印
[illegible]長	陳桂生	仝	陳桂生印
哨兵	李武明	仝	李武明印
二等炊事兵	王生逢	仝	王生逢印

以上係第二分哨官兵

以上係第三分哨官兵

65

附件　霞浦防空监视哨三十年十月份官兵领粮证明册(1941 年 10 月 7 日)　0168-001-0248

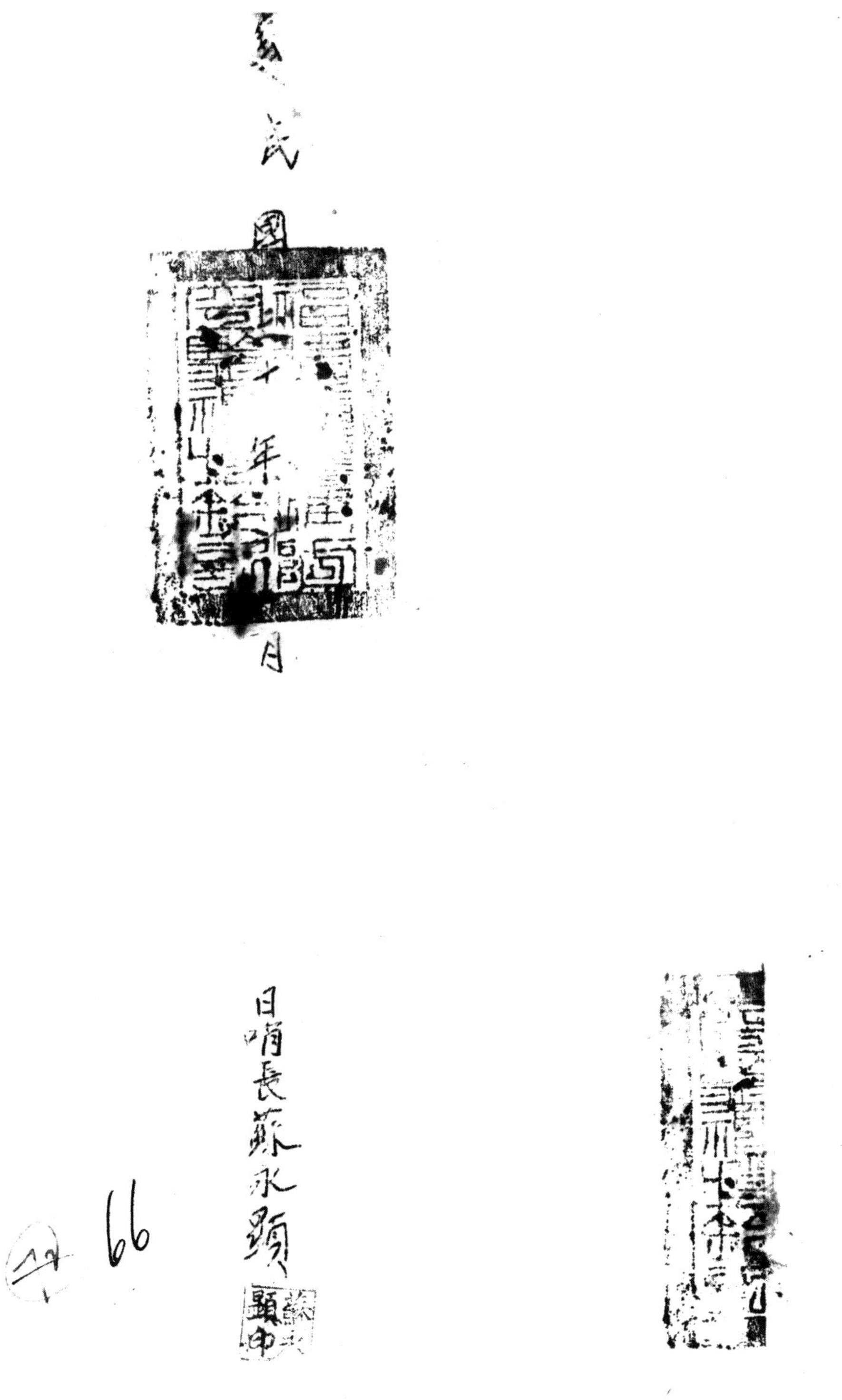

華民國

月

日哨長蘇永頭

66

附件 霞浦防空监视哨三十年十月份官兵领粮证明册(1941 年 10 月 7 日) 0168-001-0248

呈為編送預算請　察由

呈

案奉

鈞府財乙字第六五四號指令開：「呈册均悉，仰迅編預算呈核」等因，奉此，職遵即編就三十二年一月份現有官兵實支經費預算表一份，隨文呈請

察核，懇迅乞補給一月份經費尾数一百二十二元五角，以資歸墊，實為公便。

謹呈

縣長毛

附經費預算表一份

霞浦防空監視哨長蘇永顥　代

霞浦防空监视哨关于编送预算的呈文(1942 年 1 月 25 日)　0170-001-0012

茲呈送本哨三十一年九十兩月份餉項証明冊、單据粘存簿、經費累計表、現金出納表各四份謹請

察核

謹呈

縣長毛

登訖

霞浦防空監視哨長蘇永顯

中華民國三十一年十月二十八日

霞浦县政府公文联单　福建省霞浦防空监视哨呈送三十一年九、十月份饷项证明册、单据粘存簿、经费累计表及现金出纳表(1942年10月28日)　0168-001-0352

福建省霞浦防空監視哨三十一年九月份薪餉證明册

附件　福建省霞浦防空监视哨三十一年九月份薪饷证明册(1942年9月30日)　0168-001-0352

12

福建省霞浦防空監視哨中華民國三十一年九月份經費支出計算表

科目區分			實有人數	月支定額	合計	備考
用人費	俸薪餉項	上尉				
		中尉	一	六〇 〇〇	六〇 〇〇	
		少尉	、			
		准尉	三	三二 〇〇	九六 〇〇	
		小計	四		一五六 〇〇	
		上士	二	一六 〇〇	三二 〇〇	
		中士	四	一三 〇〇	五二 〇〇	
		下士				
		上等兵	七	六 五〇	四五 五〇	
		一等兵	十	五 五〇	五五 〇〇	
		二等兵	四	五 〇〇	二〇 〇〇	
		小計	二七		二〇四 五〇	
	官佐生活補貼費		四	一〇 〇〇	四〇 〇〇	
	官兵主食費		三一	四 〇〇	一二四 〇〇	
	士兵副食費		二七	八 〇〇	二一六 〇〇	
	合計				三八〇 〇〇	
非用人費	辦公費			五〇 〇〇	五〇 〇〇	
	人員醫藥費		三一	六〇	一八 六〇	
	士兵草鞋費		二七	一 五〇	四〇 五〇	
	洗擦費					
	其他費					
	合計				一〇九 一〇	
總計					八四九 六〇	

附件　福建省霞浦防空监视哨中华民国三十一年九月份经费支出计算表

(1942年9月30日)a面　0168-001-0352

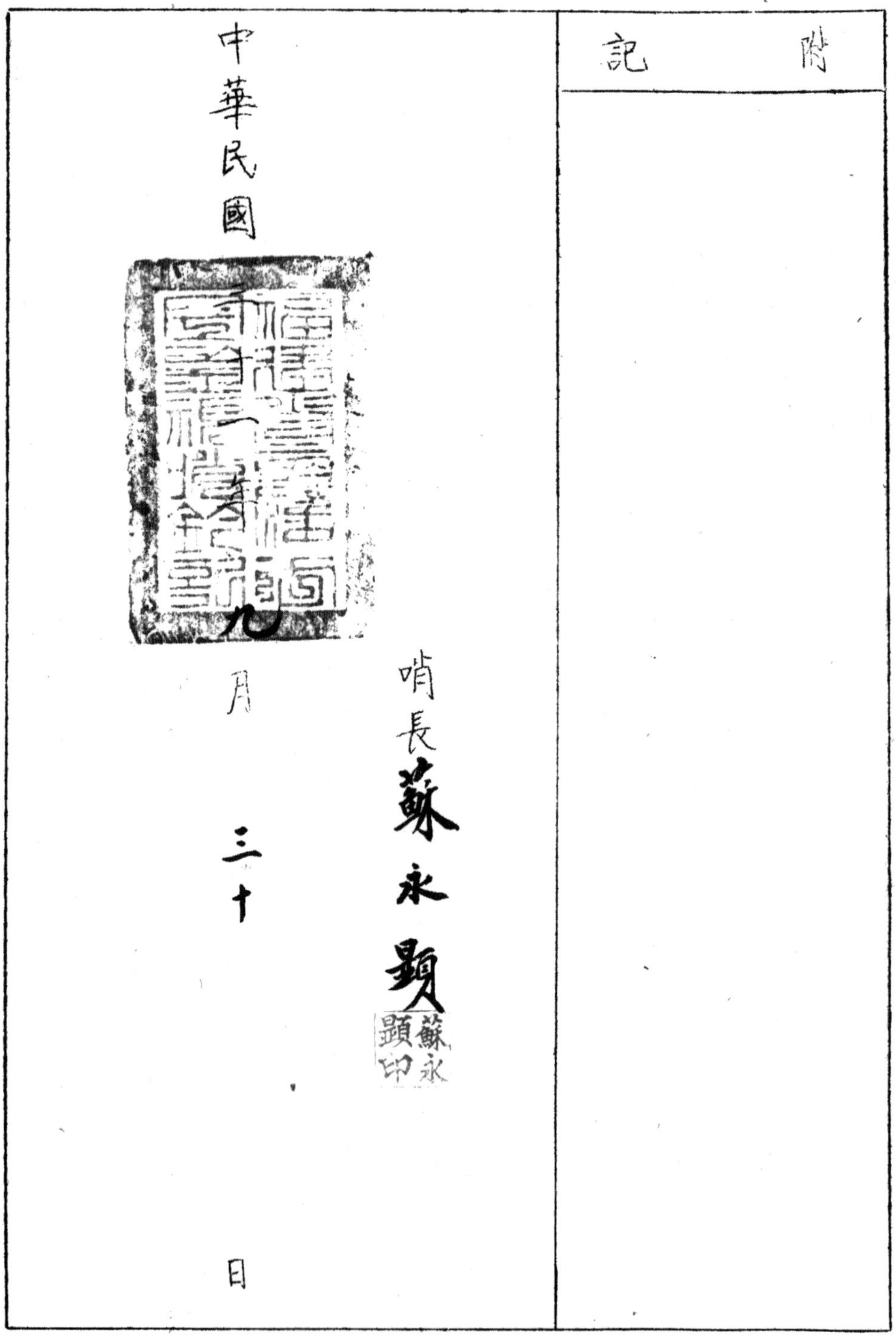
附記

哨長蘇永顥

蘇永顥印

中華民國　九月三十日

附件　福建省霞浦防空监视哨中华民国三十一年九月份经费支出计算表

(1942 年 9 月 30 日)b 面　0168-001-0352

~~13~~ 12

福建省霞浦縣防空監視哨中華民國三十一年九月份官佐薪餉証明册

級職	姓名	月支定額 薪俸	月支定額 主食費	實支數 薪俸	實支數 主食費	實支數 合計	蓋章	貼印花稅	備考
中尉哨長	蘇永顥	七〇〇〇	四〇〇	七〇〇〇	四〇〇	七四〇〇	蘇永顥印		官佐生活補助費包括薪俸額內十元
准尉分哨長	陳貽誠	四二〇〇	四〇〇	四二〇〇	四〇〇	四六〇〇	陳貽誠印		仝上
仝	謝錦搭	四二〇〇	四〇〇	四二〇〇	四〇〇	四六〇〇	[illegible]		仝上
仝	周慶鎣	四二〇〇	四〇〇	四二〇〇	四〇〇	四六〇〇	[illegible]		仝上
合計四員						二一二〇〇			

附件　福建省霞浦防空监视哨中华民国三十一年九月份官佐薪饷证明册

（1942 年 9 月 30 日）　0168-001-0352

一 [illegible] 母13

福建省霞浦防空監視哨中華民國三十一年九月份士兵餉項証明冊

級職	姓名	餉項實支數：月支定額	餉	主食費	副食費	合計	蓋章	備攷
上士文書	鄭儀莊	二八〇〇	一六〇〇	四〇〇	八〇〇	二八〇〇	鄭儀莊	
上士班長	陳桂生	二八〇〇	一六〇〇	四〇〇	八〇〇	二六〇〇	陳桂生印	
中士班長	蘇文扶	二五〇〇	一三〇〇	四〇〇	八〇〇	二五〇〇		
上等哨兵	李桂華	一八五〇	六五〇	四〇〇	八〇〇	一八五〇	李桂華章	
仝	陳細佛	一八五〇	六五〇	四〇〇	八〇〇	一八五〇	陳細佛印	
仝	蔣家喜	一八五〇	六五〇	四〇〇	八〇〇	一八五〇	蔣家喜章	
仝	林作人	一八五〇	六五〇	四〇〇	八〇〇	一八五〇	林作人印	
乙等哨兵	蘇玉渡	一七五〇	五五〇	四〇〇	八〇〇	一七五〇	蘇玉渡印	

附件　福建省霞浦防空监视哨中华民国三十一年九月份士兵饷项证明册

(1942 年 9 月 30 日)a 面　0168-001-0352

仝	蘇德堆	一七五〇	五五〇	四〇〇	八〇〇	一七五〇	蘇德堆印	
仝	趙英	一七五〇	五五〇	四〇〇	八〇〇	一七五〇	趙英	
仝	王景星	一七五〇	五五〇	四〇〇	八〇〇	一七五〇	王景星	
二等炊事兵	蘇全詩	一七〇〇	五〇〇	四〇〇	八〇〇	一七〇〇	蘇全詩	以上係本哨士兵
中士班長	吳春官	二五〇〇	一三〇〇	四〇〇	八〇〇	二五〇〇	吳春官印	
上等哨兵	陳依謀	一八五〇	六五〇	四〇〇	八〇〇	一八五〇	陳依謀印	
一等哨兵	陳銅官	一七五〇	五五〇	四〇〇	八〇〇	一七五〇	陳銅官	
仝	林强	一七五〇	五五〇	四〇〇	八〇〇	一七五〇	林强	
二等炊事兵	陳開華	一七〇〇	五〇〇	四〇〇	八〇〇	一七〇〇	陳開華印	以上第一分哨士兵八
中士班長	梁九齡	二五〇〇	一三〇〇	四〇〇	八〇〇	二五〇〇	[illegible]	

附件　福建省霞浦防空监视哨中华民国三十一年九月份士兵饷项证明册

(1942 年 9 月 30 日)b 面　0168-001-0352

~~15~~ 14

上等哨兵	李武明	一八五〇	六五〇	四〇〇	八〇〇	一八五〇	李武明印	
乙等哨兵	謝法金	一七五〇	五五〇	四〇〇	八〇〇	一七五〇	謝法金	
仝	王金木	一七五〇	五五〇	四〇〇	八〇〇	一七五〇	王金木	
二等炊事兵	王生達	一七〇〇	五〇〇	四〇〇	八〇〇	一七〇〇	王生達印	以上第二分哨士兵
中士班長	平桂射	二五〇〇	一三〇〇	四〇〇	八〇〇	二五〇〇	平桂射印	
上等哨兵	蘇永天	一八五〇	六五〇	四〇〇	八〇〇	一八五〇	蘇永天印	
乙等哨兵	蘇文霖	一七五〇	五五〇	四〇〇	八〇〇	一七五〇	蘇文霖	
仝	蘇永蕃	一七五〇	五五〇	四〇〇	八〇〇	一七五〇	蘇永蕃	
二等炊事兵	蘇富堅	一七〇〇	五〇〇	四〇〇	八〇〇	一七〇〇	蘇富堅印	以上第三分哨士兵

附件　福建省霞浦防空监视哨中华民国三十一年九月份士兵饷项证明册

（1942 年 9 月 30 日） 0168-001-0352

5

福建省霞浦防空監視哨三十一年九月份單据粘存簿

附件　福建省霞浦防空监视哨三十一年九月份单据粘存簿(1942年9月30日)　0168-001-0352

6

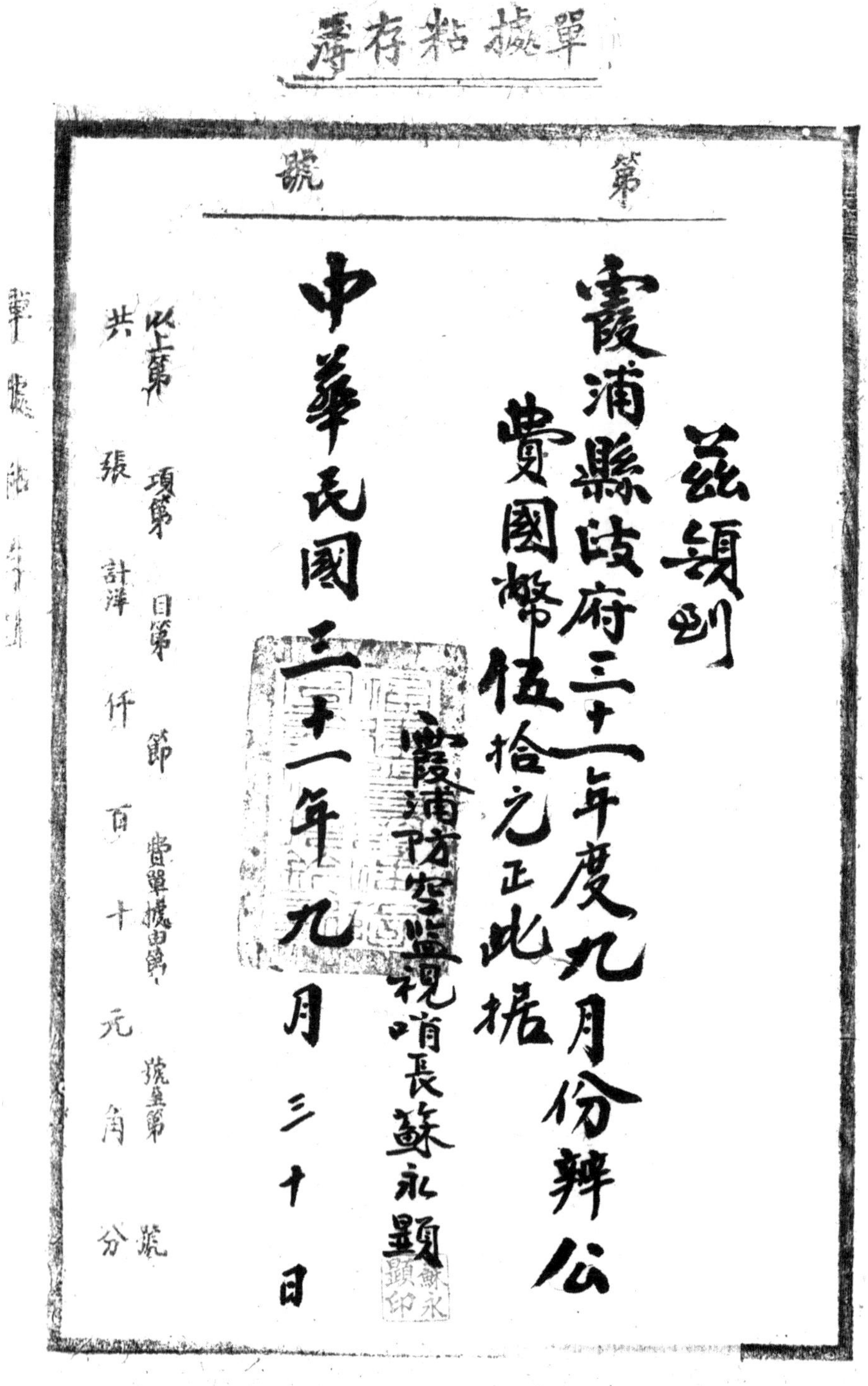

單據粘存簿

第 號

茲領到

霞浦縣政府三十一年度九月份辦公費國幣伍拾元正此據

霞浦防空監視哨長蘇永顯

中華民國三十一年九月三十日

以上第 項第 目第 節 費單據由第 號至第 號

共 張 計洋 仟 百 十 元 角 分

附件 福建省霞浦防空监视哨三十一年九月份单据粘存簿(办公费收据)

(1942年9月30日)a面 0168-001-0352

單據粘存簿

第　　號

茲領到

霞浦縣政府三十一年度九月份官佐薪

俸費國幣壹佰伍拾陸元正此據

霞浦防空監視哨長蘇永題

中華民國三十一年九月三十

以上第　項第　目第　節　費單據由第　號至第　號

共　張　計洋　仟　百　十　元　角　分

單據粘存簿

附件　福建省霞浦防空监视哨三十一年九月份单据粘存簿（官佐薪俸费收据）

（1942 年 9 月 30 日）b 面　0168-001-0352

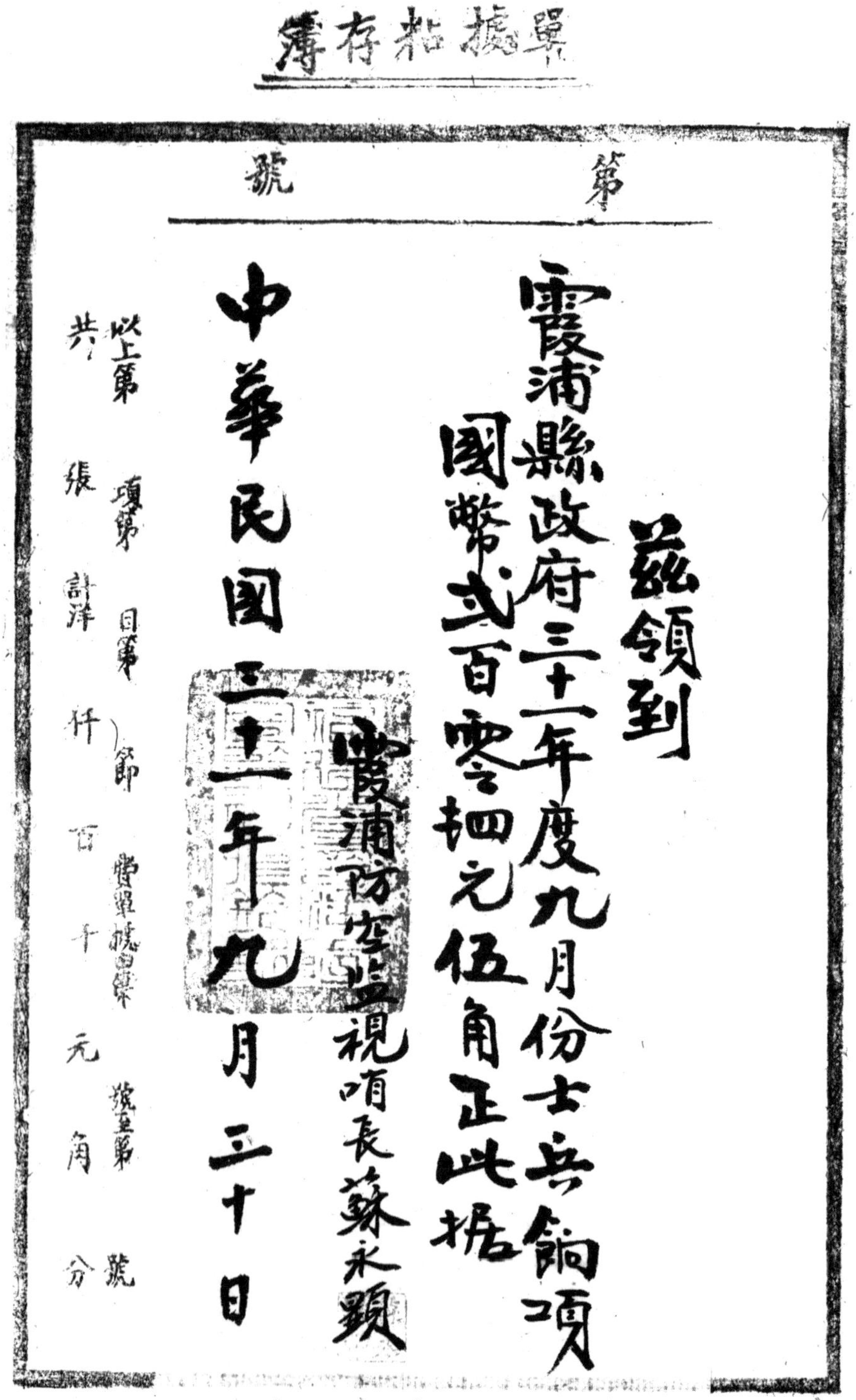

單據粘存簿

第　號

茲領到

霞浦縣政府三十一年度九月份士兵餉項

國幣貳百零捌元伍角正此据

霞浦防空監視哨長蘇永顯

中華民國三十一年九月三十日

以上第　項第　目第　節　費單據自第　號至第　號

共　張　計洋　仟　百　十　元　角　分

附件　福建省霞浦防空监视哨三十一年九月份单据粘存簿(士兵饷项费收据)

(1942 年 9 月 30 日)a 面　0168-001-0352

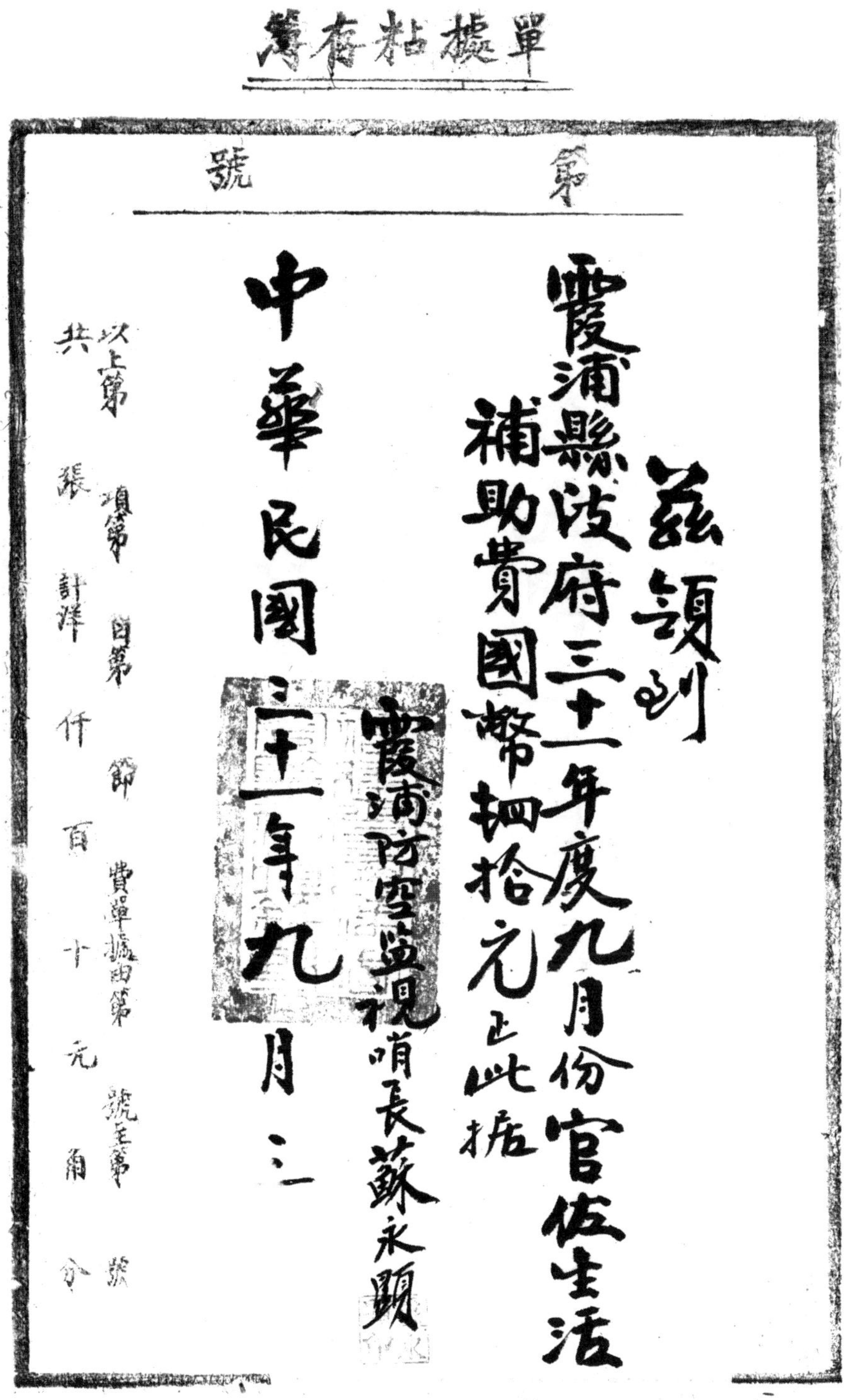

單據粘存簿

第 號

茲領到

霞浦縣政府三十一年度九月份官佐生活

補助費國幣捌拾元正此據

霞浦防空監視哨哨長蘇永顯

中華民國三十一年九月三

以上第 項第 目第 節 費單據由第 號至第 號

共 張 計洋 仟 百 十 元 角 分

附件　福建省霞浦防空监视哨三十一年九月份单据粘存簿(官佐生活补助费收据)

(1942年9月30日)b面　0168-001-0352

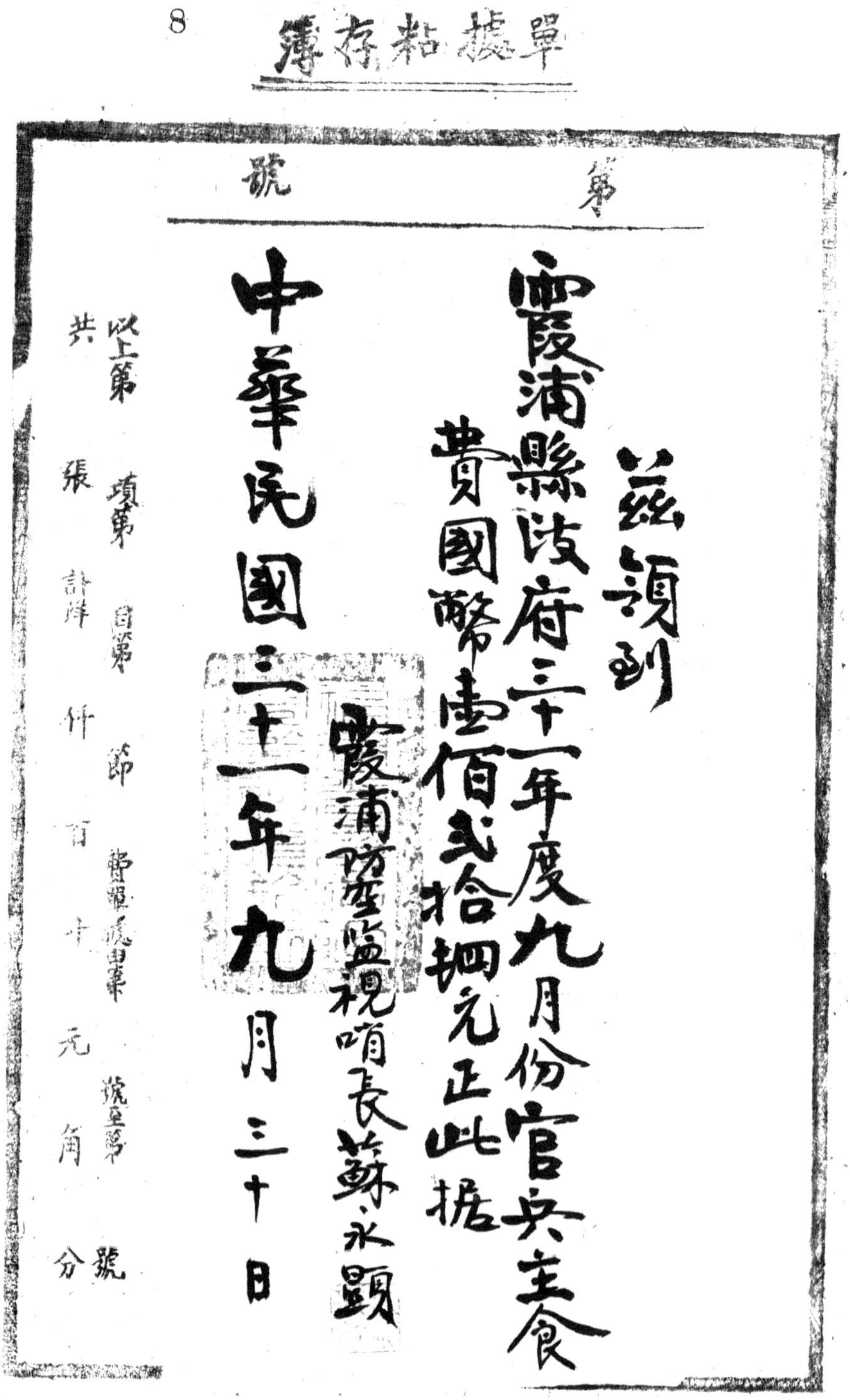
8

單據粘存簿

第 號

茲領到

霞浦縣政府三十一年度九月份官兵主食

費國幣壹佰弍拾捌元正此據

霞浦防空監視哨長蘇永顕

中華民國三十一年九月三十日

以上第 項第 目第 節 費單據由第 號至第 號

共 張 計洋 仟 百 十 元 角 分

附件 福建省霞浦防空监视哨三十一年九月份单据粘存簿(官兵主食费收据)

(1942 年 9 月 30 日)a 面 0168-001-0352

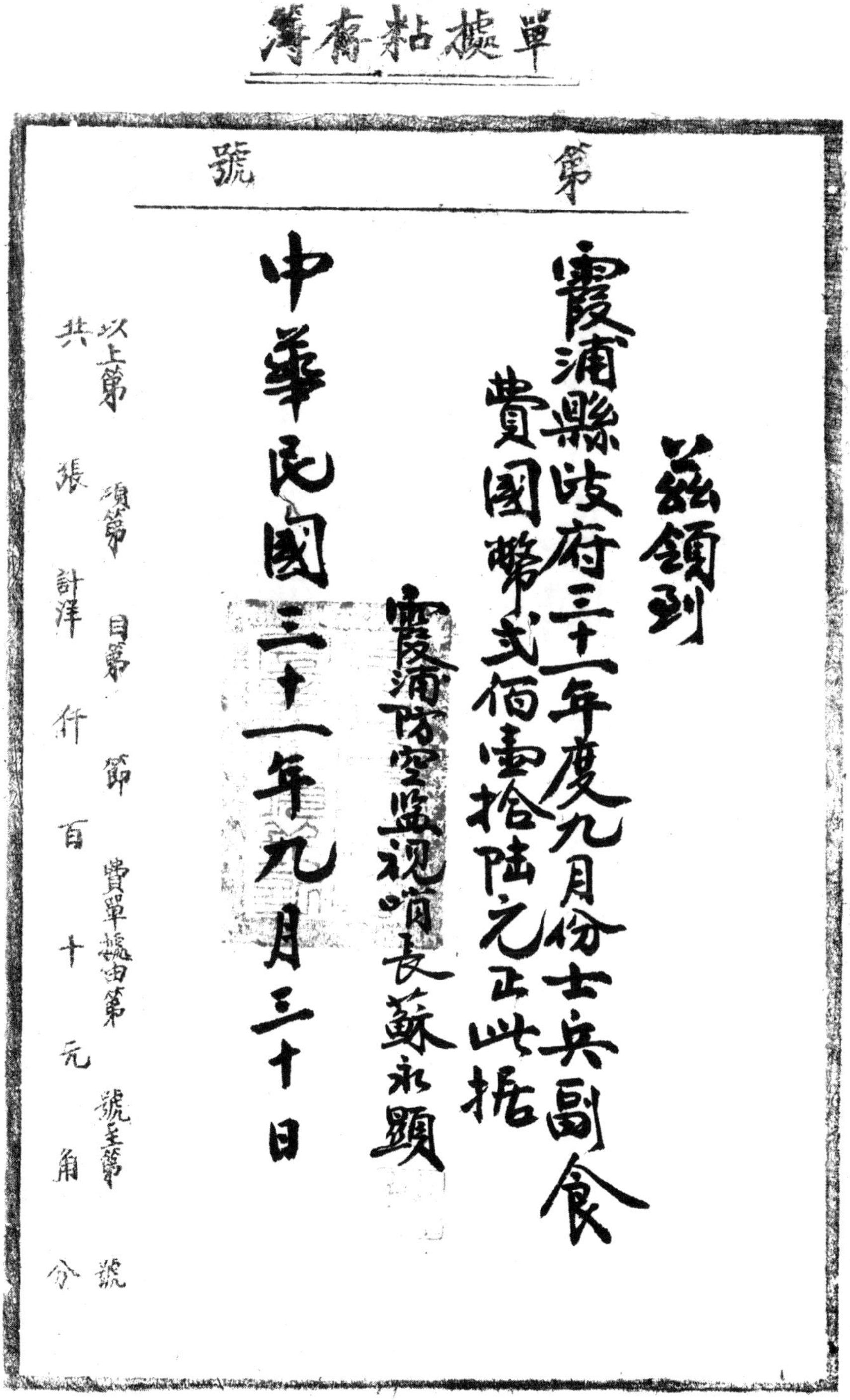

單據粘存簿

第　號

茲領到
霞浦縣政府三十一年度九月份士兵副食費國幣弍佰壹拾陸元正此据
霞浦防空監視哨長蘇永題
中華民國三十一年九月三十日

以上第　項第　目第　節　費單據由第　號至第　號
共　張　計洋　仟　百　十　元　角　分

附件　福建省霞浦防空监视哨三十一年九月份单据粘存簿(士兵副食费收据)
(1942 年 9 月 30 日)b 面　0168-001-0352

9

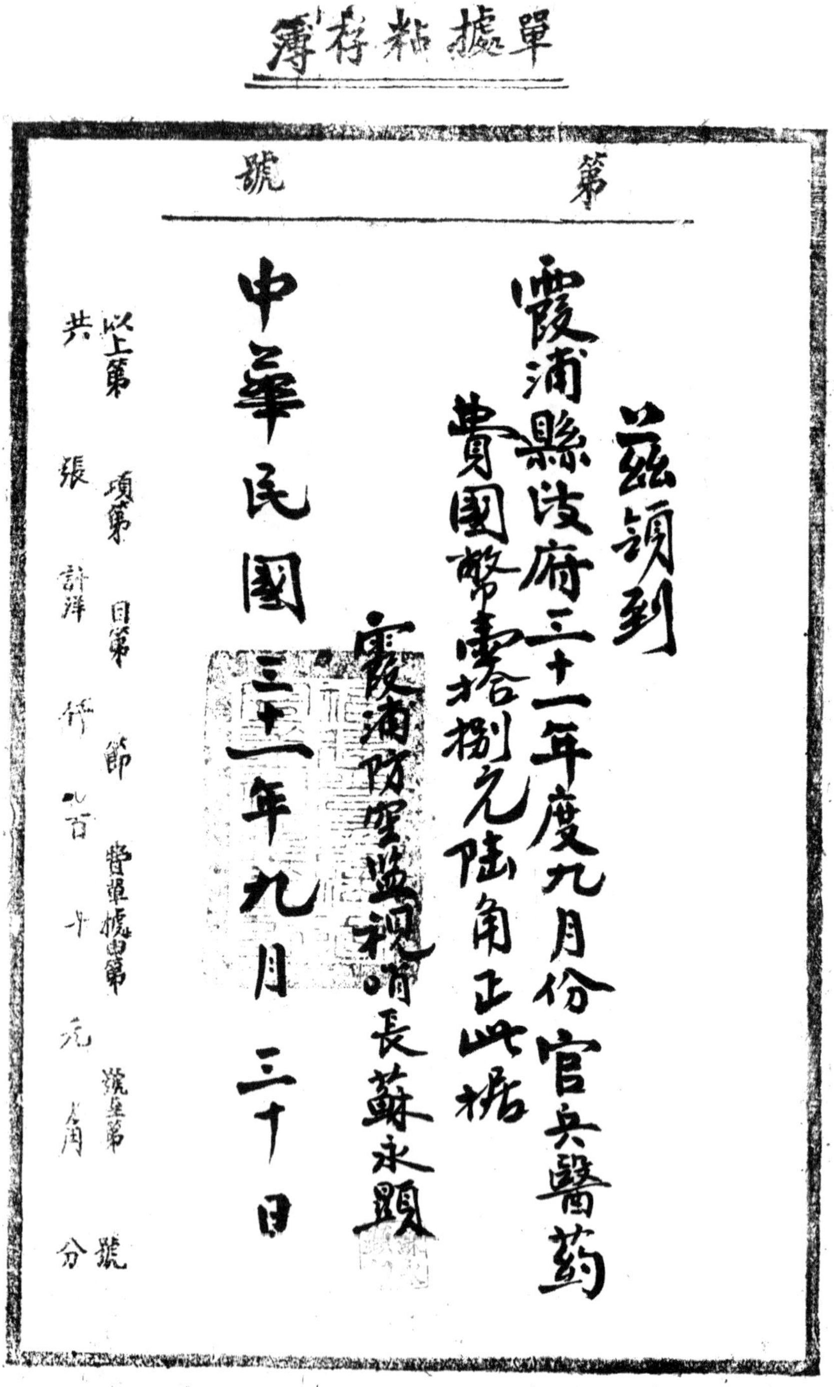

單據粘存簿

第　號

茲領到

霞浦縣政府三十一年度九月份官兵醫藥

費國幣壹拾捌元陸角正此據

霞浦防空監視哨長蘇永題

中華民國三十一年九月三十日

以上第　項第　目第　節　營單據由第　號至第　號

共　張　計洋　拾　百　十　元　角　分

附件　福建省霞浦防空监视哨三十一年九月份单据粘存簿(官兵医药费收据)

(1942年9月30日)a面　0168-001-0352

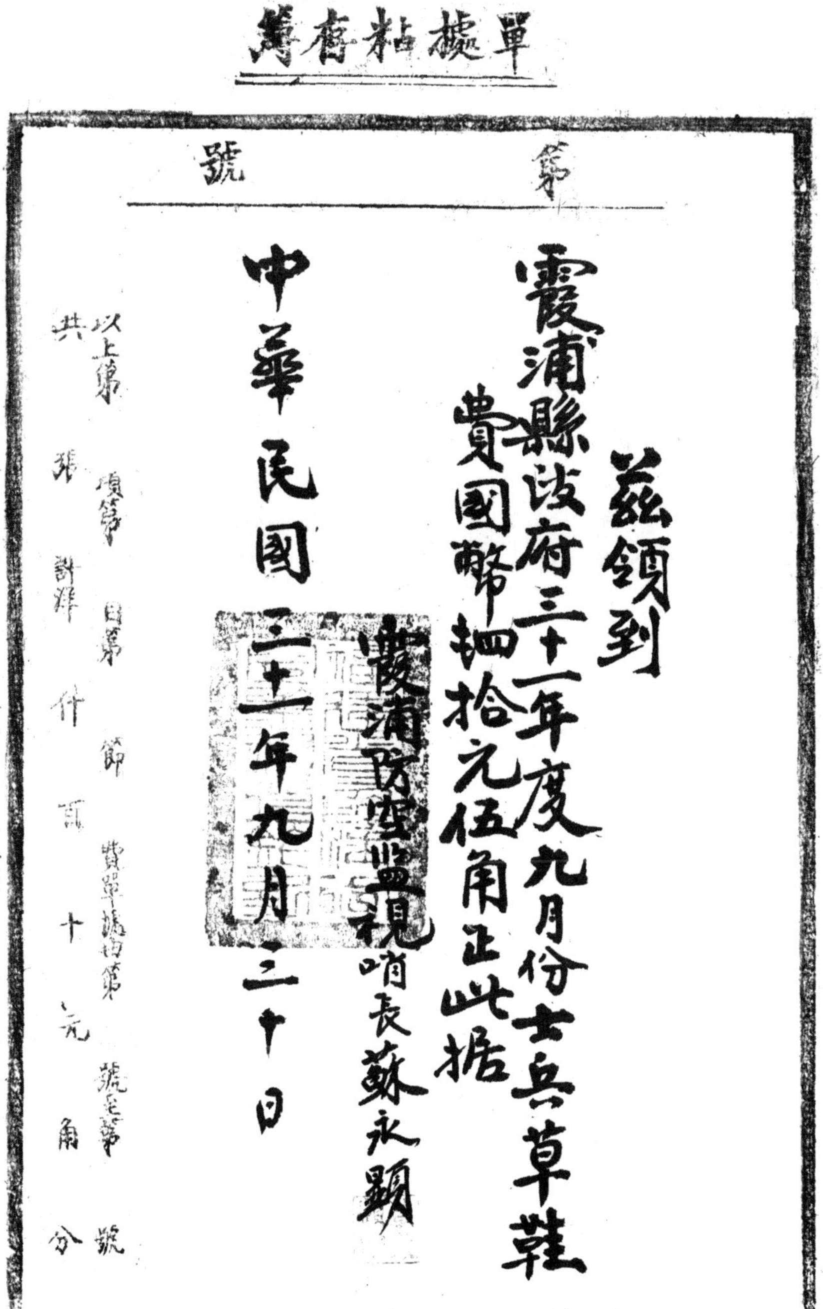
單據粘存簿

第　號

茲領到
霞浦縣政府三十一年度九月份士兵草鞋
費國幣捌拾元伍角正此据

霞浦防空監視哨長蘇永顯

中華民國三十一年九月三十日

以上第　項第　目第　節　費單據第　號至第　號
共　張　計洋　什　百　十　元　角　分

附件　福建省霞浦防空监视哨三十一年九月份单据粘存簿(士兵草鞋费收据)
(1942年9月30日)b面　0168-001-0352

福建省霞浦防空

經費累

經　　常　　門

中華民國三十一年度

科目				預算數		憑證	本月份貸付
款	項	目	名稱	本月份分配數	截至本月份止分配數	起訖字號	
1			本哨經常費	151270	1284390		84960
	1		俸給費	53750	475150		36050
		1	薪俸	27000	243000		15600
		2	餉項	26750	232150		20450
	2		辦公費	7000	57000		5000
		1	辦公費	7000	57000		5000
	3		特別費	7920	63600		5910
		1	醫藥費	2520	19320		1860
		2	草鞋費	5400	44280		4050
	4		官佐生活補助費	6000	42000		4000
		1	官佐生活補助費	6000	42000		4000
	5		主食費	16800	151200	—	12400
		1	官佐主食費	2400	21600		1600
		2	士兵主食費	14400	129600		10800
	6		副食費	28800	230400		21600
		1	士兵副食費	28800	230400		21600
	7		電訊費	2000	15000		
		1	電訊費	2000	15000		
	8		電池費	29000	250040		
		1	電池費	29000	250040		
			合計	151270	1284390		8496

機關長官

附件　福建省霞浦防空监视哨经费累计表（中华民国三十一年度九月份）

（1942年9月30日）a面　0168-001-0352

霞浦防空監視哨 4

費累計表　　　　　　　　第 1 頁

年度 九 月份

本月份實付	截至本月份止累計數	截至本月份止預算分配數與累計數比較：增	截至本月份止預算分配數與累計數比較：減	備考
84960	639700		644690	
36050	282000		193150	
15600	131400		111600	
20450	150600		81550	
5000	41000		16000	
5000	41000		16000	
5910	4[illegible]500		22100	
1860	12760		6560	
4050	28740		15540	
4000	28000		14000	
4000	28000		14000	
12400	96800		54400	
1600	14400		7200	
10800	82400		47200	
21600	150400		80000	
21600	150400		80000	
			15000	
			15000	
			250040	
			250040	
84960	639700		644690	

主辦會計人員 蘇顯永印　　　　中華民國31年9月30日製

附件　福建省霞浦防空监视哨经费累计表(中华民国三十一年度九月份)

(1942年9月30日)b面　0168-001-0352

一七四

福建省霞浦防空監視哨
經費類現金出納表
中華民國三十一年度 九月份

科目及摘要	金額 小計	合計
收項：		
(1) 上期結存		00
1. 現金		00
(2) 本期收入		84960
1. 應領經費	84960	
收項總計		84960
付項：		
(1) 本期支出		84960
1. 歲出分配數	84960	
(2) 本期結存		00
1. 現金	00	
付項總計		84960

機關長官　　主辦會計人員　　主辦出納人員

三十一年九月三十日填製

附件　福建省霞浦防空监视哨经费类现金出纳表(中华民国三十一年度九月份)

(1942年9月30日)　0168-001-0352

23

福建省霞浦防空監視哨三十一年十月份薪餉証明冊

附件　福建省霞浦防空监视哨三十一年十月份薪饷证明册(1942 年 9 月 30 日)　0168-001-0352

24

福建省霞浦防空監視哨中華民國三十一年十月份經費支出計算表

科目區分			實有人數	月支定額	合計	備考
用人費	俸薪	上尉				
		中尉	一	六〇.〇〇	六〇.〇〇	
		少尉				
		准尉	三	三二.〇〇	九六.〇〇	
		小計	四		一五六.〇〇	
	餉項	上士	二	一六.〇〇	三二.〇〇	
		中士	四	一三.〇〇	五二.〇〇	
		下士				
		上等兵	七	六.五〇	四五.五〇	
		一等兵	十	五.五〇	五五.〇〇	
		二等兵	四	五.〇〇	二〇.〇〇	
		小計	二七		二〇四.五〇	
	官佐生活補助費		四	一〇.〇〇	四〇.〇〇	
	官兵主食費		三一	四.〇〇	一二四.〇〇	
	士兵副食費		二七	八.〇〇	二一六.〇〇	
	合計				三八〇.〇〇	
非用人費	辦公費			五〇.〇〇	五〇.〇〇	
	人員醫藥費		三一	.六〇	一八.六〇	
	士兵草鞋費		二七	一.五〇	四〇.五〇	
	洗擦費					
	其他費					
	合計				一〇九.一〇	
總計					八四九.六〇	

附件 福建省霞浦防空监视哨中华民国三十一年十月份经费支出计算表

(1942 年 10 月 30 日)a 面 0168-001-0352

附記

中華民國三十一年十月三十日

哨長蘇永顕 蘇永顕印

附件　福建省霞浦防空监视哨中华民国三十一年十月份经费支出计算表

(1942年10月30日)b面　0168-001-0352

25

福建省霞浦縣防空監視哨中華民國三十一年十月份官佐薪餉証明冊

級職	姓名	月支定額 薪俸	月支定額 主食費	實支數 薪俸	實支數 主食費	實支數 合計	蓋章	貼印花稅	備考
中尉哨長	蘇永顯	七〇〇	四〇〇	七〇〇	四〇〇	七四〇〇	[stamp]		薪俸欄內包括官佐生活補助費十元
准尉分哨長	陳貽誠	四二〇〇	四〇〇	四二〇〇	四〇〇	四六〇〇	陳貽誠印		仝
仝	謝錦榕	四二〇〇	四〇〇	四二〇〇	四〇〇	四六〇〇	[stamp]	[stamp]	仝
仝	周慶鑾	四二〇〇	四〇〇	四二〇〇	四〇〇	四六〇〇	周慶鑾章	周慶鑾章	仝
合計	四員					二一二〇〇			

附件 福建省霞浦防空监视哨中华民国三十一年十月份官佐薪饷证明册

（1942 年 10 月 30 日） 0168-001-0352

26

福建省霞浦防空監視哨中華民國三十一年十月份士兵餉項証明冊

級職	姓名	餉項 月支定額	實支數 餉	實支數 主食費	實支數 副食費	實支數 合計	蓋章	備攷
上士文書	鄭儀莊	二八〇〇	一六〇〇	四〇〇	八〇〇	二八〇〇	鄭儀莊印	
上士班長	陳桂生	二八〇〇	一六〇〇	四〇〇	八〇〇	二八〇〇	陳桂生印	
中士班長	蘇文棪	二五〇〇	一三〇〇	四〇〇	八〇〇	二五〇〇	[illegible]	
上等哨兵	李桂華	一八五〇	六五〇	四〇〇	八〇〇	一八五〇	李桂華印	
仝	陳細佛	一八五〇	六五〇	四〇〇	八〇〇	一八五〇	陳細佛印	
仝	蔣家喜	一八五〇	六五〇	四〇〇	八〇〇	一八五〇	蔣家喜印	
仝	林作人	一八五〇	六五〇	四〇〇	八〇〇	一八五〇	林作人印	
乙等哨兵	蘇玉渡	一七五〇	五五〇	四〇〇	八〇〇	一七五〇	蘇玉渡印	

附件 福建省霞浦防空监视哨中华民国三十一年十月份士兵饷项证明册

(1942年10月30日)a面 0168-001-0352

仝	蘇德雄	一七五〇	五五〇	四〇〇	八〇〇	一七五〇	蘇德雄印	
仝	趙英	一七五〇	五五〇	四〇〇	八〇〇	一七五〇	趙英	
仝	王景星	一七五〇	五五〇	四〇〇	八〇〇	一七五〇	王景星	
二等炊事兵	蘇全詩	一七〇〇	五〇〇	四〇〇	八〇〇	一七〇〇	蘇全詩	以上係本哨士兵
中士班長	吳春官	二五〇〇	一三〇〇	四〇〇	八〇〇	二五〇〇	吳春官印	
上等哨兵	陳依謀	一八五〇	六五〇	四〇〇	八〇〇	一八五〇	陳依謀印	
乙等哨兵	陳銅官	一七五〇	五五〇	四〇〇	八〇〇	一七五〇	陳銅官	
仝	林強	一七五〇	五五〇	四〇〇	八〇〇	一七五〇	林強	
二等炊事兵	陳開華	一七〇〇	五〇〇	四〇〇	八〇〇	一七〇〇	陳開華印	以上第一分哨士兵
中士班長	梁九齡	二五〇〇	一三〇〇	四〇〇	八〇〇	二五〇〇		

附件 福建省霞浦防空监视哨中华民国三十一年十月份士兵饷项证明册

(1942年10月30日)b面 0168-001-0352

27

上等哨兵	李武明	一八五○	六五○	四○○	八○○	一八五○	李武明印	
乙等哨兵	謝法金	一七五○	五五○	四○○	八○○	一七五○	謝法金	
仝	王金木	一七五○	五五○	四○○	八○○	一七五○	王金木	
二等炊事兵	王生達	一七○○	五○○	四○○	八○○	一七○○	王生達印	以上第二分哨士兵
中士班長	平桂射	二五○○	一三○○	四○○	八○○	二五○○	平桂射印	
上等哨兵	蘇永天	一八五○	六五○	四○○	八○○	一八五○	蘇永天印	
乙等哨兵	蘇文霖	一七五○	五五○	四○○	八○○	一七五○	蘇文[illegible]	
仝	蘇永蕃	一七五○	五五○	四○○	八○○	一七五○	蘇永蕃	
二等炊事兵	蘇富堅	一七○○	五○○	四○○	八○○	一七○○	蘇富堅印	以上第三分哨士兵六

附件　福建省霞浦防空监视哨中华民国三十一年十月份士兵饷项证明册

（1942年10月30日）　0168-001-0352

15

福建省霞浦防空監視哨三十一年十月份單据粘存簿

附件 福建省霞浦防空监视哨三十一年十月份单据粘存簿(1942 年 10 月 30 日) 0168-001-0352

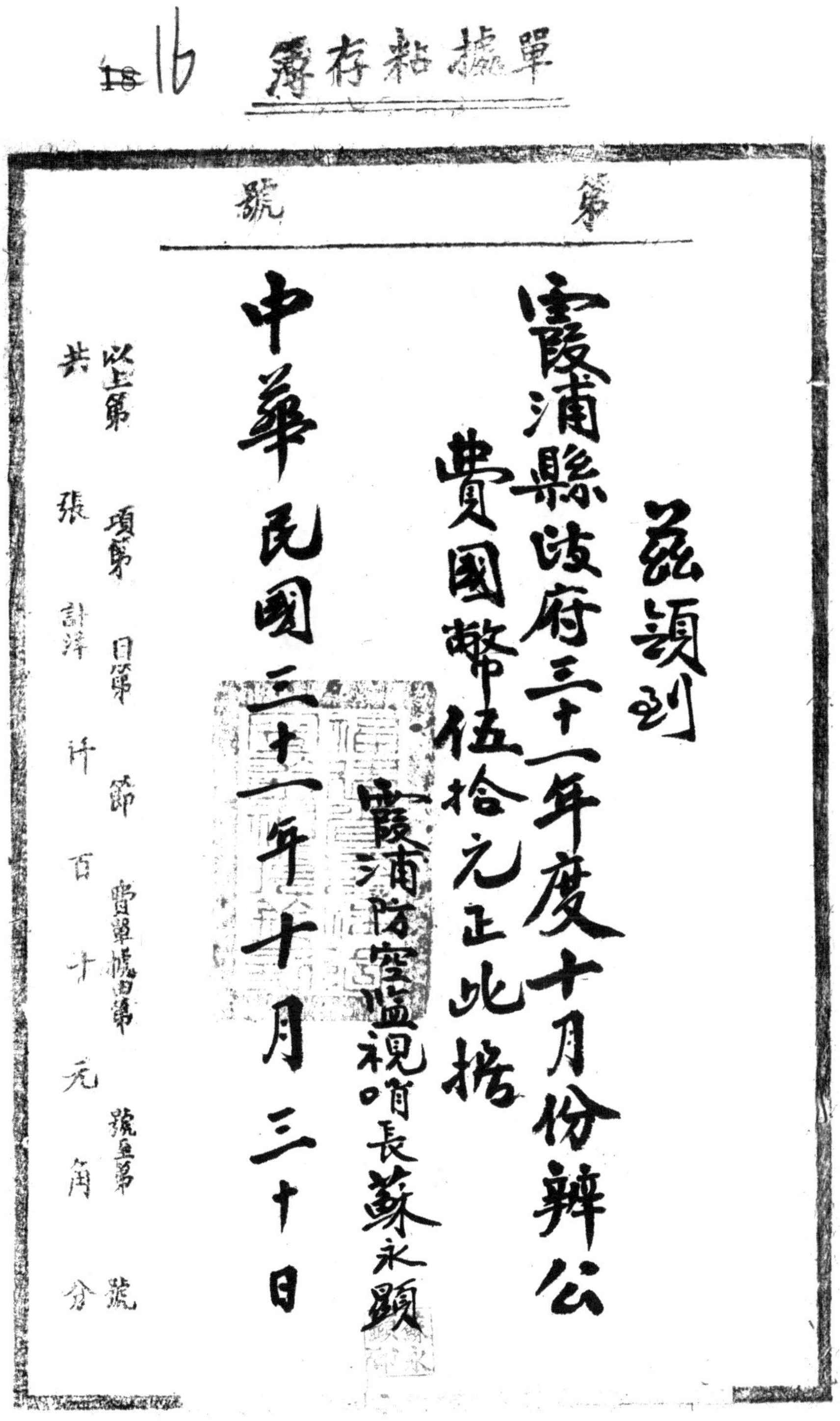
~~18~~ 16 單據粘存簿

第　　號

茲領到

霞浦縣政府三十一年度十月份辦公費國幣伍拾元正此據

霞浦防空監視哨長蘇永頤

中華民國三十一年十月三十日

以上第　項第　目第　節　費單據由第　號至第　號

共　張　計洋　仟　百　十　元　角　分

附件　福建省霞浦防空监视哨三十一年十月份单据粘存簿(办公费收据)

(1942年10月30日)　0168-001-0352

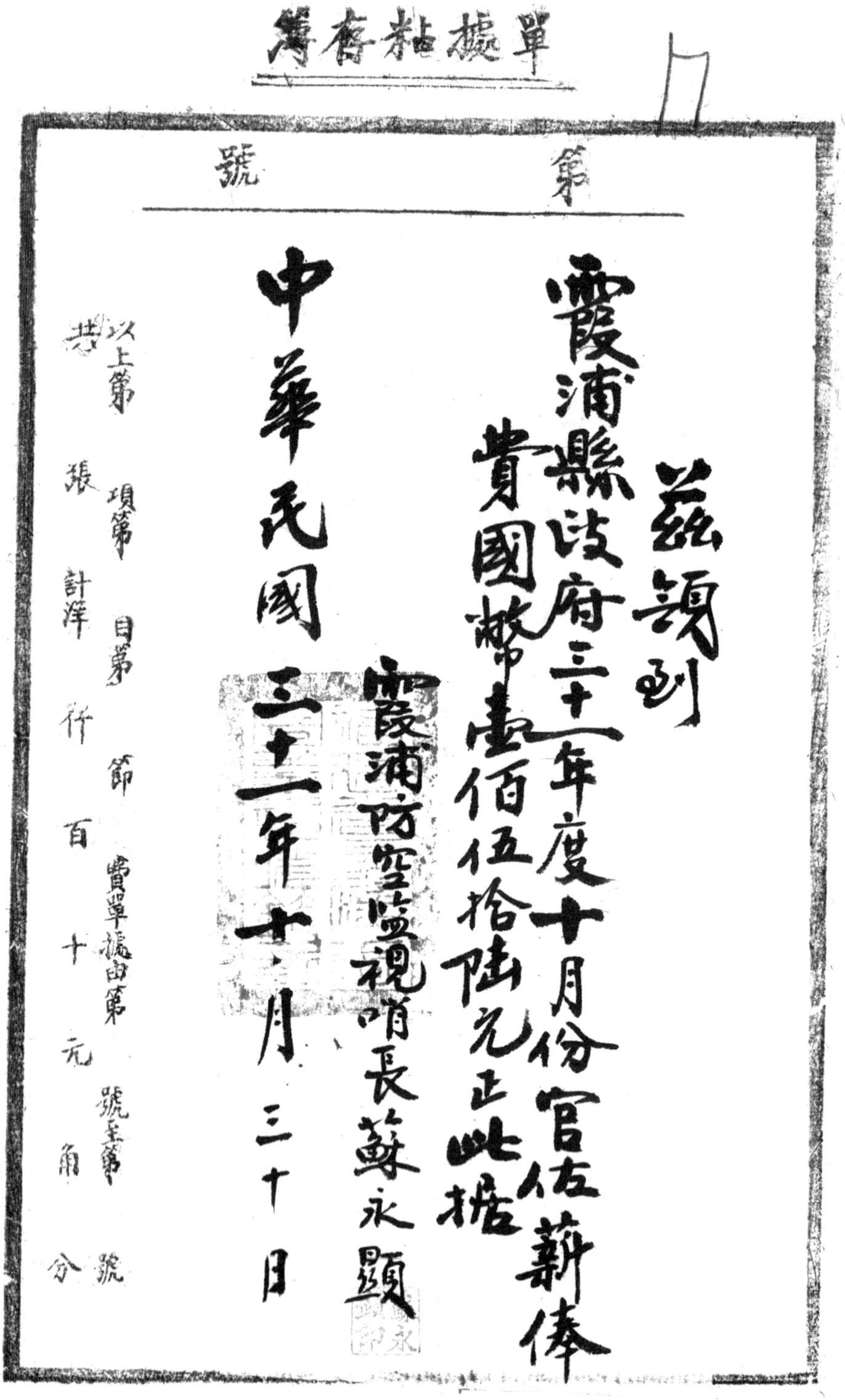

單據粘存簿

第 號

茲領到

霞浦縣政府三十一年度十月份官佐薪俸

費國幣壹佰伍拾陸元正此據

霞浦防空監視哨長蘇永題

中華民國三十一年十月三十日

以上第 項第 目第 節 費單據由第 號至第 號

共 張 計洋 仟 百 十 元 角 分

附件 福建省霞浦防空监视哨三十一年十月份单据粘存簿(官佐薪俸费收据)

(1942年10月30日) 0168-001-0352

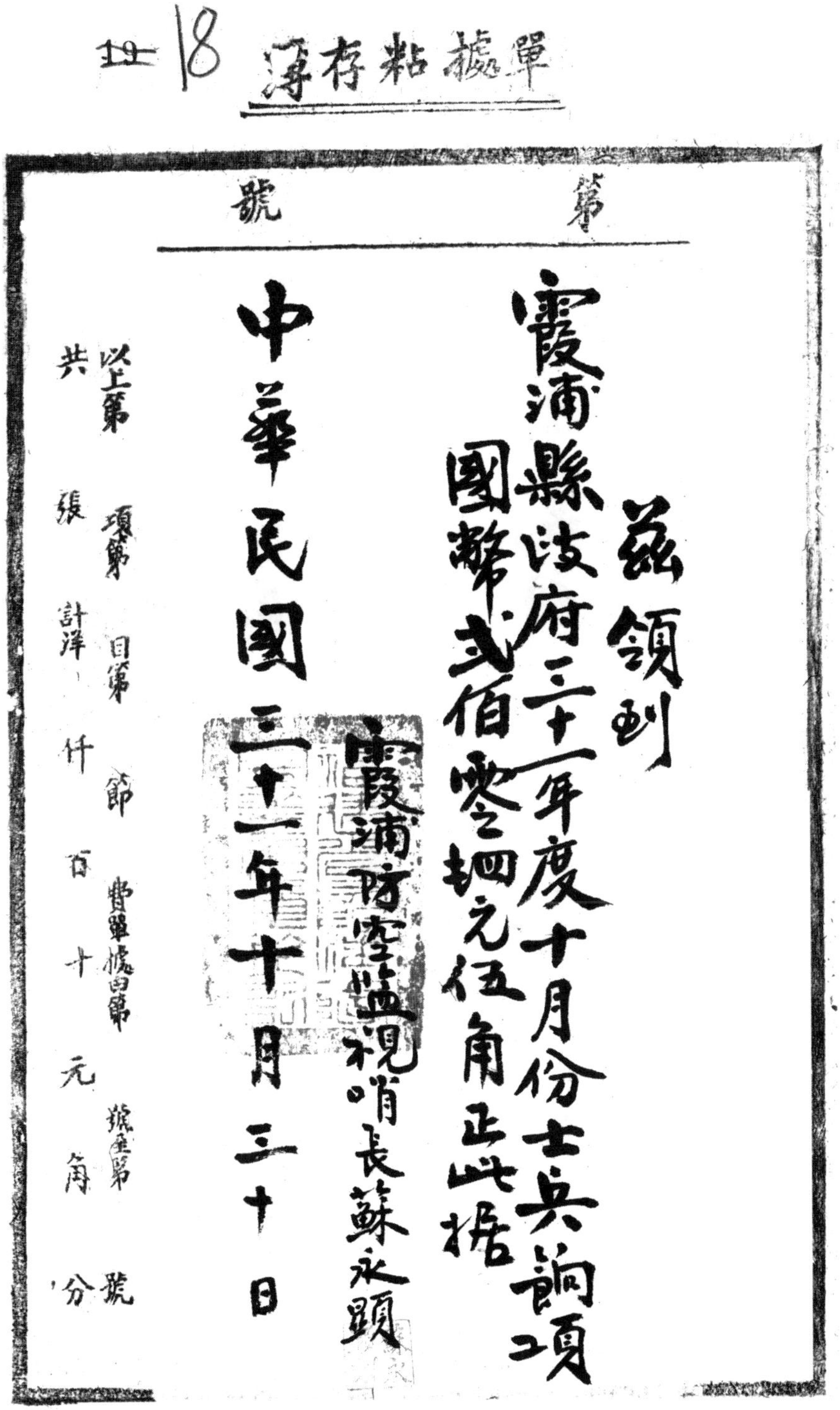

~~19~~ 18 單據粘存簿

第　　號

茲領到
霞浦縣政府三十一年度十月份士兵餉項
國幣貳佰零捌元伍角正此据
霞浦防空監視哨長蘇永頭
中華民國三十一年十月三十日

以上第　項第　目第　節　費單據由第　號至第　號
共　張　計洋　仟　佰　十　元　角　分

附件　福建省霞浦防空监视哨三十一年十月份单据粘存簿(士兵饷项费收据)

(1942年10月30日)　0168-001-0352

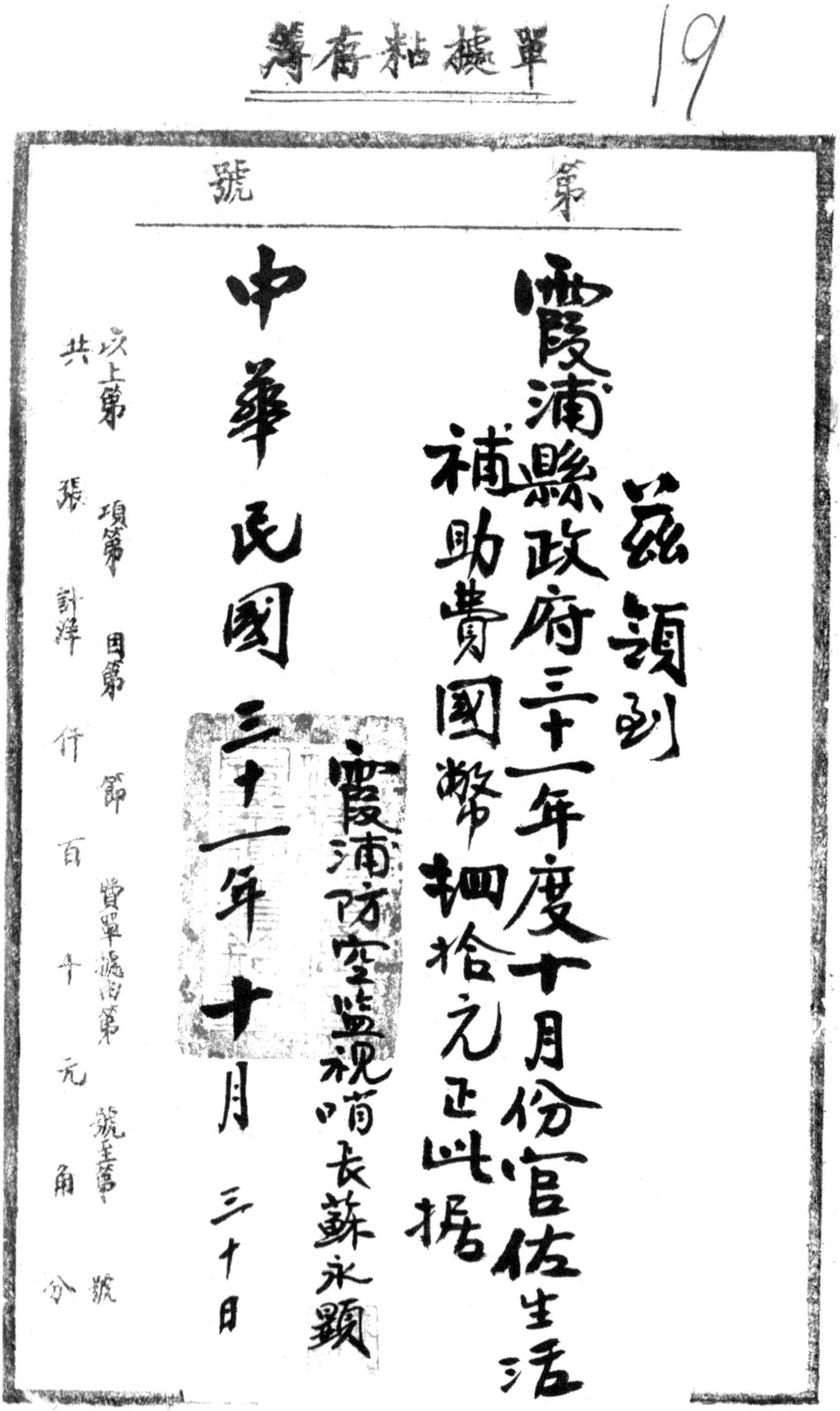
單據粘存簿　19

第　號

茲領到

霞浦縣政府三十一年度十月份官佐生活

補助費國幣捌拾元正此据

霞浦防空監視哨長蘇永顯

中華民國三十一年十月三十日

以上第　項第　目第　節　費單據附第　號至第　號

共　張　計洋　仟　百　十　元　角　分

附件　福建省霞浦防空监视哨三十一年十月份单据粘存簿(官佐生活补助费收据)

(1942 年 10 月 30 日)　0168-001-0352

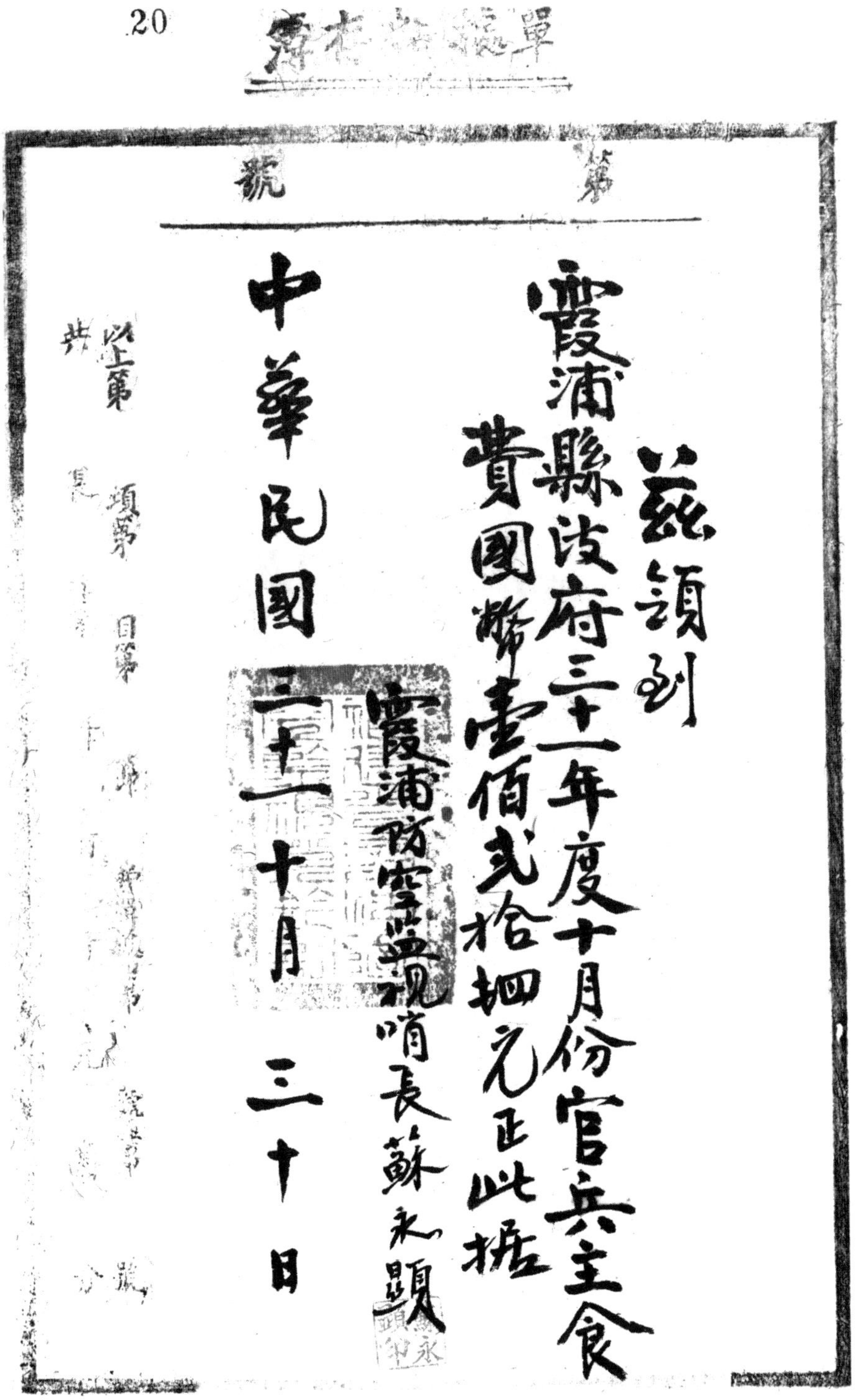
20

單據粘存簿

第　號

茲領到
霞浦縣政府三十一年度十月份官兵主食
費國幣壹佰弍拾捌元正此據
霞浦防空監視哨長蘇永題
中華民國三十一年十月三十日

以上第　項第　目第　節
共

附件　福建省霞浦防空监视哨三十一年十月份单据粘存簿(官兵主食费收据)

(1942年10月30日)a面　0168-001-0352

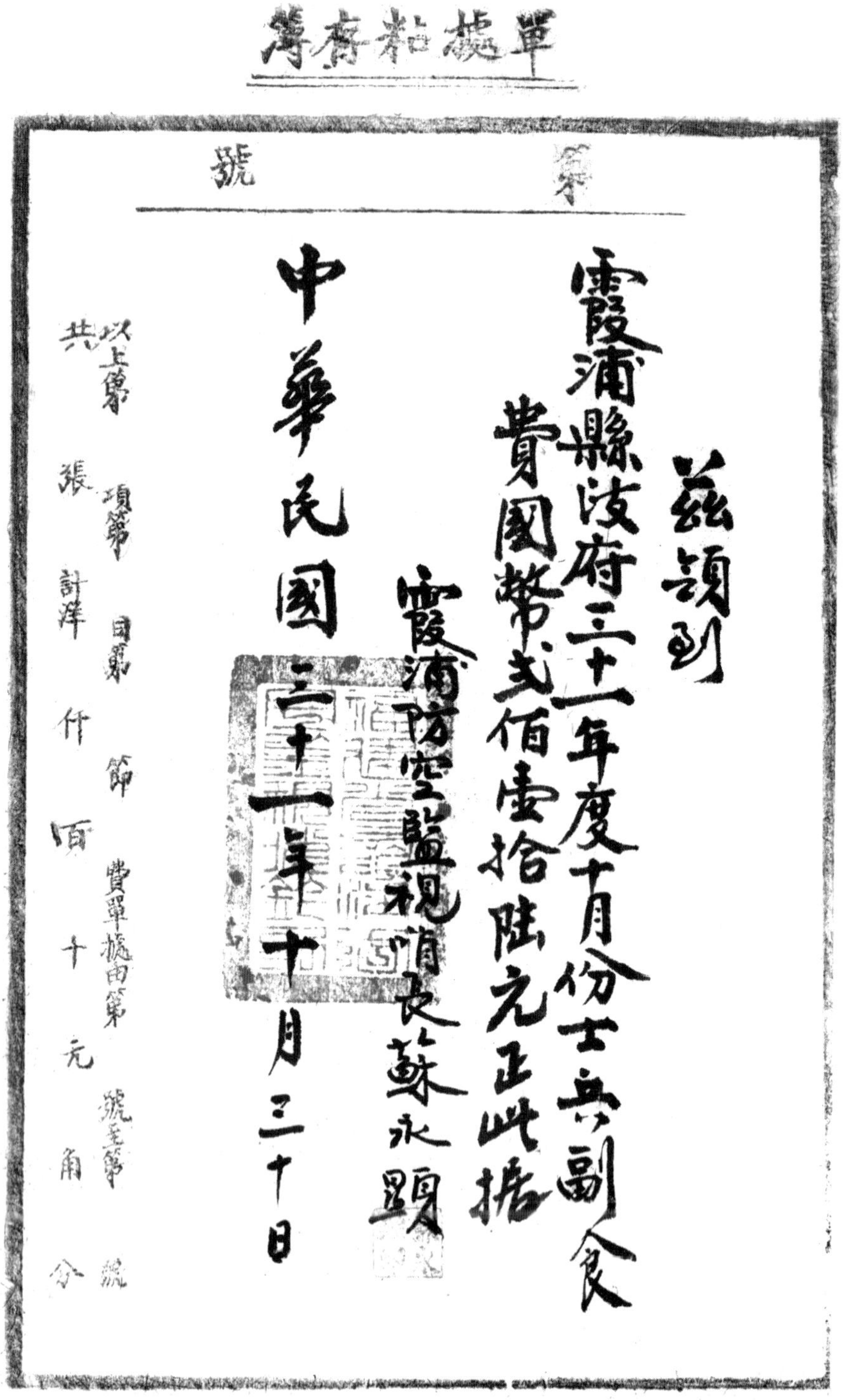

單據粘存簿

第　　號

茲領到
霞浦縣政府三十一年度十月份士兵副食
費國幣弍佰壹拾陸元正此據
霞浦防空監視哨長蘇永頤
中華民國三十一年十月三十日

以上第　項第　目第　節　費單據由第　號至第　號
共　張　計洋　仟　佰　十　元　角　分

附件　福建省霞浦防空监视哨三十一年十月份单据粘存簿（士兵副食费收据）
（1942年10月30日）b面　0168-001-0352

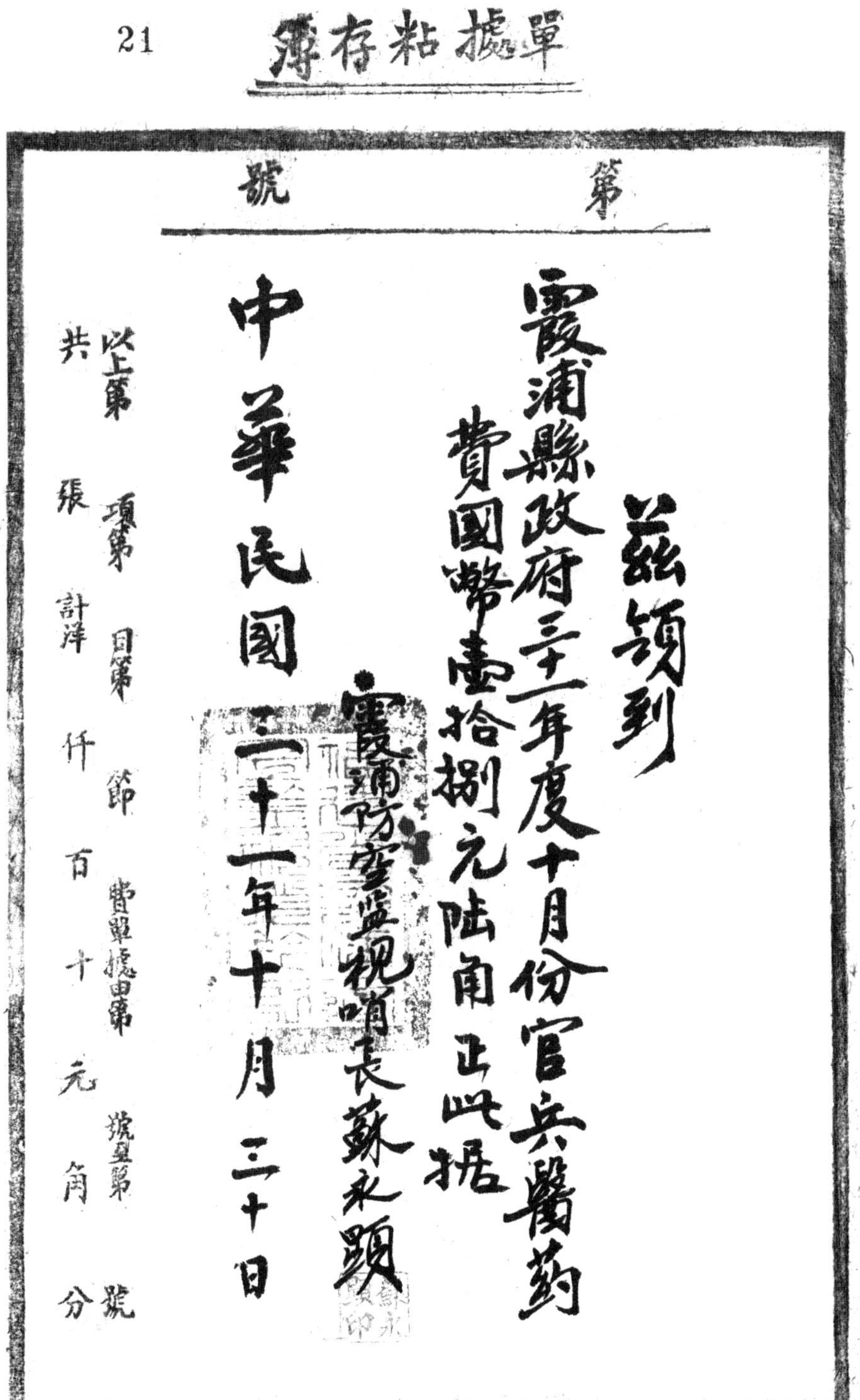

21

單據粘存簿

第　　號

茲領到

霞浦縣政府三十一年度十月份官兵醫藥費國幣壹拾捌元陸角正此据

霞浦防空監視哨長蘇永題

中華民國三十一年十月三十日

以上第　項第　目第　節　費單據由第　號至第　號

共　張　計洋　仟　百　十　元　角　分

附件　福建省霞浦防空监视哨三十一年十月份单据粘存簿(官兵医药费收据)

(1942年10月30日)　0168-001-0352

單據粘存簿

第　　號

茲領到
霞浦縣政府三十一年度十月份士兵草
鞋費國幣捌拾元伍角正此据
霞浦防空監視哨長蘇永顯（印）

中華民國三十一年十月三十日

以上第　項第　目第　節　費單據由第　號至第　號
共計洋　仟　百　十　元　角　分

附件　福建省霞浦防空监视哨三十一年十月份单据粘存簿（士兵草鞋费收据）
（1942年10月30日）　0168-001-0352

福建省霞浦防…

經費累…

經常門

中華民國三十一年度

款	項	目	名稱	預算數：本月份分配數	預算數：截至本月份止分配數	憑證起訖字號	本月份實支付數
1			本哨經常費	151270	1435660		8496…
	1		俸給費	53750	528900		3605…
		1	薪俸	27000	270000		1560…
		2	餉項	26750	258900		2045…
	2		辦公費	7000	64000		500…
		1	辦公費	7000	64000		500…
	3		特別費	7920	71520		591…
		1	醫藥費	2520	21840		186…
		2	草鞋費	5400	49680		405…
	4		官佐生活補助費	6000	48000		400…
		1	官佐生活補助費	6000	48000		400…
	5		主食費	16800	168000		1240…
		1	官佐主食費	2400	24000		160…
		2	士兵主食費	14400	144000		1080…
	6		副食費	28800	259200		2160…
		1	士兵副食費	28800	259200		2160…
	7		電訊費	2000	17000		
		1	電訊費	2000	17000		
	8		電池費	29000	279040		
		1	電池費	29000	279040		
			合計	151270	1435660		8496…

機關長官 [蘇永顯印]

附件　福建省霞浦防空监视哨经费累计表(中华民国三十一年度十月份)

(1942年10月30日)a面　0168-001-0352

浦防空监视哨 4—2

费累計表

第 1 頁

度 十 月份

本月份實支付數	截至本月份止累計數	截至本月份止預核分配數與累計數比較 增	截至本月份止預核分配數與累計數比較 減	備考
84960	724660		711000	
36050	318050		210850	
15600	147000		123000	
20450	171050		87850	
5000	46000		18000	
5000	46000		18000	
5910	47410		24110	
1860	14620		7220	
4050	32790		16890	
4000	32000		16000	
4000	32000		16000	
12400	109200		58800	
1600	16000		8000	
10800	93200		50800	
21600	172000		87200	
21600	172000		87200	
			17000	
			17000	
			279040	
			279040	
84960	724660		711000	

主辦會計人員 [印章]

中華民國31年10月30日製

附件　福建省霞浦防空监视哨经费累计表(中华民国三十一年度十月份)

(1942年10月30日)b面　0168-001-0352

福建省霞浦防空監視哨
經費類現金出納表
中華民國三十一年度十月份

4-3

科目及摘要	金額 小計	金額 合計
收項：		
(1) 本期結存		00
1. 現金		00
(2) 本期收入		84960
1. 應領經費	84960	
收項總計		84960
付項：		
(1) 本期支出		84960
1. 歲出分配數	84960	
(2) 本期結存		00
1. 現金	00	
付項總計		84960

機關長官　　主辦會計人員　　主辦出納人員

三十一年十月三十日填製

附件　福建省霞浦防空监视哨经费类现金出纳表(中华民国三十一年度十月份)

(1942 年 10 月 30 日)　0168-001-0352

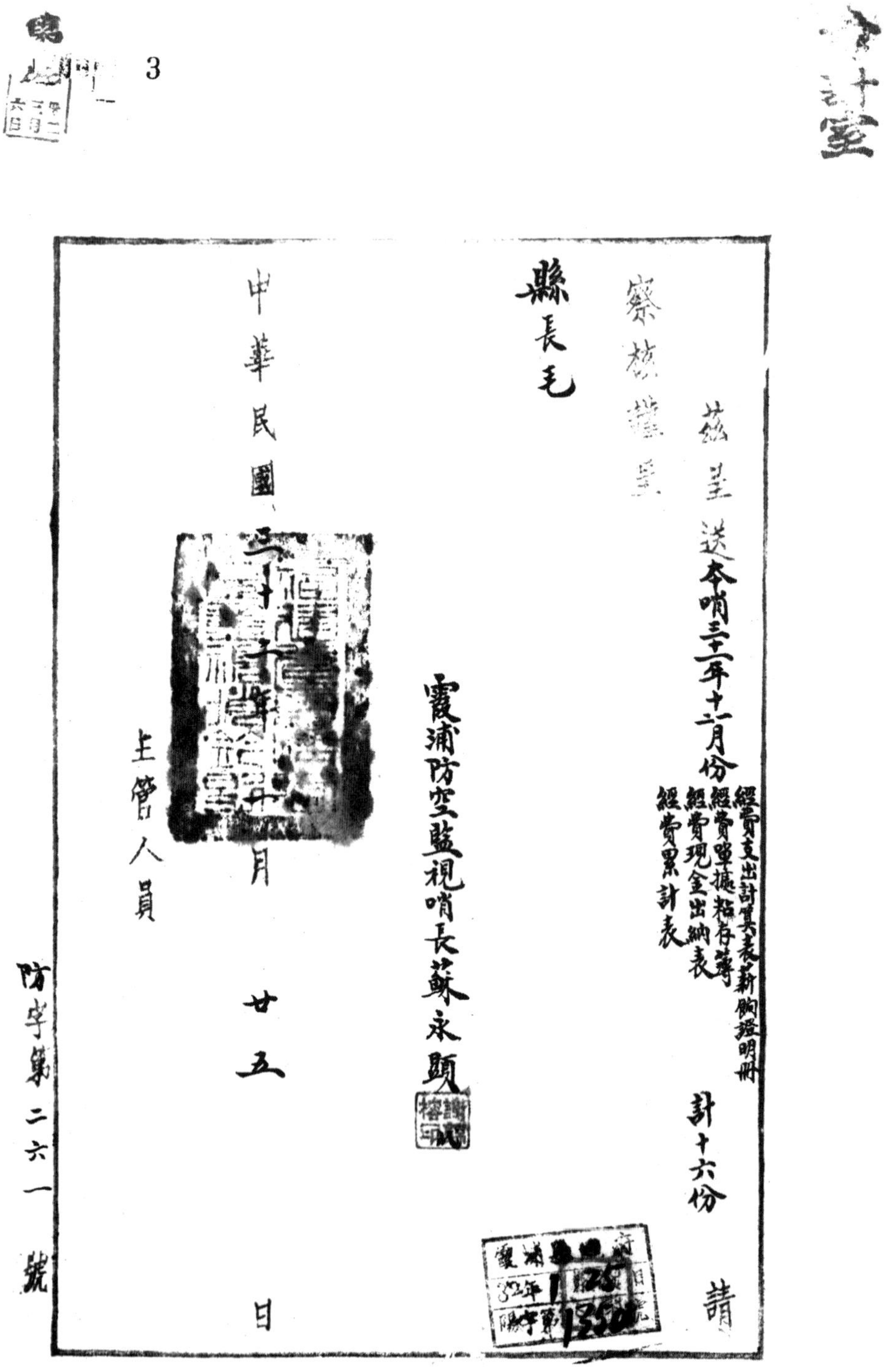
3

會計室

茲呈送本哨三十一年十一、十二月份經費支出計算表、薪餉證明冊、經費單據粘存簿、經費現金出納表、經費累計表計十六份，請

察核。謹呈

縣長毛

霞浦防空監視哨長蘇永頤

中華民國三十二年一月廿五日

主管人員

防字第二六一號

霞浦县政府公文联单　福建省霞浦防空监视哨呈送三十一年十一、十二月份经费支出计算表、薪饷证明册、经费单据粘存簿、经费现金出纳表和经费累计表等计十六份(1943 年 1 月 25 日)　0168-001-0352

35

福建省霞浦防空監視哨三十一年十一月份經費支出計算表
薪餉證明册

附件　福建省霞浦防空监视哨三十一年十一月份经费支出计算表、薪饷证明册

（1942年11月30日）　0168-001-0352

36

福建省霞浦防空監視哨中華民國三十一年十一月份經費支出計算表

科目			區分	實有人數	月支定額	合計	備考
用人費	俸薪餉項	俸薪	上尉				
			中尉	一	六〇.〇〇	六〇.〇〇	
			少尉				
			准尉	三	三二.〇〇	九六.〇〇	
			小計	四		一五六.〇〇	
		餉項	上士	一	一六.〇〇	一六.〇〇	
			中士	四	一三.〇〇	五二.〇〇	
			下士				
			上等兵	七	六.五〇	四五.五〇	
			一等兵	十	五.五〇	五五.〇〇	
			二等兵	四	五.〇〇	二〇.〇〇	
			小計	二六		一八八.五〇	
	官兵主食費			三〇	四.〇〇	一二〇.〇〇	
	官佐生活補助費			四	一〇.〇〇	四〇.〇〇	
	士兵副食費			二六	八.〇〇	二〇八.〇〇	
	合計			三〇		三六八.〇〇	
非用人費	辦公費				五〇.〇〇	五〇.〇〇	
	人員醫藥費			三〇	.六〇	一八.〇〇	
	士兵草鞋費			二六	一.五〇	三九.〇〇	
	洗滌費						
	其他費						
	合計					一〇七.〇〇	
總計						八一九.五〇	

附件 福建省霞浦防空监视哨中华民国三十一年十一月份经费支出计算表

(1942年11月30日)a面 0168-001-0352

附記

哨長 蘇永顒

中華民國三十一年十一月三十日

附件 福建省霞浦防空监视哨中华民国三十一年十一月份经费支出计算表
(1942年11月30日)b面 0168-001-0352

37

福建省霞浦縣防空監視哨中華民國三十一年十一月份官佐薪餉証明冊

級職	姓名	月支定額 薪俸	月支定額 主食費	實支數 薪俸	實支數 主食費	實支數 合計	蓋章	貼印花稅	備考
中尉哨長	蘇永顥	七〇〇〇	四〇〇	七〇〇〇	四〇〇	七四〇〇	蘇永顥印		薪俸內包括官佐生活補助費十元
准尉分哨長	陳貽誠	四二〇〇	四〇〇	四二〇〇	四〇〇	四六〇〇	陳貽誠印		仝上
仝	謝錦榕	四二〇〇	四〇〇	四二〇〇	四〇〇	四六〇〇	謝錦榕印		仝上
仝	周慶鑾	四二〇〇	四〇〇	四二〇〇	四〇〇	四六〇〇	[illegible]		仝上
合計四員						二一二〇〇			

附件　福建省霞浦防空监视哨中华民国三十一年十一月份官佐薪饷证明册

（1942年11月30日）　0168-001-0352

38

福建省霞浦防空監視哨中華民國三十一年十一月份士兵餉項証明冊

級職	姓名	餉項 月支定額	實支數 餉	實支數 主食費	實支數 副食費	實支數 合計	蓋章	備考
上士班長	陳桂生	二八〇〇	一六〇〇	四〇〇	八〇〇	二八〇〇	陳桂生印	
中士班長	蘇文楧	二五〇〇	一三〇〇	四〇〇	八〇〇	二五〇〇	蘇文[illegible]印	
上等哨兵	李友官	一八五〇	六五〇	四〇〇	八〇〇	一八五〇		
仝	陳細俤	一八五〇	六五〇	四〇〇	八〇〇	一八五〇	陳細俤印	
仝	蔣家喜	一八五〇	六五〇	四〇〇	八〇〇	一八五〇	蔣家喜印	
仝	陳宗亨	一八五〇	六五〇	四〇〇	八〇〇	一八五〇	陳宗亨印	
一等哨兵	蘇玉渡	一七五〇	五五〇	四〇〇	八〇〇	一七五〇	蘇玉渡印	
仝	蘇德堆	一七五〇	五五〇	四〇〇	八〇〇	一七五〇	蘇德堆印	

附件　福建省霞浦防空监视哨中华民国三十一年十一月份士兵饷项证明册

(1942年11月30日)a面　0168-001-0352

仝	鄭廷槁	一七 五〇	五 五〇	四〇	八〇	一七 五〇	鄭廷槁	
仝	王景星	一七 五〇	五 五〇	四〇	八〇	一七 五〇	王景星	
二等炊事兵	蘇全詩	一七 〇〇	五 〇〇	四〇	八〇	一七 〇〇	蘇全詩	以上本哨士兵
中士班長	吳春官	二五 〇〇	一三 〇〇	四〇	八〇	二五 〇〇	吳春官印	
上等哨兵	陳依謀	一八 五〇	六 五〇	四〇	八〇	一八 五〇	陳依謀印	
一等哨兵	林　强	一七 五〇	五 五〇	四〇	八〇	一七 五〇	林強	
仝	陳銅官	一七 五〇	五 五〇	四〇	八〇	一七 五〇	陳銅官	
二等炊事兵	陳開華	一七 〇〇	五 〇〇	四〇	八〇	一七 〇〇	陳開華印	以上第一分哨士兵
中士班長	許慶祥	二五 〇〇	一三 〇〇	四〇	八〇	二五 〇〇		
上等哨兵	李武明	一八 五〇	六 五〇	四〇	八〇	一八 五〇	李武明印	

附件　福建省霞浦防空监视哨中华民国三十一年十一月份士兵饷项证明册

(1942年11月30日)b面　0168-001-0352

39

一等哨兵	謝法金	一七五〇	五五〇	四〇〇	八〇〇	一七五〇	印章	
仝	王金木	一七五〇	五五〇	四〇〇	八〇〇	一七五〇	印章	
二等炊事兵	王生達	一七〇〇	五〇〇	四〇〇	八〇〇	一七〇〇	印章	以上第二分哨士兵
中士班長	平桂射	二五〇〇	一三〇〇	四〇〇	八〇〇	二五〇〇	印章	
上等哨兵	蘇永天	一八五〇	六五〇	四〇〇	八〇〇	一八五〇	印章	
一等哨兵	蘇文霖	一七五〇	五五〇	四〇〇	八〇〇	一七五〇	印章	
仝	蘇永蕃	一七五〇	五五〇	四〇〇	八〇〇	一七五〇	印章	
二等炊事兵	蘇富堅	一七〇〇	五〇〇	四〇〇	八〇〇	一七〇〇	印章	以上第三分哨士兵

附件　福建省霞浦防空监视哨中华民国三十一年十一月份士兵饷项证明册

（1942 年 11 月 30 日）　0168-001-0352

福建省霞浦防空監視哨三十一年十一月份經費單據粘存簿

28

附件 福建省霞浦防空监视哨三十一年十一月份经费单据粘存簿

（1942 年 11 月 30 日） 0168-001-0352

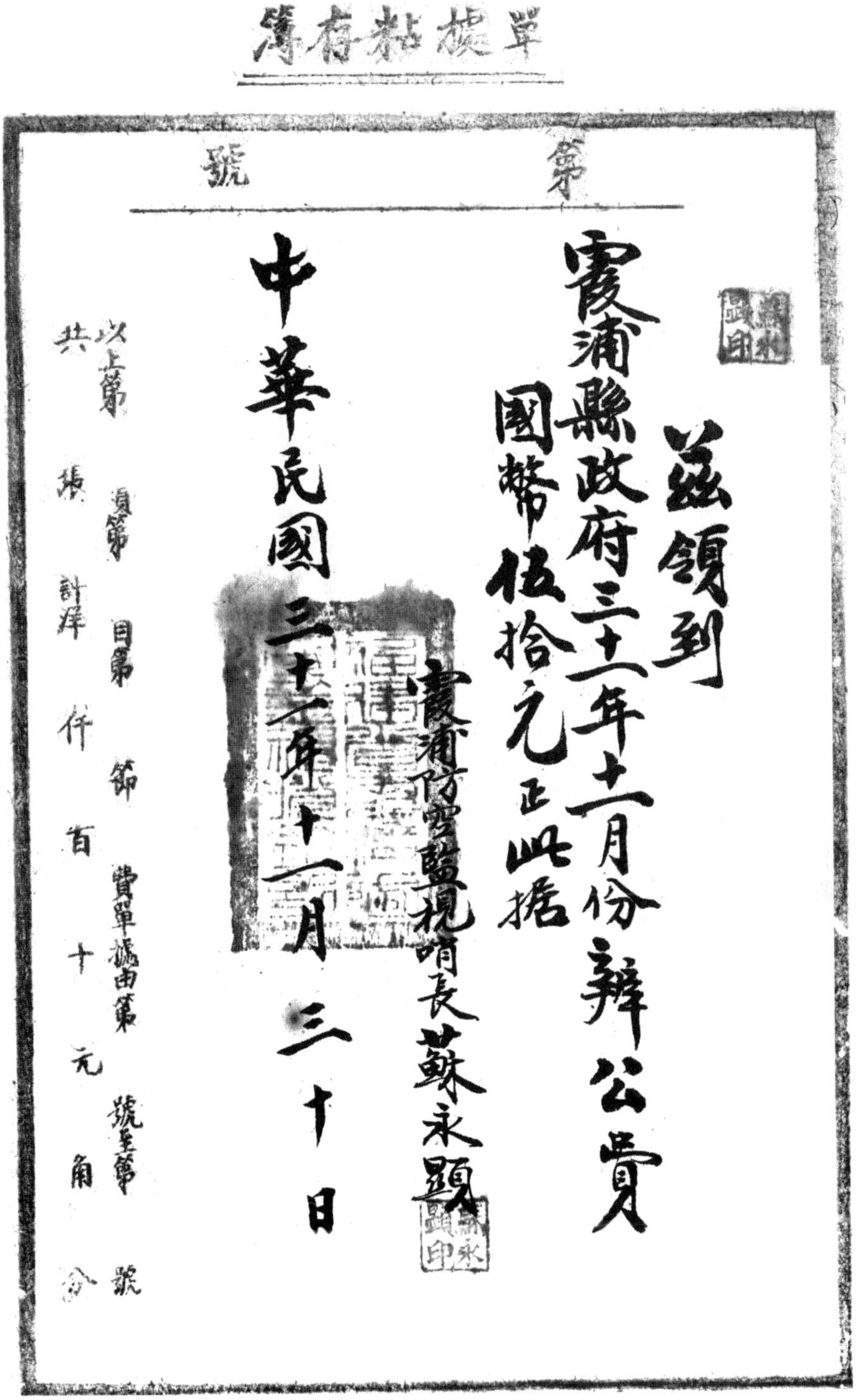

單據粘存簿

第　　號

茲領到

霞浦縣政府三十一年十一月份辦公費

國幣伍拾元正此据

霞浦防空監視哨長蘇永頤

中華民國三十一年十一月三十日

以上第　頁第　目第　節　費單據由第　號至第　號

共　張　計洋　仟　佰　十　元　角　分

附件　福建省霞浦防空监视哨三十一年十一月份单据粘存簿(办公费收据)

(1942年11月30日)　0168-001-0352

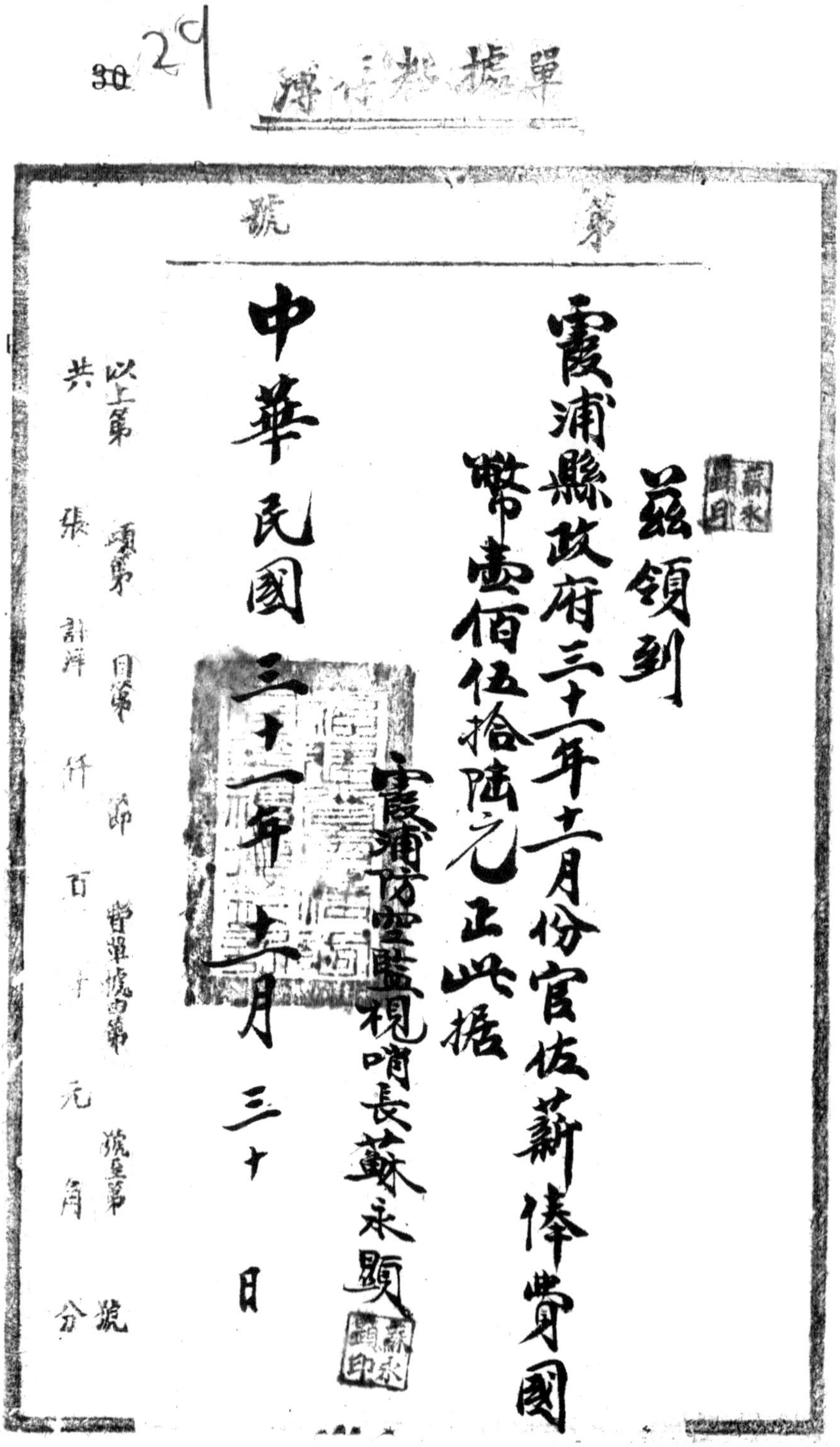
30 29

單據粘存簿

第 號

茲領到

霞浦縣政府三十一年十一月份官佐薪俸費國幣壹佰伍拾陆元正此据

霞浦防空監視哨長蘇永題

中華民國三十一年十一月三十日

以上第 項第 目第 節 費單據第 號至第 號

共 張 計洋 仟 佰 拾 元 角 分

附件 福建省霞浦防空监视哨三十一年十一月份单据粘存簿(官佐薪俸费收据)

(1942 年 11 月 30 日) 0168-001-0352

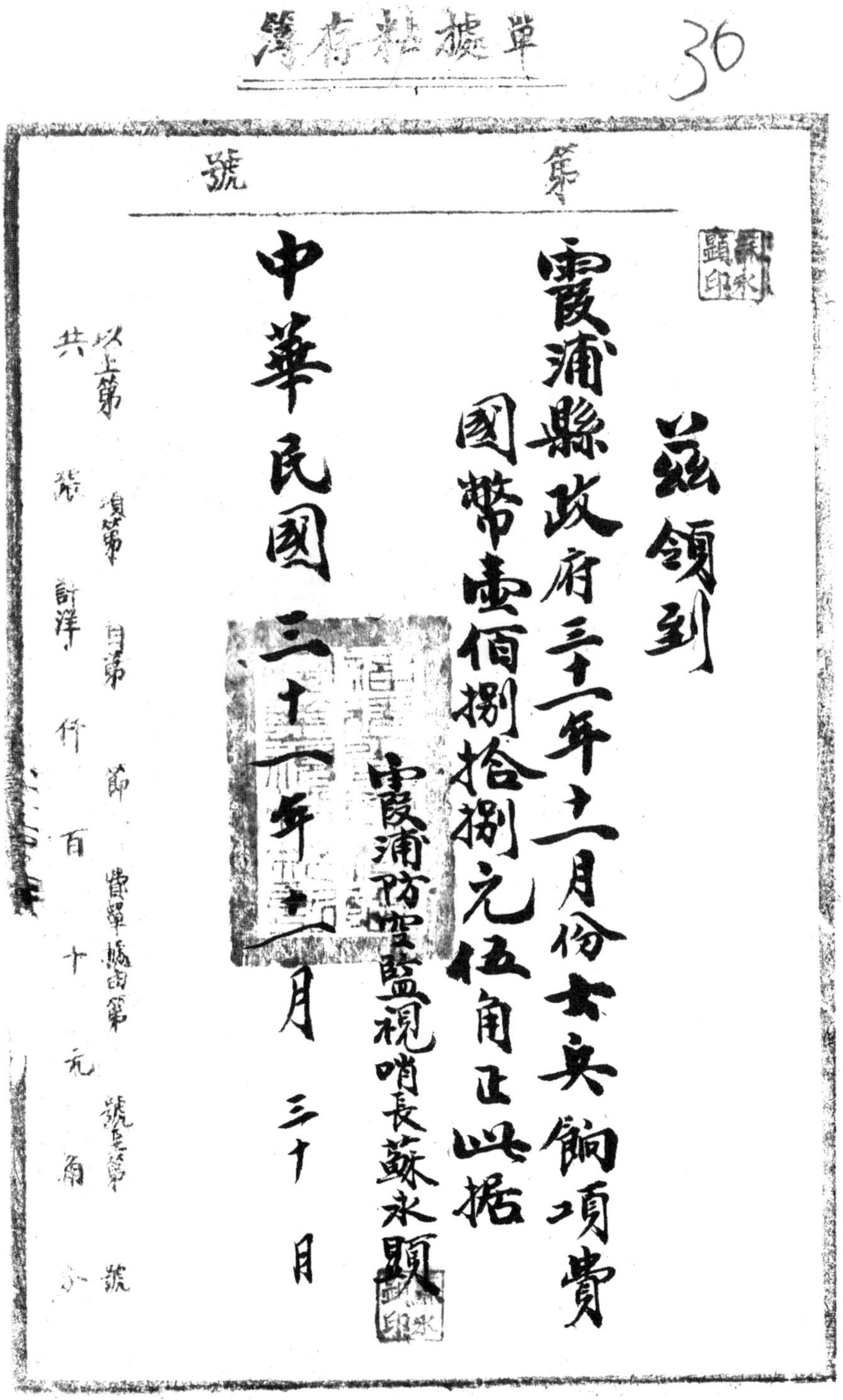
單據粘存簿

30

第　　號

茲領到

霞浦縣政府三十一年十一月份士兵餉項費

國幣壹佰捌拾捌元伍角正此据

霞浦防空監視哨長蘇永顯

蘇永顯印

中華民國三十一年十一月三十日

以上第　項第　目第　節　費單據由第　號至第　號

共　張　計洋　仟　百　十　元　角　分

附件　福建省霞浦防空监视哨三十一年十一月份单据粘存簿(士兵饷项费收据)

(1942年11月30日)　0168-001-0352

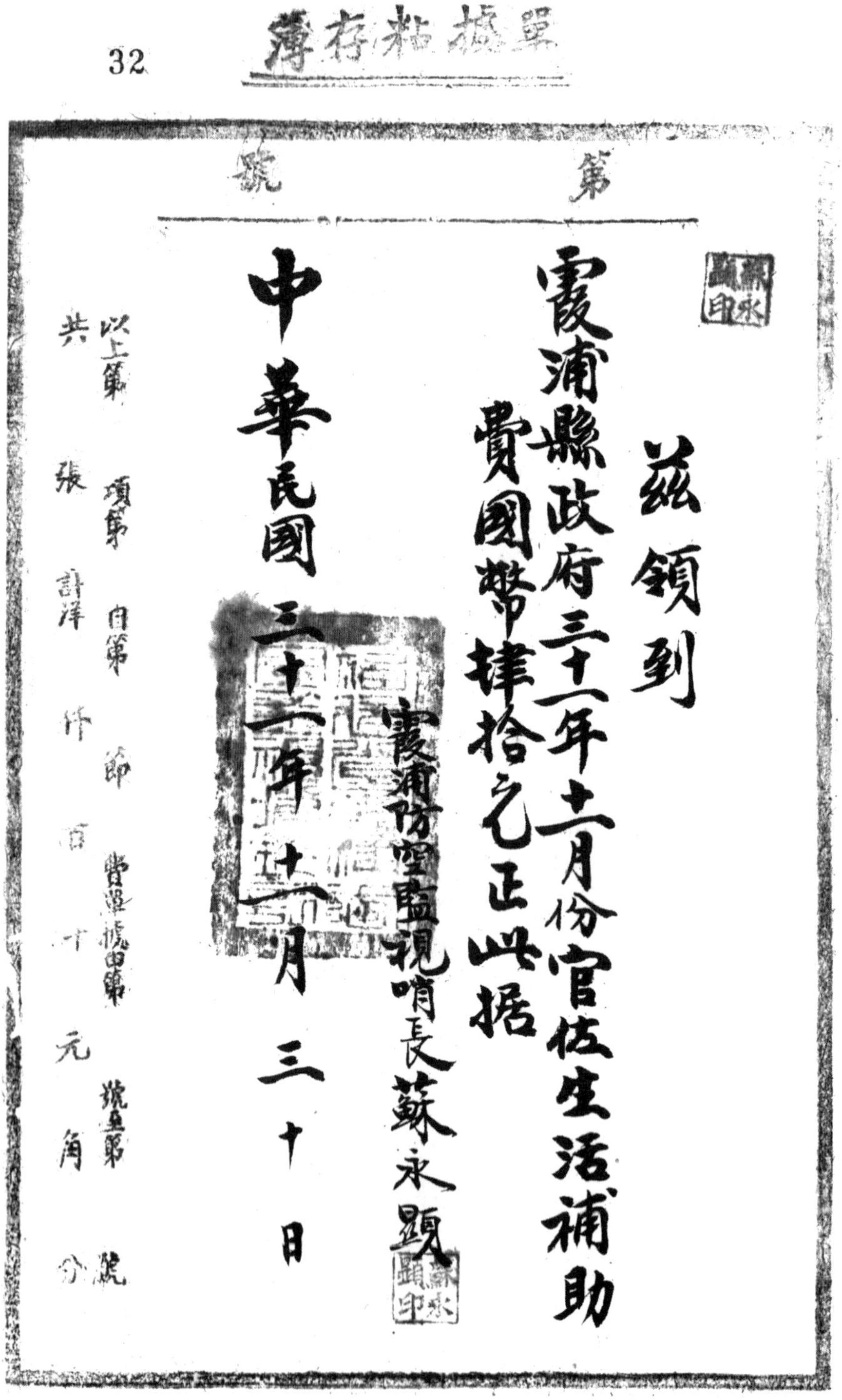
32 單據粘存簿

第 號

茲領到

霞浦縣政府三十一年十一月份官佐生活補助費國幣肆拾乙正此据

霞浦防空監視哨長蘇永顯（印：蘇永顯印）

中華民國三十一年十一月三十日

以上第 項第 目第 節 費單據由第 號至第 號

共 張 計洋 仟 百 十 元 角 分

附件 福建省霞浦防空监视哨三十一年十一月份单据粘存簿（官佐生活补助费收据）

（1942 年 11 月 30 日） 0168-001-0352

31

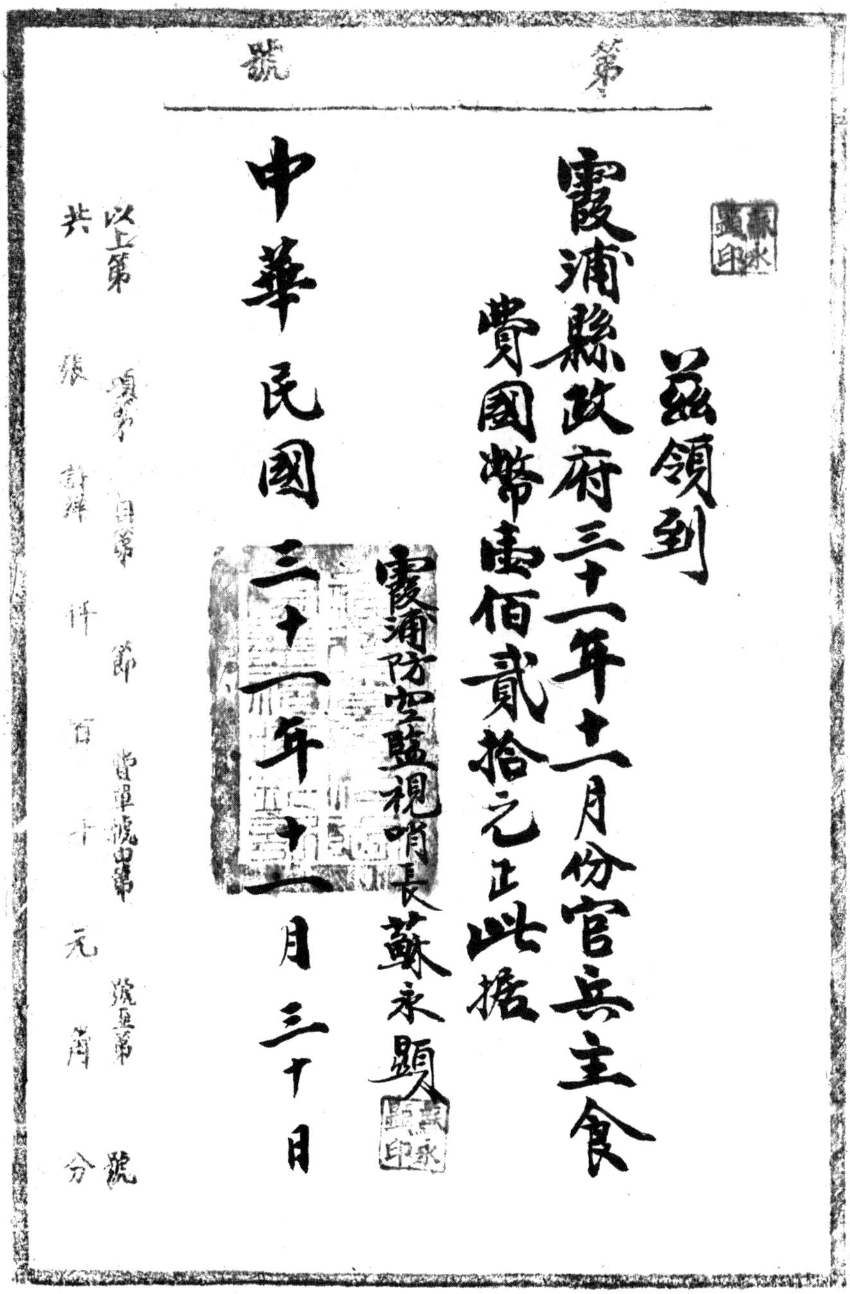

單據粘存簿

第　　號

茲領到

霞浦縣政府三十一年十一月份官兵主食

費國幣壹佰貳拾元正此據

霞浦防空監視哨長蘇永題

中華民國三十一年十一月三十日

以上第　項第　目第　節費單據由第　號至第　號

共　張　計洋　仟　百　十　元　角　分

附件　福建省霞浦防空监视哨三十一年十一月份单据粘存簿(官兵主食费收据)

(1942年11月30日)a面　0168-001-0352

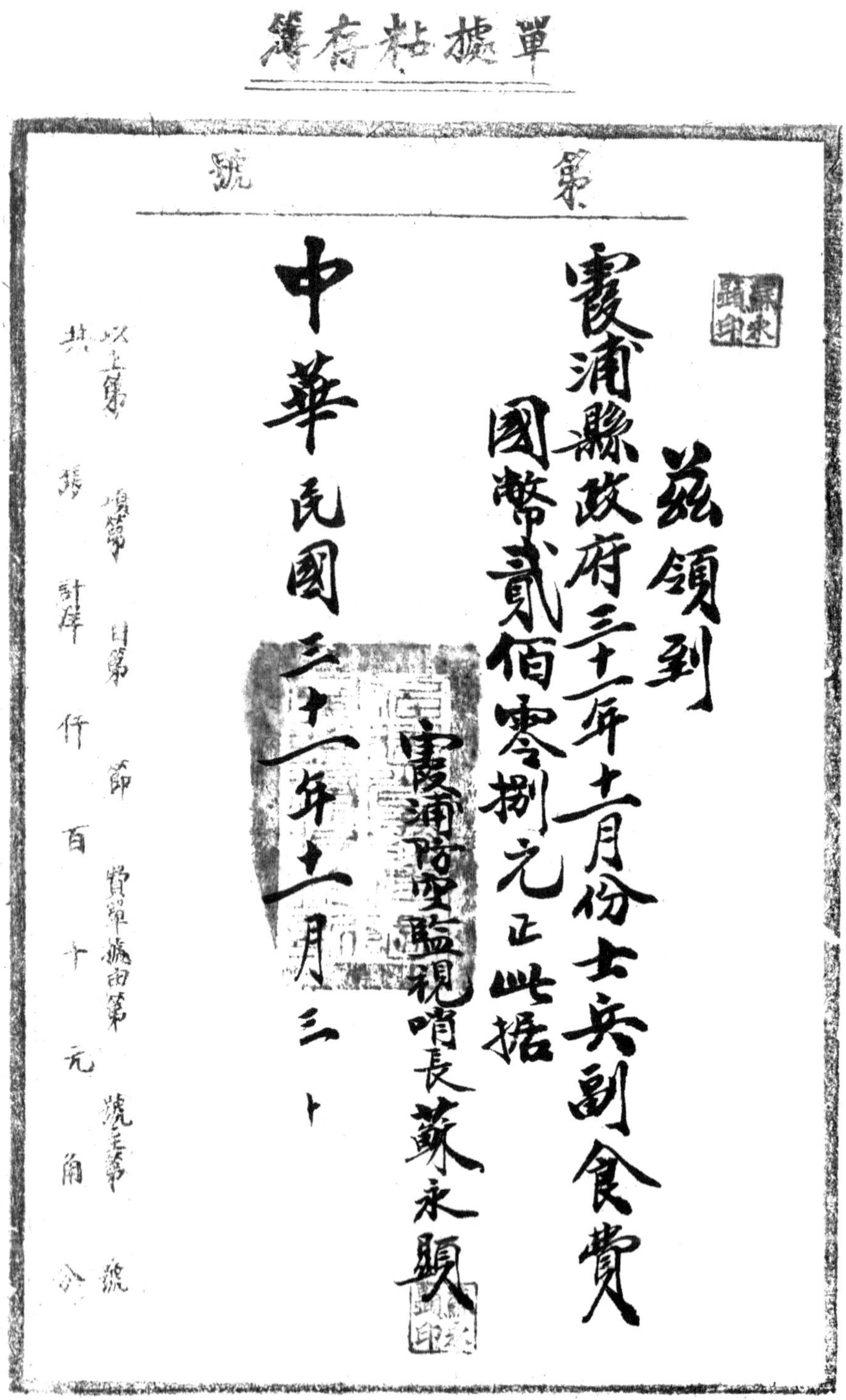
單據粘存簿

第　　號

茲領到
霞浦縣政府三十一年十一月份士兵副食費
國幣貳佰零捌元正此据
霞浦防空監視哨長蘇永興
中華民國三十一年十一月三十日

以上第　項第　目第　節　費單據由第　號至第　號
共　張　計洋　仟　百　十　元　角　分

附件　福建省霞浦防空监视哨三十一年十一月份单据粘存簿(士兵副食费收据)
(1942年11月30日)b面　0168-001-0352

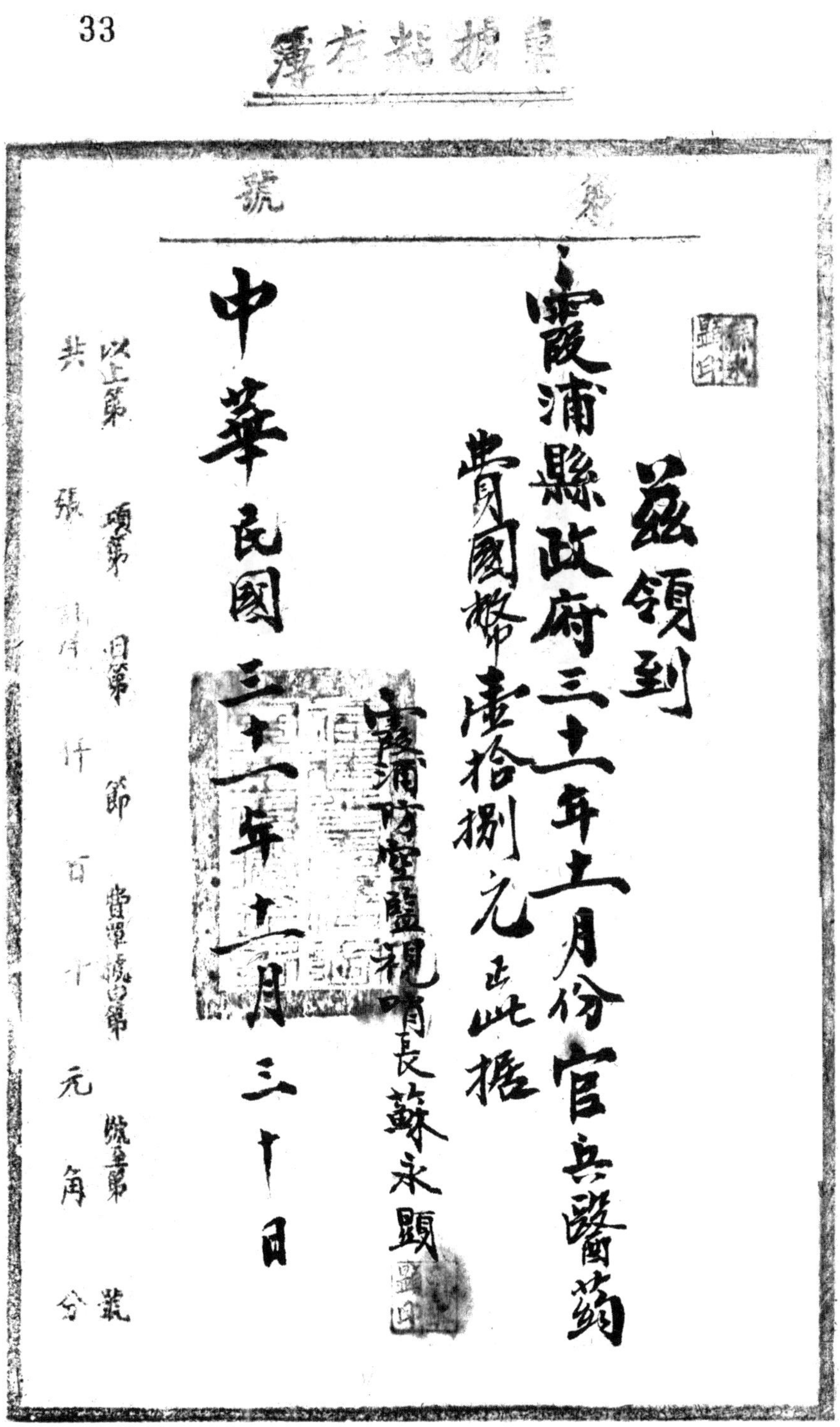

33

單據粘存簿

第　　號

茲領到

霞浦縣政府三十一年十一月份官兵醫藥

費國幣壹拾捌元正此據

霞浦防空監視哨長蘇永題

中華民國三十一年十一月三十日

以上第　項第　目第　節　費單據自第　號至第　號

共　張　計　仟　百　十　元　角　分

附件　福建省霞浦防空监视哨三十一年十一月份单据粘存簿(官兵医药费收据)

(1942年11月30日)　0168-001-0352

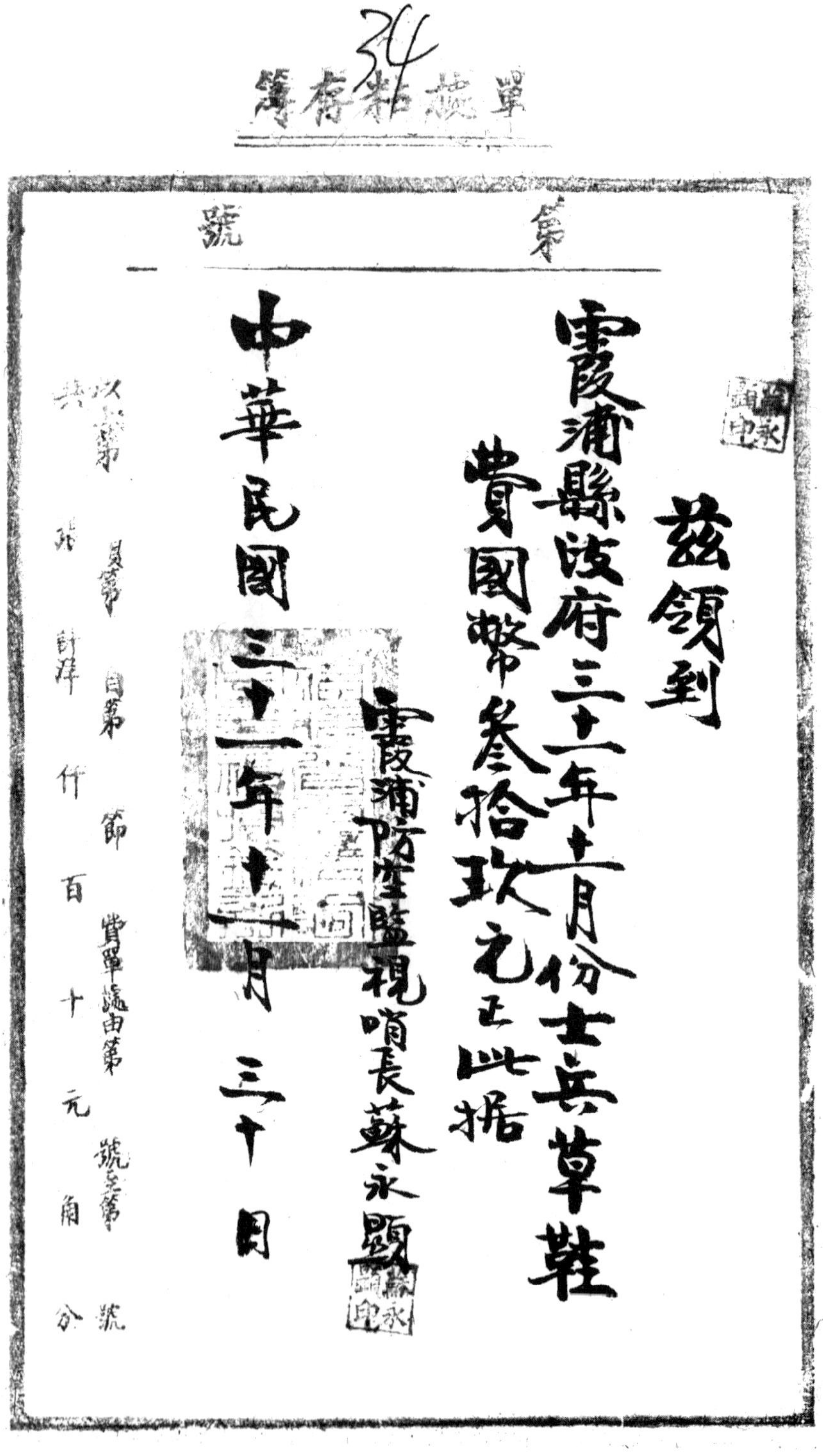
34

單據粘存簿

第　　號

茲領到

霞浦縣政府三十一年十一月份士兵草鞋費國幣叁拾玖元正此据

霞浦防空監視哨長蘇永（印）

中華民國三十一年十一月三十日

以上共　張　計洋　什　百　十　元　角　分

附件　福建省霞浦防空监视哨三十一年十一月份单据粘存簿（士兵草鞋费收据）

（1942 年 11 月 30 日）　0168-001-0352

福建省霞浦防[illegible]

經　費[illegible]

經　常　門

中華民國三十一[illegible]度[illegible]

款	項	目	名稱	預核數：本月份分配數	預核數：截至本月份止分配數	憑證起訖字號	本[illegible]
1			本哨經常費	151270	1586930		81950
	1		俸給費	53750	582650		34450
		1	薪俸	27000	297000		15600
		2	餉項	26750	285650		18850
	2		辦公費	7000	71000		5000
		1	辦公費	7000	71000		5000
	3		特別費	7920	79440		5700
		1	醫藥費	2520	24360		1800
		2	草鞋費	5400	55080		3900
	4		官佐生活補助費	6000	54000		4000
		1	官佐生活補助費	6000	54000		4000
	5		主食費	16800	184800		12000
		1	官佐主食費	2400	26400		1600
		2	士兵主食費	14400	158400		10400
	6		副食費	28800	288000		20800
		1	士兵副食費	28800	288000		20800
	7		電訊費	2000	19000		
		1	電訊費	2000	19000		
	8		電池費	29000	308040		
		1	電池費	29000	308040		
				151270	1586930		81950

附件　福建省霞浦防空监视哨经费累计表(中华民国三十一年度十一月份)

(1942年11月30日)a面　0168-001-0352

霞浦防空監視哨

費[illegible]計表

4—4

第 1 頁

度十一月份

[illegible]數	截至本月份止累計數	截至本月份止預算分配數與累計數比較 增	截至本月份止預算分配數與累計數比較 減	備考
81950	806610		780320	
34450	352500		230150	
15600	162600		134400	
18850	189900		95750	
5000	51000		20000	
5000	51000		20000	
5700	53110		26330	
1800	16420		7940	
3900	36690		18390	
4000	36000		18000	
4000	36000		18000	
12000	121200		63600	
1600	17600		8800	
10400	103600		54800	
20800	192800		95200	
20800	192800		95200	
			19000	
			19000	
			308040	
			308040	
81950	806610		780320	

主辦會計人員 [印]

中華民國31年11月30日製

附件　福建省霞浦防空监视哨经费累计表(中华民国三十一年度十一月份)

(1942年11月30日)b面　0168-001-0352

福建省霞浦防空監視哨
經費類現金出納表
中華民國三十一年度十一月份

科目及摘要	金額 小計	金額 合計
收項：		
(1) 上期結存		00
1. 現金		00
(2) 本期收入		81950
1. 應領經費	81950	
收項總計		81950
付項：		
(1) 本期支出		81950
1. 歲出分配數	81950	
(2) 本期結存		00
1. 現金	00	
付項總計		81950

機關長官　　主辦會計人員　　主辦出納人員

三十一年十一月三十日 製

附件　福建省霞浦防空监视哨经费类现金出纳表(中华民国三十一年度十一月份)
(1942年11月30日)　0168-001-0352

47
福建省霞浦防空監視哨三十一年十二月份經費支出計算表
薪餉證明冊

附件　福建省霞浦防空监视哨三十一年十二月份经费支出计算表、薪饷证明册

（1942年12月31日）　0168-001-0352

48

福建省霞浦防空監視哨中華民國三十一年十二月份經費支出計算表

科目		區分	實有人數	月支定額	合計	備考
用人費	俸薪餉項	上尉				
		中尉	一	六〇 〇〇	六〇 〇〇	
		少尉				
		准尉	三	三二 〇〇	九六 〇〇	
		小計	四		一五六 〇〇	
		上士	一	一六 〇〇	一六 〇〇	
		中士	四	一三 〇〇	五二 〇〇	
		下士				
		上等兵	七	六 五〇	四五 五〇	
		一等兵	十	五 五〇	五五 〇〇	
		二等兵	四	五 〇〇	二〇 〇〇	
		小計	二六		一八八 五〇	
	官兵主食費		三〇	四 〇〇	一二〇 〇〇	
	官佐生活補助費		四	一〇 〇〇	四〇 〇〇	
	士兵副食費		二六	八 〇〇	二〇八 〇〇	
	合計		三〇		三六八 〇〇	
非用人費	辦公費			五〇 〇〇	五〇 〇〇	
	人員醫藥費		三〇	六〇	一八 〇〇	
	士兵草鞋費		二六	一 五〇	三九 〇〇	
	洗繳費					
	其他費					
	合計				一〇七 〇〇	
總計					八一九 五〇	

附件　福建省霞浦防空监视哨中华民国三十一年十二月份经费支出计算表

(1942年12月31日)a面　0168-001-0352

附記

哨長 蘇永顕（印：蘇永顕印）

中華民國三十一年十二月三十一日

附件　福建省霞浦防空监视哨中华民国三十一年十二月份经费支出计算表

（1942年12月31日）b面　0168-001-0352

49

福建省霞浦縣防空監視哨中華民國三十一年十二月份官佐薪餉証明冊

級職	姓名	月支定額 薪俸	月支定額 主食費	實支數 薪俸	實支數 主食費	實支數 合計	蓋章	貼印花稅	備考
中尉哨長	蘇永顯	七〇〇〇	四〇〇	七〇〇〇	四〇〇	七四〇〇	蘇永顯印		薪俸內包括官佐生活補助費十元
准尉分哨長	陳貽誠	四二〇〇	四〇〇	四二〇〇	四〇〇	四六〇〇	陳貽誠印		仝
仝	謝錦榕	四二〇〇	四〇〇	四二〇〇	四〇〇	四六〇〇	謝錦榕印		仝
仝	周慶鑾	四二〇〇	四〇〇	四二〇〇	四〇〇	四六	周慶鑾印		仝
合計四員						二一二〇〇			

附件　福建省霞浦防空监视哨中华民国三十一年十二月份官佐薪饷证明册

（1942年12月31日）　0168-001-0352

50

福建省霞浦防空監視哨中華民國三十一年十二月份士兵餉項証明冊

級職	姓名	餉項實支數 月支定額	餉	主食費	副食費	合計	蓋章	備攷
上士班長	陳桂生	二八〇〇	一六〇〇	四〇〇	八〇〇	二八〇〇	陳桂生印	
中士班長	蘇文校	二五〇〇	一三〇〇	四〇〇	八〇〇	二五〇〇	蘇文校印	
上等哨兵	李友官	一八五〇	六五〇	四〇〇	八〇〇	一八五〇		
仝	陳細俤	一八五〇	六五〇	四〇〇	八〇〇	一八五〇	陳細俤印	
仝	蔣家喜	一八五〇	六五〇	四〇〇	八〇〇	一八五〇	蔣家喜印	
仝	陳宗亨	一八五〇	六五〇	四〇〇	八〇〇	一八五〇	陳宗亨印	
一等哨兵	蘇玉渡	一七五〇	五五〇	四〇〇	八〇〇	一七五〇	蘇玉渡印	
仝	蘇德堆	一七五〇	五五〇	四〇〇	八〇〇	一七五〇	蘇德堆印	

附件 福建省霞浦防空监视哨中华民国三十一年十二月份士兵饷项证明册

(1942年12月31日)a面 0168-001-0352

仝	鄭廷槁	一七五〇	五五〇	四〇〇	八〇〇	一七五〇	（鄭廷槁印）	
仝	王景星	一七五〇	五五〇	四〇〇	八〇〇	一七五〇	（王景星印）	
二等炊事兵	蘇金壽	一七〇〇	五〇〇	四〇〇	八〇〇	一七〇〇	（印）	以上本哨士兵
中士班長	吳春官	二五〇〇	一三〇〇	四〇〇	八〇〇	二五〇〇	（吳春官印）	
上等哨兵	吳依鉅	一八五〇	六五〇	四〇〇	八〇〇	一八五〇	（指印）	
一等哨兵	林　强	一七五〇	五五〇	四〇〇	八〇〇	一七五〇	（林强印）	
仝	陳銅官	一七五〇	五五〇	四〇〇	八〇〇	一七五〇	（陳銅官印）	
二等炊事兵	陳開華	一七〇〇	五〇〇	四〇〇	八〇〇	一七〇〇	（陳開華印）	以上第一分哨士兵
中士班長	許慶祥	二五〇〇	一三〇〇	四〇〇	八〇〇	二五〇〇	（指印）	
上等哨兵	李武明	一八五〇	六五〇	四〇〇	八〇〇	一八五〇	（李武明印）	

附件　福建省霞浦防空监视哨中华民国三十一年十二月份士兵饷项证明册

(1942 年 12 月 31 日)b 面　0168-001-0352

51

一等哨兵	謝法金	一七五〇	五五〇	四〇〇	八〇〇	一七五〇	謝法金
仝	王金木	一七五〇	五五〇	四〇〇	八〇〇	一七五〇	王金木
二等炊事兵	王生達	一七〇〇	五〇〇	四〇〇	八〇〇	一七〇〇	王生達印
中士班長	平桂射	二五〇〇	一三〇〇	四〇〇	八〇〇	二五〇〇	平桂射印
上等哨兵	蘇永天	一八五〇	六五〇	四〇〇	八〇〇	一八五〇	蘇永天印
一等哨兵	蘇文霖	一七五〇	五五〇	四〇〇	八〇〇	一七五〇	蘇文霖
仝	蘇永蕃	一七五〇	五五〇	四〇〇	八〇〇	一七五〇	蘇永蕃
二等炊事兵	蘇富堅	一七〇〇	五〇〇	四〇〇	八〇〇	一七〇〇	蘇富堅

以上第二分哨士兵（謝法金、王金木、王生達）

以上第三分哨士兵（平桂射至蘇富堅）

附件　福建省霞浦防空监视哨中华民国三十一年十二月份士兵饷项证明册

（1942年12月31日）　0168-001-0352

福建省霞浦防空監視哨三十一年十二月份經費單據粘存簿

附件　福建省霞浦防空监视哨三十一年十二月份单据粘存簿(1942年12月31日)　0168-001-0352

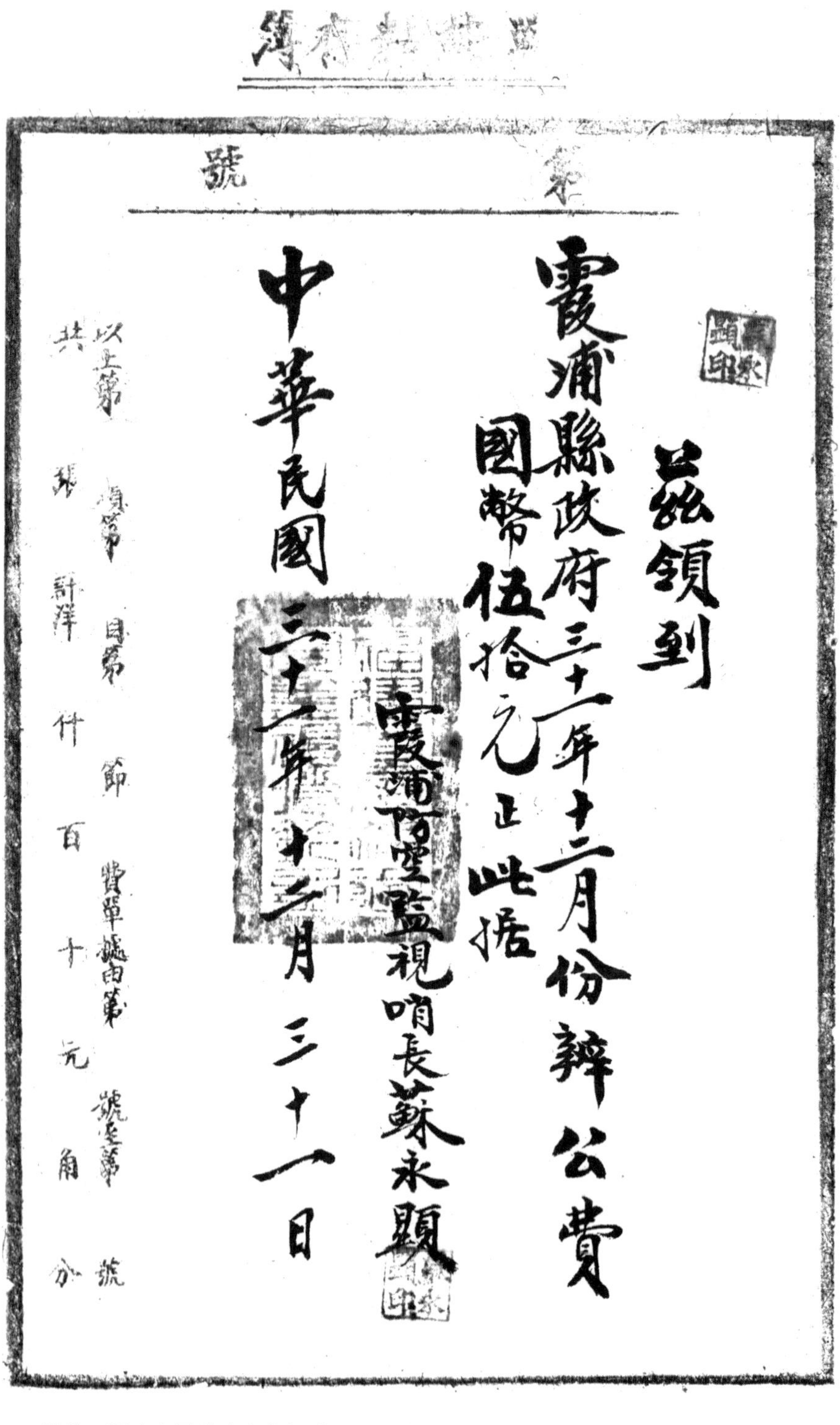
單據粘存簿

第 號

茲領到

霞浦縣政府三十一年十二月份辦公費

國幣伍拾元正此据

霞浦防空監視哨長蘇永題

中華民國三十一年十二月三十一日

以上第 項第 目第 節 費單據由第 號起第 號

共 張 計洋 什 百 十 元 角 分

附件 福建省霞浦防空监视哨三十一年十二月份单据粘存簿(办公费收据)

(1942年12月31日) 0168-001-0352

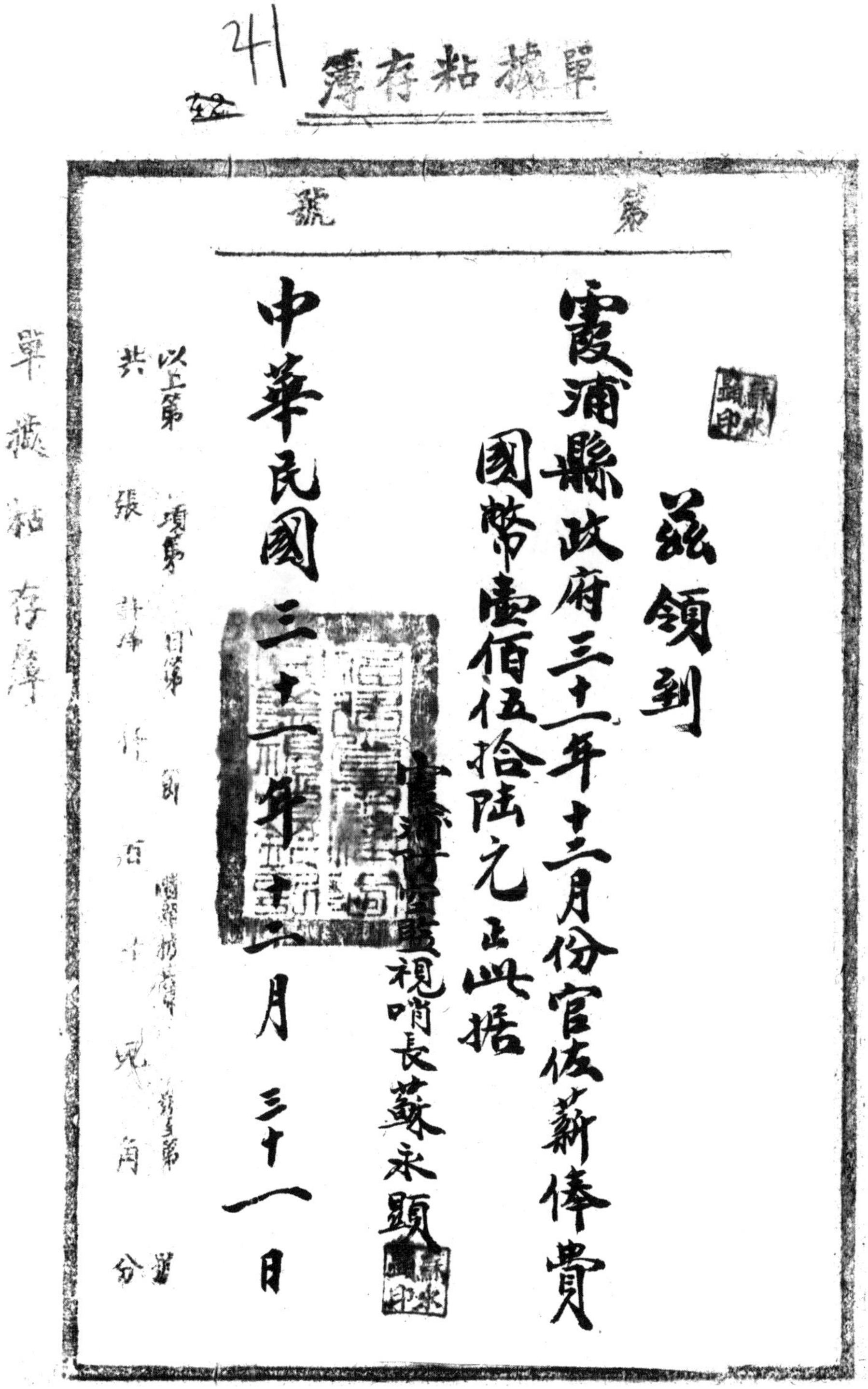

41

單據粘存簿

第　　號

茲領到

霞浦縣政府三十一年十二月份官佐薪俸費

國幣壹佰伍拾陸元正此据

霞浦防空監視哨長蘇永題

中華民國三十一年十二月三十一日

以上第　項第　目第　節　哨單據粘存簿第　號

共　張　計　仟　百　十　元　角　分

單據粘存簿

附件　福建省霞浦防空监视哨三十一年十二月份单据粘存簿(官佐薪俸费收据)

(1942年12月31日)　0168-001-0352

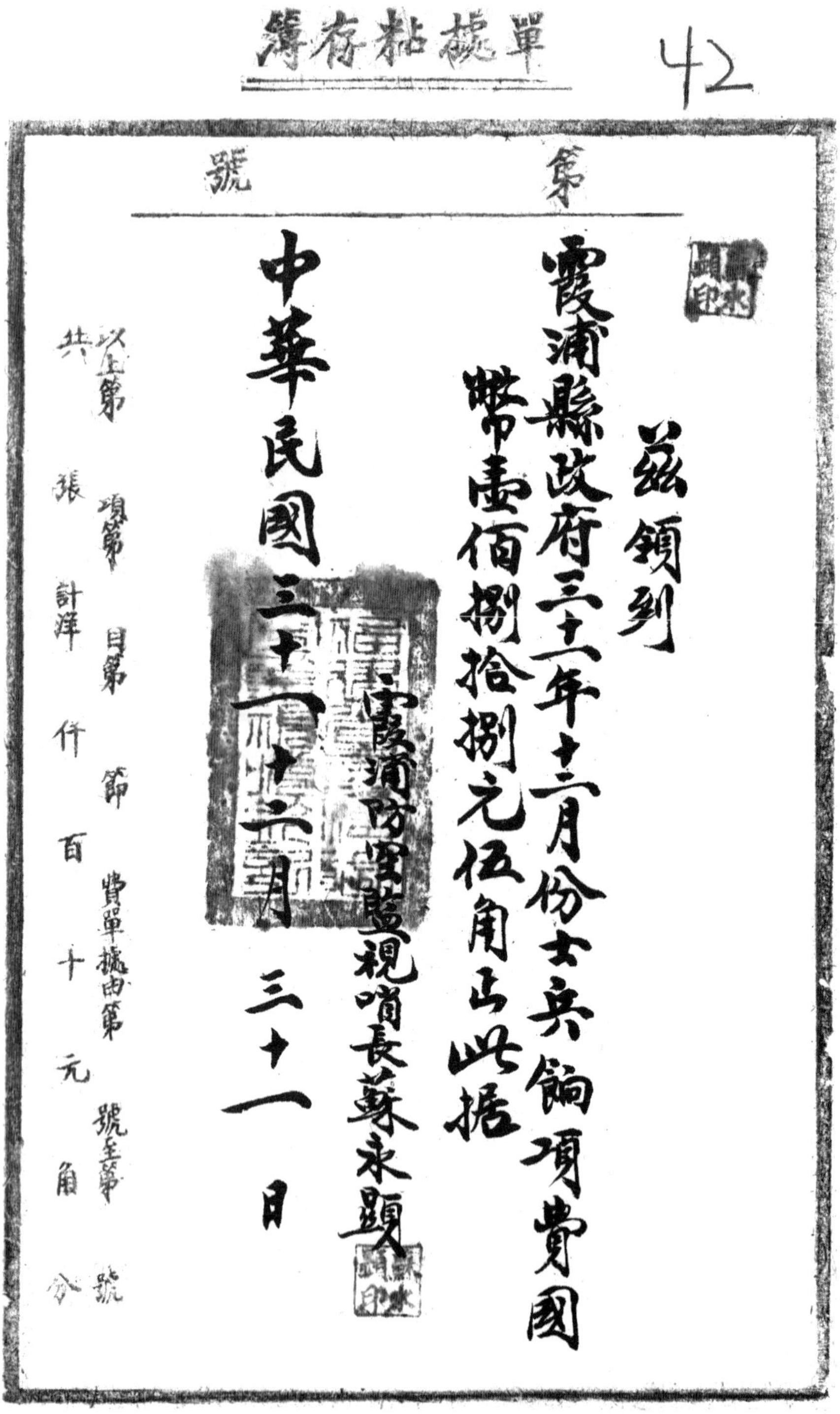

單據粘存簿　42

第　　號

茲領到

霞浦縣政府三十一年十二月份士兵餉項費國

幣壹佰捌拾捌元伍角正此据

霞浦防空監視哨長蘇永顕 [蘇永顕印]

中華民國三十一年十二月三十一日

以上第　項第　目第　節　費單據由第　號至第　號

共　張　計洋　仟　百　十　元　角　分

附件　福建省霞浦防空监视哨三十一年十二月份单据粘存簿(士兵饷项费收据)

(1942年12月31日)　0168-001-0352

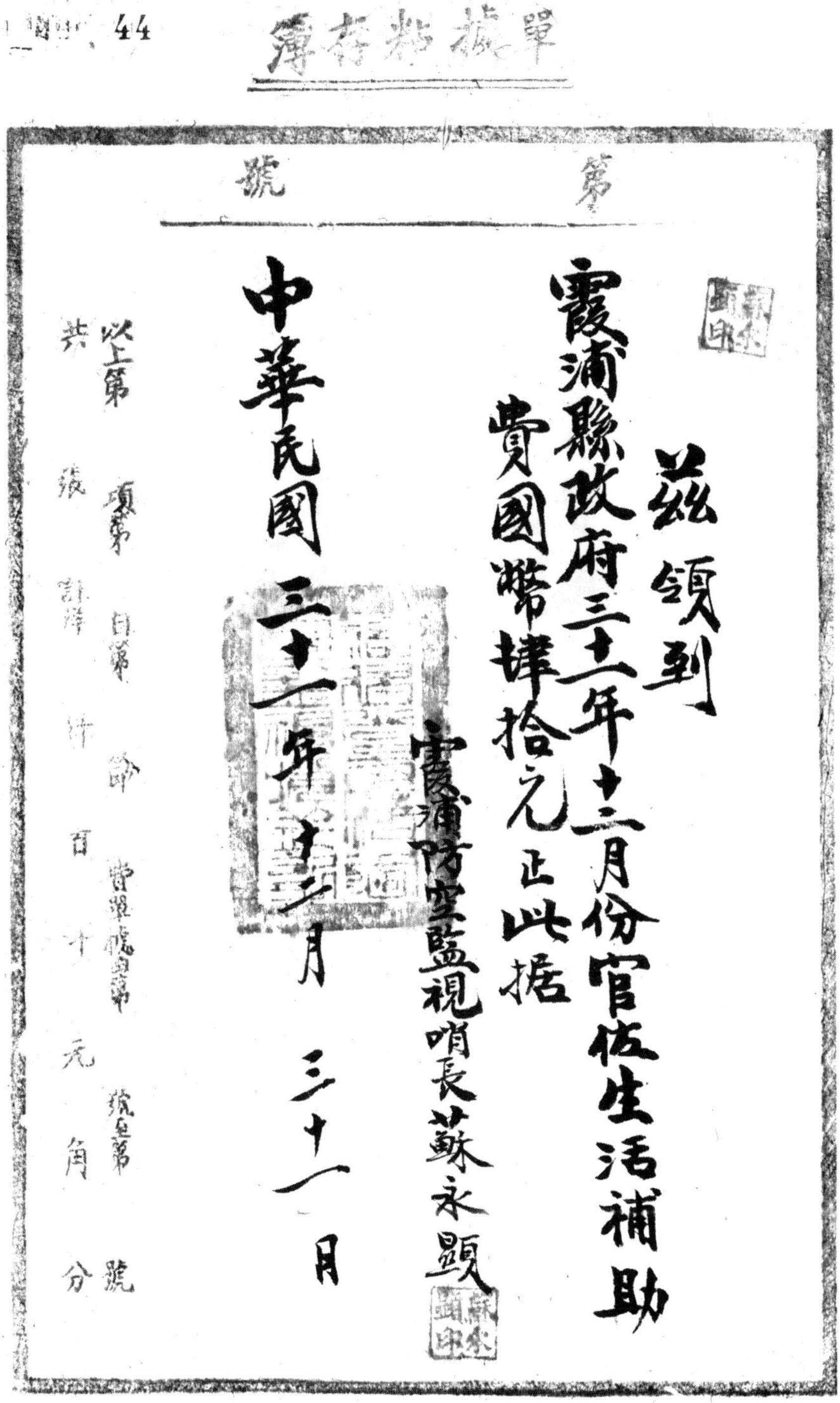
第44
單據粘存簿
第　號
茲領到
霞浦縣政府三十一年十二月份官佐生活補助費國幣肆拾元正此据
霞浦防空監視哨長蘇永顥
中華民國三十一年十二月三十一日
以上第　項第　目第　節　費撥憑單第　號至第　號
共　張　計洋　仟　百　十　元　角　分

附件　福建省霞浦防空监视哨三十一年十二月份单据粘存簿(官佐生活补助费收据)

(1942年12月31日)　0168-001-0352

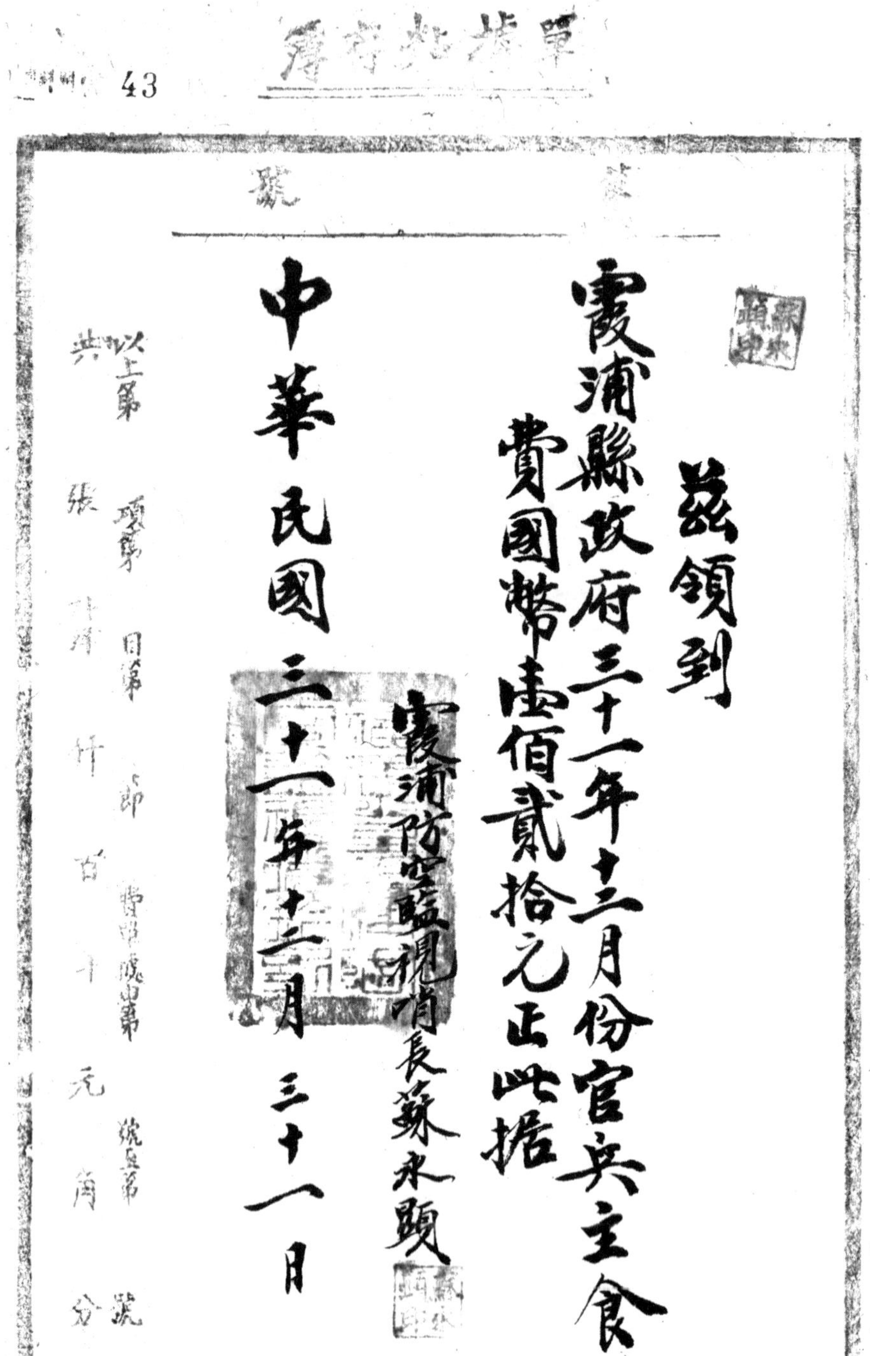
單據粘存簿

43

號

茲領到

霞浦縣政府三十一年十二月份官兵主食

費國幣壹佰貳拾元正此據

霞浦防空監視哨長蘇承題

中華民國三十一年十二月三十一日

以上第 項第 目第 節 費用號中第 號至第 號

共 張 計 仟 佰 拾 元 角 分

附件 福建省霞浦防空监视哨三十一年十二月份单据粘存簿(官兵主食费收据)

(1942年12月31日)a面 0168-001-0352

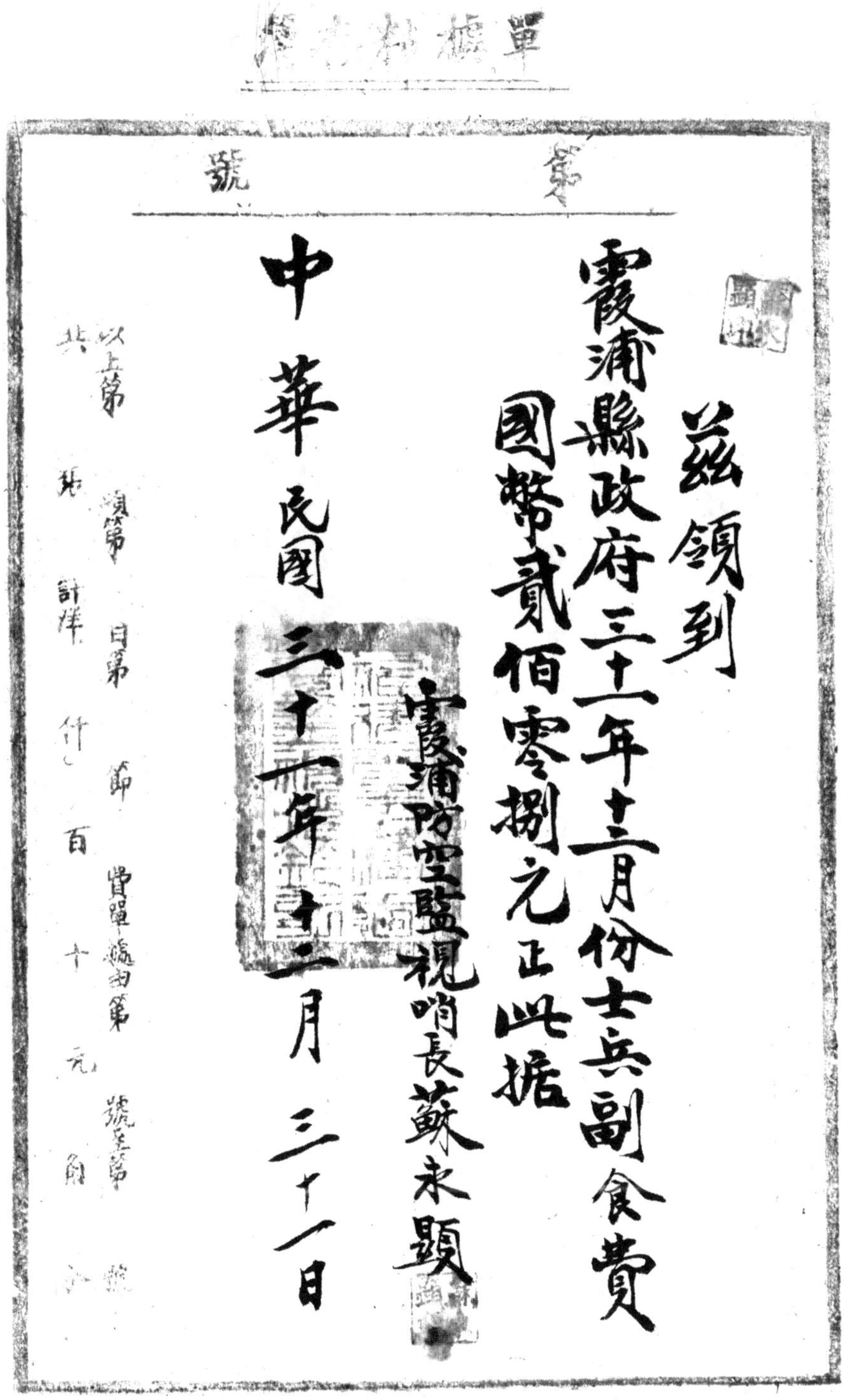
單據粘存簿

第　　號

茲領到
霞浦縣政府三十一年十二月份士兵副食費
國幣貳佰零捌元正此据
霞浦防空監視哨長蘇来顕

中華民国三十一年十二月三十一日

以上第　頁第　目第　節　費單據第　號至第　號
共　張　計洋　什　百　十　元　角　分

附件　福建省霞浦防空监视哨三十一年十二月份单据粘存簿(士兵副食费收据)
(1942年12月31日)b面　0168-001-0352

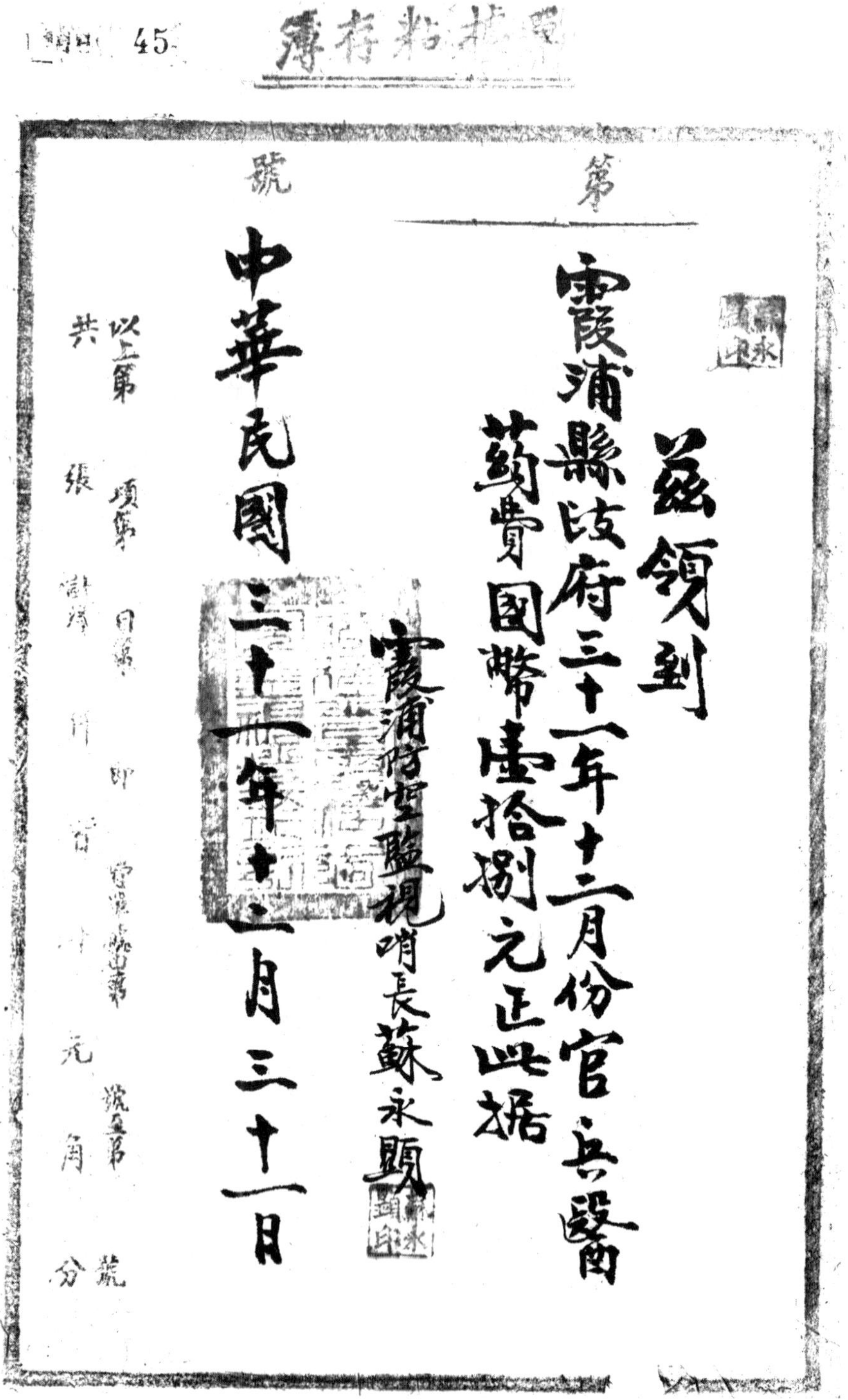

單據粘存簿　45

第　號

茲領到

霞浦縣政府三十一年十二月份官兵醫藥費國幣壹拾捌元正此据

霞浦防空監視哨長蘇永題

中華民國三十一年十二月三十一日

以上第　項第　目第　節即會計簿第　號第　號

共　張　粘附件　元　角　分

附件　福建省霞浦防空监视哨三十一年十二月份单据粘存簿(官兵医药费收据)

(1942 年 12 月 31 日)　0168-001-0352

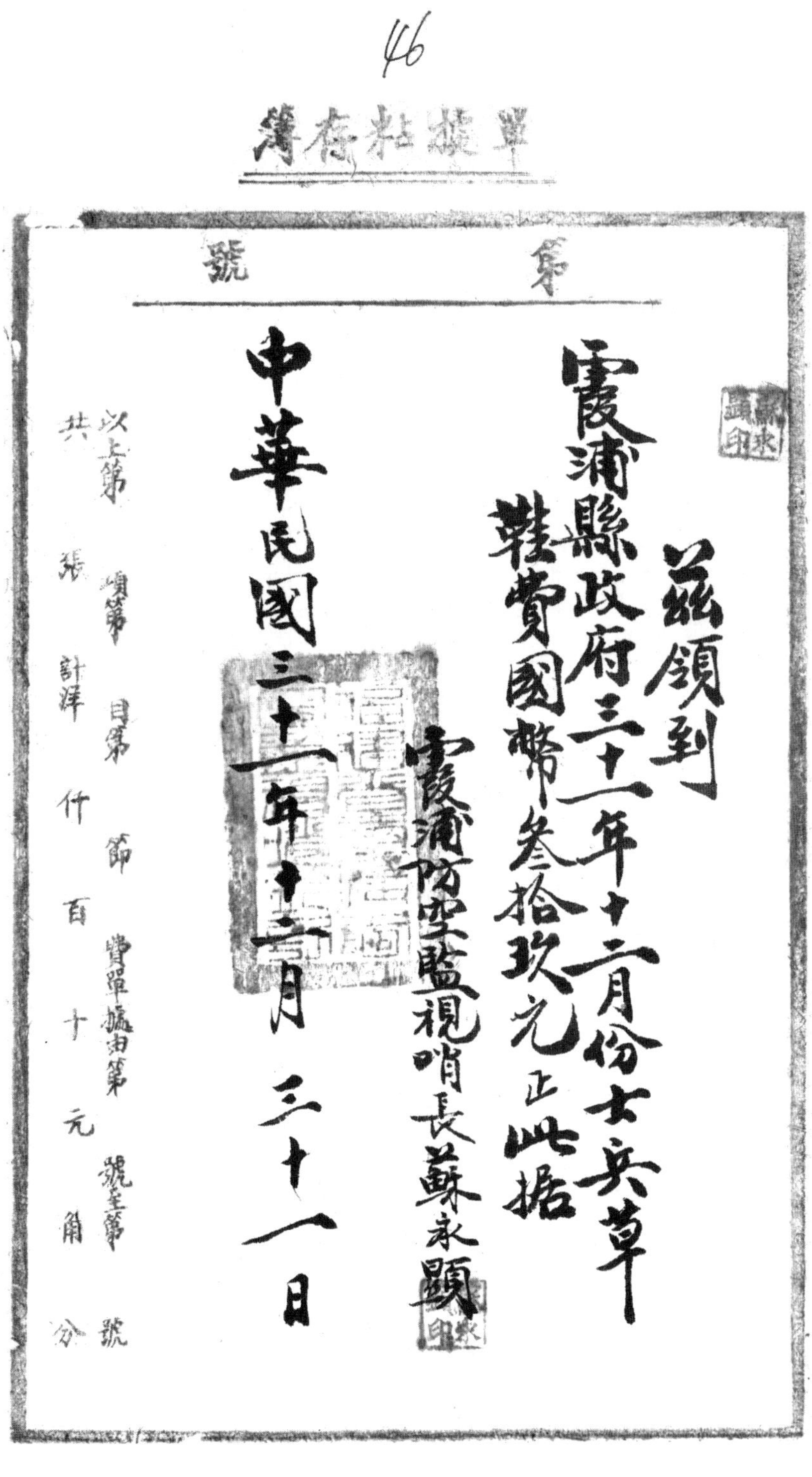

46
單據粘存簿
第 號
茲領到
霞浦縣政府三十一年十二月份士兵草鞋費國幣叁拾玖元正此據
霞浦防空監視哨長蘇永題
中華民國三十一年十二月三十一日
以上第 項第 目第 節 費單據由第 號至第 號
共 張 計洋 什 百 十 元 角 分

附件　福建省霞浦防空监视哨三十一年十二月份单据粘存簿（士兵草鞋费收据）

（1942年12月31日）　0168-001-0352

福建省霞浦防空……

經費累……

中華民國三十一年度……

經常門

款	項	目	名稱	預算數：本月份分配數	預算數：截至本月份止[illegible]數	憑證起訖字號	本月份實支數
1			本哨經常費	151270	1738200		81950
	1		俸給費	53750	636400		34450
		1	薪俸	27000	324000		15600
		2	餉項	26750	312400		18850
	2		辦公費	7000	78000		5000
		1	辦公費	7000	78000		5000
	3		特別費	7920	87360		5700
		1	醫藥費	2520	26880		1800
		2	草鞋費	5400	60480		3900
	4		官佐生活補助費	6000	60000		4000
		1	官佐生活補助費	6000	60000		4000
	5		主食費	16800	201600		12000
		1	官佐主食費	2400	28800		1600
		2	士兵主食費	14400	172800		10400
	6		副食費	28800	316800		20800
		1	士兵副食費	28800	316800		20800
	7		電訊費	2000	21000		
		1	電訊費	2000	21000		
	8		電池費	29000	337040		
		1	電池費	29000	337040		
				151270	1738200		81950

機關長官

附件 福建省霞浦防空监视哨经费累计表(中华民国三十一年度十二月份)

(1942年12月31日)a面 0168-001-0352

霞浦防空監視哨

費 累計表　　　　4—6　　　　第 1 頁

三十一年度十二月份

本月份實支數（千百十元角分）	截至本月份止累計數（百十萬千百十元角分）	截至本月份止預算分配數與累計數比較：增（百十萬千百十元角分）	截至本月份止預算分配數與累計數比較：減（百十萬千百十元角分）	備考
81950	888560		849640	
34450	386950		249450	
15600	178200		145800	
18850	208750		103650	
5000	56000		22000	
5000	56000		22000	
5700	58810		28550	
1800	18220		8660	
3900	40590		19890	
4000	40000		20000	
4000	40000		20000	
12000	133200		68400	
1600	19200		9600	
10400	114000		58800	
20800	213600		103200	
20800	213600		103200	
			21000	此項無動支
			21000	
			337040	此項無動支
			337040	
81950	888560		849640	

主辦會計人員（印）　　　　中華民國31年12月31日製

附件　福建省霞浦防空监视哨经费累计表(中华民国三十一年度十二月份)

(1942年12月31日)b面　0168-001-0352

福建省霞浦防空監視哨
經費類現金出納表

中華民國三十一年度十二月份

科目及摘要	小計 百	十	萬	千	百	十	元	角	分	合計 百	十	萬	千	百	十	元	角	分
收項：																		
(1) 上期結存																	0	0
人 現金																	0	0
(2) 本期收入														8	1	9	5	0
人 應領經費					8	1	9	5	0									
收項總計														8	1	9	5	0
付項：																		
(1) 本期支出														8	1	9	5	0
人 歲出分配數					8	1	9	5	0									
(2) 本期結存																	0	0
人 現金								0	0									
付項總計														8	1	9	5	0

機關長官　　主辦會計人員　　主辦出納人員

三十一年十二月三十一日 製

附件　福建省霞浦防空监视哨经费类现金出纳表(中华民国三十一年度十二月份)

(1942年12月31日)　0168-001-0352

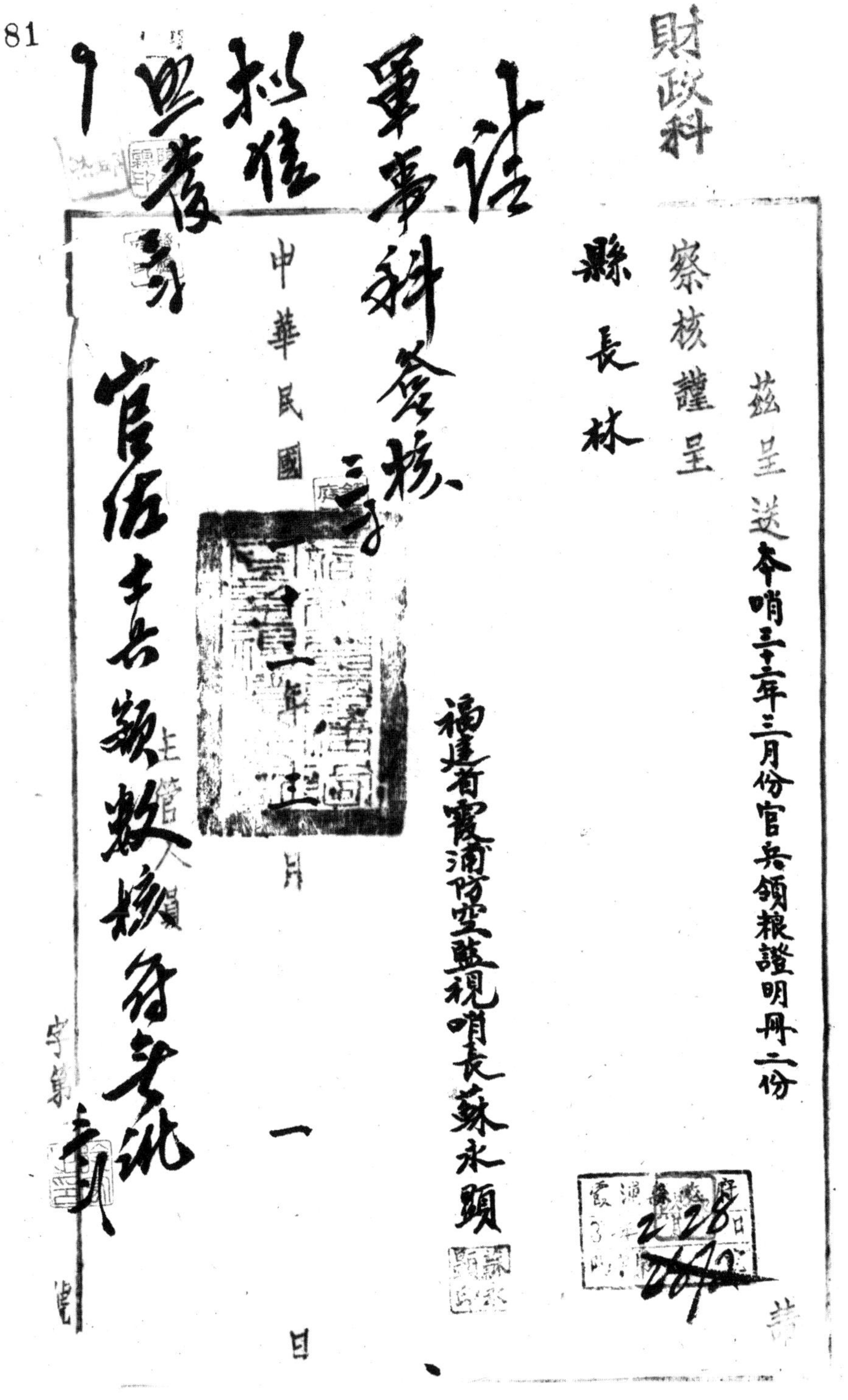

81

財政科

茲呈送本哨三十二年三月份官兵領粮證明冊二份

察核謹呈

縣長林

福建省霞浦防空監視哨長蘇永頭

中華民國三十二年三月一日

霞浦县政府公文联单　福建省霞浦防空监视哨呈送三十二年三月份官兵领粮证明册

（1943 年 3 月 1 日）　0168-001-0243

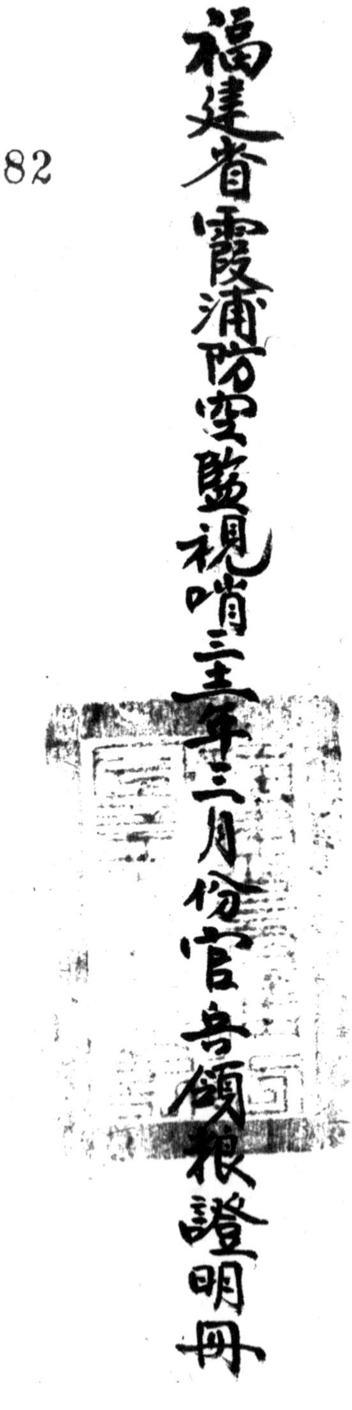

82

福建省霞浦防空監視哨三十二年三月份官兵領粮證明册

附件　福建省霞浦防空监视哨三十二年三月份官兵领粮证明册

（1943年3月1日）　0168-001-0243

83

福建省霞浦防空監視哨民國三十二年三月份官兵領糧證明冊

級職	姓名	入伍日期 上月轉日	在(勤)職日數	每人應領糙米數量(單位每市斤)	本人蓋章	備考
哨長中尉	蘇永顕	上月轉日	三十天	四十二市斤		
准尉分哨長	謝錦搖	仝	仝	仝		
仝	陳昭誠	仝	仝	仝		
仝	周慶鑾	仝	仝	仝		
上士班長	陳桂生	仝	仝	仝		
中士班長	蘇文校	仝	仝	仝		
仝	許慶祥	仝	仝	仝		
仝	吳春官	仝	仝	仝		

考

附件　福建省霞浦防空监视哨三十二年三月份官兵领粮证明册

(1943年3月1日)a面　0168-001-0243

仝	蘇永天	仝	仝	仝	蘇永天印
上等哨兵	余吓寶	仝	仝	仝	
仝	蔣家喜	仝	仝	仝	蔣家喜
仝	蘇文霖	仝	仝	仝	蘇文霖
仝	陳宗亨	仝	仝	仝	陳宗亨印
仝	吳依鉅	仝	仝	仝	
一等哨兵	蘇玉渡	仝	仝	仝	蘇玉渡印
仝	蘇永蕃	仝	仝	仝	蘇永蕃
仝	鄭廷槁	仝	仝	仝	鄭廷槁
仝	王景星	仝	仝	仝	王景星

附件 福建省霞浦防空监视哨三十二年三月份官兵领粮证明册

(1943 年 3 月 1 日)b 面 0168-001-0243

84

二等炊事兵	蘇全詩	仝	仝	仝	蘇全詩
仝	蘇富堅	仝	仝	仝	蘇富堅印
合計	官四員 士兵十六名			八百四十市斤	

附件　福建省霞浦防空监视哨三十二年三月份官兵领粮证明册

（1943年3月1日）　0168-001-0243

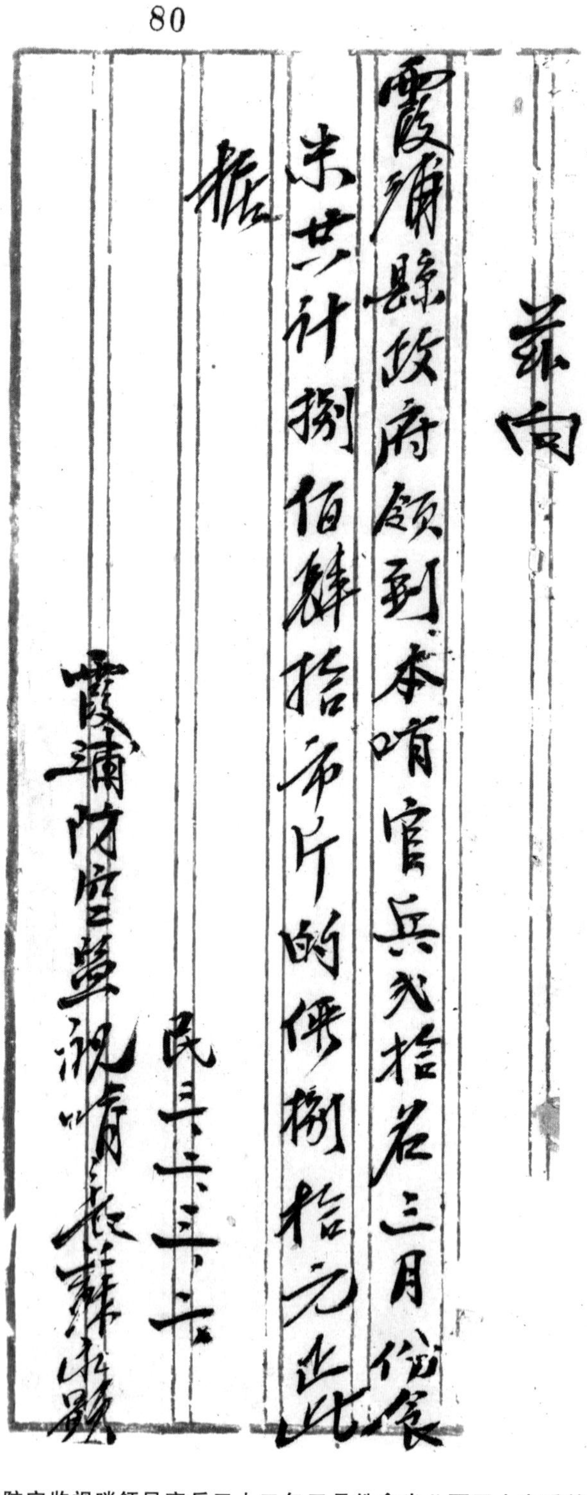
80

兹向

霞浦縣政府領到本哨官兵貳拾名三月份食

米共計捌佰肆拾市斤的係捌拾元正此

據

民三二、三、二

霞浦防空監視哨長蘇永馥

福建省霞浦防空监视哨领导官兵三十二年三月份食米八百四十市斤的收据

（1943年3月2日）　0168-001-0243

53

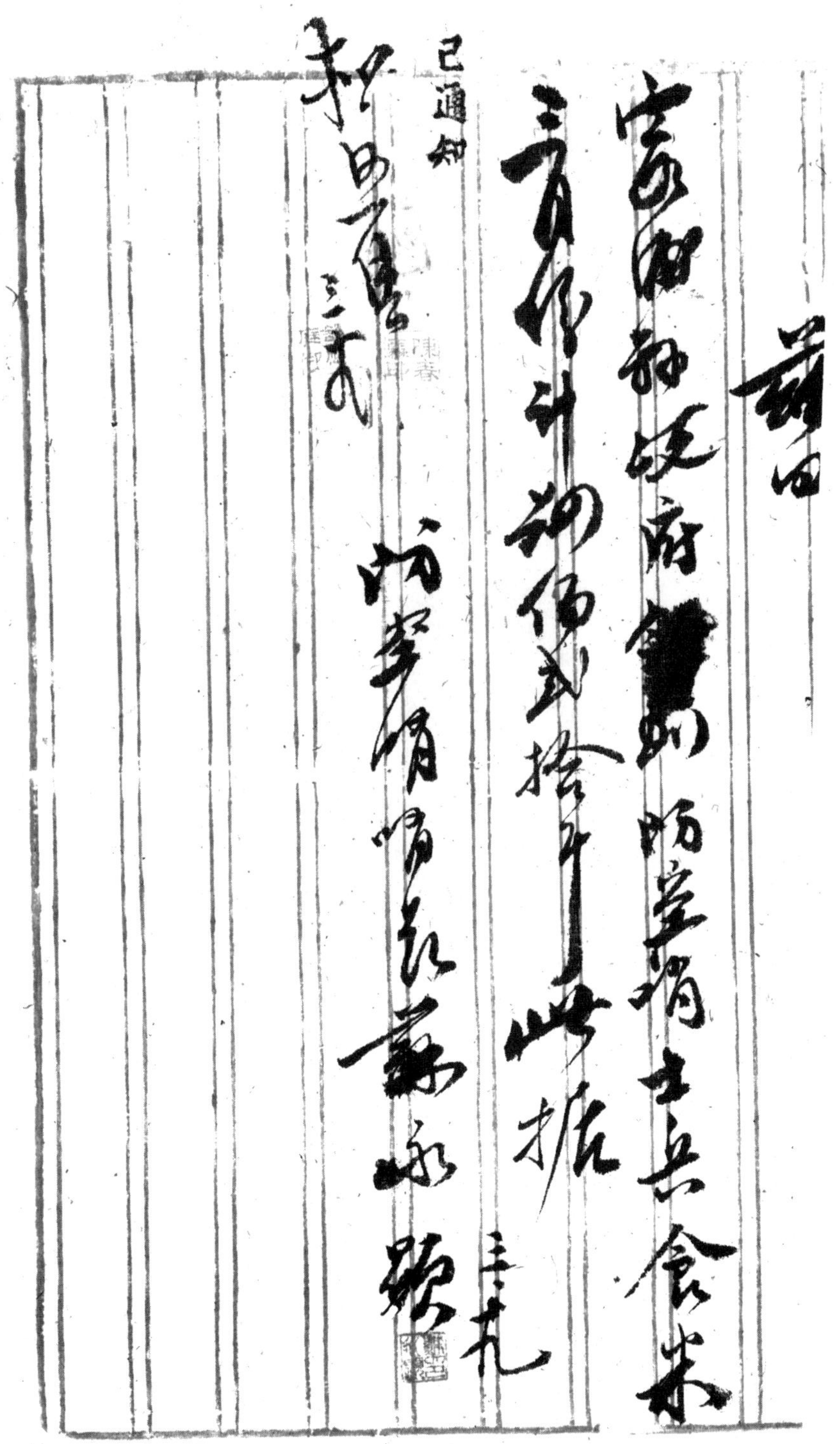

福建省霞浦防空监视哨领导官兵三十二年三月份食米四百二十斤的收据

（1943年3月19日） 0168-001-0243

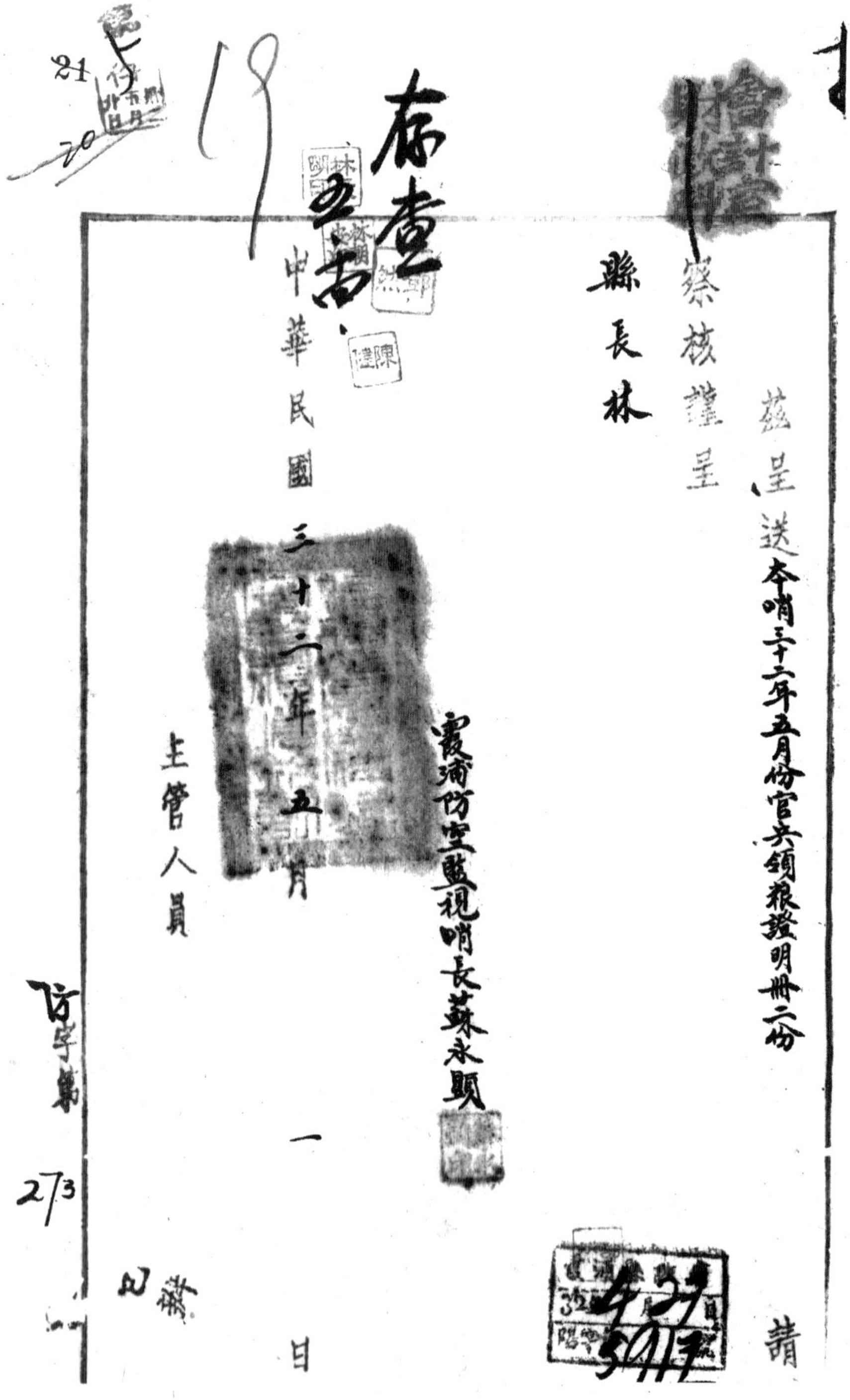
茲呈送本哨三十二年五月份官兵領粮證明冊二份

請

察核謹呈

縣長林

霞浦防空監視哨長蘇永顒

中華民國三十二年五月一日

主管人員

霞浦县政府公文联单　福建省霞浦防空监视哨呈送三十二年五月份官兵领粮证明册

（1943 年 5 月 1 日）　0168-001-0270

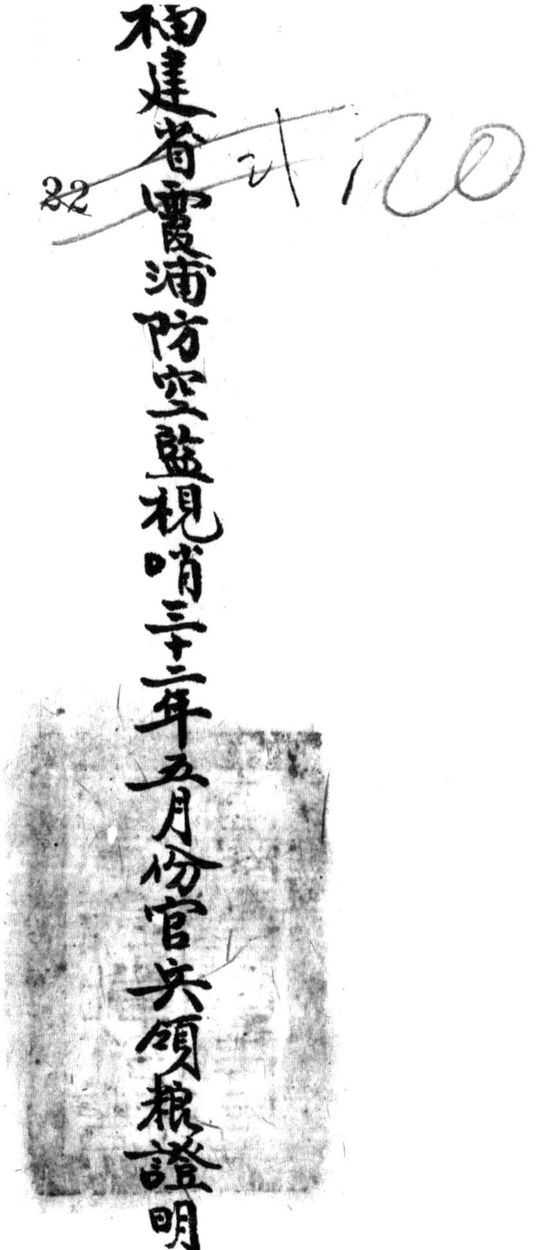

福建省霞浦防空監視哨三十二年五月份官兵領粮證明册

附件　福建省霞浦防空监视哨三十二年五月份官兵领粮证明册

（1943年5月1日）　0168-001-0270

福建省霞浦防空監視哨民国三十二年五月份官兵領粮證明册

職別	姓名	入伍日期	在職日數	每人應領糙米數量（單位市斤）	本人蓋章	備考
哨長	蘇永頭	上月轉日	三十天	四十二市斤	[illegible]	
分哨長	謝錦榕	仝	仝	仝	[illegible]	
仝	周慶鑾	〃	〃	〃	[illegible]	
班長	陳桂生	〃	〃	〃	[illegible]	
仝	蘇文棱	〃	〃	〃	[illegible]	
哨兵	余吓寶	〃	〃	〃	[illegible]	
仝	蘇文霖	〃	〃	〃	[illegible]	
仝	蔣家喜	〃	〃	〃	[illegible]	

附件　福建省霞浦防空监视哨三十二年五月份官兵领粮证明册

(1943年5月1日)a面　0168-001-0270

23

仝	陳宗亨	〃	〃	〃	
仝	蘇玉瘦	〃	〃	〃	
仝	蘇永蓄	〃	〃	〃	
仝	鄭廷搞	〃	〃	〃	
仝	王景星	〃	〃	〃	
炊事兵	蘇金鑄	〃	〃	〃	以上本哨士兵
班長	吳春官	〃	〃	〃	
哨兵	吳依鉅	〃	〃	〃	
仝	蔡文霖	〃	〃	〃	
仝	林進生	〃	〃	〃	

附件　福建省霞浦防空监视哨三十二年五月份官兵领粮证明册

(1943年5月1日)b面　0168-001-0270

24

炊事兵	班長	哨兵	仝	仝	炊事兵	班長	哨兵	仝	仝
楊明英	許慶祥	林進藹	李保金	鄭識	蘇岩仮	蘇永天	周伏寶	吳九鍾	馮在鑾
〃	〃	〃	〃	〃	〃	〃	〃	〃	〃
〃	〃	〃	〃	〃	〃	〃	〃	〃	〃
〃	〃	〃	〃	〃	〃	〃	〃	〃	〃
以上第一分哨士兵					以上第二分哨士兵				

附件 福建省霞浦防空监视哨三十二年五月份官兵领粮证明册

(1943 年 5 月 1 日)a 面 0168-001-0270

25

炊事兵 蘇富堅

〃

〃

〃

以上第三分哨士兵

合計 官三員 士兵二十六名

壹仟貳百零拾捌市斤

附件　福建省霞浦防空监视哨三十二年五月份官兵领粮证明册

(1943年5月1日)b面　0168-001-0270

45
62
建省霞浦防空監視哨三十二年五月份官兵領粮證明冊

附件　福建省霞浦防空监视哨三十二年五月份官兵领粮证明册

（1943 年 5 月）　0168-001-0270

46 43

福建省霞浦防空監視哨三十二年五月份官兵領粮證明册

職別	姓名	入伍日期	在勤日數	每人應領糙米數量（單位每市斤）	本人蓋章	備考
哨長	蘇永題	上月轉日	三十天	四十二市斤	蘇永題印	
分哨長	謝錦楷	仝	〃	〃	[illegible]	
仝	周慶鑾	仝	〃	〃	[illegible]	
仝	張鍾	本月壹日到差	〃	〃	張鍾	
班長	陳桂生	上月轉日	〃	〃	陳桂生印	
仝	蘇文校	〃	〃	〃	蘇文校印	
仝	許慶祥	〃	〃	〃	許慶祥	
仝	蘇永天	〃	〃	〃	蘇永天印	

附件　福建省霞浦防空监视哨三十二年五月份官兵领粮证明册（1943 年 5 月）a 面　0168-001-0270

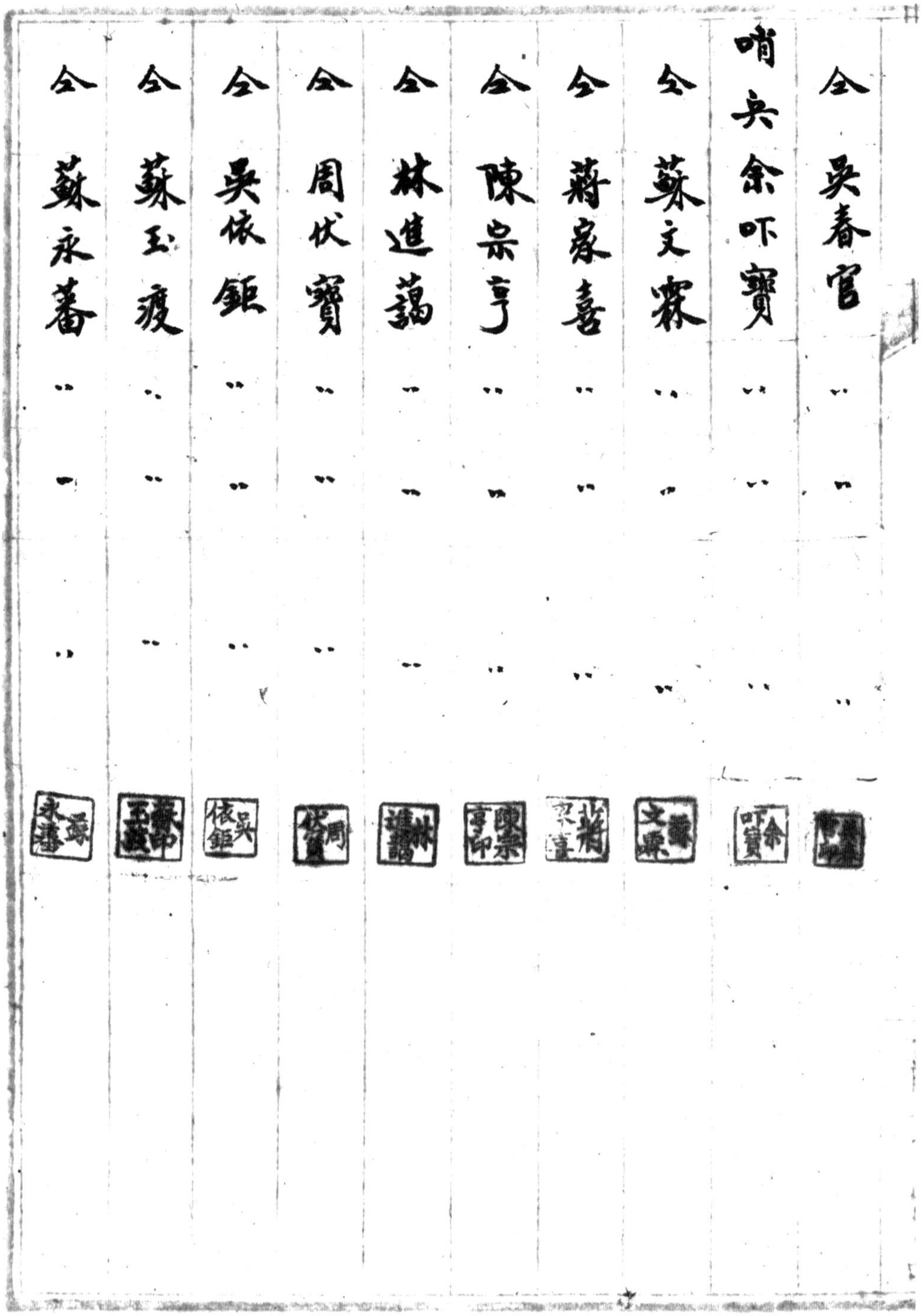

仝　吴春官
哨兵余吓寶
仝　蘇文寀
仝　蔣家喜
仝　陳宗亨
仝　林進藹
仝　周伏寶
仝　吴依鉅
仝　蘇玉渡
仝　蘇永蕃

附件　福建省霞浦防空监视哨三十二年五月份官兵领粮证明册

(1943年5月)b面　0168-001-0270

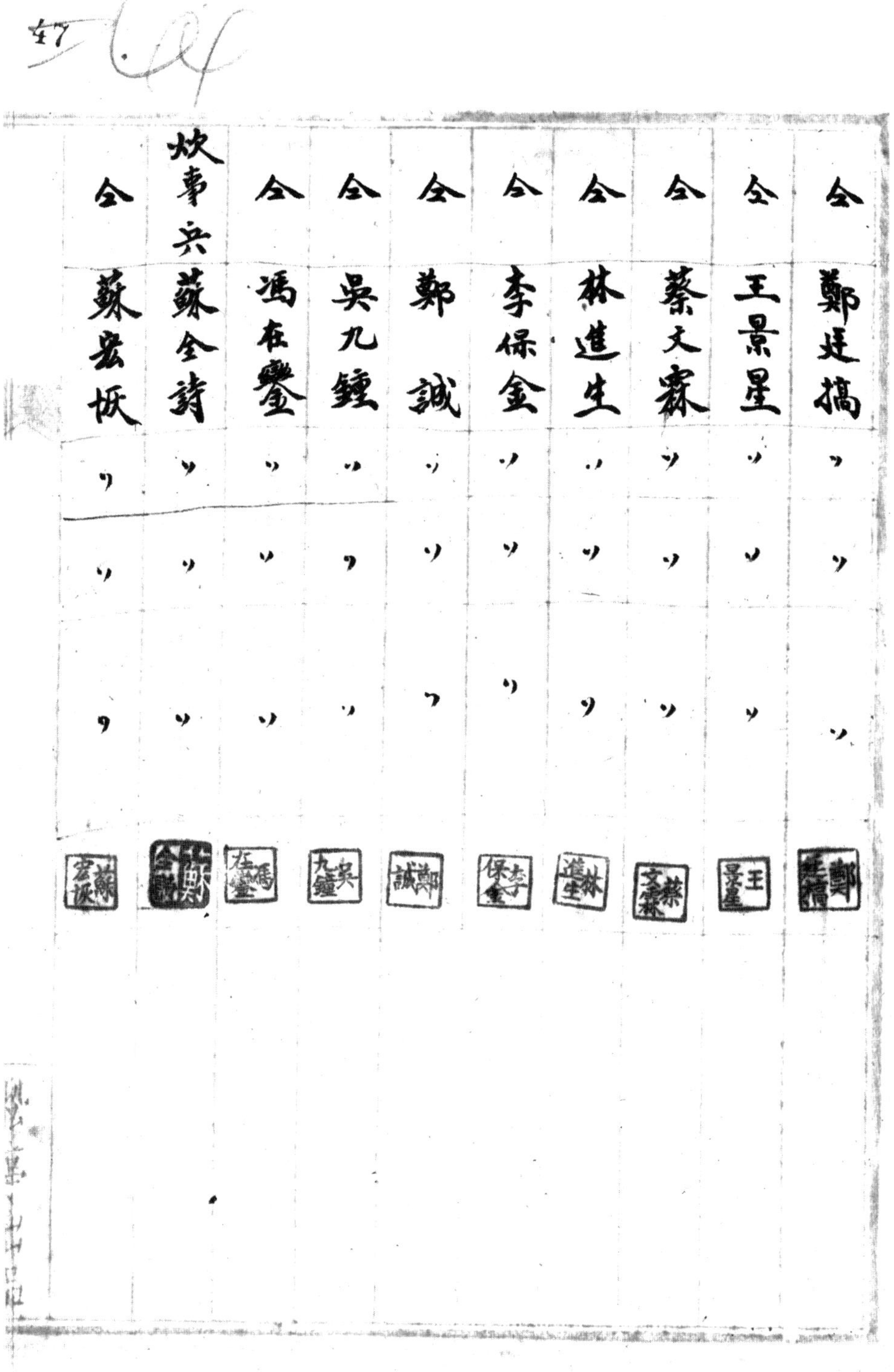
47 604

仝	鄭廷搞	〃	〃	〃	鄭廷搞
仝	王景星	〃	〃	〃	王景星
仝	蔡文霖	〃	〃	〃	蔡文霖
仝	林進生	〃	〃	〃	林進生
仝	李保金	〃	〃	〃	李保金
仝	鄭誠	〃	〃	〃	鄭誠
仝	吳九鍾	〃	〃	〃	吳九鍾
仝	馮在鑾	〃	〃	〃	馮在鑾
炊事兵	蘇全詩	〃	〃	〃	蘇全詩
仝	蘇宏炘	〃	〃	〃	蘇宏炘

附件　福建省霞浦防空监视哨三十二年五月份官兵领粮证明册

(1943 年 5 月)a 面　0168-001-0270

48

仝 苏富坚 〃 〃 〃

仝 杨明英 〃 〃 〃

合计 官四员 士兵六名 壹仟弍百陆拾市斤

苏富坚印

杨明英

附件 福建省霞浦防空监视哨三十二年五月份官兵领粮证明册

(1943 年 5 月)b 面 0168-001-0270

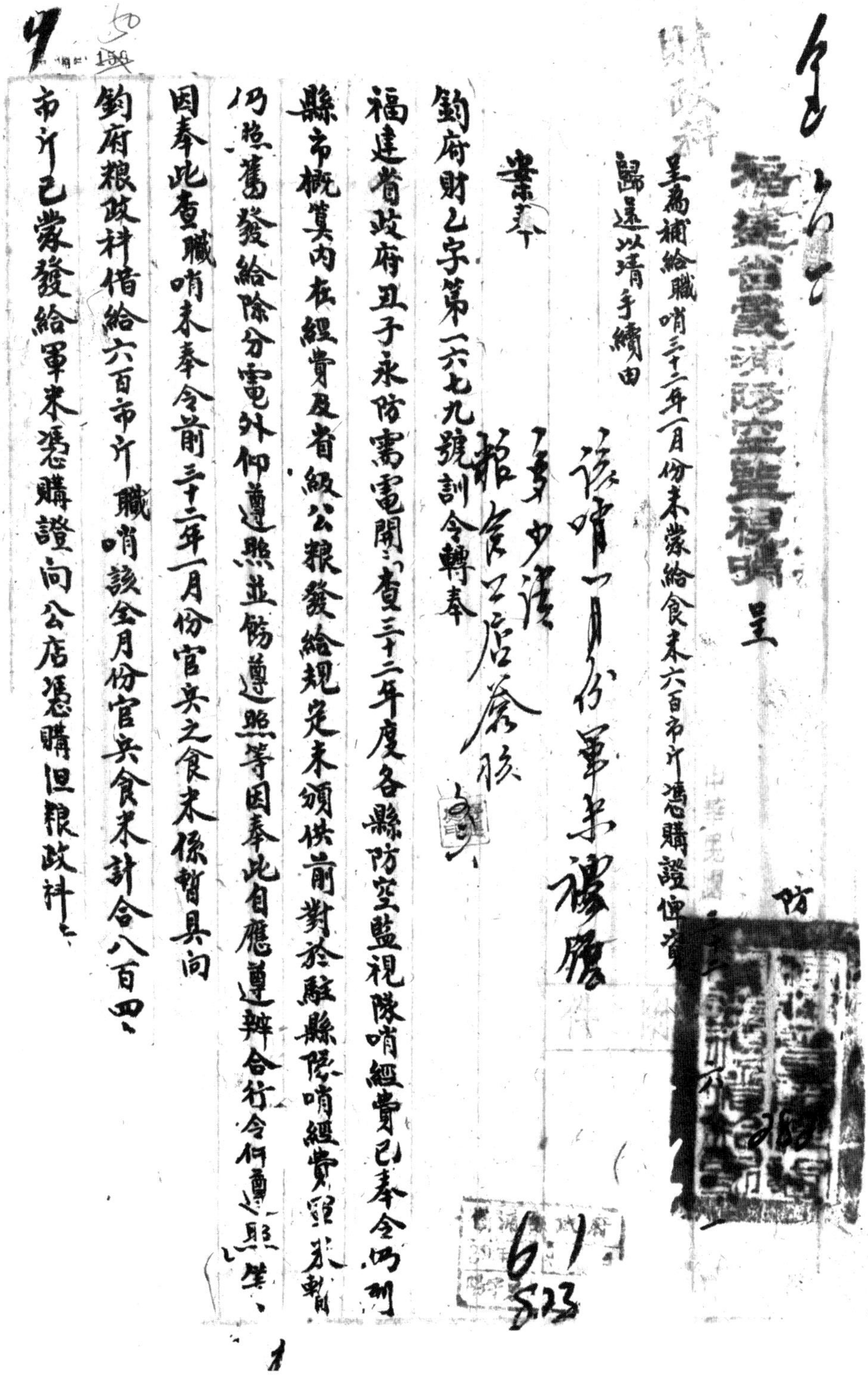

福建省霞浦防空監視哨 呈

呈為補給職哨三十二年一月份未蒙給食米六百市斤憑購證俾資歸還以清手續由

案奉

鈞府財乙字第一六七九號訓令轉奉

福建省政府丑子永防需電開：「查三十二年度各縣防空監視隊哨經費已奉令列入縣市概算內在經費及省級公糧發給規定未頒佈前對於駐縣隊哨經費暫求仍照舊發給除分電外仰遵照並飭遵照」等因奉此自應遵辦合行令仰遵照等。

因奉此查職哨未奉令前三十二年一月份官兵之食米係暫具向

鈞府糧政科借給六百市斤，職哨該全月份官兵食米計合八百四市斤已蒙發給軍米憑購證向公店憑購但糧政科

福建省霞浦防空监视哨关于补给本哨三十二年一月份食米六百市斤凭购证的呈文

(1943年6月1日)a面　0168-001-0290

給軍米憑購證向公店憑購歸還為此理合具文報請
察核懇迅補給職哨三十二年一月份食米六百市斤憑購證俾資歸
何並乞指令祇遵實為公便
謹呈
縣長林

霞浦防空監視哨長蘇永顕

蘇永顕印

該哨一月份[illegible]
市斤[illegible]

承業務組查核速報

該哨一月份官兵若干名需米多少請
軍事科 簽核

查該哨[illegible]

[illegible]

福建省霞浦防空监视哨关于补给本哨三十二年一月份食米六百市斤凭购证的呈文

（1943 年 6 月 1 日）b 面　0168-001-0290

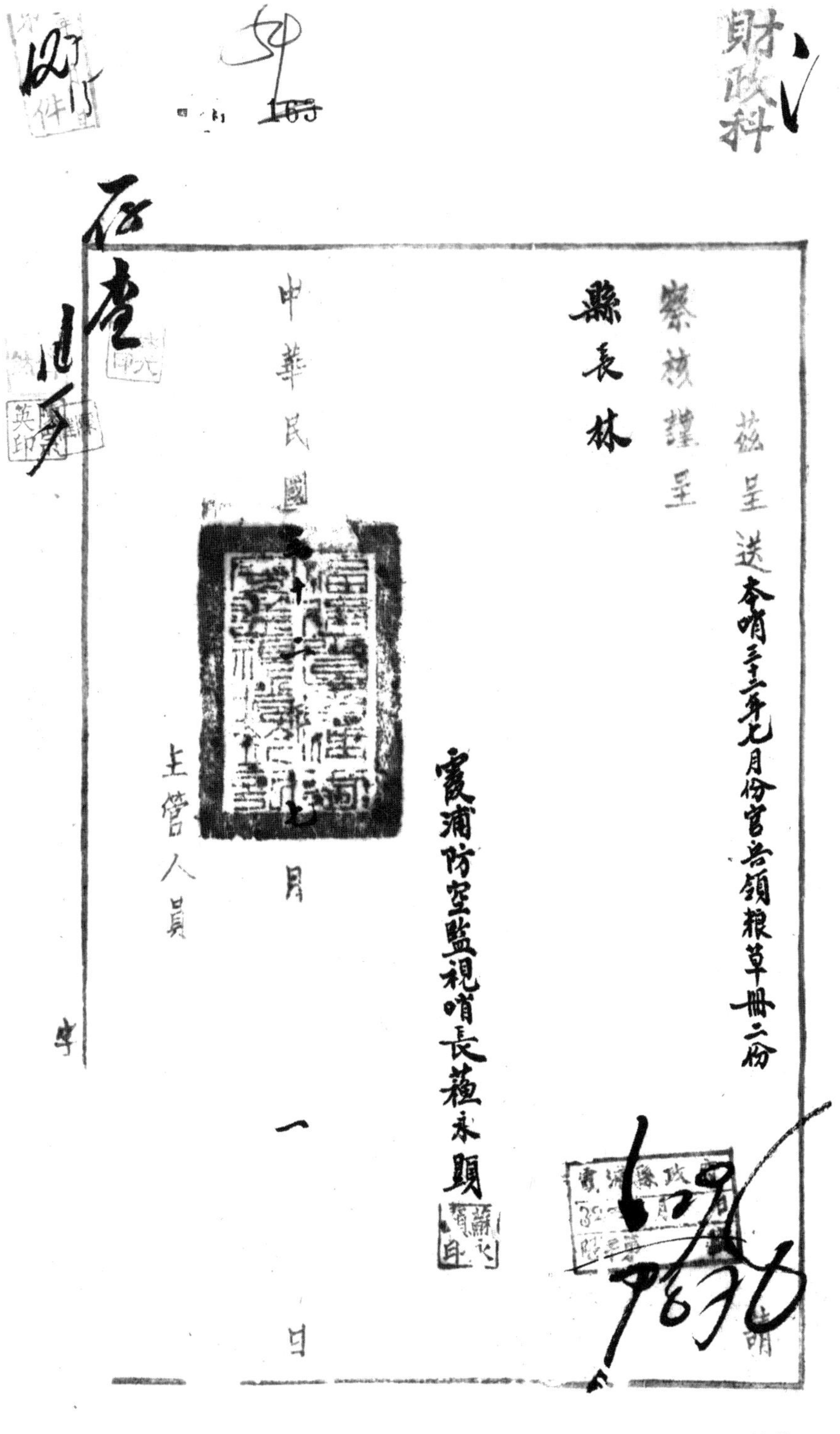

霞浦县政府公文联单　福建省霞浦防空监视哨呈送三十二年七月份官兵领粮草册

(1943 年 7 月 1 日)　0168-001-0290

福建省霞浦防空監視哨三十二年七月份官兵領粮草冊

附件 福建省霞浦防空监视哨三十二年七月份官兵领粮草册

(1943 年 7 月 1 日) 0168-001-0290

福建省霞浦防空監視哨三十二年七月份官兵領粮草册

職級	姓名	開補月日	在職日数	應領糙米量	備考
中尉哨長	蘇永顕	上月轉日	三十天	四十二市斤	
准尉分哨長	謝錦搭	〃	〃	〃	
仝	張鍾	〃	〃	〃	
仝	林慶銘	七月一日到 差	〃	〃	
上士班長	陳桂生	上月轉日	〃	〃	
中士班長	蘇文梜	〃	〃	〃	
仝	許慶祥	〃	〃	〃	
仝	吳春官	〃	〃	〃	

附件　福建省霞浦防空监视哨三十二年七月份官兵领粮草册

(1943 年 7 月 1 日)a 面　0168-001-0290

仝	蘇永天	〃	〃	〃
上等哨兵	余吓寶	〃	〃	〃
仝	蘇文霖	〃	〃	〃
仝	蔣家喜	〃	〃	〃
仝	陳宗亨	〃	〃	〃
仝	林進鶴	〃	〃	〃
仝	吳依鉅	〃	〃	〃
仝	周伏寶	〃	〃	〃
一等哨兵	蘇玉渡	〃	〃	〃
仝	蘇永蕃	〃	〃	〃

附件　福建省霞浦防空监视哨三十二年七月份官兵领粮草册

(1943年7月1日)b面　0168-001-0290

~~166~~ 57

仝	鄭廷搞	〃	〃	〃
仝	王景星	〃	〃	〃
仝	鄭誠	〃	〃	〃
仝	李保金	〃	〃	〃
仝	蔡文霖	〃	〃	〃
仝	林進生	〃	〃	〃
仝	吳九鍾	〃	〃	〃
仝	馮在鑾	〃	〃	〃
二等炊事兵	蘇金詩	〃	〃	〃
仝	蘇宏恢	〃	〃	〃

附件　福建省霞浦防空监视哨三十二年七月份官兵领粮草册

(1943年7月1日)a面　0168-001-0290

仝	楊明英	〃	〃	〃
仝	蘇萬堅	〃	〃	〃
合計	官四員 士兵六名			[illegible]

附件 福建省霞浦防空监视哨三十二年七月份官兵领粮草册

(1943年7月1日)b面 0168-001-0290

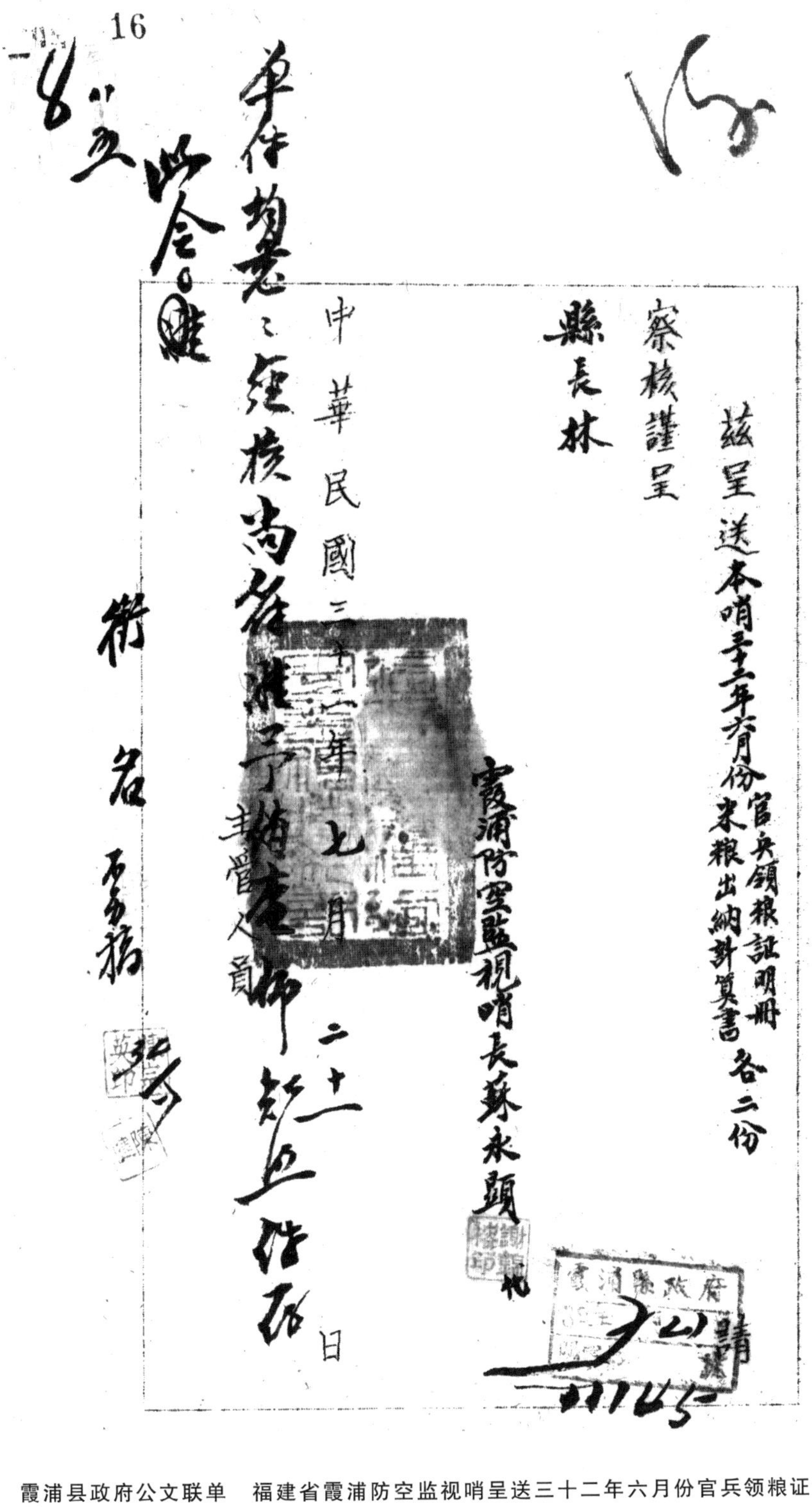

茲呈送本哨三十二年六月份官兵領粮証明册、米粮出納計算書各二份

察核謹呈

縣長林

霞浦防空監視哨長蘇永題

中華民國三十二年七月二十一日

霞浦县政府公文联单　福建省霞浦防空监视哨呈送三十二年六月份官兵领粮证明册、米粮出纳计算书(1943 年 7 月 21 日)　0168-001-0143

17

霞浦防空監視哨三十二年度六月份米粮出納計算表

收方（市斤）	摘要	付方（市斤）
	上月結存	
1260.00	本月領到	
1050.00	6.1請領單撥字第569號	
210.00	6.17請領單撥字第714號	
	本月耗用	1260.00
	本月結存	
1260.00	合計	1260.00

長官　　　　製表

附件　福建省霞浦防空监视哨三十二年度六月份米粮出纳计算表

（1943年7月21日）　0168-001-0143

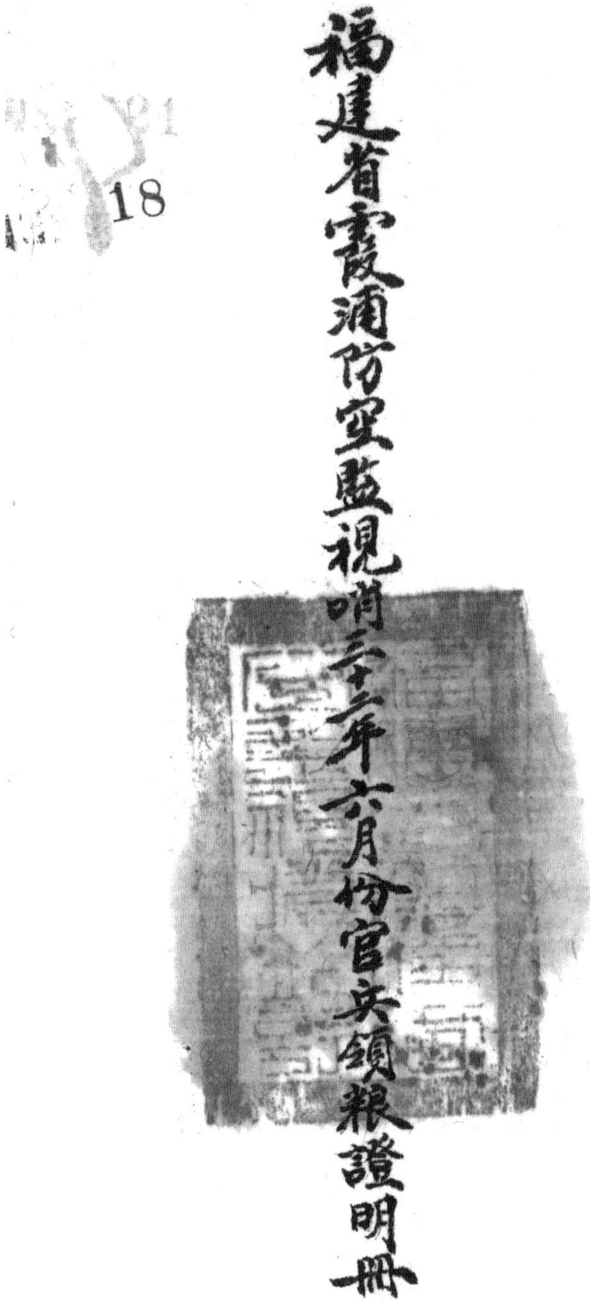
18

福建省霞浦防空監視哨三十二年六月份官兵領糧證明冊

附件　福建省霞浦防空监视哨三十二年六月份官兵领粮证明册

(1943年7月21日)　0168-001-0143

19

福建省霞浦防空監視哨三十二年六月份官兵領粮證明冊

職級	姓名	開補在(勤)職年月日	日數	每人應領糙米數量(單位每市斤)	本人蓋章	備考
中尉哨長	蘇永頭	上月轉	三十天	四十二市斤	[illegible]	
准尉分哨長	謝錦揩	〃	〃	〃	[illegible]	
仝	張鐘	〃	〃	〃	張鍾	
仝	周慶鑾	〃	〃	〃	周慶鑾章	
上士班長	陳桂生	〃	〃	〃	陳桂生印	
中士班長	蘇文揆	〃	〃	〃	蘇文揆印	
仝	許慶祥	〃	〃	〃	許慶祥	
仝	吳春官	〃	〃	〃	吳春官印	

附件　福建省霞浦防空监视哨三十二年六月份官兵领粮证明册

(1943年7月21日)a面　0168-001-0143

仝	蘇永天	〃	〃	〃
上等哨兵	余吓寶	〃	〃	〃
仝	蘇文寀	〃	〃	〃
仝	蔣家喜	〃	〃	〃
仝	陳宗亨	〃	〃	〃
仝	林進鎬	〃	〃	〃
仝	吳依鉅	〃	〃	〃
仝	周伏寶	〃	〃	〃
一等哨兵	蘇玉渡	〃	〃	〃
仝	蘇永蕃	〃	〃	〃

附件　福建省霞浦防空监视哨三十二年六月份官兵领粮证明册

(1943年7月21日)b面　0168-001-0143

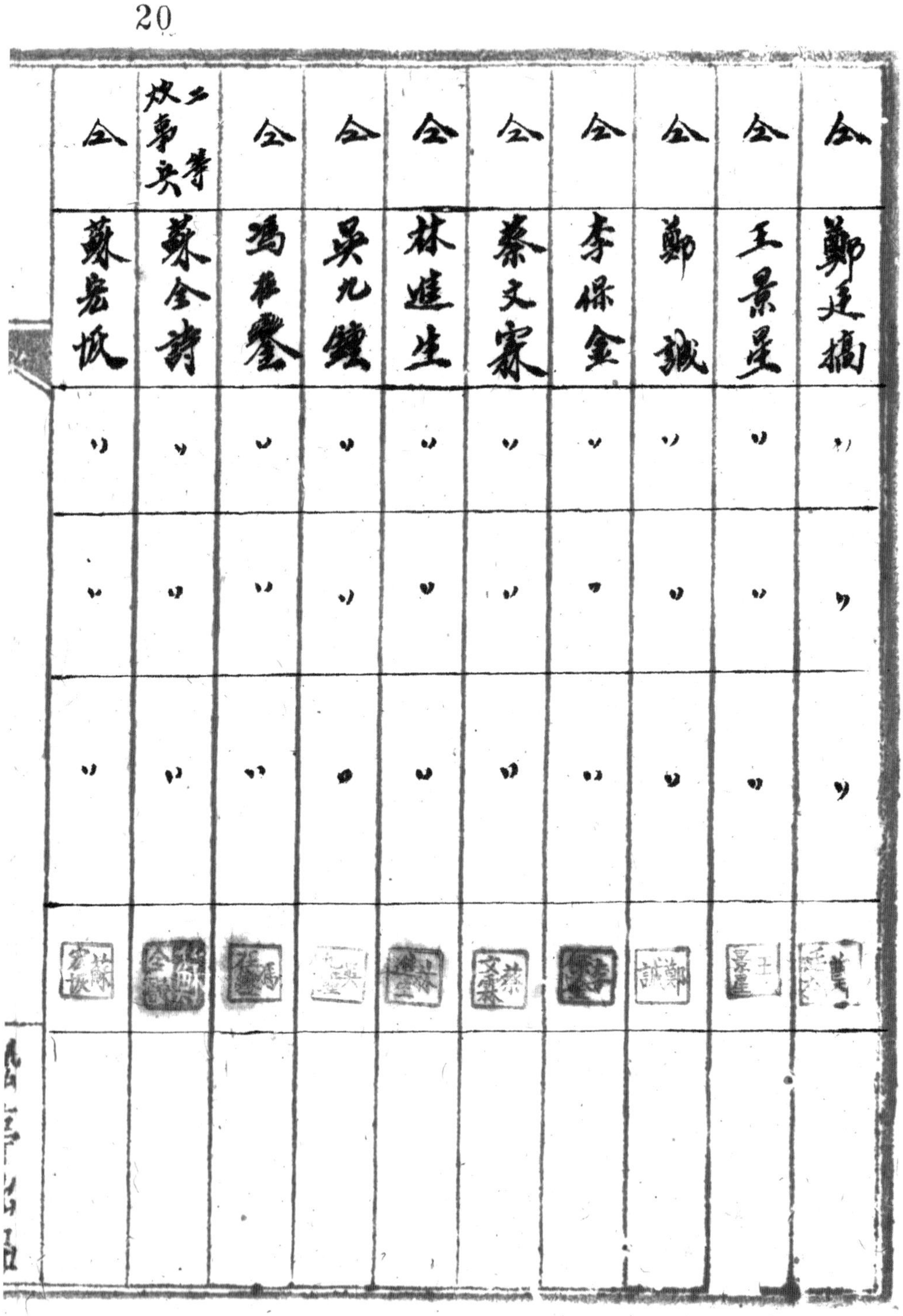

20

仝	仝	仝	仝	仝	仝	仝	仝	上等炊事兵	仝
鄭廷楣	王景星	鄭誠	李保金	蔡文霖	林進生	吳九鐘	馮枝鏊	蘇金詩	蘇宏欣
〃	〃	〃	〃	〃	〃	〃	〃	〃	〃
〃	〃	〃	〃	〃	〃	〃	〃	〃	〃
〃	〃	〃	〃	〃	〃	〃	〃	〃	〃
[seal]	[seal]	[seal]	[seal]	[seal]	[seal]	[seal]	[seal]	[seal]	[seal]

附件　福建省霞浦防空监视哨三十二年六月份官兵领粮证明册

(1943年7月21日)a面　0168-001-0143

仝	楊明英	〃	〃	〃	楊明英
仝	蘇富堅	〃	〃	〃	蘇富堅
合計	官四員 士兵二六名			壹仟弍百陸拾市斤	

附件　福建省霞浦防空监视哨三十二年六月份官兵领粮证明册

(1943年7月21日)b面　0168-001-0143

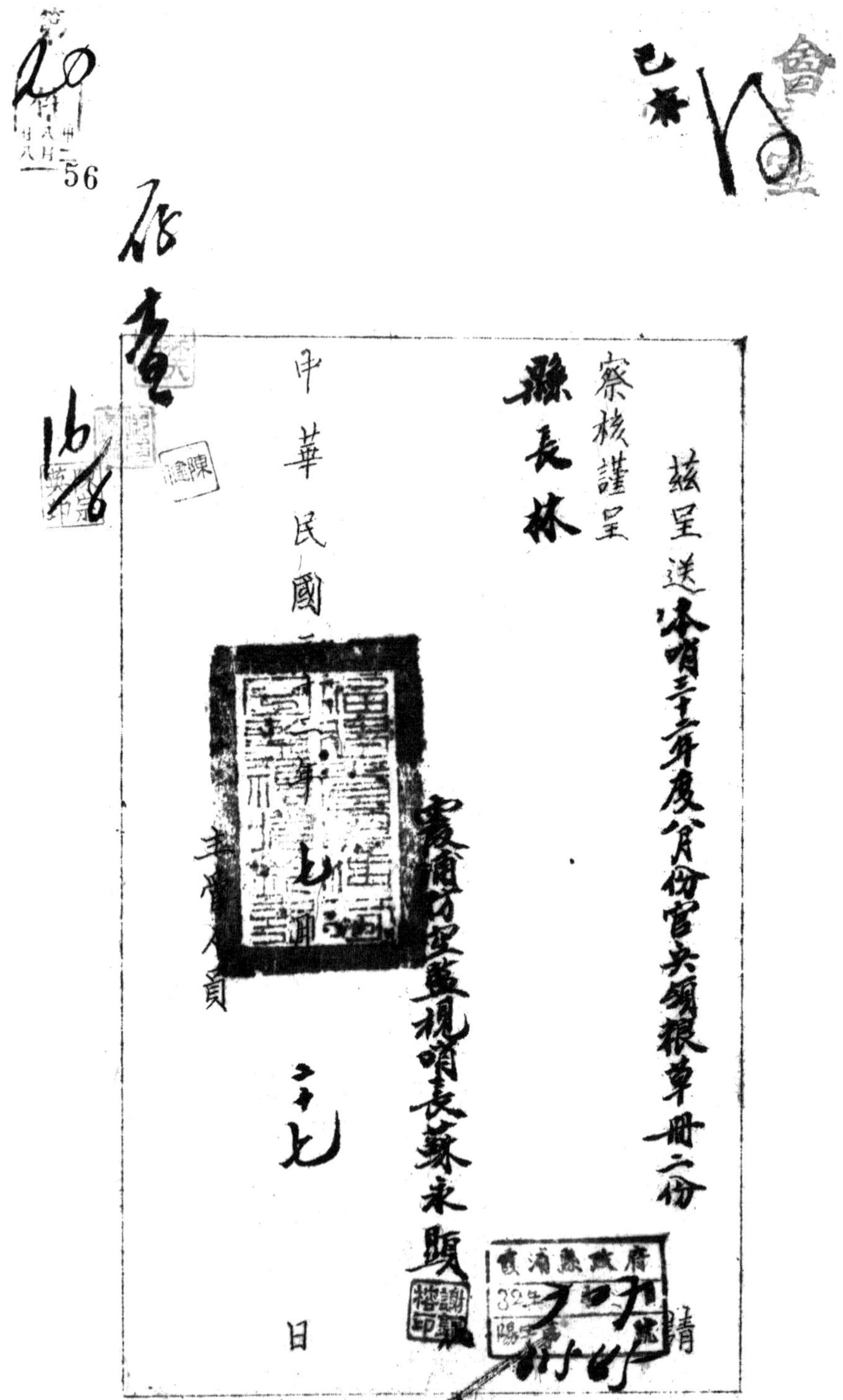
茲呈送
本哨三十二年度八月份官兵領糧草冊二份
察核謹呈
縣長林
霞浦防空監視哨長蘇永賢
中華民國三十二年七月二十七日

霞浦县政府公文联单 福建省霞浦防空监视哨呈送三十二年八月份官兵领粮草册

（1943 年 7 月 27 日） 0168-001-0143

57

福建省霞浦防空監視哨三十二年八月份官兵領粮草册

附件　福建省霞浦防空监视哨三十二年八月份官兵领粮草册

（1943 年 7 月 27 日）　0168-001-0143

58

福建省霞浦防空監視哨三十二年八月份官兵領粮草册

職別	姓名	開補月日	在職日數	應領糙米數量	備考
哨長	蘇永頤	上月轉	三十天	四十二市斤	
分哨長	謝錦榕	〃	〃	〃	
仝	張鍾	〃	〃	〃	
仝	林慶銘	〃	〃	〃	
班長	陳桂生	〃	〃	〃	
仝	蘇文校	〃	〃	〃	
仝	許慶祥	〃	〃	〃	
仝	吴春官	〃	〃	〃	

附件　福建省霞浦防空监视哨三十二年八月份官兵领粮草册

(1943年7月27日)a面　0168-001-0143

仝	蘇永天	〃	〃	〃
哨兵	余吓寶	〃	〃	〃
仝	蘇文霖	〃	〃	〃
仝	蔣家喜	〃	〃	〃
仝	陳宗亨	〃	〃	〃
仝	林進藹	〃	〃	〃
仝	吳依鉅	〃	〃	〃
仝	周伏寶	〃	〃	〃
仝	蘇玉渡	〃	〃	〃
仝	蘇永蕃	〃	〃	〃

附件　福建省霞浦防空监视哨三十二年八月份官兵领粮草册

(1943年7月27日)b面　0168-001-0143

59

仝	仝	仝	仝	仝	仝	仝	仝	炊事兵	仝
鄭廷搞	王景星	鄭鐵	李保金	蔡文霖	林進生	吳九鍾	馮在鑾	蘇金詩	蘇宏抵
〃	〃	〃	〃	〃	〃	〃	〃	〃	〃
〃	〃	〃	〃	〃	〃	〃	〃	〃	〃
〃	〃	〃	〃	〃	〃	〃	〃	〃	〃

附件　福建省霞浦防空监视哨三十二年八月份官兵领粮草册

(1943年7月27日)a面　0168-001-0143

仝 楊明奕	[illegible]	[illegible]	一
仝 蘇高堅	[illegible]	[illegible]	一
合計 官四員 士兵[illegible]名			壹仟弍百陆拾元計

附件　福建省霞浦防空监视哨三十二年八月份官兵领粮草册

(1943年7月27日)b面　0168-001-0143

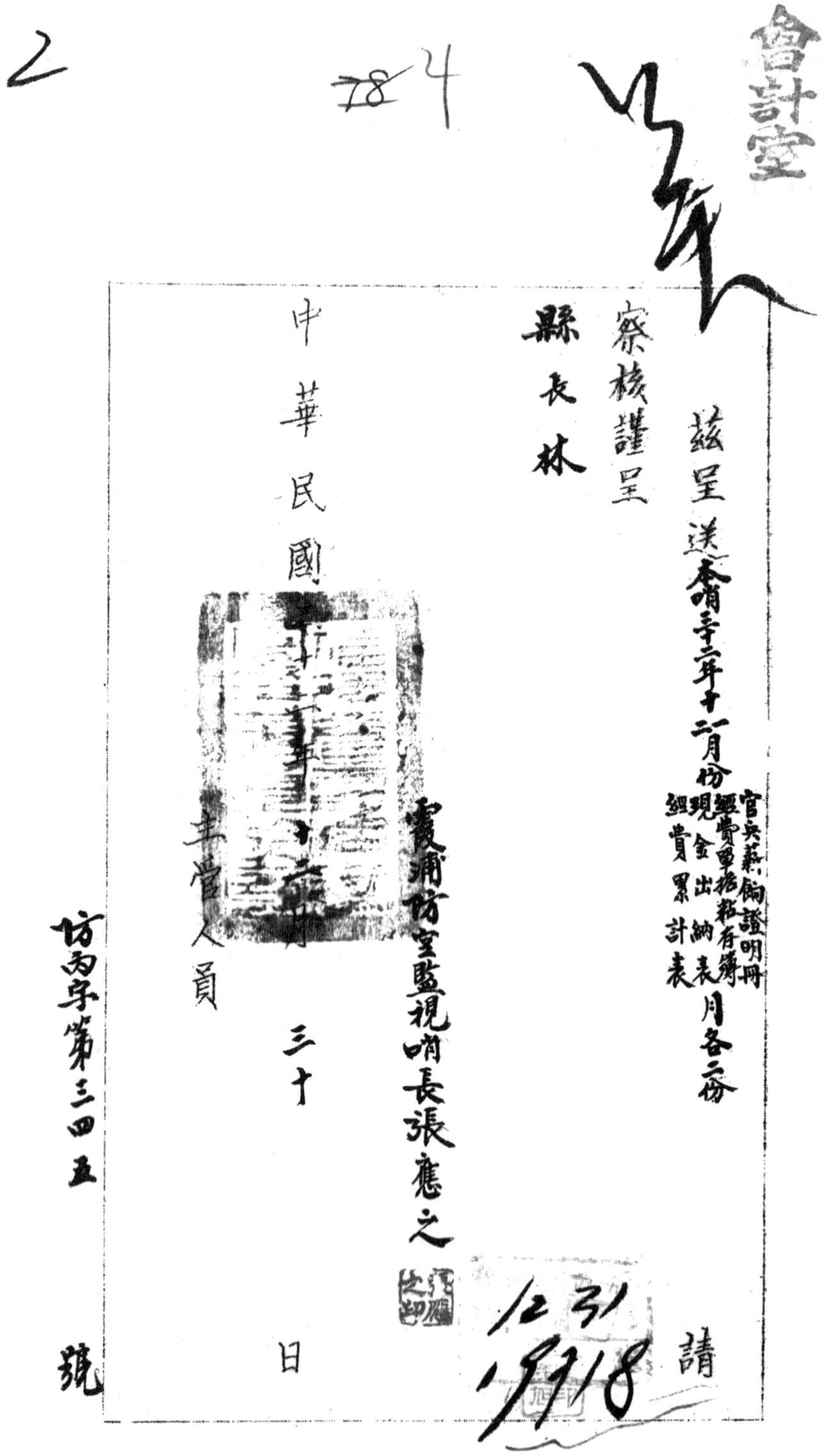

霞浦县政府公文联单　福建省霞浦防空监视哨呈送三十二年十一、十二月份官兵薪饷证明册、经费单据粘存簿、现金出纳表、经费累计表等(1943年12月30日)　0168-001-0353

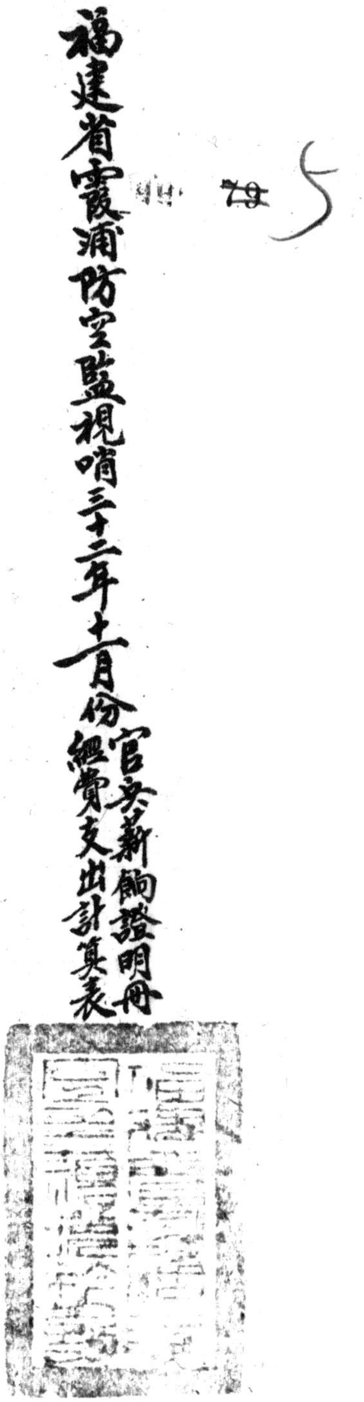

福建省霞浦防空監視哨三十二年十一月份官兵薪餉證明冊
經費支出計算表

附件　福建省霞浦防空监视哨三十二年十一月份官兵薪饷证明册、经费支出计算表

（1943 年 11 月 30 日）　0168-001-0353

福建省霞浦防空監視哨中華民國三十二年十一月份經費支出計算表

科目		區分	實有人數	月支定額	合計	備考
用人費	俸薪	上尉				
		中尉	一	六〇.〇〇	六〇.〇〇	
		少尉	一	四二.〇〇	四二.〇〇	
		准尉	二	三二.〇〇	六四.〇〇	
		小計	四		一六六.〇〇	
	餉項	上士	一	二〇.〇〇	二〇.〇〇	
		中士	四	一六.〇〇	六四.〇〇	
		下士				
		上等兵	七	八.〇〇	五六.〇〇	
		一等兵	十	七.〇〇	七〇.〇〇	
		二等兵	四	六.〇〇	二四.〇〇	
		小計	二六		二三四.〇〇	
	官兵主食費		三〇	四.〇〇	一二〇.〇〇	
	官佐生活補助費		四	三〇.〇〇	一二〇.〇〇	
	士兵副食費		二六	一二.〇〇	三一二.〇〇	
	合計		三〇		五五二.〇〇	
非用人費	辦公費			一一〇.〇〇	一一〇.〇〇	
	人員醫藥費		三〇	.六〇	一八.〇〇	
	士兵草鞋費		二六	二.四〇	六二.四〇	
	洗擦費					
	其他費					
	合計				一九〇.四〇	
總計					一一四二.四〇	

附件　福建省霞浦防空监视哨中华民国三十二年十一月份经费支出计算表

(1943 年 11 月 30 日)a 面　0168-001-0353

附記

哨長 張應之 張應之印

中華民國三十二年十一月三十

附件　福建省霞浦防空监视哨中华民国三十二年十一月份经费支出计算表
(1943年11月30日)b面　0168-001-0353

81

福建省霞浦縣防空監視哨民國三十二年度十一月份官佐薪餉証明册

級職	姓名	月支定額：薪俸	月支定額：生活補助費	月支定額：主食費	實支數：薪俸	實支數：生活補助費	實支數：主食費	實支數：合計	蓋章印花	備攷
中尉哨長	張慈之	六〇〇〇	三〇〇〇	四〇〇	六〇〇〇	三〇〇〇	四〇〇	九四〇〇	[illegible]之印	
少尉分哨長	謝錦榕	四二〇〇	三〇〇〇	四〇〇	四二〇〇	三〇〇〇	四〇〇	七六〇〇	[illegible]	
准尉分哨長	張鐘	三二〇〇	三〇〇〇	四〇〇	三二〇〇	三〇〇〇	四〇〇	六六〇〇	張鐘	
准尉分哨長	林慶銘	三二〇〇	三〇〇〇	四〇〇	三二〇〇	三〇〇〇	四〇〇	六六〇〇	林慶銘印	
合計	四員							三〇二〇〇		

附件　福建省霞浦防空监视哨中华民国三十二年度十一月份官佐薪饷证明册

（1943年11月30日）　0168-001-0353

福建省霞浦縣防空監視哨中華民國三十二年十一月份士兵餉項証明冊

級職	姓名	餉項 月支定額	實支數 餉	實支數 主食費	實支數 副食費	實支數 合計	蓋章	備考
上士班長	陳桂生	三六〇〇	二〇〇	四〇〇	一二〇〇	三六〇〇	（印）	
中士班長	蘇文揆	三二〇〇	一六〇〇	四〇〇	一二〇〇	三二〇〇	（印）	
仝	許慶祥	三二〇〇	一六〇〇	四〇〇	一二〇〇	三二〇〇	（印）	
仝	陳銀水	三二〇〇	一六〇〇	四〇〇	一二〇〇	三二〇〇	（印）	
仝	蘇永天	三二〇〇	一六〇〇	四〇〇	一二〇〇	三二〇〇	（印）	
上等哨兵	余吓寶	二四〇〇	八〇〇	四〇〇	一二〇〇	二四〇〇	（印）	
仝	蘇文霖	二四〇〇	八〇〇	四〇〇	一二〇〇	二四〇〇	（印）	
仝	蔣家喜	二四〇〇	八〇〇	四〇〇	一二〇〇	二四〇〇	（印）	

附件　福建省霞浦防空监视哨中华民国三十二年十一月份士兵饷项证明册

(1943年11月30日)a面　0168-001-0353

仝	陳崇亨	二四〇〇	八〇〇	四〇〇	一二〇〇	二四〇〇	
仝	林進鶴	二四〇〇	八〇〇	四〇〇	一二〇〇	二四〇〇	
仝	吳依鉅	二四〇〇	八〇〇	四〇〇	一二〇〇	二四〇〇	
仝	周伏寶	二四〇〇	八〇〇	四〇〇	一二〇〇	二四〇〇	
一等哨兵	蘇玉璈	二三〇〇	七〇〇	四〇〇	一二〇〇	二三〇〇	
仝	蘇永蕃	二三〇〇	七〇〇	四〇〇	一二〇〇	二三〇〇	
仝	鄭廷搞	二三〇〇	七〇〇	四〇〇	一二〇〇	二三〇〇	
仝	王景星	二三〇〇	七〇〇	四〇〇	一二〇〇	二三〇〇	
仝	李保金 陳積基	二三〇〇	七〇〇	四〇〇	一二〇〇	二三〇〇	該兵十一月十五日補開
仝	鄭識 黃家琰	二三〇〇	七〇〇	四〇〇	一二〇〇	二三〇〇	仝上

附件　福建省霞浦防空监视哨中华民国三十二年十一月份士兵饷项证明册

(1943年11月30日)b面　0168-001-0353

83 9

仝	蔡文霖	二三〇	七〇	四〇	一二〇	二三〇	蔡文霖
仝	林進生	二三〇	七〇	四〇	一二〇	二三〇	林進生
仝	吴九鐘	二三〇	七〇	四〇	一二〇	二三〇	吴九鐘
仝	馮在鑾	二三〇	七〇	四〇	一二〇	二三〇	馮在鑾
二等炊事兵	蘇全壽	二二〇	六〇	四〇	一二〇	二二〇	蘇全壽
仝	蘇宏俠	二二〇	六〇	四〇	一二〇	二二〇	蘇宏俠
仝	楊明英	二二〇	六〇	四〇	一二〇	二二〇	楊明英
仝	蘇富堅	二二〇	六〇	四〇	一二〇	二二〇	蘇富堅印

附件　福建省霞浦防空监视哨中华民国三十二年十一月份士兵饷项证明册

（1943 年 11 月 30 日）　0168-001-0353

84 10

哨長張應之

張應之印

中華民國三十二年十一月三十日

附件　福建省霞浦防空监视哨三十二年十一月份官兵薪饷证明册、经费支出计算表
（1943年11月30日）　0168-001-0353

31
~~105~~

福建省霞浦防空監視哨三十二年十一月份經費單据粘存簿

附件　福建省霞浦防空监视哨三十二年十一月份经费单据粘存簿
（1943 年 11 月 30 日）　0168-001-0353

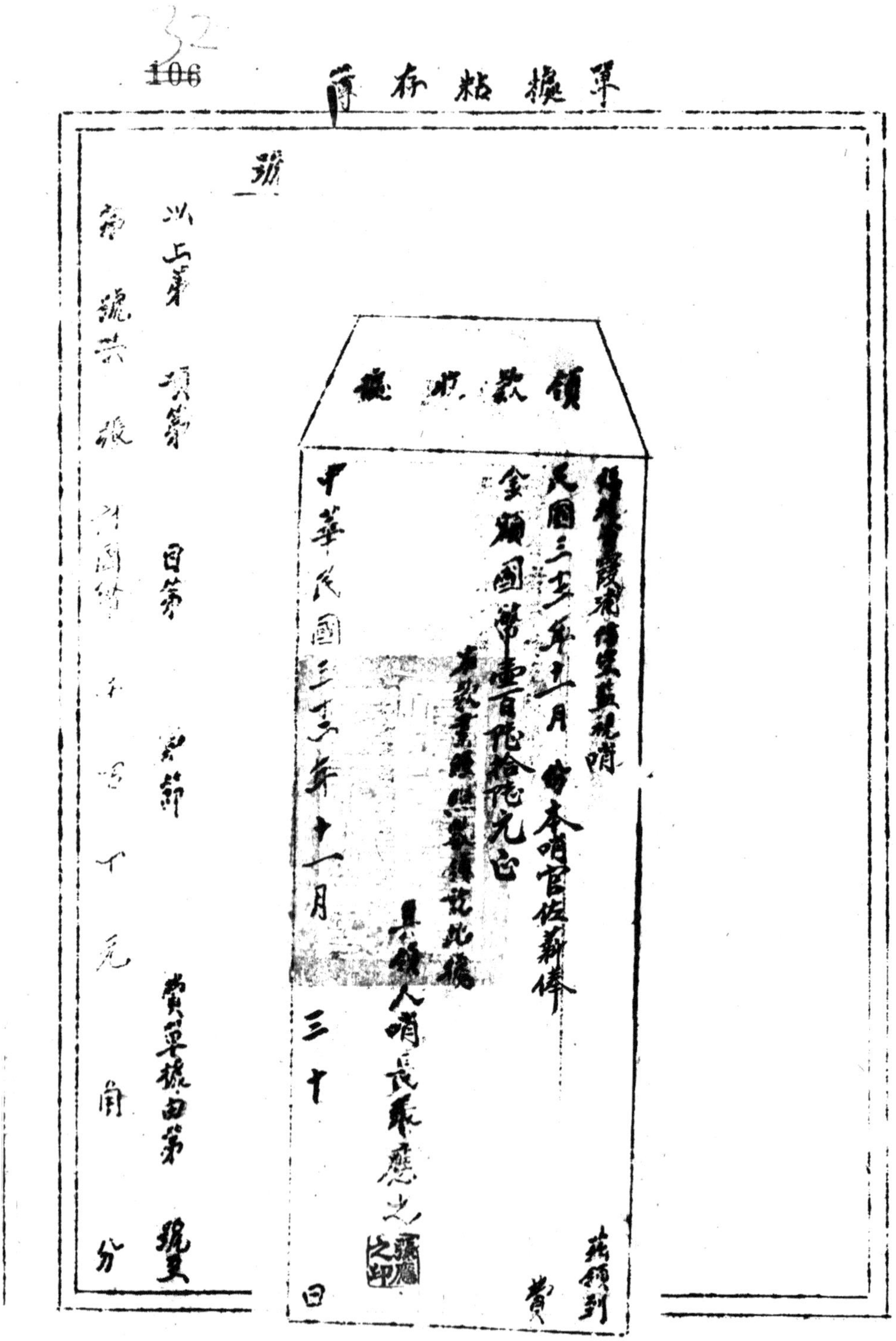

~~106~~ 32

單據粘存簿

領款收據

今領到
福建省霞浦防空監視哨
民國三十二年十一月份本哨官佐薪俸
金額國幣壹百陸拾陸元正
右款業經照數領訖此據
具領人哨長張應之（印：張應之印）
中華民國三十二年十一月三十日

第 號
以上第 項第 目第 款節 費單據由第 號支
第 號共 張 計國幣 千 百 十 元 角 分

附件　福建省霞浦防空监视哨三十二年十一月份单据粘存簿(官佐薪俸费收据)

(1943年11月30日)a面　0168-001-0353

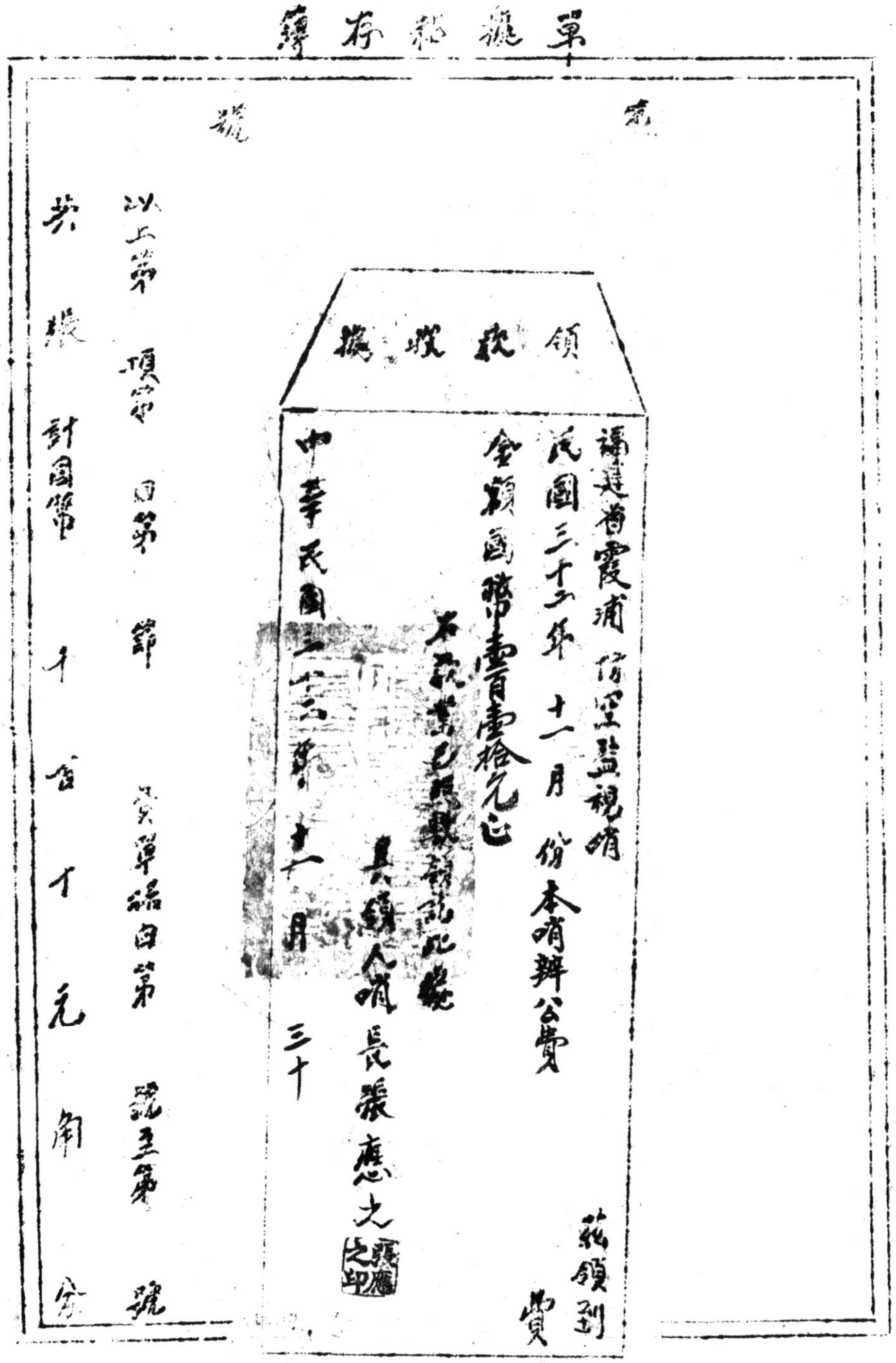
單據粘存簿

字 號

以上第 項第 目第 節

共單據 自第 號至第 號

共機 計國幣 千 百 十 元 角 分

領收據

茲領到

福建省霞浦防空監視哨

民國三十二年十一月份本哨辦公費

金額國幣壹百壹拾元正

本款業已照數領訖此據

具領人哨長張應之（印：張應之印）

中華民國三十二年十一月三十

附件　福建省霞浦防空监视哨三十二年十一月份单据粘存簿(办公费收据)

(1943年11月30日)b面　0168-001-0353

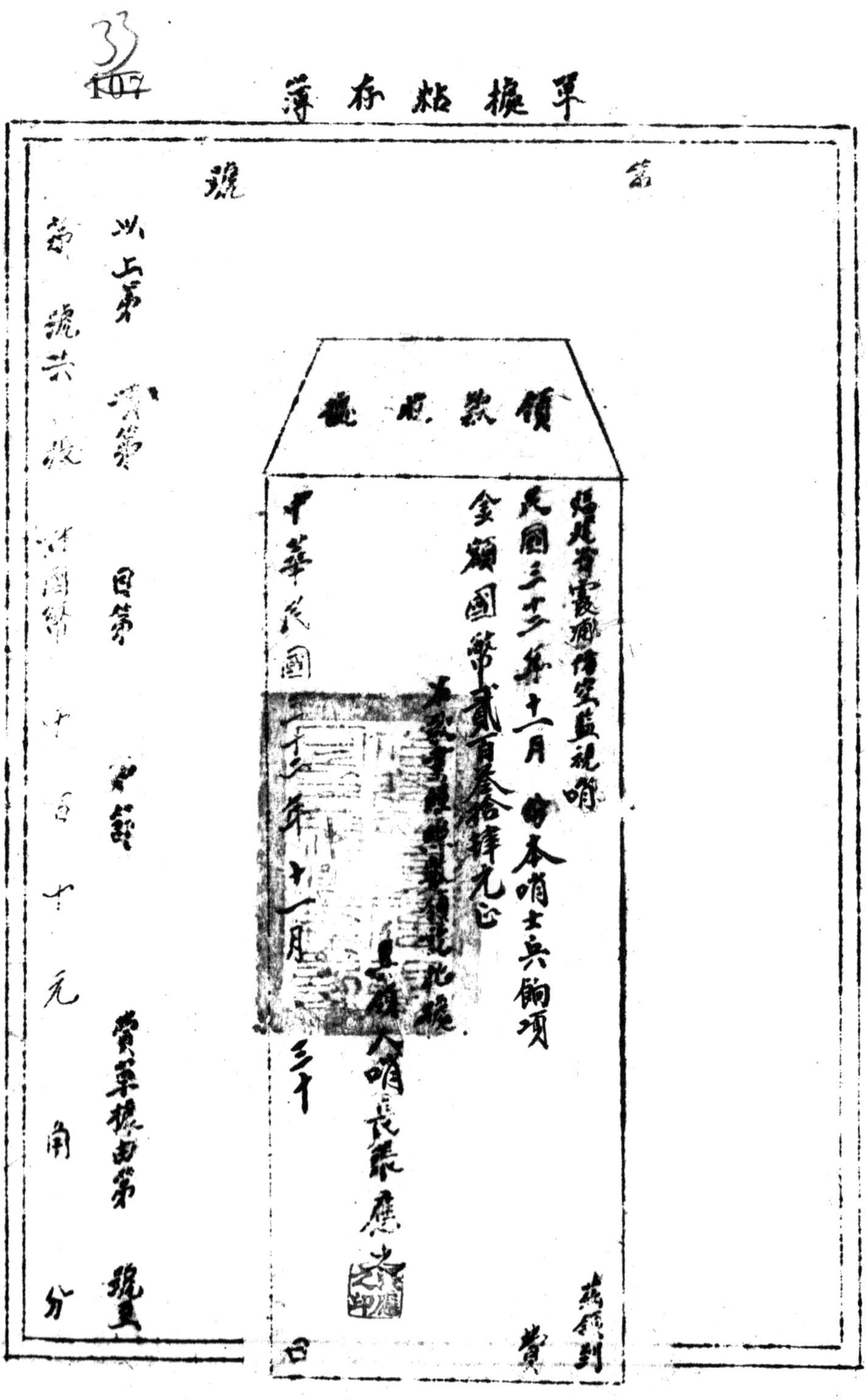
單據粘存簿
第 號
領款收據
福建省霞浦防空監視哨
民國三十二年十一月份本哨士兵餉項
金額國幣貳百叁拾肆元正
右款業經照數收訖此據
上士班長 哨長葉應
中華民國三十二年十一月三十日
以上第 號共 張
計國幣 千 百 十 元 角 分

附件 福建省霞浦防空监视哨三十二年十一月份单据粘存簿(士兵饷项费收据)

(1943年11月30日)a面 0168-001-0353

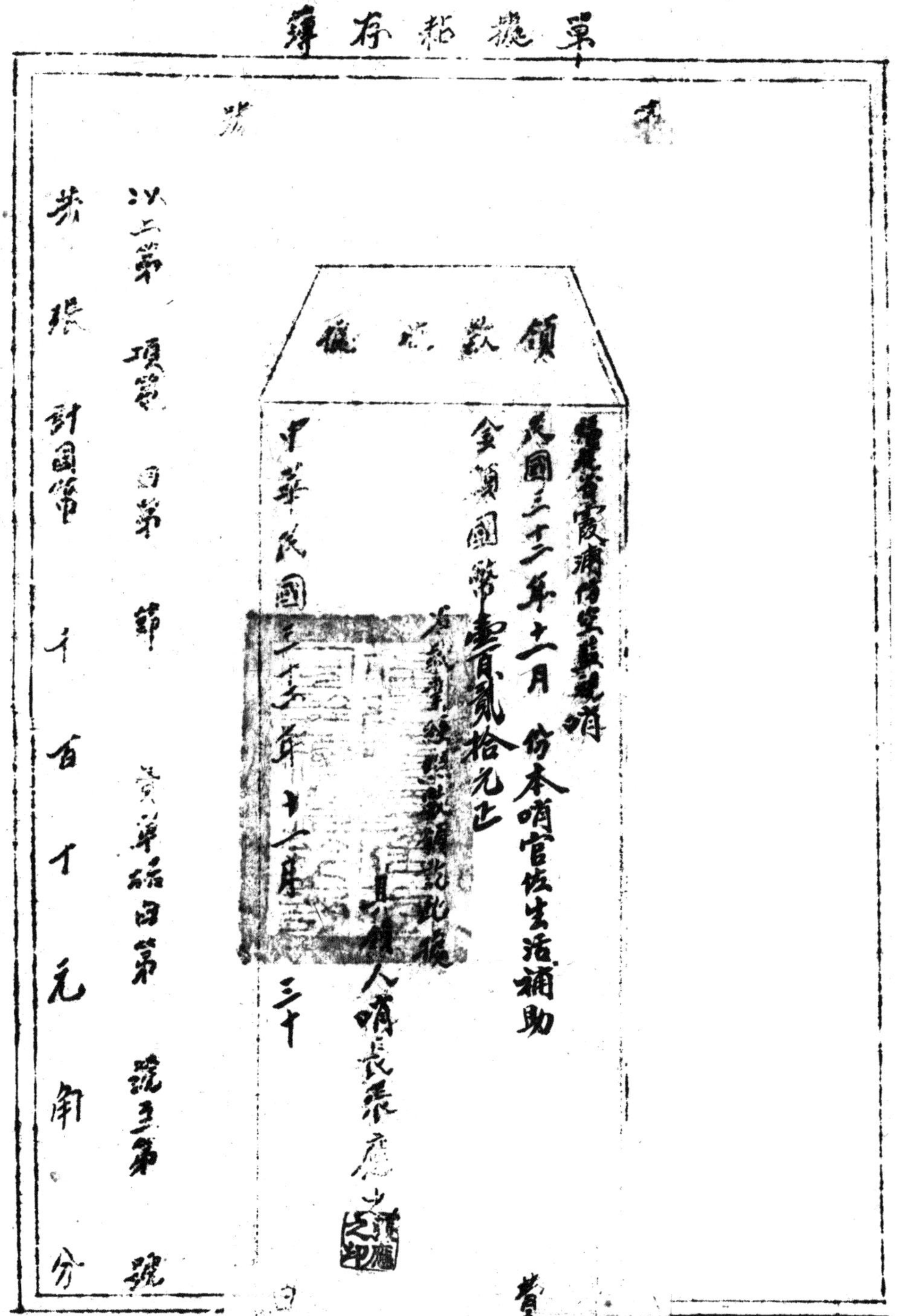

單據粘存簿

領款收據

福建省霞浦防空監視哨
民國三十二年十一月份本哨官佐生活補助
金額國幣壹佰貳拾元正
右款業經照數領訖此據
具領人哨長張應心
中華民國三十二年十一月三十日

附件　福建省霞浦防空监视哨三十二年十一月份单据粘存簿(官佐生活补助费收据)
(1943年11月30日)b面　0168-001-0353

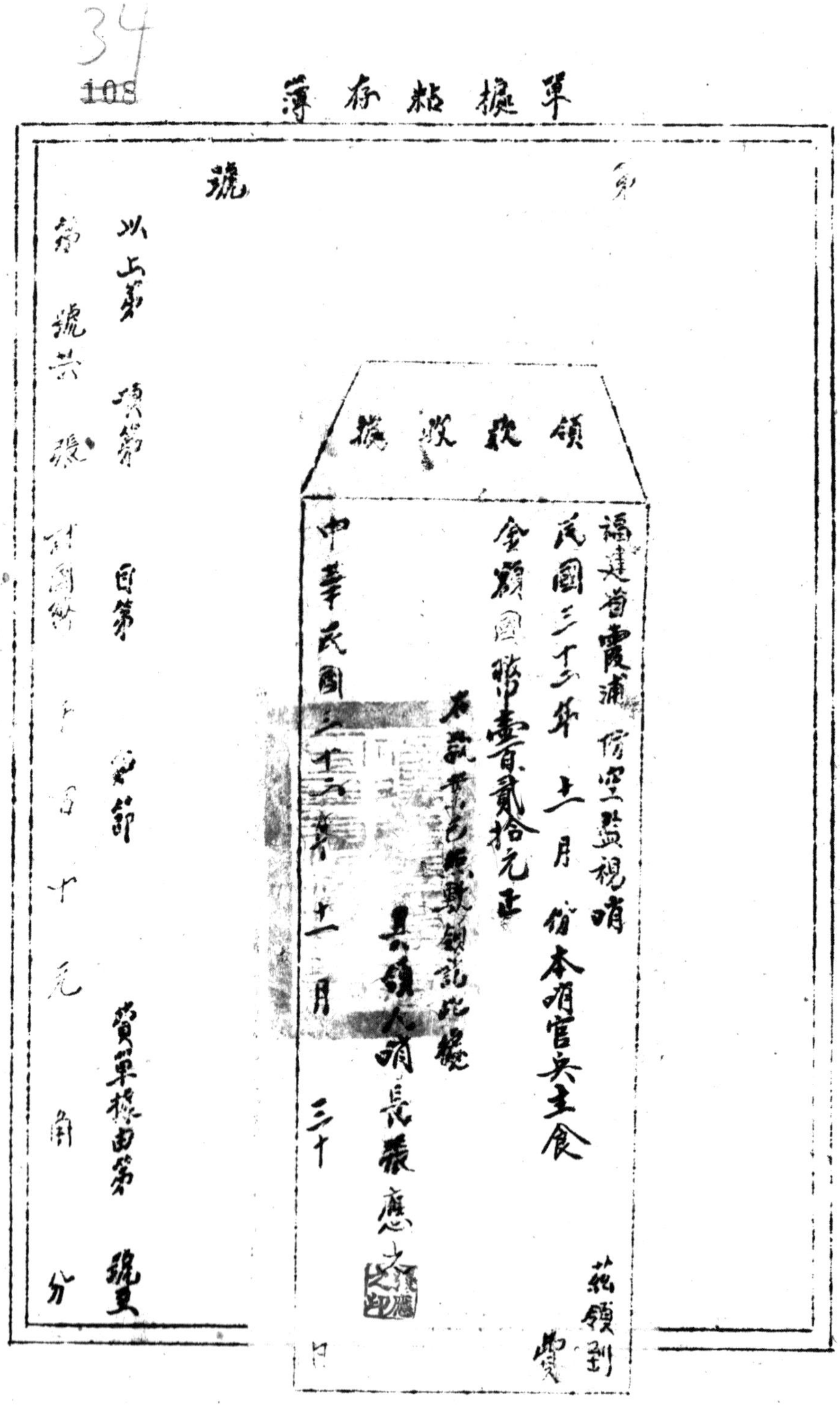

附件 福建省霞浦防空监视哨三十二年十一月份单据粘存簿(官兵主食费收据)

(1943年11月30日)a面 0168-001-0353

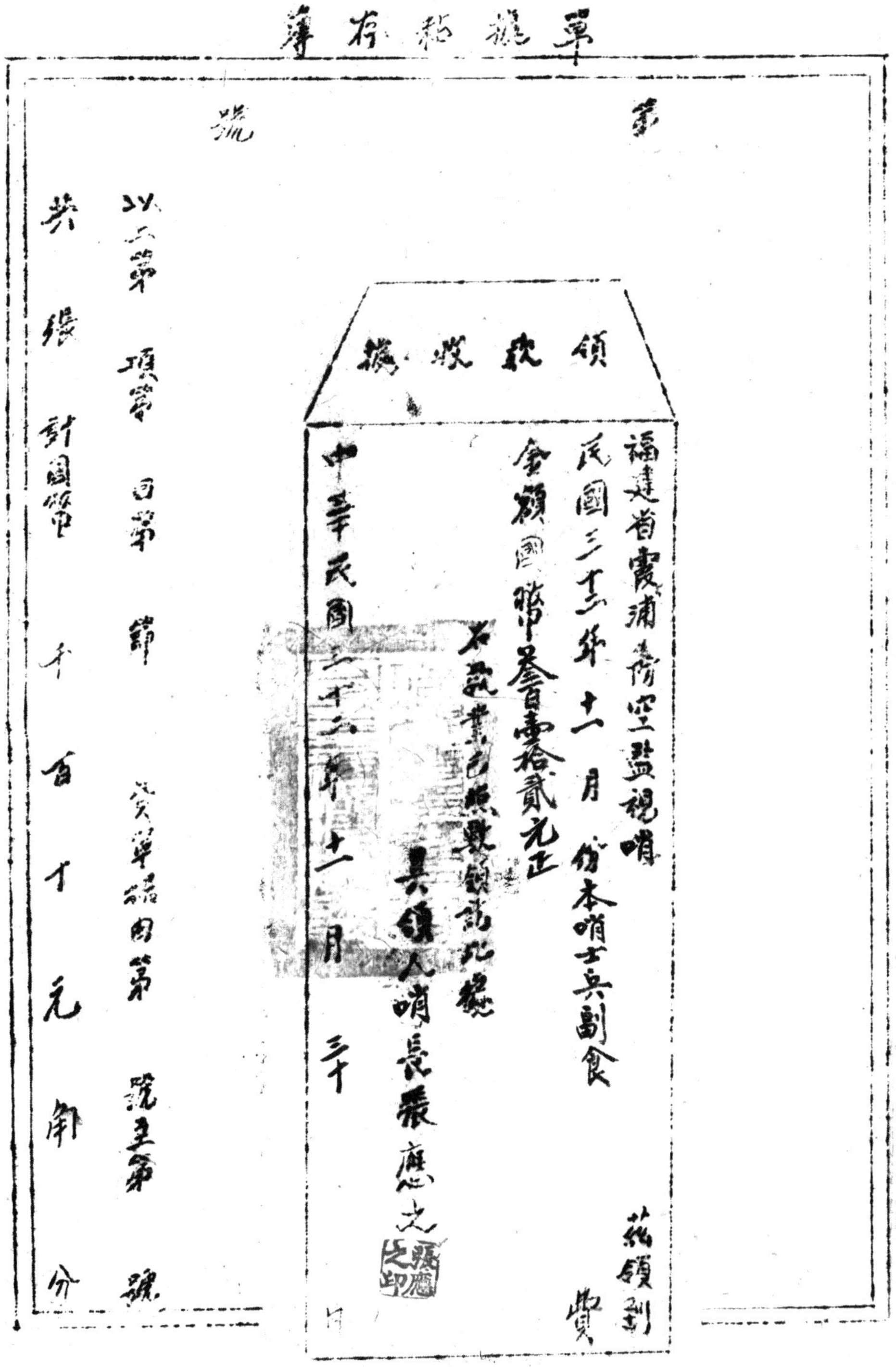
單據粘存簿

第　號

以上第　項第　目第　節

單據自第　號至第　號

共　張　計國幣　千　百　十　元　角　分

領款收據

福建省霞浦縣防空監視哨

民國三十二年十一月份本哨士兵副食

金額國幣叁百壹拾貳元正

右款業已照數領訖此據

具領人哨長張應之（張應之印）

中華民國三十二年十一月三十日

茲領到

附件　福建省霞浦防空监视哨三十二年十一月份单据粘存簿(士兵副食费收据)

(1943 年 11 月 30 日)b 面　0168-001-0353

35

109

單據粘存簿

第　　號

以上者　類　款　目　節

第　號共　張　計國幣　十　元　角　分

貼單據第　號至　號止

領款收據

茲領到

福建省霞浦防空監視哨民國三十二年十一月份本哨官兵醫藥費

金額國幣壹拾捌元正

右款業經照數領訖此據

具領人哨長張應之（印）

中華民國三十二年十一月三十日

附件　福建省霞浦防空监视哨三十二年十一月份单据粘存簿(官兵医药费收据)

(1943 年 11 月 30 日)a 面　0168-001-0353

110

單據粘存簿

號

以上第　項　目第　節　第　目第　號

共據　計國幣　千　百　十　元　角　分

領款收據

福建省霞浦防空監視哨

民國三十二年十一月份本哨士兵草鞋

金額國幣陸拾貳元肆角正

右款業已照數領訖此據

具領人哨長張應之（張應之印）

茲領到　費

中華民國三十二年十一月三十日

附件　福建省霞浦防空监视哨三十二年十一月份单据粘存簿(士兵草鞋费收据)

(1943年11月30日)b面　0168-001-0353

福建省霞浦防空監

經費

中華民國三十二年度十

經常門

款	項	目	名稱	預算數 本月份分配數	預算數 截至本月份止分配數	超過預算數	本月份實支數
1			本哨經常費	116240	1278640		114240
	1		俸給費	42000	462000		40000
		1	薪俸	18600	204600		16600
		2	餉項	23400	257400		33400
	2		辦公費	11000	121000		11000
		1	辦公費	11000	121000		11000
	3		特別費	8040	88440		8040
		1	醫藥費	1800	19800		1800
		2	草鞋費	6240	68640		6240
	4		官佐生活補助費	12000	132000		12000
		1	官佐生活補助費	12000	132000		12000
	5		主食費	12000	132000		12000
		1	官佐主食費	1600	17600		1600
		2	士兵主食費	10400	114400		10400
	6		副食費	31200	343200		31200
		1	士兵副食費	31200	343200		31200
			合計	116240	1278640		114240

機關長官 印鑑

附件 福建省霞浦防空监视哨经费累计表(中华民国三十二年度十一月份)

(1943年11月30日)a面 0168-001-0353

霞浦防空監視哨

經費累計表 13　　　　第　　頁

二年度十一月份

數	截至本月份止實累計數	預算分配數比較 增	預算分配數比較 減	備考
1114240	1116590		162050	
40000	402200		57800	
16600	174200		30400	
33400	228000		29400	
11000	97000		24000	
11000	97000		24000	
8040	74880		13560	
1800	18600		1200	
6240	56280		12360	
12000	132800	800		
12000	132800	800		
12000	124110		7890	
1600	17710	110		
10400	106400		8000	
31200	285600		57600	
31200	285600		57600	
1114240	1116590		112050	

主辦會計人員（印）　　　　中華民國32年11月30日

附件　福建省霞浦防空监视哨经费累计表(中华民国三十二年度十一月份)

(1943年11月30日)b面　0168-001-0353

福建省霞浦防空監視哨
經費類現金出納表
中華民國三十二年度十一月份

科目及摘要	金額 小計	金額 合計
收項：		
(1) 上期結存		00
1. 現金		00
(2) 本期收入		1142.40
1. 應領經費	1142.40	
收項總計		1142.40
付項：		
(1) 本期支出		1142.40
1. 嵗出分配數	1142.40	
(2) 本期結存		00
1. 現金	00	
付項總計		1142.40

機關長官（印）　主辦會計人員（印）　主辦出納人員
32年11月30日製（印）

附件　福建省霞浦防空监视哨经费类现金出纳表（中华民国三十二年度十一月份）
（1943年11月30日）　0168-001-0353

42

~~117~~

福建省霞浦防空監視哨三十二年十二月份官兵薪餉證明册
經費支出計算表

附件　福建省霞浦防空监视哨三十二年十二月份官兵薪饷证明册、经费支出计算表

（1943 年 12 月 30 日）　0168-001-0353

43
~~118~~

福建省霞浦防空監視哨中華民國三十二年十二月份經費支出計算表

科目			區分	實有人數	月支定額	合計	備考
用人費	俸薪餉項	上尉					
		中尉		一	六〇 〇〇	六〇 〇〇	
		少尉		一	四二 〇〇	四二 〇〇	
		准尉		二	三二 〇〇	六四 〇〇	
		小計		四		一六六 〇〇	
		上士		一	二〇 〇〇	二〇 〇〇	
		中士		四	一六 〇〇	六四 〇〇	
		下士					
		上等兵		七	八 〇〇	五六 〇〇	
		一等兵		十	七 〇〇	七〇 〇〇	
		二等兵		四	六 〇〇	二四 〇〇	
		小計		二六		二三四 〇〇	
	官兵主食費			三〇	四 〇〇	一二〇 〇〇	
	官佐生活補助費			四	三〇 〇〇	一二〇 〇〇	
	士兵副食費			二六	一二 〇〇	三一二 〇〇	
	合計			三〇		五五二 〇〇	
非用人費	辦公費				一一〇 〇〇	一一〇 〇〇	
	人員醫藥費			三〇	六〇	一八 〇〇	
	士兵草鞋費			二六	二 四〇	六二 四〇	
	洗擦費						
	其他費						
	合計					一九〇 四〇	
總計						一一四二 四〇	

附件　福建省霞浦防空监视哨中华民国三十二年十二月份经费支出计算表

(1943年12月30日)a面　0168-001-0353

附記

哨長 張憲之

中華民國三十二年十二月三十日

附件 福建省霞浦防空监视哨中华民国三十二年十二月份经费支出计算表

(1943年12月30日)b面 0168-001-0353

44

119

福建省霞浦縣防空監視哨民國三十二年度十二月份官佐薪餉証明册

級職	姓名	月支定額：薪俸	月支定額：生活補助費	月支定額：主食費	實支數：薪俸	實支數：生活補助費	實支數：主食費	實支數：合計	蓋章花印	備攷
中尉哨長	張應之	六〇〇〇	三〇〇〇	四〇〇	六〇〇〇	三〇〇〇	四〇〇	九四〇〇	張應之印	
少尉分哨長	謝錦榕	四二〇〇	三〇〇〇	四〇〇	四二〇〇	三〇〇〇	四〇〇	七六〇〇	謝錦榕印	
准尉分哨長	張鍾	三二〇〇	三〇〇〇	四〇〇	三二〇〇	三〇〇〇	四〇〇	六六〇〇	張鍾	
准尉分哨長	林慶銘	三二〇〇	三〇〇〇	四〇〇	三二〇〇	三〇〇〇	四〇〇	六六〇〇	林慶銘印	
合計	四員							三〇二〇〇		

附件 福建省霞浦防空监视哨中华民国三十二年度十二月份官佐薪饷证明册

（1943年12月30日） 0168-001-0353

福建省霞浦縣防空監視哨中華民國三十二年十二月份士兵餉項証明冊

級職	姓名	餉項 月支定額	實支數 餉	實支數 主食費	實支數 副食費	實支數 合計	蓋章	備攷
上士班長	陳桂生	三六〇〇	二〇〇〇	四〇〇	一二〇〇	三六〇〇	陳桂生印	
中士班長	蘇文模	三二〇〇	一六〇〇	四〇〇	一二〇〇	三二〇〇	蘇文模印	
仝	許慶祥	三二〇〇	一六〇〇	四〇〇	一二〇〇	三二〇〇	許慶祥	
仝	陳銀水	三二〇〇	一六〇〇	四〇〇	一二〇〇	三二〇〇	陳銀水印	
仝	蘇永天	三二〇〇	一六〇〇	四〇〇	一二〇〇	三二〇〇	蘇永天印	
上等哨兵	余吓寶	二四〇〇	八〇〇	四〇〇	一二〇〇	二四〇〇	[illegible]	
仝	蘇文寀	二四〇〇	八〇〇	四〇〇	一二〇〇	二四〇〇	[illegible]	
仝	蔣家喜	二四〇〇	八〇〇	四〇〇	一二〇〇	二四〇〇	蔣家喜	

附件　福建省霞浦防空监视哨中华民国三十二年十二月份士兵饷项证明册

(1943 年 12 月 30 日)a 面　0168-001-0353

仝	陳宗亨	二四〇〇	八〇〇	四〇〇	一二〇〇	二四〇〇	（印：陳宗亨印）
仝	林進藹	二四〇〇	八〇〇	四〇〇	一二〇〇	二四〇〇	（印）
仝	吳依鉅	二四〇〇	八〇〇	四〇〇	一二〇〇	二四〇〇	（印：吳依鉅）
仝	周伏寶	二四〇〇	八〇〇	四〇〇	一二〇〇	二四〇〇	（印）
一等哨兵	蘇玉痠	二三〇〇	七〇〇	四〇〇	一二〇〇	二三〇〇	（印：蘇玉痠印）
仝	蘇永蕃	二三〇〇	七〇〇	四〇〇	一二〇〇	二三〇〇	（印：蘇永蕃）
仝	鄭廷搞	二三〇〇	七〇〇	四〇〇	一二〇〇	二三〇〇	（印：鄭廷搞）
仝	王景星	二三〇〇	七〇〇	四〇〇	一二〇〇	二三〇〇	（印：王景星）
仝	陳積基	二三〇〇	七〇〇	四〇〇	一二〇〇	二三〇〇	（指印）
仝	黃家玹	二三〇〇	七〇〇	四〇〇	一二〇〇	二三〇〇	（指印）

附件　福建省霞浦防空监视哨中华民国三十二年十二月份士兵饷项证明册

（1943年12月30日）b面　0168-001-0353

121

仝	蔡文霖	二三〇	七〇	四〇	一二〇	二三〇	蔡文霖
仝	林進生	二三〇	七〇	四〇	一二〇	二三〇	林進生
仝	吴九鐘	二三〇	七〇	四〇	一二〇	二三〇	吴九鐘
仝	馮在鑾	二三〇	七〇	四〇	一二〇	二三〇	馮在鑾
二等炊事兵	蘇全詩	二二〇	六〇	四〇	一二〇	二二〇	蘇全詩
仝	蘇宏恢	二二〇	六〇	四〇	一二〇	二二〇	蘇宏恢
仝	楊明英	二二〇	六〇	四〇	一二〇	二二〇	楊明英
仝	蘇富堅	二二〇	六〇	四〇	一二〇	二二〇	蘇富堅印

附件　福建省霞浦防空监视哨中华民国三十二年十二月份士兵饷项证明册

（1943 年 12 月 30 日）　0168-001-0353

47
122

中華民國三十二年十二月三十日

哨長張懋之

附件　福建省霞浦防空监视哨三十二年十二月份官兵薪饷证明册、经费支出计算表

（1943年12月30日）　0168-001-0353

48
~~123~~
福建省霞浦防空監視哨三十二年十二月份經費單据粘存簿

附件　福建省霞浦防空监视哨三十二年十二月份经费单据粘存簿
（1943 年 12 月 30 日）　0168-001-0353

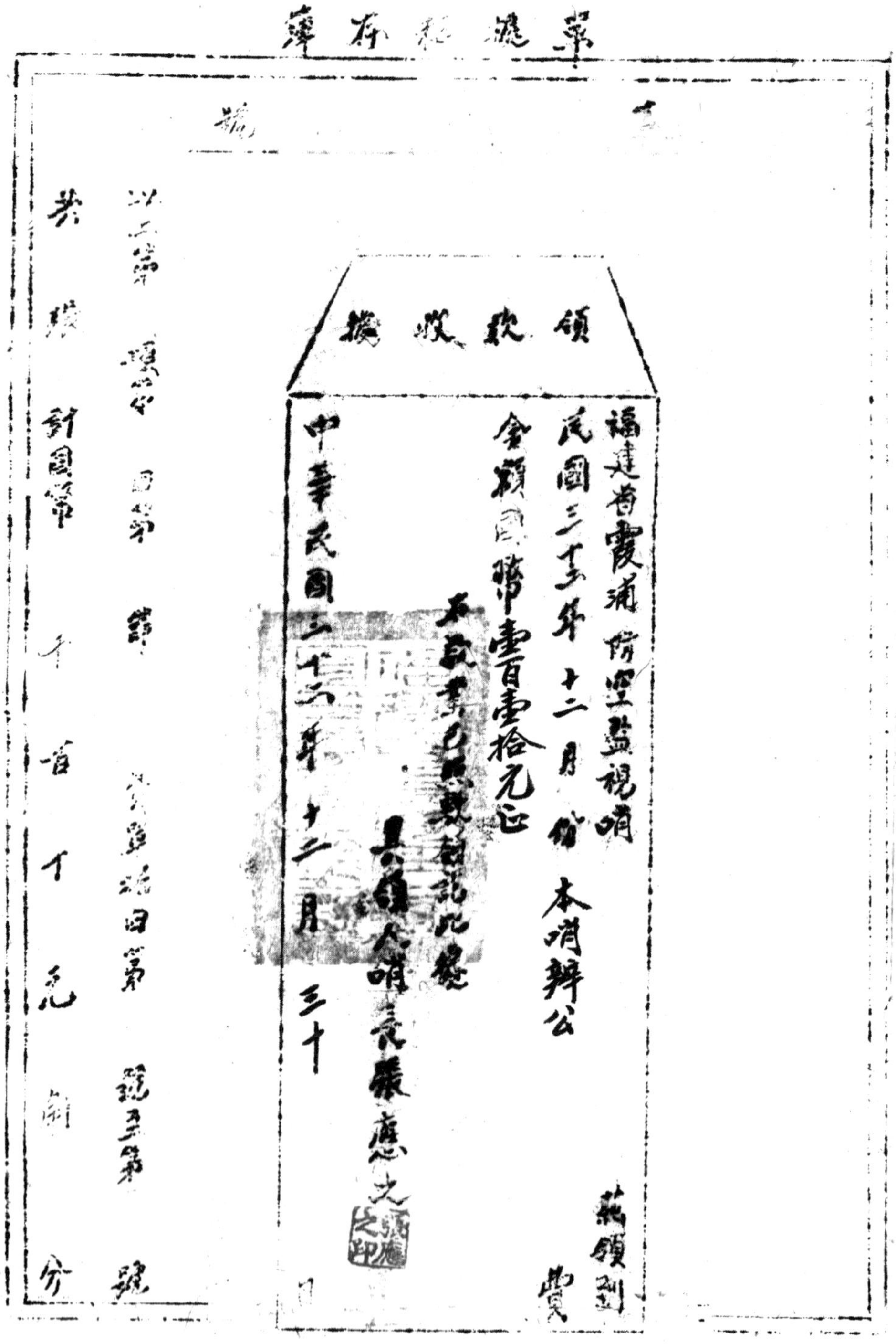

單據粘存簿

領款收據

福建省霞浦防空監視哨

民國三十二年十二月份本哨辦公

金額國幣壹百壹拾元正

不敷者另照數請領此據

具領人哨長張應之

中華民國三十二年十二月三十日

茲領到 費

附件　福建省霞浦防空监视哨三十二年十二月份单据粘存簿(办公费收据)

(1943 年 12 月 30 日)　0168-001-0353

單據粘存簿

號

以上單 項貨 目第 號

費單據目第

領款收據

茲領到 貴

福建省霞浦防空監視哨

民國三十二年十二月份本哨官佐薪俸

金額國幣壹百陸拾陸元正

右款業經照數領訖此據

具領人哨長張慮之

中華民國三十二年十二月三十日

附件　福建省霞浦防空监视哨三十二年十二月份单据粘存簿(官佐薪俸费收据)

(1943年12月30日)　0168-001-0353

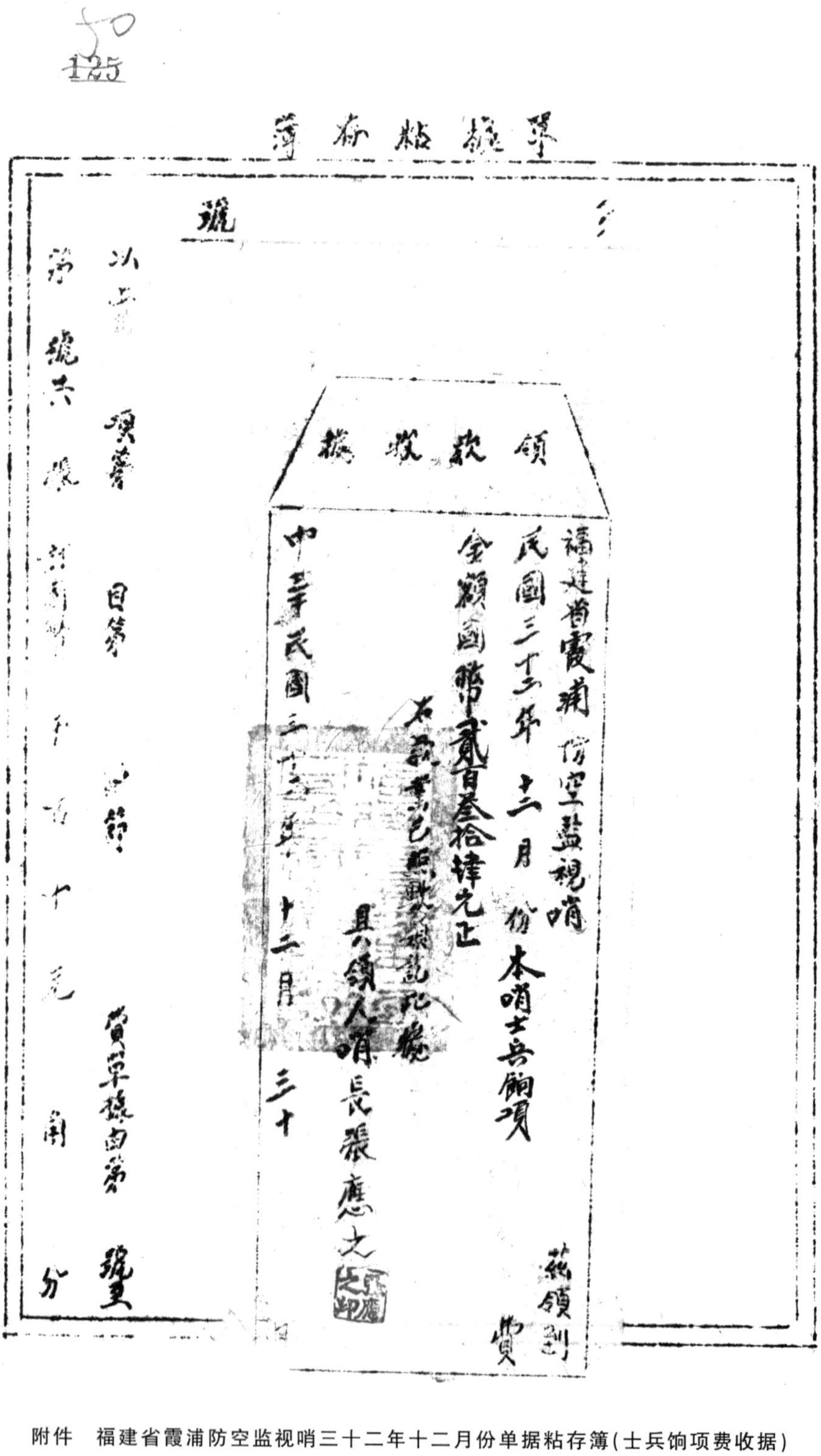

附件 福建省霞浦防空监视哨三十二年十二月份单据粘存簿(士兵饷项费收据)

(1943年12月30日)a面 0168-001-0353

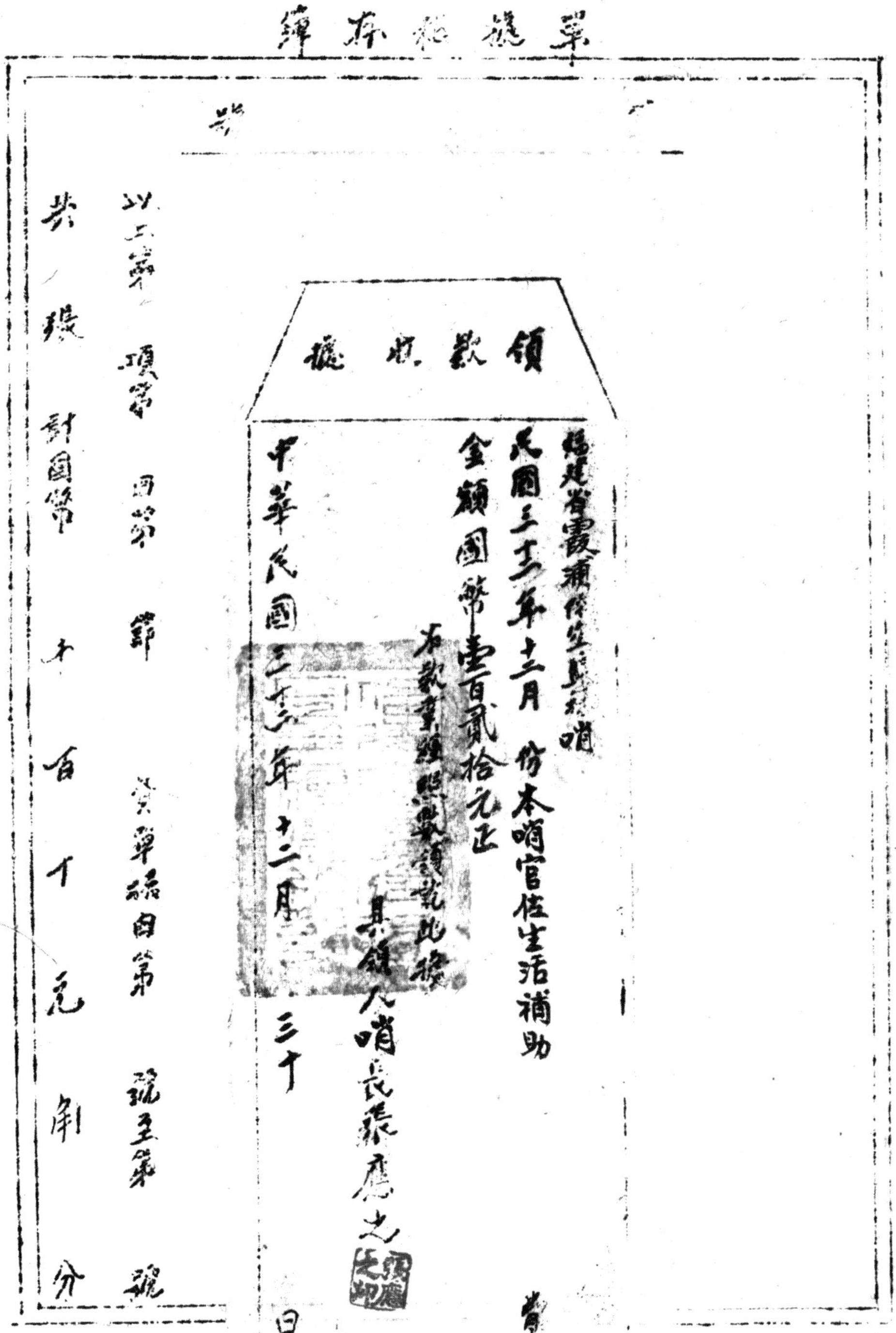

單據粘存簿
一 號
領款收據
福建省霞浦防空監視哨
民國三十二年十二月份本哨官佐生活補助
金額國幣壹百貳拾元正
右款業經照數領訖此據
具領人哨長張應之
中華民國三十二年十二月三十日
以上第 項第 目第 節
憑單據自第 號至第 號
共 張 計國幣 千 百 十 元 角 分

附件　福建省霞浦防空监视哨三十二年十二月份单据粘存簿(官佐生活补助费收据)
(1943年12月30日)b面　0168-001-0353

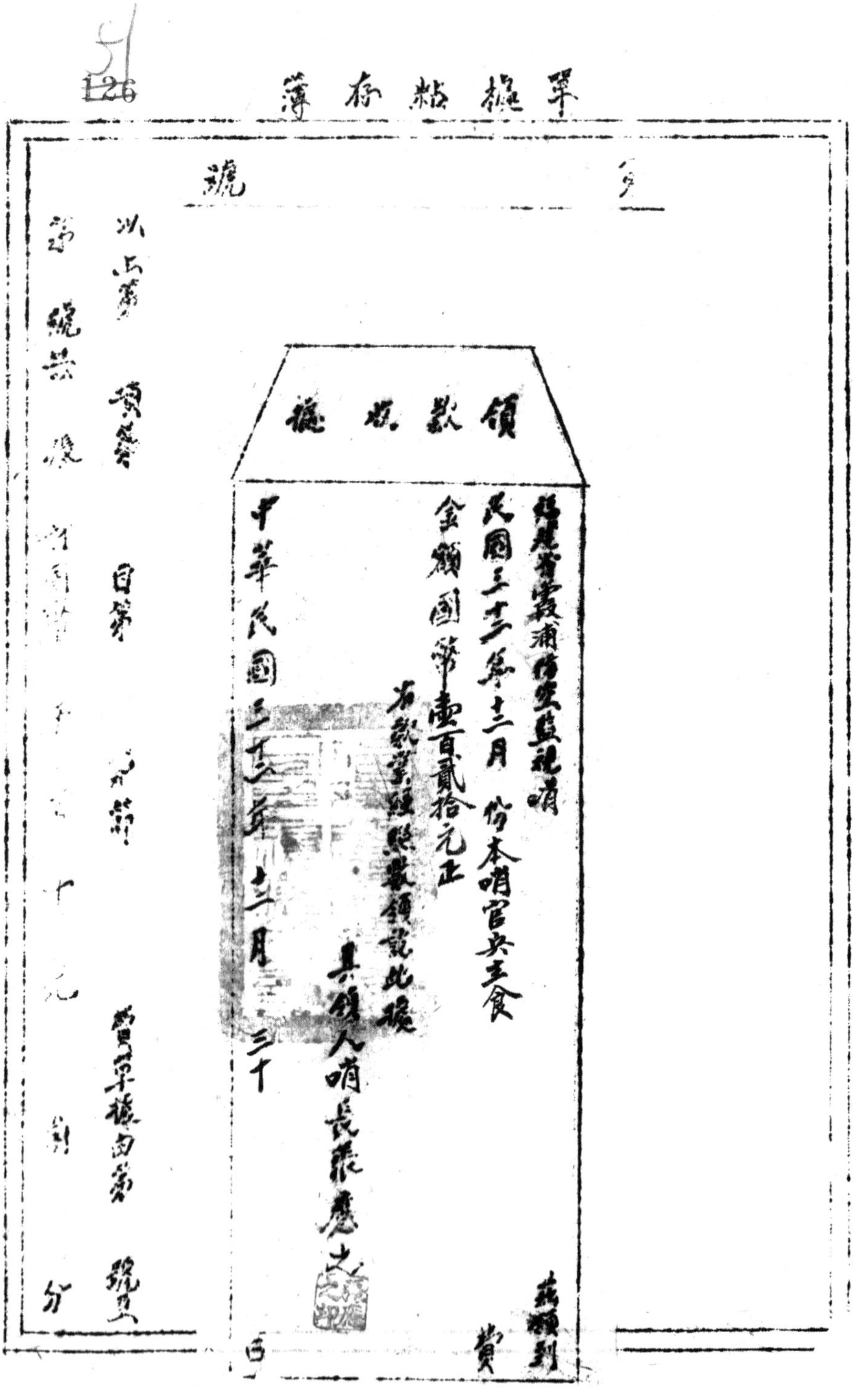

附件　福建省霞浦防空监视哨三十二年十二月份单据粘存簿(官兵主食费收据)

(1943 年 12 月 30 日)a 面　0168-001-0353

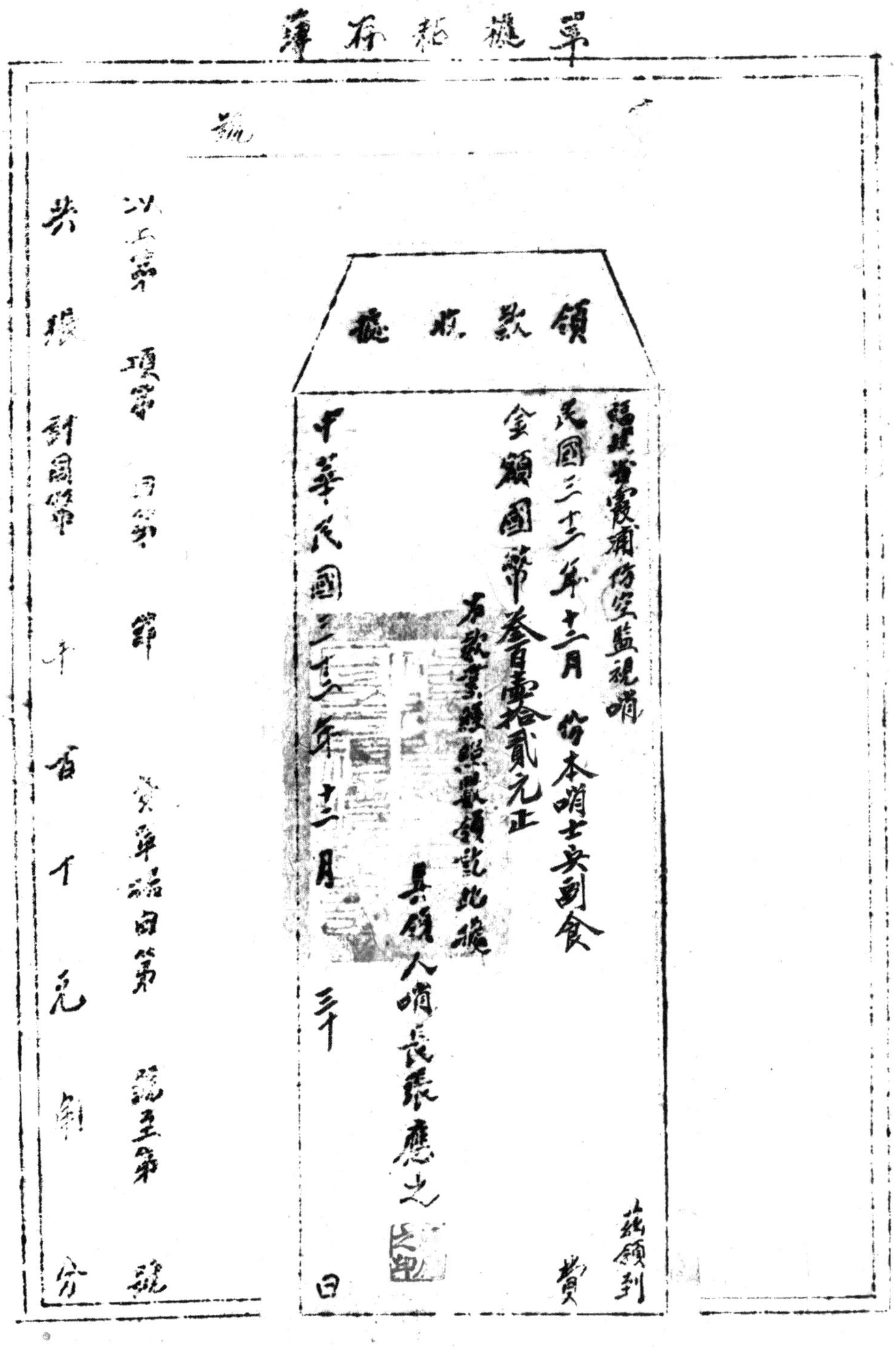
單據黏存簿

編

領款收據

福建省霞浦防空監視哨

民國三十二年十二月份本哨士兵副食

金額國幣叁百壹拾貳元正

右款業經照數領訖此據

具領人哨長張應之

中華民國三十二年十二月三十日

茲領到

費

以上第　項第　目第　節

憑單黏自第　號至第　號

共據　計國幣　千　百　十　元　角　分

附件　福建省霞浦防空监视哨三十二年十二月份单据粘存簿(士兵副食费收据)

(1943 年 12 月 30 日)b 面　0168-001-0353

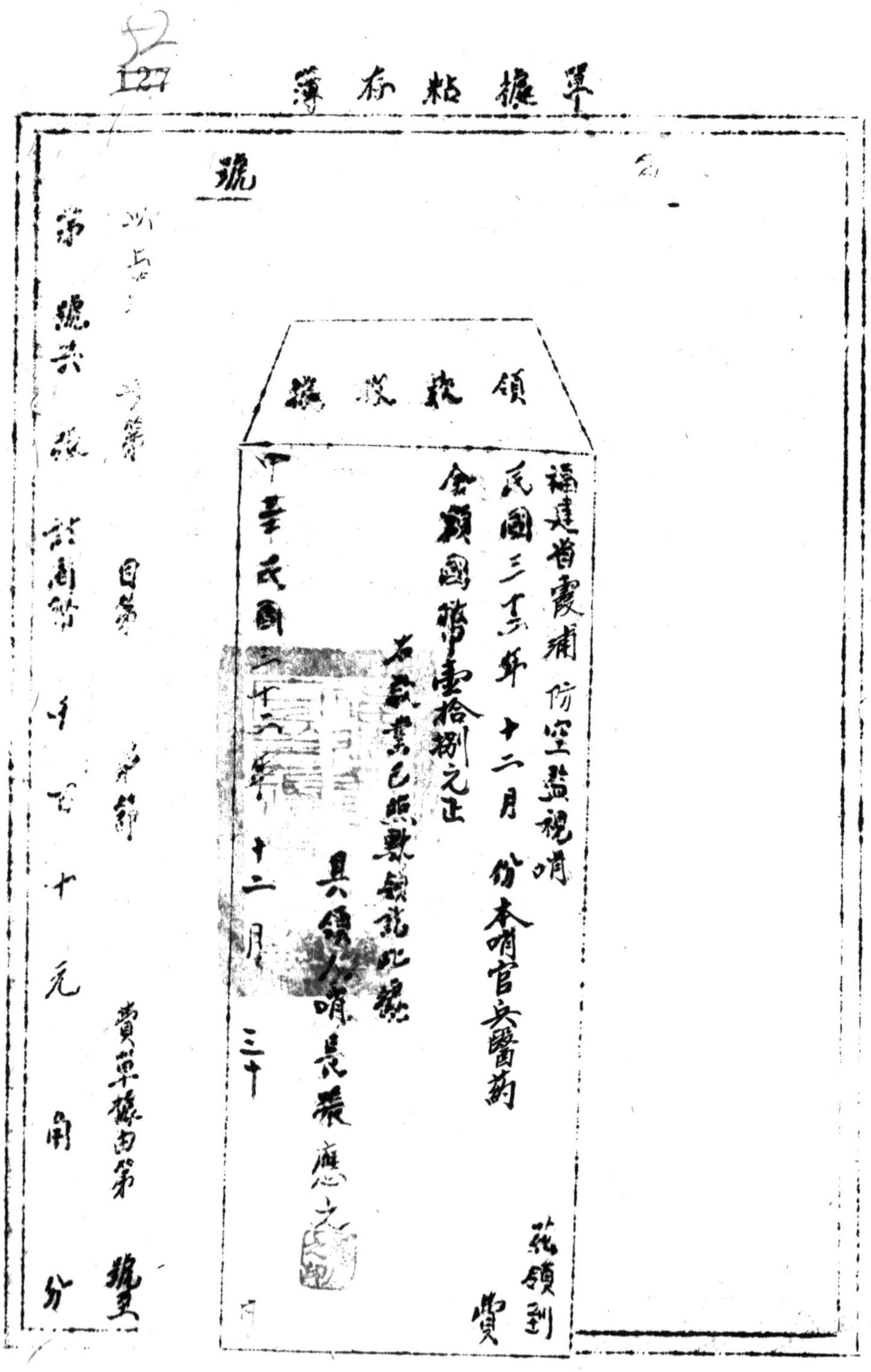

附件　福建省霞浦防空监视哨三十二年十二月份单据粘存簿(官兵医药费收据)

(1943 年 12 月 30 日)a 面　0168-001-0353

128

單據粘存簿

號

以上第　項第　目第　節

士兵草鞋由第　號至第　號

共　張　計國幣　千　百　十　元　角　分

領款收據

福建省霞浦防空監視哨

民國三十二年十二月份本哨士兵草鞋

金額國幣陸拾貳元肆角

右款業已照數領訖此據

具領人哨長張應杰

（印：張應杰之印）

中華民國三十二年十二月三十日

茲領到

貴

附件　福建省霞浦防空监视哨三十二年十二月份单据粘存簿(士兵草鞋费收据)

(1943年12月30日)b面　0168-001-0353

福建省霞浦防空監

經　費

中華民國三十二年度十

經常門

科目				預算數		憑証	本月份實支數
款	項	目	名稱	本月份分配數	截至本月份止累計數	起訖號數	
1			本哨經常費	116240	1394880		114240
	1		俸給費	42000	504000		40000
		1	薪俸	18600	223200		16600
		2	餉項	23400	280800		23400
	2		辦公費	11000	132000		11000
		1	辦公費	11000	132000		11000
	3		特別費	8040	96480		8040
		1	醫藥費	1800	21600		1800
		2	草鞋費	6240	74880		6240
	4		官佐生活補助費	12000	144000		12000
		1	官佐生活補助費	12000	144000		12000
	5		主食費	12000	144000		12000
		1	官佐主食費	1600	19200		1600
		2	士兵主食費	10400	124800		10400
	6		副食費	31200	374400		31200
		1	士兵副食費	31200	374400		31200
			合計	116240	1394880		114240

机關長官

附件　福建省霞浦防空监视哨经费累计表（中华民国三十二年度十二月份）

（1943年12月30日）a面　0168-001-0353

省霞浦防空監視哨 92 18

經費累計表

二年度十二月份

第　　頁

月份實支數	截至本月份止累計數	截至本月份止與預算分配數比較 增	截至本月份止與預算分配數比較 減	備考
11422.40	12308.30		1640.50	
400.00	4422.00		618.00	
166.00	1908.00		324.00	
234.00	2514.00		294.00	
110.00	1080.00		240.00	
110.00	1080.00		240.00	
80.40	829.20		135.60	
18.00	204.00		12.00	
62.40	625.20		123.60	
120.00	1448.00	8.00		
120.00	1448.00	8.00		
120.00	1361.10		78.90	
16.00	193.10	1.10		
104.00	1168.00		80.00	
312.00	3168.00		576.00	
312.00	3168.00		576.00	
11422.40	12308.30		1640.50	

主辦會計人員　　　　中華民國32年12月30日

附件　福建省霞浦防空监视哨经费累计表(中华民国三十二年度十二月份)

(1943年12月30日)b面　0168-001-0353

福建省霞浦防空監視哨
經費類現金出納表
中華民國三十二年度十二月份

科目及摘要	金額 計	金額 合計
收項：		
(1) 上期結存		00
1. 現金		00
(2) 本期收入		114240
1. 應領經費	114240	
收項總計		114240
付項：		
(1) 本期支出		114240
1. 歲出分配數	114240	
(2) 本期結存		00
1. 現金	00	
付項總計		114240

機關長官　　主辦會計人員　　主辦出納人員
32年12月30日製

附件　福建省霞浦防空监视哨经费类现金出纳表(中华民国三十二年度十二月份)
(1943年12月30日)a面　0168-001-0353

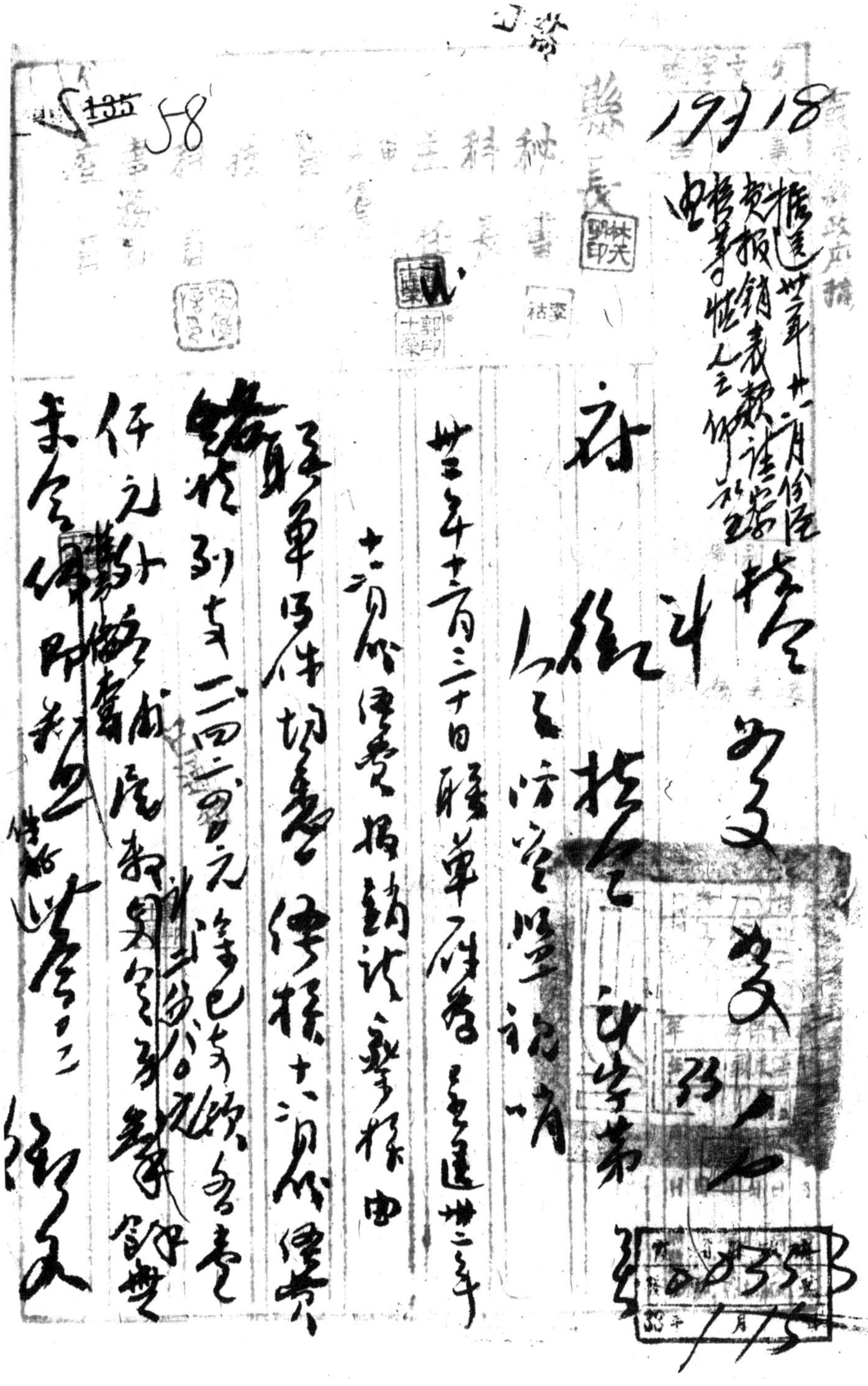

霞浦县政府关于防空监视哨所送三十二年十一、十二月份经费报销表类与联单收悉，经核各准列支一千一百二十四元的指令(1944 年 1 月 10 日)　0168-001-0353

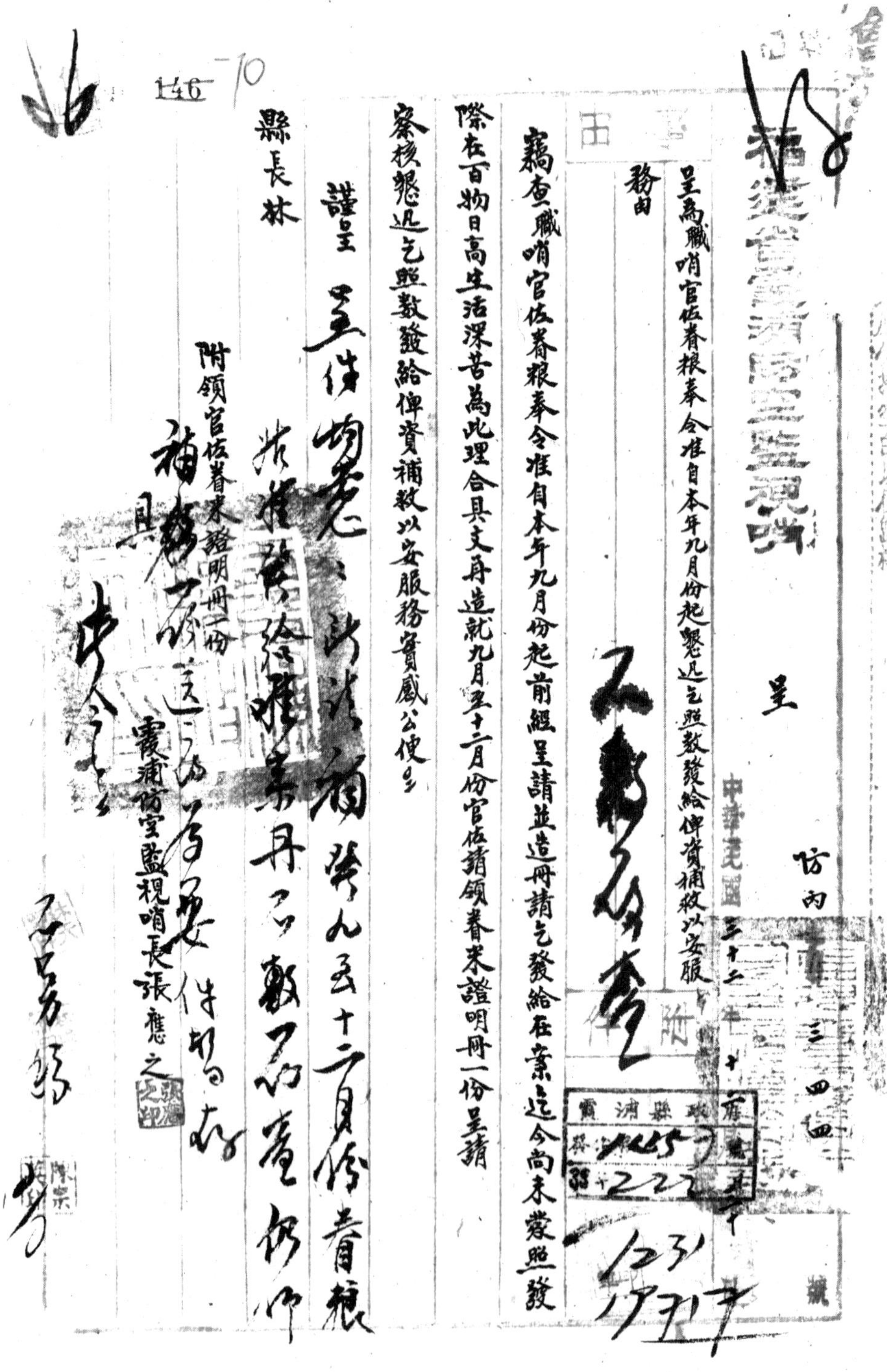

福建省霞浦防空監視哨　呈

事由：呈為職哨官佐眷粮奉令准自本年九月份起懇迅乞照數發給俾資補救以安服務

竊查職哨官佐眷粮奉令准自本年九月份起前經呈請並造冊請乞發給在案迄今尚未蒙照發際茲百物日高生活深苦為此理合具文再造就九月至十二月份官佐請領眷米證明冊一份呈請察核懇迅乞照數發給俾資補救以安服務實感公便

謹呈

縣長林

附領官佐眷米證明冊一份

霞浦防空監視哨長張應之

中華民國三十二年十二月三十日

福建省霞浦防空监视哨关于再造本哨九至十二月份官佐请领眷粮证明册，恳迅请照数发给的呈文

（1943年12月30日）　0168-001-0353

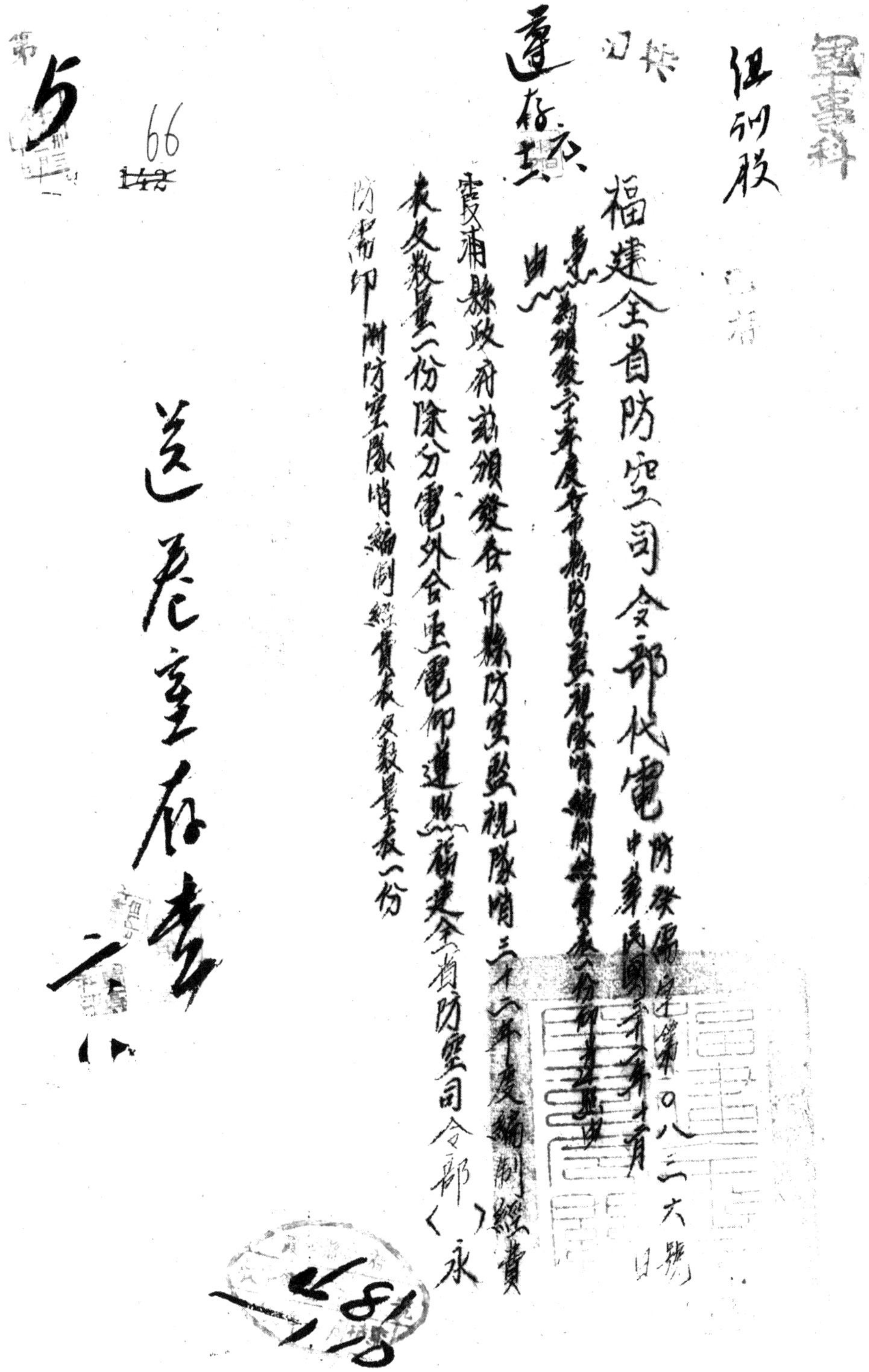

福建全省防空司令部关于颁发三十二年度各市县防空监视队哨编制经费表的代电

（1943年12月）　0168-001-0353

2　145　59

福建省各县区防空监视队哨编制经费表（三十二年度）

区分 阶级职别	队部	哨所	分哨	备考
上（中）尉 队长	一			
中（少）尉 情报员	一			
中（少）尉 哨长		一		
少（准）尉 分哨长			一	
少（准）尉 通讯员	十（二）			[illegible]
班长 上（中）士	一	一	一	哨兵分哨用中士
队（哨）兵 上等兵	四十（六）	四十（六）	六	[illegible]
〃 一等兵	四	四	一	
传达兵 上等兵	一	一		
炊事兵 一等兵	一	一	一	

附注：

一、官兵月支薪饷上尉八十元中尉六十元少尉四十二元准尉三十六元上士二十元中士[illegible]上等兵十八元一等兵十七元又照所加薪计上尉月支[illegible]元[illegible]月支三十元[illegible]月支[illegible]元[illegible]

二、防空监视队月支办公费一百元月支通讯费一百元

三、防空监视哨月支办公费八十元月支通讯费七十元

四、防空监视分哨月支办公费二十元

五、[illegible]

附件　福建省各县区防空监视队哨编制经费表（三十二年度）

（1943 年 12 月）　0168-001-0353

~~143~~ 67

民國三十二年度全國防空監視隊哨數量表

區別	隊數	哨數	分哨數	備考
福安	一		六	
閩侯	一		六	
古田	一		六	
建陽	一		六	
將樂	一		四	
連城	一		四	
晉江	一		八	
龍溪	一		六	
大田	一		三	
永定	一		四	
政和	一		四	
浦城	一		七	
崇安	一		六	
邵武	一		六	
壽寧	一		五	
建甌		一	五	
福鼎		一	五	
霞浦		一	六	

附件　中华民国三十二年度防空监视队哨数量表(1943年12月)a面　0168-001-0353

連江	長樂	清流	寧化	長汀	德化	永春	仙遊	惠安	南安	安溪	同安	華安	南靖	長泰	海澄	漳浦	雲霄	詔安
（四）	（五）	（六）	（五）	（五）	（四）	（四）	（四）	（四）	（五）	（四）	（六）	（三）	（三）	（三）	（五）	（五）	（五）	（三）

附件 中华民国三十二年度防空监视队哨数量表(1943年12月)b面 0168-001-0353

68

地名			
漳平		一	四
上杭		一	三
福清		一	六
莆田		一	六
泰宁		一	六
永泰		一	六
闽清		一	六
华南		一	四
松溪		一	三
水吉		一	
建宁		一	四
顺昌		一	四
沙县		一	四
三元		一	二
明溪		一	五
宁洋		一	三
尤溪		一	六
永安		一	五
武平		一	六
龙岩		一	五
南平		一	四

附件　中华民国三十二年度防空监视队哨数量表(1943 年 12 月)　0168-001-0353

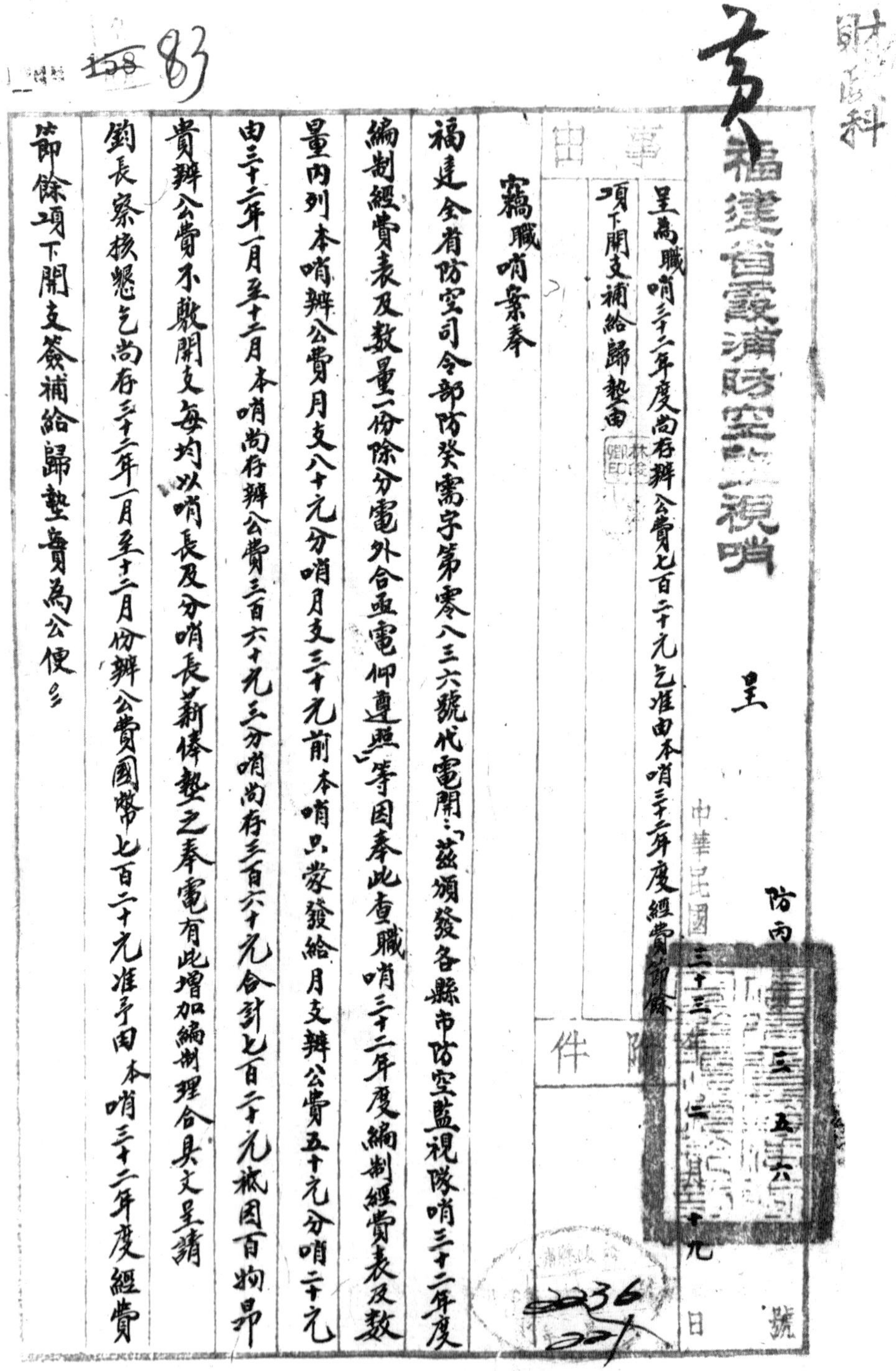
福建省霞浦防空監視哨　呈

事由：呈為職哨三十二年度尚存辦公費七百二十元乞准由本哨三十二年度經費節餘項下開支補給歸墊由

防丙　字第三五六號

中華民國三十三年二月十九日

竊職哨案奉
福建全省防空司令部防癸需字第零八三六號代電開：「茲須發各縣市防空監視隊哨三十二年度編制經費表及數量一份，除分電外，合亟電仰遵照」等因。奉此，查職哨三十二年度編制經費表及數量內列本哨辦公費月支八十元，分哨月支三十元，前本哨只蒙發給月支辦公費五十元，分哨二十元，由三十二年一月至十二月本哨尚存辦公費三百六十元，三分哨尚存三百六十元，合計七百二十元，祇因百物昂貴，辦公費不敷開支，每均以哨長及分哨長薪俸墊之。奉電有此增加編制，理合具文呈請
鈞長察核，懇乞尚存三十二年一月至十二月份辦公費國幣七百二十元准予由本哨三十二年度經費節餘項下開支，簽補給歸墊，實為公便。

福建省霞浦防空监视哨关于请准由本哨三十二年度办公费节余项下开支补给归垫的呈文

（1944年2月19日）　0168-001-0353

84

謹呈

縣長林

霞浦防空監視哨長張甦之

候縣預算核定時再行核辦

[illegible]

福建省霞浦防空监视哨关于请准由本哨三十二年度办公费节余项下开支补给归垫的呈文

（1944 年 2 月 19 日） 0168-001-0353

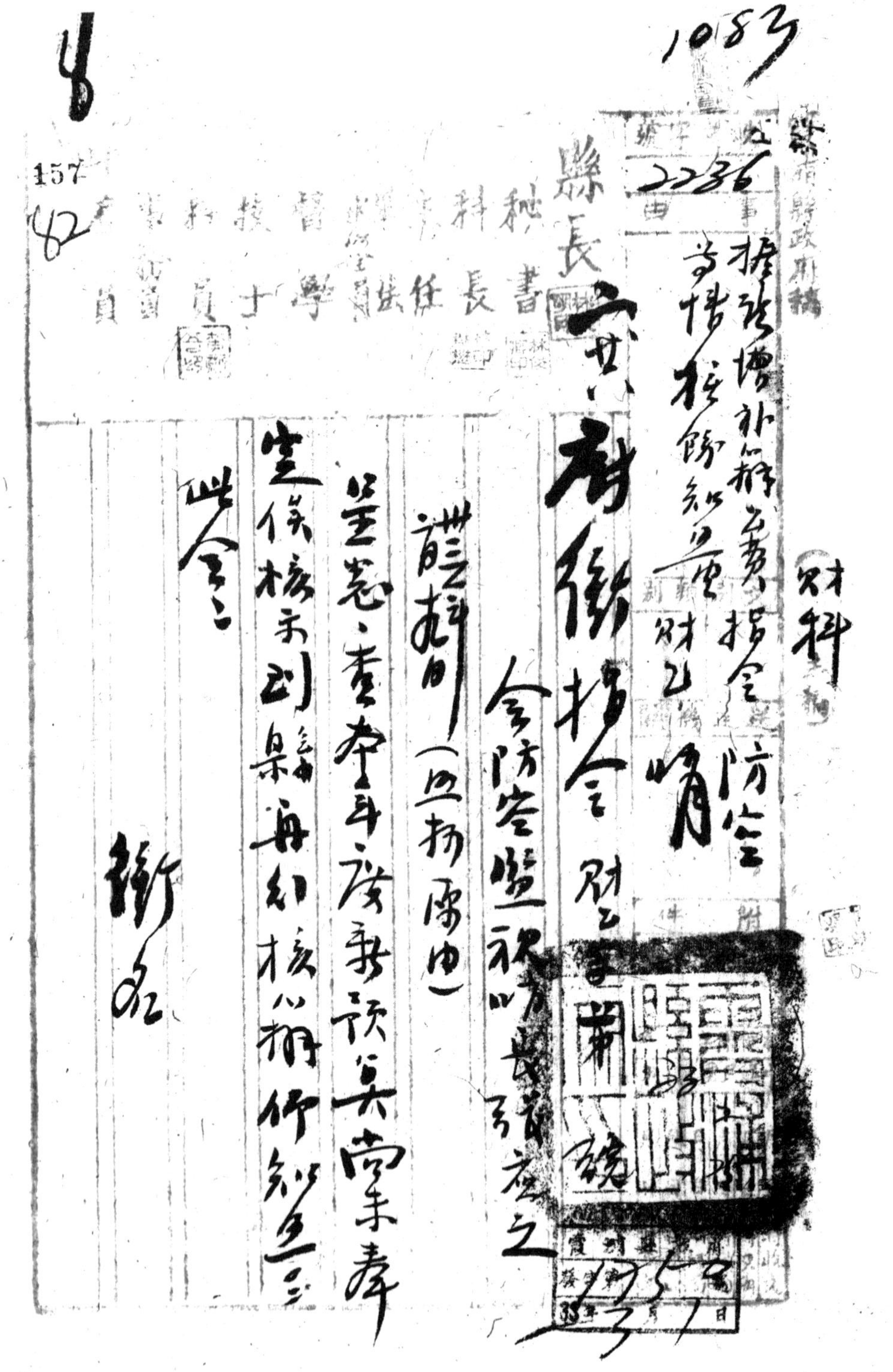

霞浦县政府关于防空监视哨请增补办公费等情悉知，俟本年度新预算核示到县再行核办的指令

（1944 年 2 月 25 日） 0168-001-0353

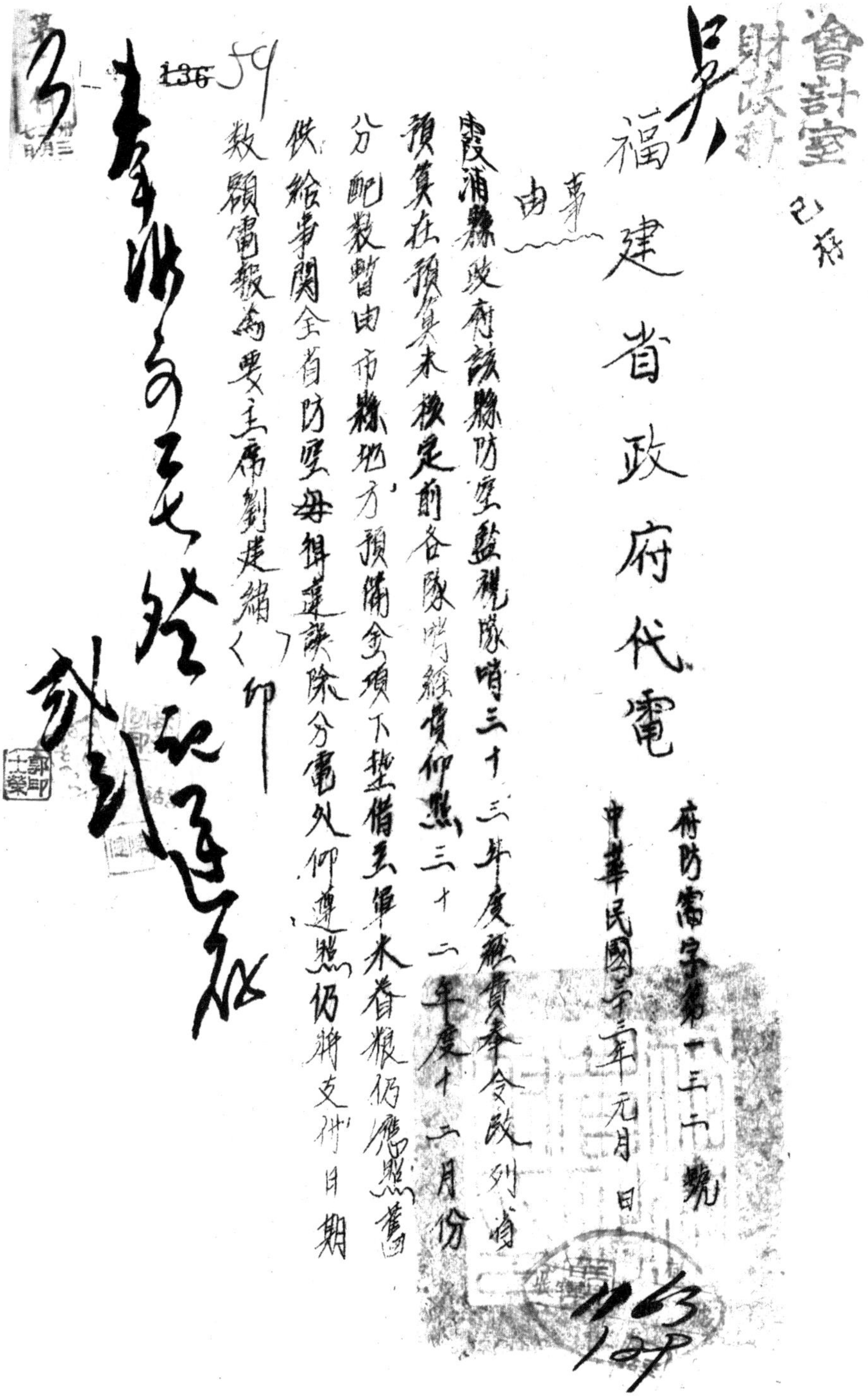

福建省政府代電

府防甯字第一三二號

中華民國卅三年元月　日

事由

霞浦縣政府：該縣防空監視隊哨三十三年度經費奉令改列省預算，在預算未核定前各隊哨經費仰照三十二年度十二月份分配數暫由市縣地方預備金項下墊借，至簞米眷糧仍應照舊供給。事關全省防空，毋得違誤。除分電外，仰遵照，仍將支付日期數額電報為要。主席劉建緒（印）

福建省政府关于各县防空监视队哨三十三年度经费奉令改列省预算，预算未核前防空监视队哨经费暂由各市县地方预备金项下垫借的代电（1944 年 1 月）　0168-001-0353

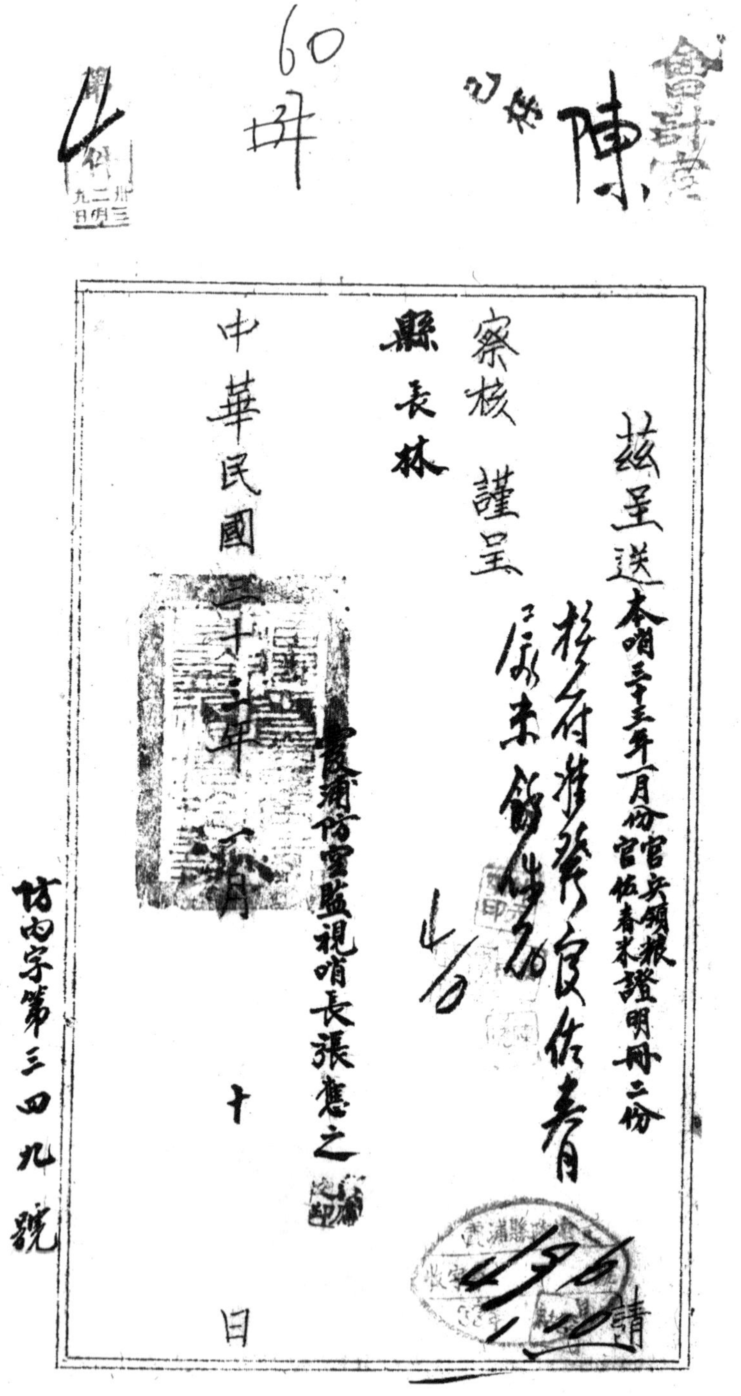

茲呈送本哨三十三年一月份官兵領糧官佐眷米證明册二份
核符撥發官佐眷屬米為荷
察核　謹呈
縣長林
霞浦防空監視哨長張惠之
中華民國三十三年一月十日
防內字第三四九號

霞浦县政府公文联单　福建省霞浦防空监视哨呈送三十三年一月份官兵领粮、官佐眷米证明册

（1944 年 1 月 10 日）　0168-001-0353

61
~~137~~

福建省霞浦防空監視哨三十三年一月份官兵領粮官佐眷米證明冊

附件　福建省霞浦防空监视哨三十三年一月份官兵领粮、官佐眷米证明册

（1944年1月）　0168-001-0353

~~139~~ 63

福建省霞浦防空監視哨三十三年一月份官兵領粮證明冊

級職	姓名	開補日期	在(勤)職日數	應領粮米數量(單位市斤)	本人蓋章	備考
中尉哨長	張憲之	上月轉日	三十天	四十二市斤	[illegible]	
少尉分哨長	謝錦搭	〃	〃	〃	[illegible]	
准尉分哨長	張鍾	〃	〃	〃	[illegible]	
准尉分哨長	林慶銘	〃	〃	〃	林慶銘印	
上士班長	陳桂生	〃	〃	〃	陳桂生印	
中士班長	蘇文扶	〃	〃	〃	蘇文扶印	
仝	許慶祥	〃	〃	〃	許慶祥	
仝	陳銀水	〃	〃	〃	陳銀水印	

附件　福建省霞浦防空监视哨三十三年一月份官兵领粮证明册

(1944年1月)a面　0168-001-0353

仝	蘇永天	"	"	"	（印）
上等哨兵	佘吓寶	"	"	"	（印）
仝	蘇文寀	"	"	"	（印）
仝	蔣家喜	"	"	"	（印）
仝	陳宗亨	"	"	"	（印）
仝	林進藹	"	"	"	（印）
仝	吳依鉅	"	"	"	（印）
仝	周伏寶	"	"	"	（印）
一等哨兵	蘇玉渡	"	"	"	（印）
仝	蘇永番	"	"	"	（印）

附件　福建省霞浦防空监视哨三十三年一月份官兵领粮证明册

(1944 年 1 月)b 面　0168-001-0353

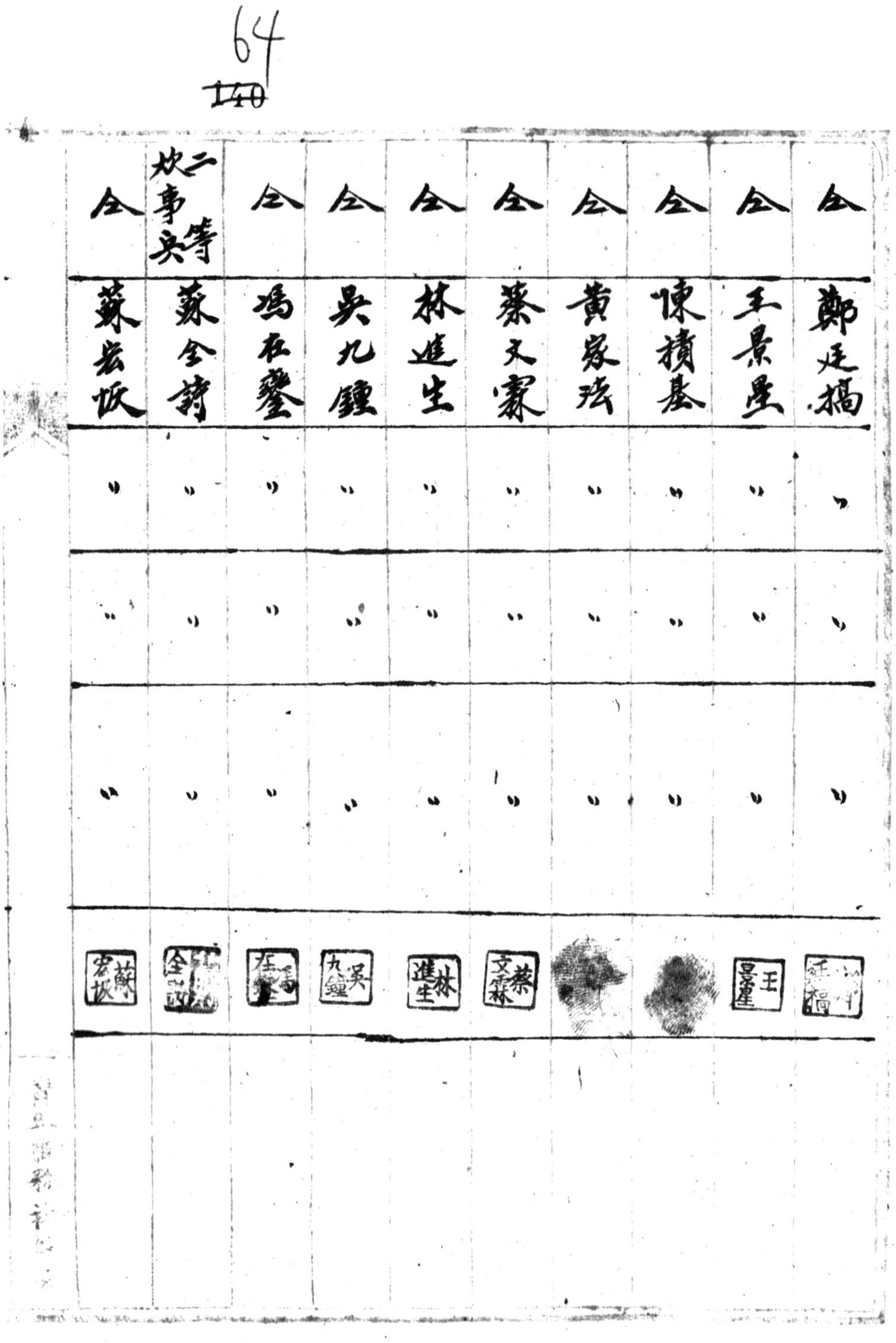

职别	姓名				盖章
仝	鄭廷榣	〃	〃	〃	[印]
仝	王景星	〃	〃	〃	王景星
仝	陳積基	〃	〃	〃	[指印]
仝	黃家玹	〃	〃	〃	[指印]
仝	蔡文霖	〃	〃	〃	蔡文霖
仝	林進生	〃	〃	〃	林進生
仝	吳九鍾	〃	〃	〃	吳九鍾
仝	馮在鑾	〃	〃	〃	[印]
二等炊事兵	蘇全鑄	〃	〃	〃	[印]
仝	蘇岩坻	〃	〃	〃	[印]

附件　福建省霞浦防空监视哨三十三年一月份官兵领粮证明册

(1944 年 1 月)a 面　0168-001-0353

仝	楊明英	〃	〃	〃	楊明英（印）
仝	蘇富堅	〃	〃	〃	蘇富堅印
合計	官四員 士兵六名			壹仟貳百陸拾市斤	

附件　福建省霞浦防空监视哨三十三年一月份官兵领粮证明册
(1944年1月)b面　0168-001-0353

~~138~~ 62

福建省霞浦防空監視哨三十三年一月份官佐眷米證明冊

級職	姓名	應領春糙米數量	本人蓋章	備考
中尉哨長	張應之	六十市斤	[印]	
少尉分哨長	謝錦塔	〃	[印]	
准尉分哨長	張鍾	〃	[印]	
准尉分哨長	林慶銘	〃	[印]	
合計	四員	貳百肆拾市斤		

附件　福建省霞浦防空监视哨三十三年一月份官佐眷米证明册

（1944 年 1 月）　0168-001-0353

65
~~141~~

中華民國三十三年一月　日

哨長張應之

附件　福建省霞浦防空监视哨三十三年一月份官兵领粮、官佐眷米证明册
（1944年1月）　0168-001-0353

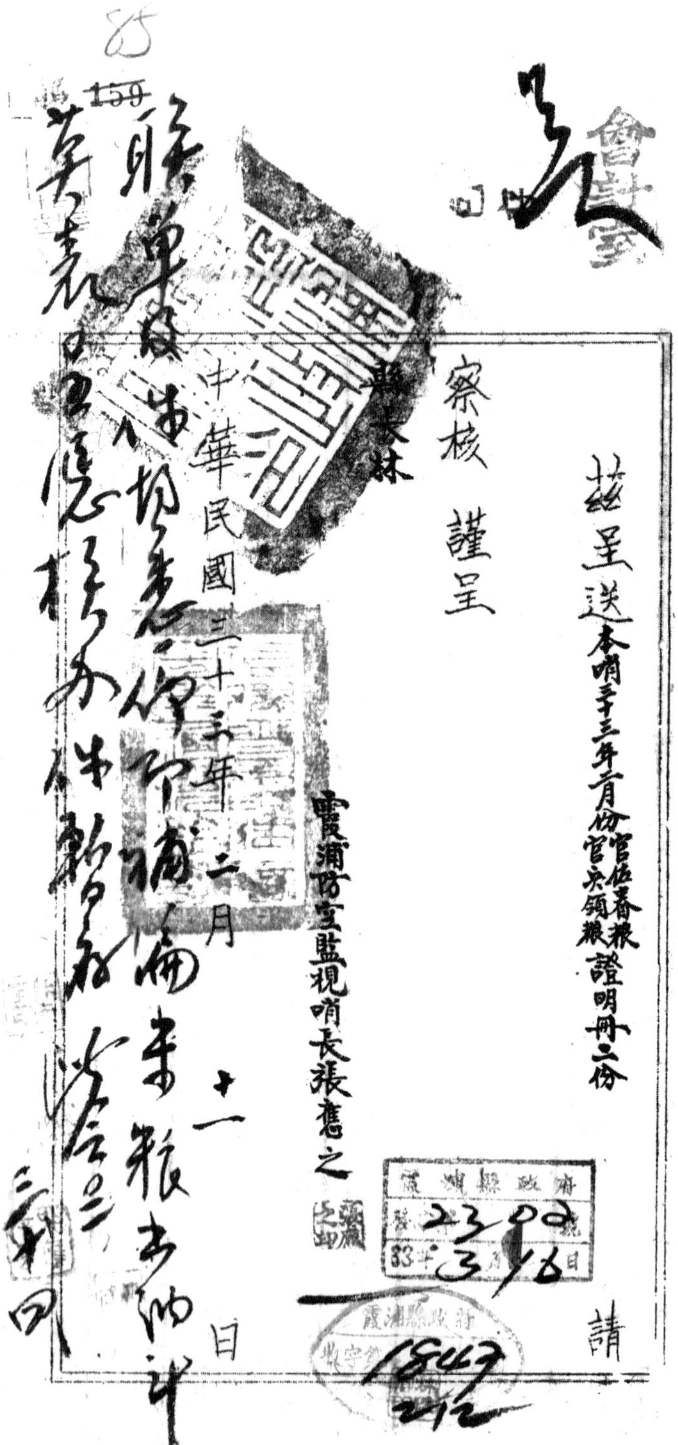

茲呈送本哨三十三年二月份官佐眷粮官兵领粮證明册二份

請

察核

謹呈

縣長林

霞浦防空監視哨長張憲之

中華民國三十三年二月十一日

霞浦县政府公文联单　福建省霞浦防空监视哨呈送三十三年二月份官佐眷粮、官兵领粮证明册(1944 年 2 月 11 日)　0168-001-0353

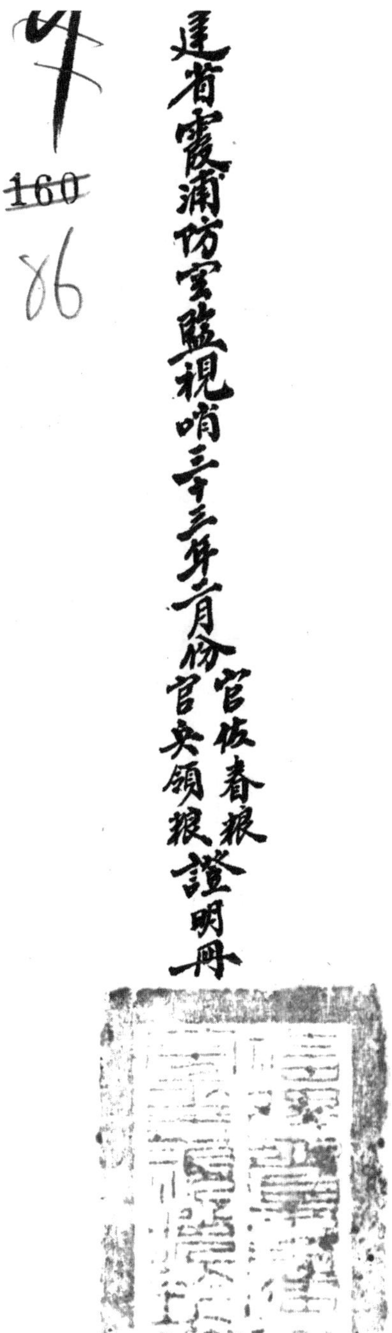

~~160~~

86

建省霞浦防空監視哨三十三年二月份官佐眷粮官兵領粮證明冊

附件　福建省霞浦防空监视哨三十三年二月份官佐眷粮、官兵领粮证明册

（1944 年 2 月）　0168-001-0353

88 ~~162~~

福建省霞浦防空監視哨三十三年二月份官兵領粮證明冊

級職	姓名	入伍日期	在(勤)職日數	應領糙米數量(單位:市斤)	本人蓋章	備考
中尉哨長	張應之	上月轉日	三十天	四十二市斤	張應之印	
少尉分哨長	謝錦搭	〃	〃	〃	[illegible]	
准尉分哨長	張鐘	〃	〃	〃	張鐘	
仝	林慶銘	〃	〃	〃	林慶銘印	
上士班長	陳桂生	〃	〃	〃	陳桂生印	
中士班長	蘇文挟	〃	〃	〃	蘇文挟印	
仝	許慶祥	〃	〃	〃	許慶祥	
仝	陳銀水	〃	〃	〃	陳銀水印	

附件　福建省霞浦防空监视哨三十三年二月份官兵领粮证明册

(1944年2月)a面　0168-001-0353

仝	蘇永天	〃	〃	〃	蘇永天印
上等哨兵	余吓寶	〃	〃	〃	余吓寶
仝	蘇文霖	〃	〃	〃	蘇文霖
仝	蔣家喜	〃	〃	〃	蔣家喜
仝	陳宗亨	〃	〃	〃	陳宗亨印
仝	林進藹	〃	〃	〃	林進藹
仝	吳依鉅	〃	〃	〃	吳依鉅
仝	周伏寶	〃	〃	〃	周伏寶
一等哨兵	蘇玉渡	〃	〃	〃	蘇玉渡印
仝	蘇永蕃	〃	〃	〃	蘇永蕃

附件 福建省霞浦防空监视哨三十三年二月份官兵领粮证明册

(1944年2月)b面 0168-001-0353

89
~~163~~

仝	鄭廷搞	〃	〃	〃	鄭廷槁
仝	王景星	〃	〃	〃	王景星
仝	陳積基	〃	〃	〃	陳積基
仝	黃家法	〃	〃	〃	黃家法
仝	蔡文霖	〃	〃	〃	蔡文霖
仝	林進生	〃	〃	〃	林進生
仝	吳九鐘	〃	〃	〃	吳九鐘
仝	馮在鑾	〃	〃	〃	馮在鑾
二等炊事兵	蘇全詩	〃	〃	〃	蘇全詩
仝	蘇宏坂	〃	〃	〃	蘇宏坂

附件 福建省霞浦防空监视哨三十三年二月份官兵领粮证明册
(1944年2月)a面 0168-001-0353

仝	楊明英	〃	〃	〃	楊明英（印）
仝	蘇富堅	〃	〃	〃	蘇富堅印
合計	官佐四員 士兵二十六名			壹仟貳百陸拾貳斤	

松亭山哨

附件　福建省霞浦防空监视哨三十三年二月份官兵领粮证明册

(1944年2月)b面　0168-001-0353

87
~~161~~

福建省霞浦防空監視哨三十三年二月份官佐眷粮證明冊

級職	姓名	在職日數	應領眷米數量（單位每市斤）	本人蓋章	備考
中尉哨長	張應之	三十天	六十市斤	張應之印	
少尉分哨長	謝錦搭	〃	〃	[illegible]	
准尉分哨長	張鍾	〃	〃	張鍾	
准尉分哨長	林慶銘	〃	〃	林慶銘印	
合計	四員		貳百肆拾市斤		

松亭出品

附件　福建省霞浦防空监视哨三十三年二月份官佐眷粮证明册
（1944 年 2 月）　0168-001-0353

010
~~164~~

中華民國三十三年二月　日

哨長張應之
張應之印

附件　福建省霞浦防空监视哨三十三年二月份官兵领粮、官佐眷粮证明册
（1944年2月）　0168-001-0353

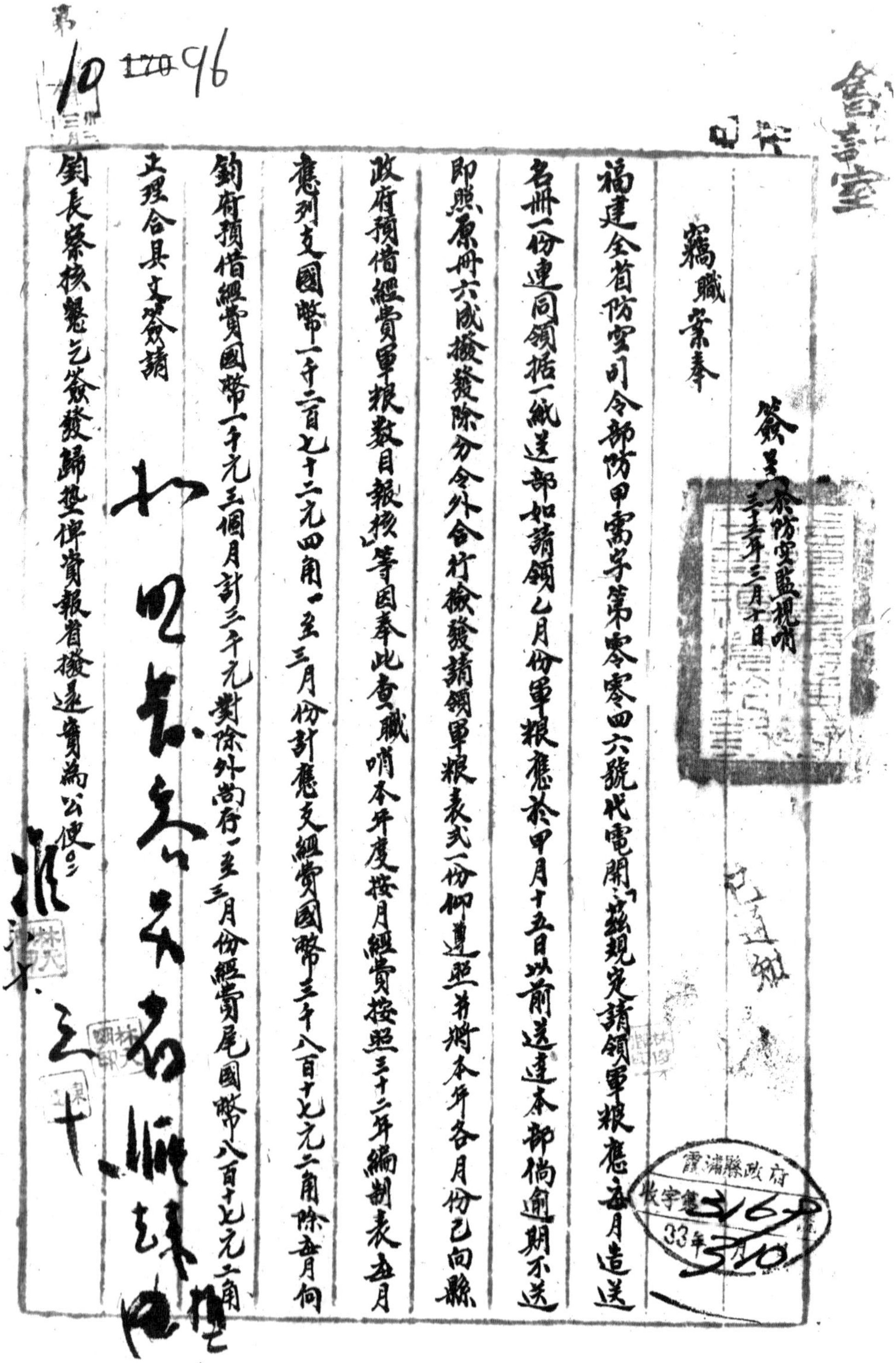

簽呈 於防空監視哨 三十三年三月十日

竊職案奉

福建全省防空司令部防甲需字第零零四六號代電開：「茲規定請領軍粮應每月造送名冊一份連同領据一紙送部，如請領乙月份軍粮應於甲月十五日以前送達本部，倘逾期不送即照原冊六成撥發，除分令外，合行檢發請領軍粮表式一份，仰遵照，并將本年各月份已向縣政府預借經費單粮數目報核」等因，奉此，查職哨本年度按月經費按照三十二年編制表每月應列支國幣一千二百七十二元四角，一至三月份計應支經費國幣三千八百十七元二角，除每月向鈞府預借經費國幣一千元，三個月計三千元，對除外尚存一至三月份經費尾國幣八百十七元二角，理合具文簽請

鈞長察核，懇乞簽發歸墊，俾資報省撥還，實為公便。

霞浦縣政府 收字第2169號 33年3月10日

福建省霞浦防空监视哨关于恳请签发归垫本哨一至三月份经费尾款的签呈

(1944 年 3 月 10 日)a 面　0168-001-0353

10

縣長林

謹呈

霞浦防空監視哨長張應之

張應之印

福建省霞浦防空监视哨关于恳请签发归垫本哨一至三月份经费尾款的签呈

(1944年3月10日)b面　0168-001-0353

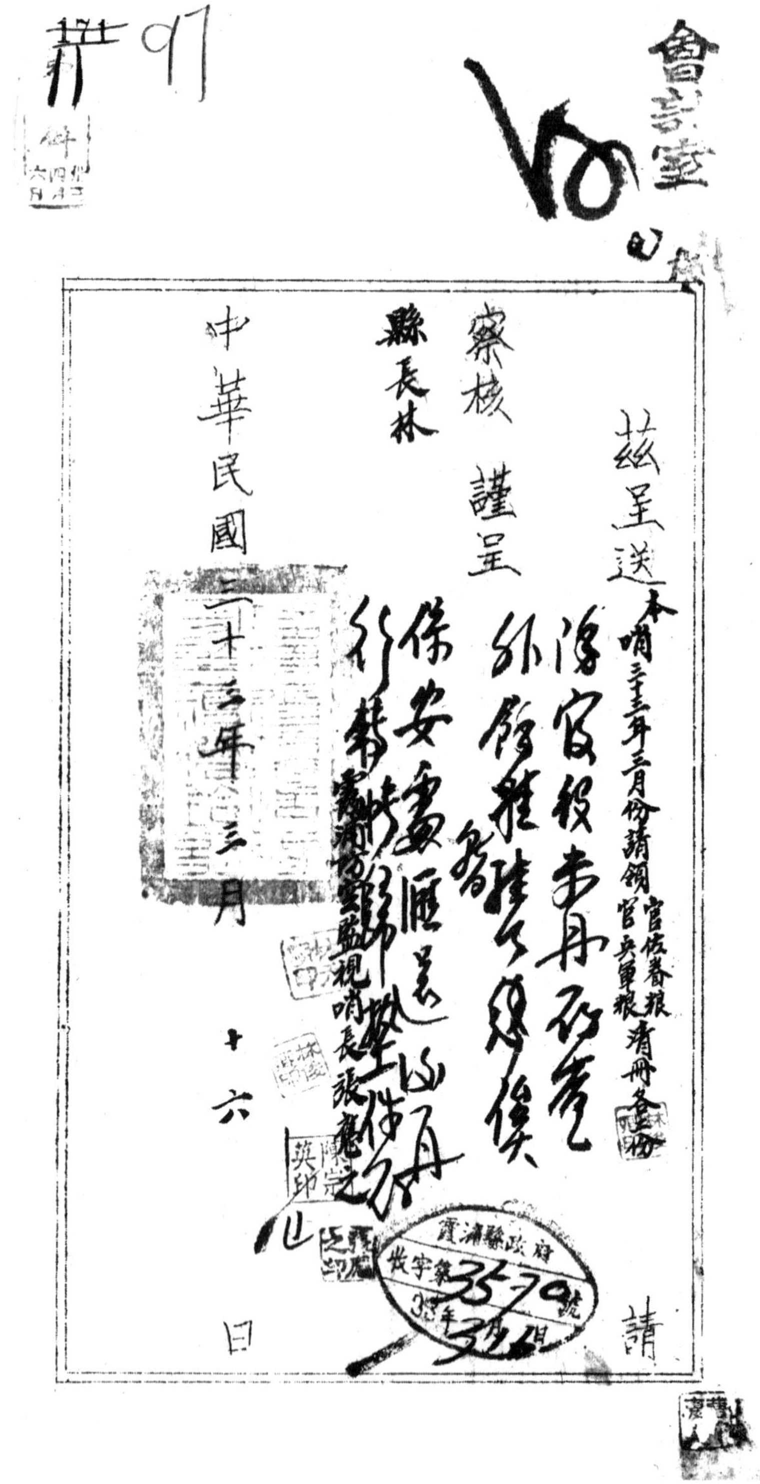

會計室

請

茲呈送本哨三十三年三月份請領官佐眷粮官兵軍粮清冊各一份

謹呈

察核

縣長林

霞浦防空監視哨長張

中華民國三十三年三月十六日

霞浦縣政府

霞浦县政府公文联单　福建省霞浦防空监视哨呈送三十三年三月份请领官佐眷粮、官兵军粮清册(1944 年 3 月 16 日)　0168-001-0353

101

175

福建省霞浦防空監視哨三十三年三月份請領官兵軍粮清册

附件　福建省霞浦防空监视哨三十三年三月份请领官兵军粮清册

（1944 年 3 月）　0168-001-0353

~~176~~ 102

福建省霞浦防空監視哨民國三十三年三月份請領官兵軍粮清冊

級職	姓名	入伍日期	在(勤)職日數	應領糙米數量(單位每市斤)	備考
中尉哨長	張懋之	上月轉日	三十天	四十二市斤	
少尉分哨長	謝錦榕	〃	〃	〃	
准尉分哨長	張鏜	〃	〃	〃	
准尉分哨長	林慶銘	〃	〃	〃	
中士班長	蘇文棪	〃	〃	〃	
仝	許慶祥	〃	〃	〃	
仝	陳銀水	〃	〃	〃	
仝	蘇永天	〃	〃	〃	

附件 福建省霞浦防空监视哨三十三年三月份请领官兵军粮清册

(1944年3月)a面 0168-001-0353

上等哨兵	余吓寶	〃	〃	〃	
仝	王少文	〃	〃	〃	
仝	蔣家喜	〃	〃	〃	
仝	陳宗亨	〃	〃	〃	
上等傳達兵	鐘士魁	三月一日入伍	〃	〃	本月一日由鈞府兵役股撥補抵上等班長陳桂載缺
上等哨兵	林進蕩	上月轉日	〃	〃	
仝	吳依鉅	〃	〃	〃	
仝	周伏寶	〃	〃	〃	
一等哨兵	郎紅霞	〃	〃	〃	
仝	卓炭中	三月一日入伍	〃	〃	本月一日由鈞府兵役股撥補抵蘇永蕃闕缺

附件　福建省霞浦防空监视哨三十三年三月份请领官兵军粮清册

(1944 年 3 月)b 面　0168-001-0353

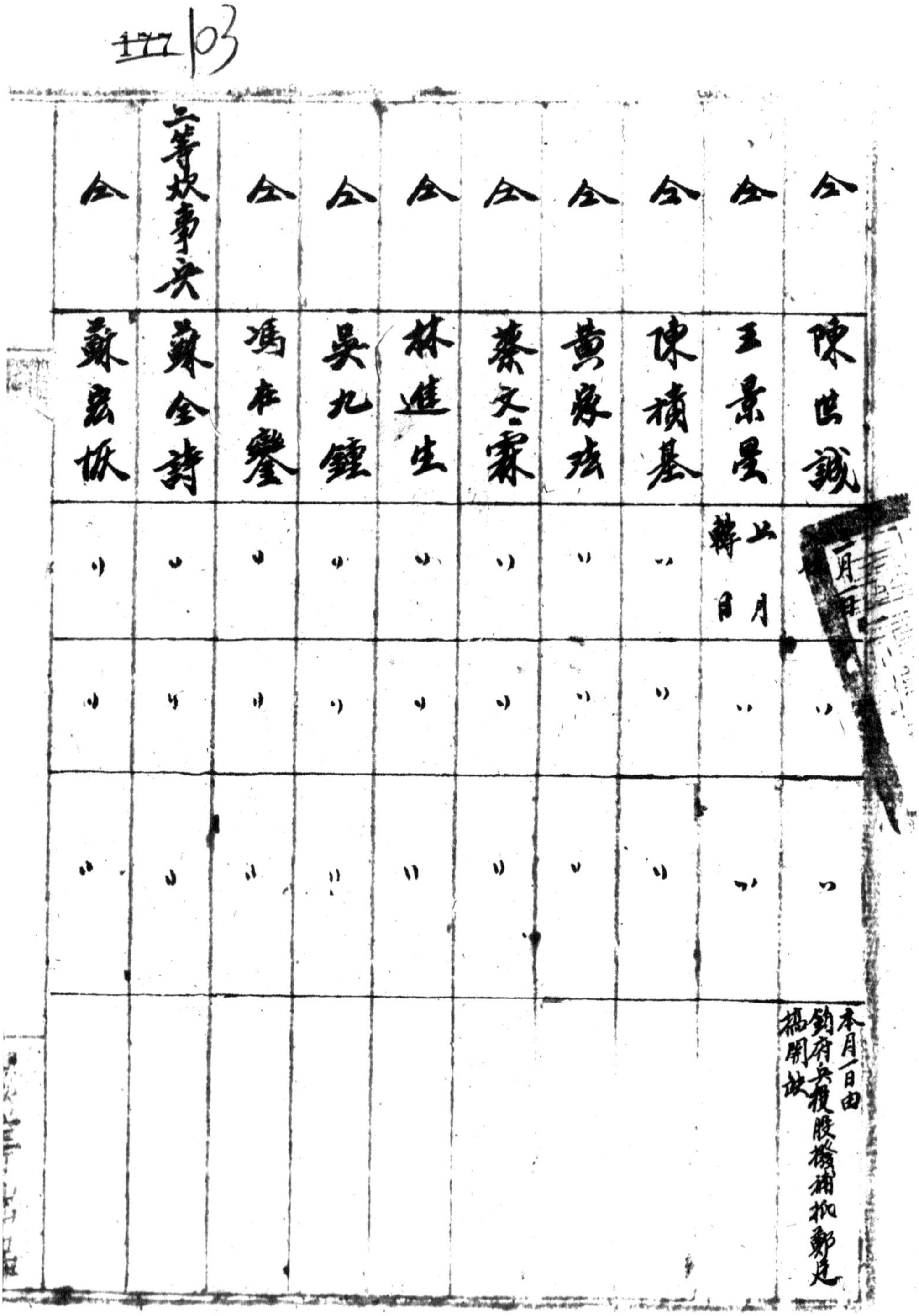

177 103

职别	姓名				备考
仝	陳世鐵	〃	〃	〃	本月一日由鈞府兵役股撥補抵鄭廷福開缺
仝	王景星	此月轉日	〃	〃	
仝	陳積基	〃	〃	〃	
仝	黃家炫	〃	〃	〃	
仝	蔡文霖	〃	〃	〃	
仝	林進生	〃	〃	〃	
仝	吳九鐘	〃	〃	〃	
仝	馮本鑾	〃	〃	〃	
二等炊事兵	蘇全詩	〃	〃	〃	
仝	蘇宏炳	〃	〃	〃	

附件　福建省霞浦防空监视哨三十三年三月份请领官兵军粮清册
(1944 年 3 月)a 面　0168-001-0353

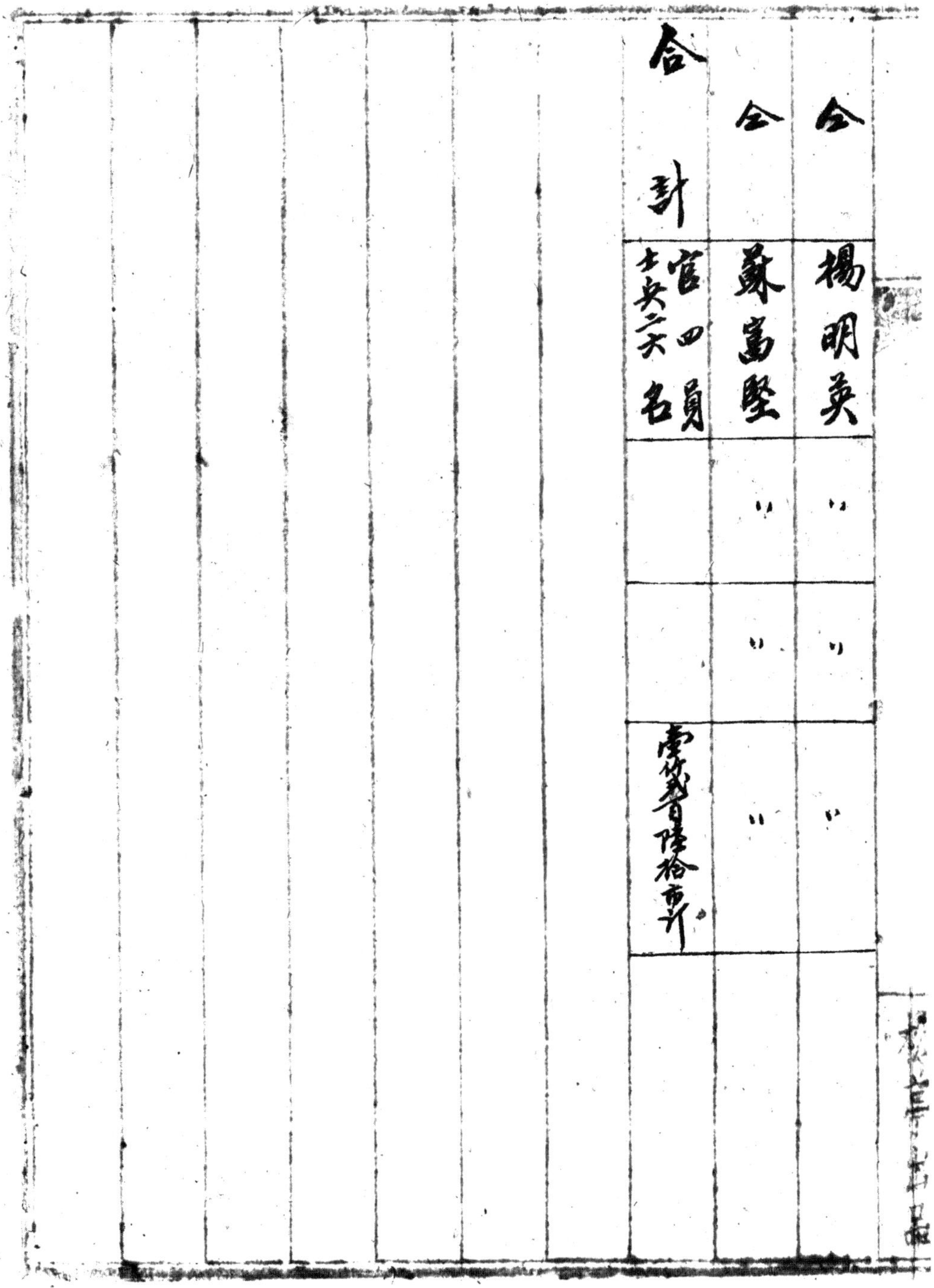

附件 福建省霞浦防空监视哨三十三年三月份请领官兵军粮清册

(1944年3月)b面 0168-001-0353

中華民國三十三年三月 日

哨長張應之

附件 福建省霞浦防空监视哨三十三年三月份请领官兵军粮清册

（1944年3月） 0168-001-0353

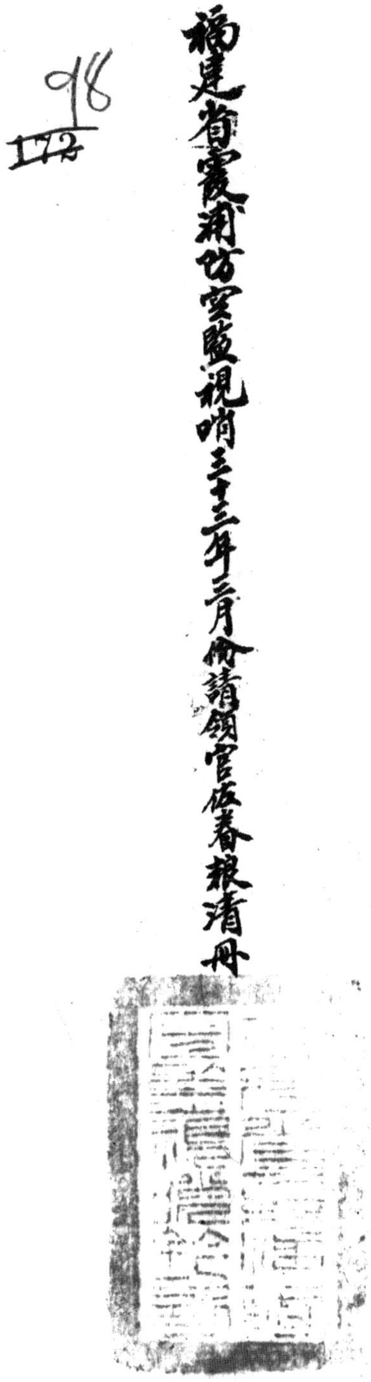

98
172

福建省霞浦防空監視哨三十三年三月份請領官佐眷粮清册

附件　福建省霞浦防空监视哨三十三年三月份请领官佐眷粮清册

（1944年3月）　0168-001-0353

99
~~173~~

福建省霞浦防空監視哨民國三十三年三月份請領官佐眷粮清册

級職	姓名	應領眷粮糙米數量	備考
中尉哨長	張應之	六十市斤	
少尉分哨長	謝錦榕	六十市斤	
准尉分哨長	張鍾	六十市斤	
准尉分哨長	林慶銘	六十市斤	
合計	四員	二百四十市斤	

附件　福建省霞浦防空监视哨三十三年三月份请领官佐眷粮清册

（1944年3月）　0168-001-0353

哨長張憲之

中華民國三十三年三月 日

附件 福建省霞浦防空监视哨三十三年三月份请领官佐眷粮清册

(1944年3月) 0168-001-0353

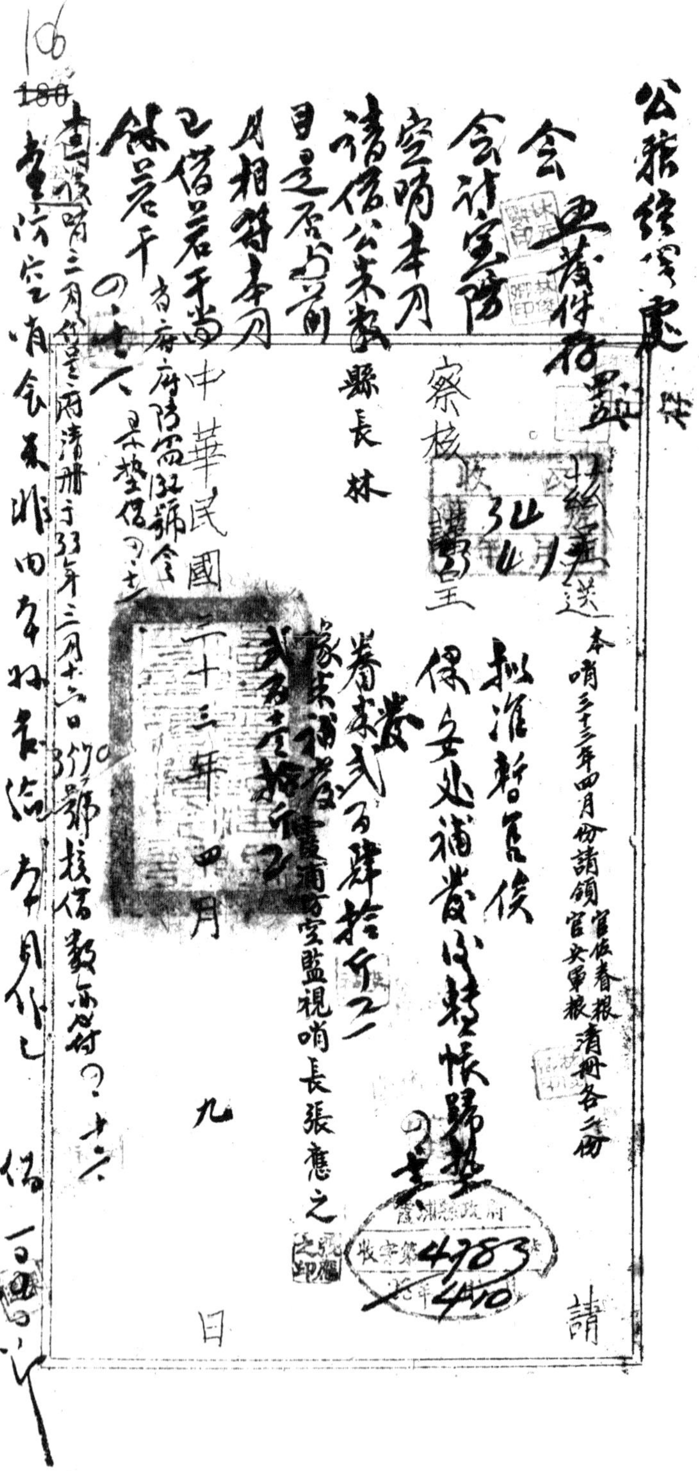
请
本哨三十三年四月份請領官佐眷粮官兵軍粮清冊各二冊
呈送
縣長 林
中華民國三十三年四月九日
福建省霞浦防空監視哨長張應之

霞浦县政府公文联单　福建省霞浦防空监视哨呈送三十三年四月份请领官佐眷粮、官兵军粮清册(1944 年 4 月 9 日)　0168-001-0353

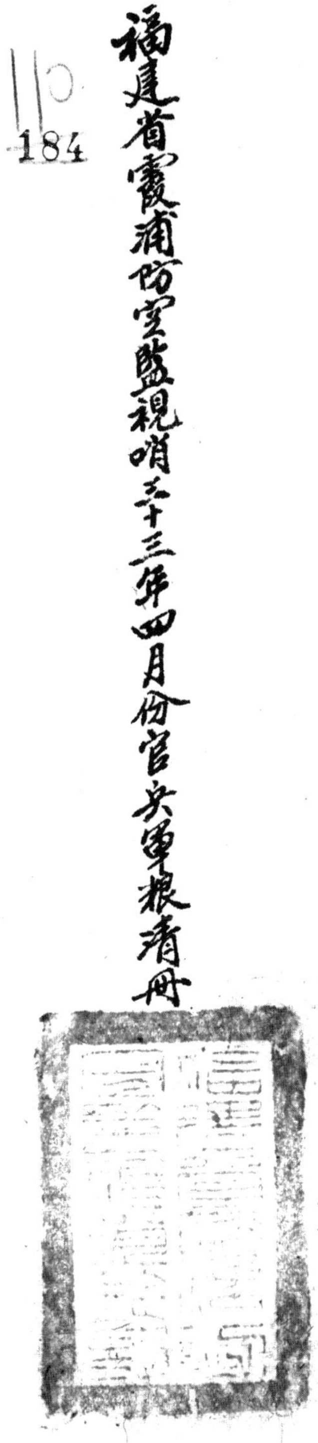

110
184

福建省霞浦防空監視哨三十三年四月份官兵軍粮清冊

附件　福建省霞浦防空监视哨三十三年四月份请领官兵军粮清册

（1944年4月）　0168-001-0353

185

福建省霞浦防空監視哨民國卅三年四月份請領官兵軍糧清冊

級職	姓名	入伍年月日	在職日數	應領糙米數量（單位每市斤）	備考
中尉哨長	張應之	上月轉	三十天	四十二市斤	
少尉分哨長	謝錦榕	〃	〃	〃	
准尉分哨長	張鍾	〃	〃	〃	
准尉分哨長	林慶銘	〃	〃	〃	
中士班長	蘇文挾	〃	〃	〃	
仝	許慶祥	〃	〃	〃	
仝	陳銀水	〃	〃	〃	
仝	蘇永天	〃	〃	〃	

附件　福建省霞浦防空监视哨三十三年四月份请领官兵军粮清册

（1944 年 4 月）a 面　0168-001-0353

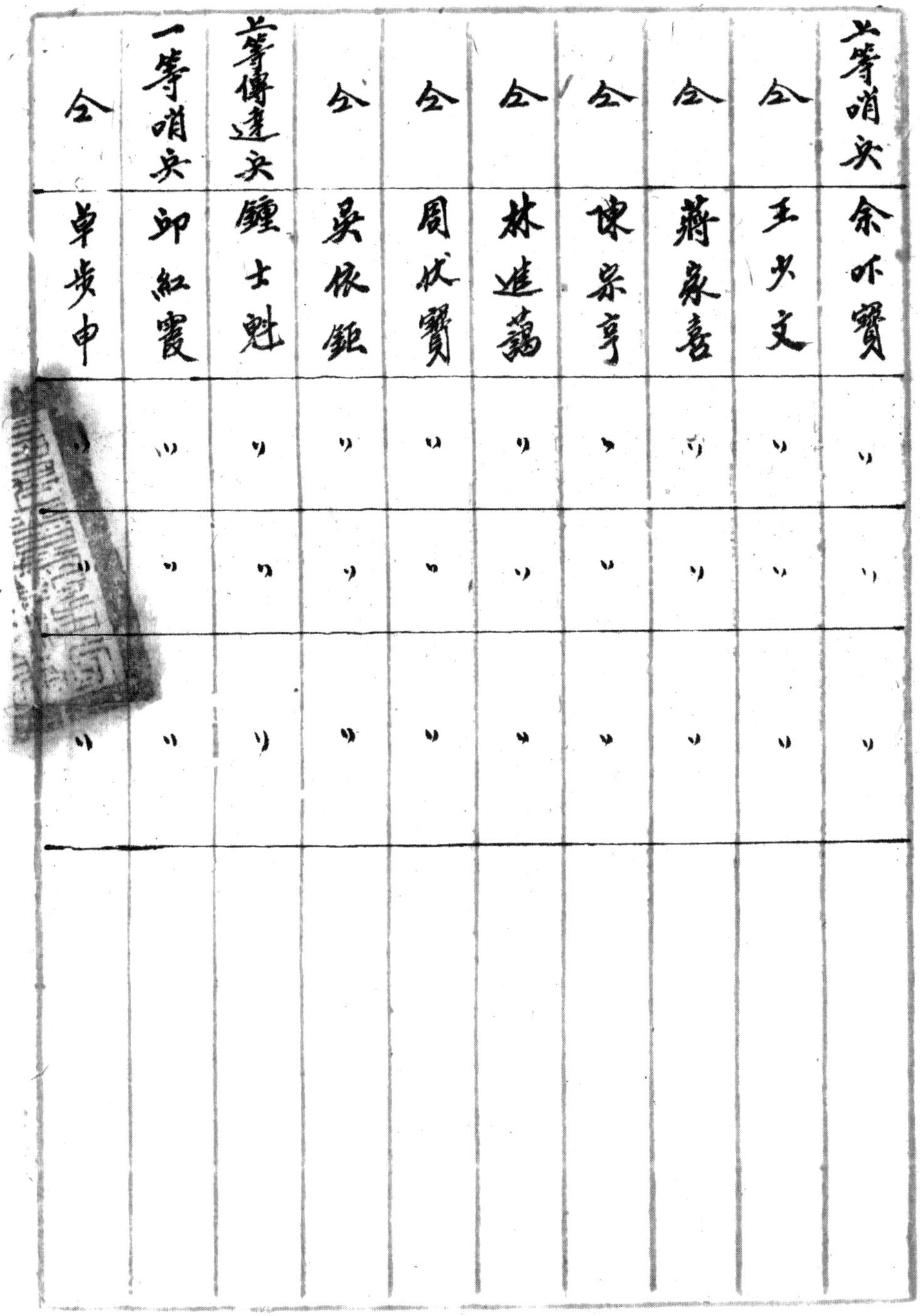

六等哨兵	余吓寶	〃	〃	〃
仝	王兴文	〃	〃	〃
仝	蔣家喜	〃	〃	〃
仝	陳宗亨	〃	〃	〃
仝	林進藹	〃	〃	〃
仝	周状寶	〃	〃	〃
仝	吳依鉅	〃	〃	〃
二等傳達兵	鍾士魁	〃	〃	〃
一等哨兵	邱紅霞	〃	〃	〃
仝	卓步申	〃	〃	〃

附件　福建省霞浦防空监视哨三十三年四月份请领官兵军粮清册

(1944年4月)b面　0168-001-0353

~~186~~
112

仝	陳世鐵	〃	〃	〃
仝	王景星	〃	〃	〃
仝	陳積基	〃	〃	〃
仝	黃康玹	〃	〃	〃
仝	蔡文霖	〃	〃	〃
仝	林進生	〃	〃	〃
仝	吳九鍾	〃	〃	〃
仝	馮在鑾	〃	〃	〃
二等炊事兵	蘇全詩	〃	〃	〃
仝	蘇宏恢	〃	〃	〃

附件　福建省霞浦防空监视哨三十三年四月份请领官兵军粮清册
(1944年4月)a面　0168-001-0353

仝	楊明英	〃	〃	〃
仝	蘇富堅	〃	〃	〃
合計	官四員 士兵二六名			壹仟貳百陸拾市斤

四·十五·補二〇斤清

附件　福建省霞浦防空监视哨三十三年四月份请领官兵军粮清册

(1944年4月)b面　0168-001-0353

113
~~187~~

中華民國三十三年四月　日

哨長張戇之

附件　福建省霞浦防空监视哨三十三年四月份请领官兵军粮清册

（1944 年 4 月）　0168-001-0353

181
107
福建省霞浦防空监视哨三十三年四月份官佐眷粮清册

附件　福建省霞浦防空监视哨三十三年四月份请领官佐眷粮清册(1944年4月)　0168-001-0353

~~182~~ 108

福建省霞浦防空監視哨民國三十三年四月份請領官佐眷粮清册

級職	姓名	應領眷粮糙米數量	備考
中尉哨長	張應之	六〇斤〇〇	
少尉分哨長	謝錦榕	六〇〇〇	
准尉分哨長	張鍾	六〇〇〇	
准尉分哨長	林慶鋐	六〇〇〇	
合計	四員	二四〇〇〇	

4 2 240斤

附件 福建省霞浦防空监视哨三十三年四月份请领官佐眷粮清册(1944年4月) 0168-001-0353

中華民國三十三年四月　日

哨長張襄之

附件　福建省霞浦防空监视哨三十三年四月份请领官佐眷粮清册(1944 年 4 月)　0168-001-0353

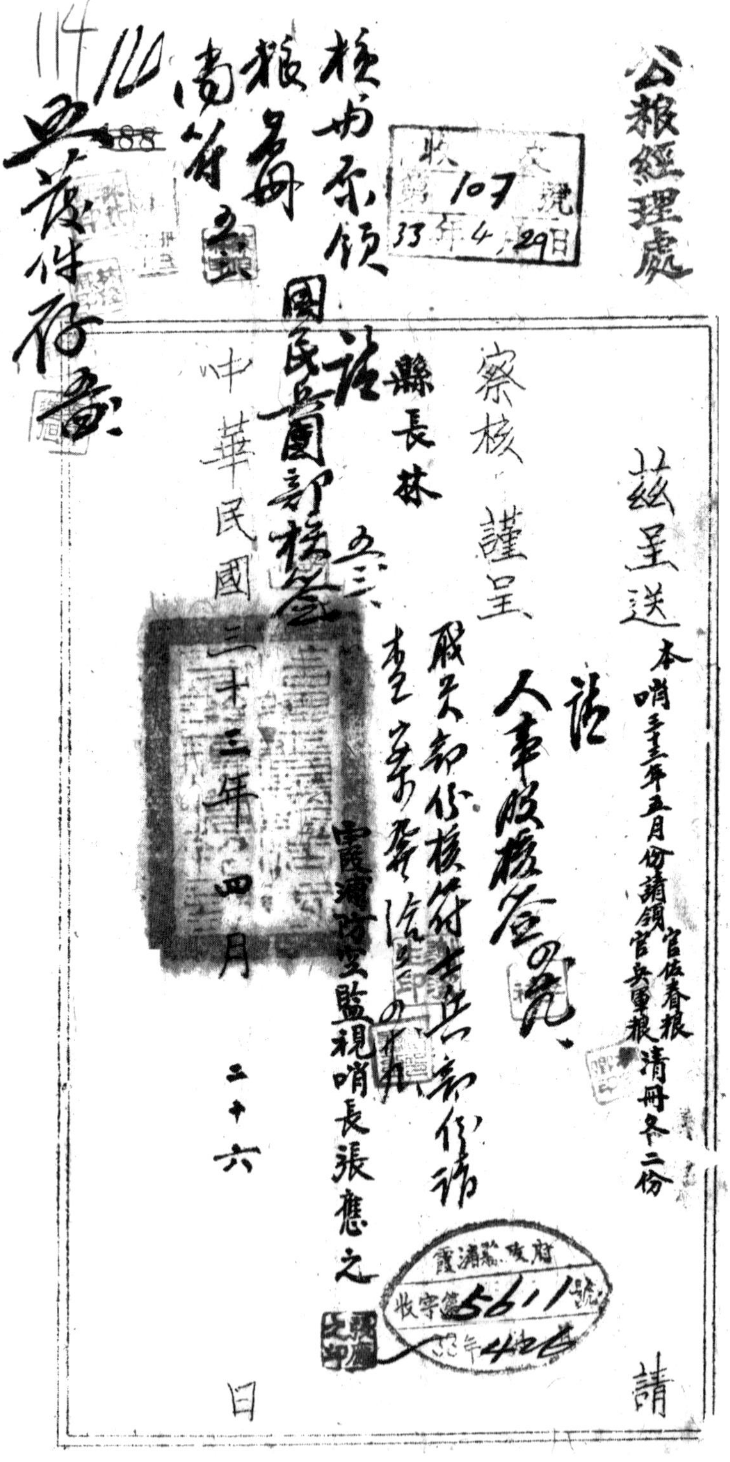
公報經理處

收文 107號 33年4月29日

茲呈送本哨三十三年五月份請領官佐眷粮官兵軍粮清冊各二份

請

察核 謹呈

縣長林

中華民國三十三年四月二十六日

霞浦防空監視哨長張應之

霞浦縣政府 收字第5611號

霞浦县政府公文联单　福建省霞浦防空监视哨呈送三十三年五月份请领官佐眷粮、官兵军粮清册

（1944 年 4 月 26 日）　0168-001-0353

115

~~189~~

福建省霞浦防空監視哨三十三年五月份請領官兵軍粮清册

附件　福建省霞浦防空监视哨三十三年五月份请领官兵军粮清册

（1944 年 5 月）　0168-001-0353

~~190~~ 116

福建省霞浦防空監視哨民國三十三年五月份請領官兵軍粮清冊

級職	姓名	入伍日期	在(勤)職日數	應領糙米數量(單位每市斤)	備考
中尉哨長	張悳之	上月轉日	三十天	四十二市斤	
少尉分哨長	謝錦棬	〃	〃	〃	
准尉分哨長	林慶銘	〃	〃	〃	
仝	張鍾	〃	〃	〃	
中士班長	蘇文揆	〃	〃	〃	
仝	許慶祥	〃	〃	〃	
仝	蘇永天	〃	〃	〃	
仝	陳銀水	〃	〃	〃	

公計360斤　[illegible]

200
5

附件　福建省霞浦防空监视哨三十三年五月份请领官兵军粮清册

(1944年5月)a面　0168-001-0353

上等哨兵	余吓寶	〃	〃	〃
仝	王火文	〃	〃	〃
仝	蔣家喜	〃	〃	〃
仝	陳宗亨	〃	〃	〃
仝	林進鶴	〃	〃	〃
仝	周伏寶	〃	〃	〃
仝	吳依鉅	〃	〃	〃
上等傳達兵	鍾士魁	〃	〃	〃
一等哨兵	卯紅霞	〃	〃	〃
仝	卓步申	〃	[illegible]	〃

附件　福建省霞浦防空监视哨三十三年五月份请领官兵军粮清册

(1944年5月)b面　0168-001-0353

117

191

仝	陳世誠	〃	〃	〃
仝	王景星	〃	〃	〃
仝	陳積基	〃	〃	〃
仝	黄家法	〃	〃	〃
仝	吴九鍾	〃	〃	〃
仝	馮在鑾	〃	〃	〃
仝	蔡文霖	〃	〃	〃
仝	林進生	〃	〃	〃
二等炊事兵	蘇全詩	〃	〃	〃
仝	蘇宏忻	〃	〃	〃

附件 福建省霞浦防空监视哨三十三年五月份请领官兵军粮清册

(1944年5月)a面 0168-001-0353

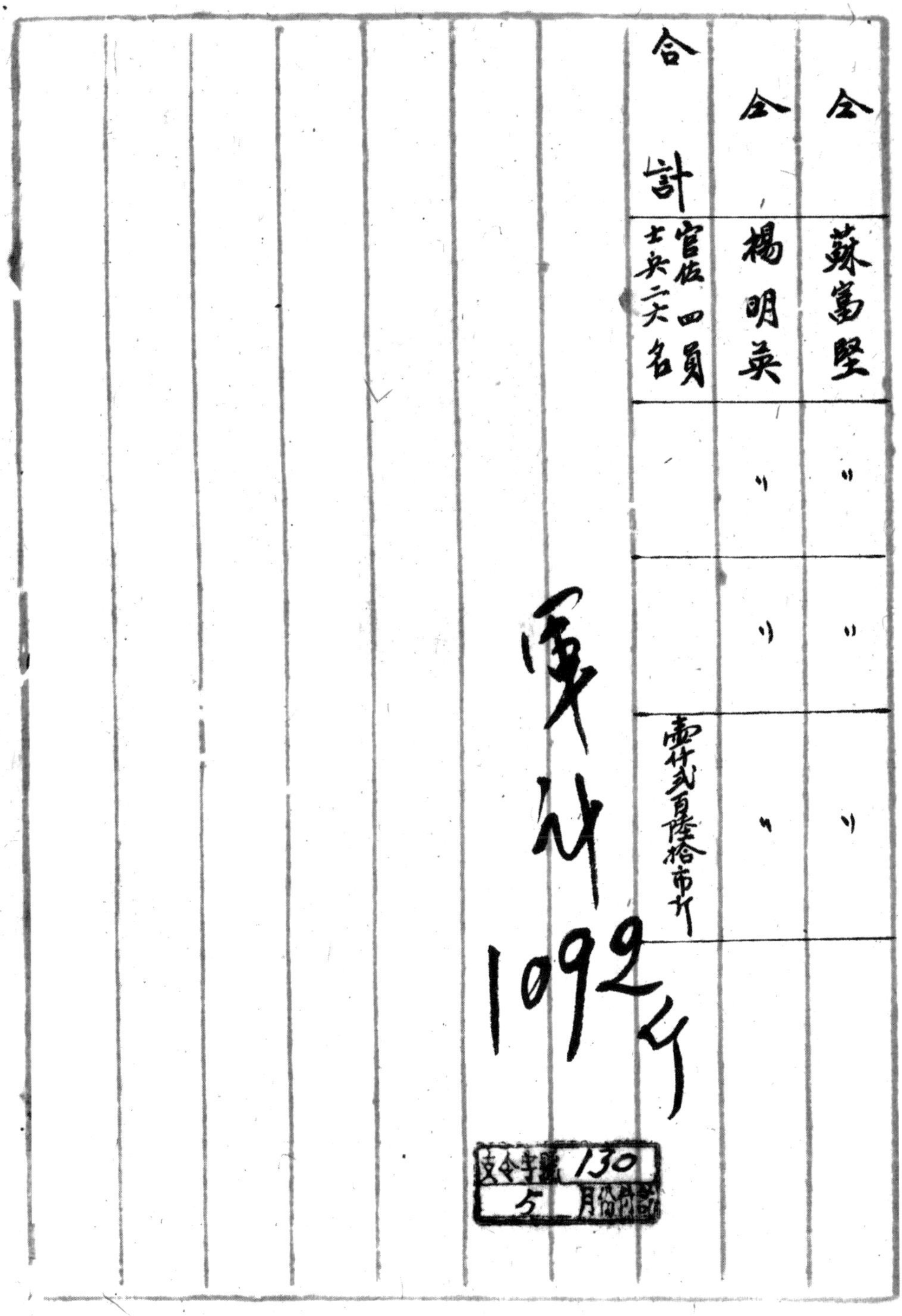

附件　福建省霞浦防空监视哨三十三年五月份请领官兵军粮清册

(1944 年 5 月)b 面　0168-001-0353

中華民國三十三年五月　日

哨長張應之

附件　福建省霞浦防空监视哨三十三年五月份请领官兵军粮清册

（1944年5月）　0168-001-0353

119

~~193~~

福建省霞浦防空監視哨三十三年五月份請領官佐眷粮清册

附件　福建省霞浦防空监视哨三十三年五月份请领官佐眷粮清册

（1944 年 5 月）　0168-001-0353

120
~~194~~

福建省霞浦防空監視哨民國三十三年五月份請領官佐春糧清册

級職	姓名	應領春糧糙米數量	備考
中尉哨長	張應之	六十市斤	
少尉分哨長	謝錦榕	〃	
准尉分哨長	林慶銘	〃	
准尉分哨長	張鍾	〃	
合計	四員	貳百肆拾市斤	

附件　福建省霞浦防空监视哨三十三年五月份请领官佐眷粮清册

（1944 年 5 月）　0168-001-0353

12
195

中華民國三十三年五月　日

哨長張慸之

附件　福建省霞浦防空监视哨三十三年五月份请领官佐眷粮清册

（1944年5月）　0168-001-0353

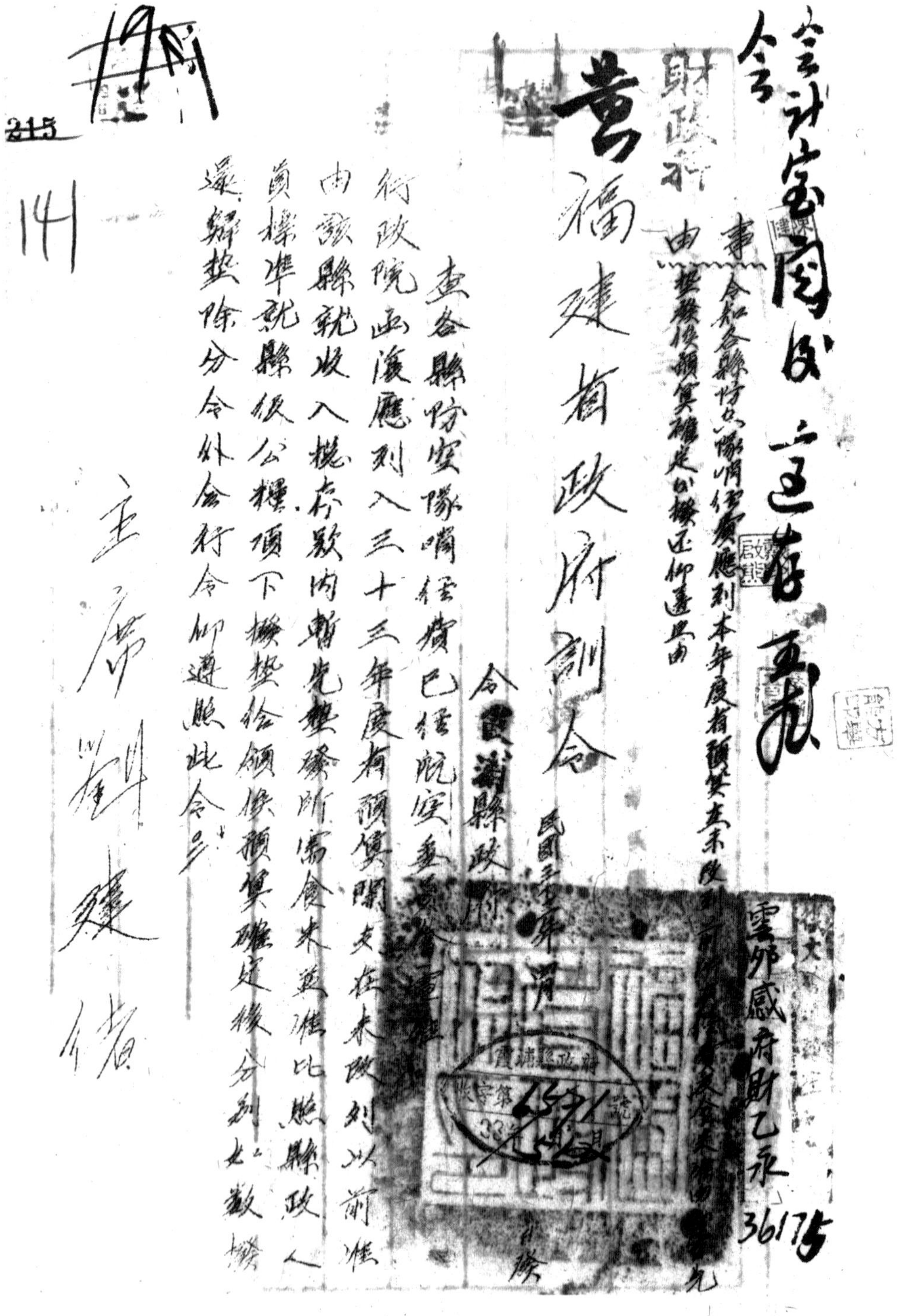

福建省政府关于各县防空队哨经费应列到本年度省预算，未改列前所有经费及食米准由县暂先垫发，俟预算确定后拨还的训令（1944 年 4 月 27 日） 0168-001-0353

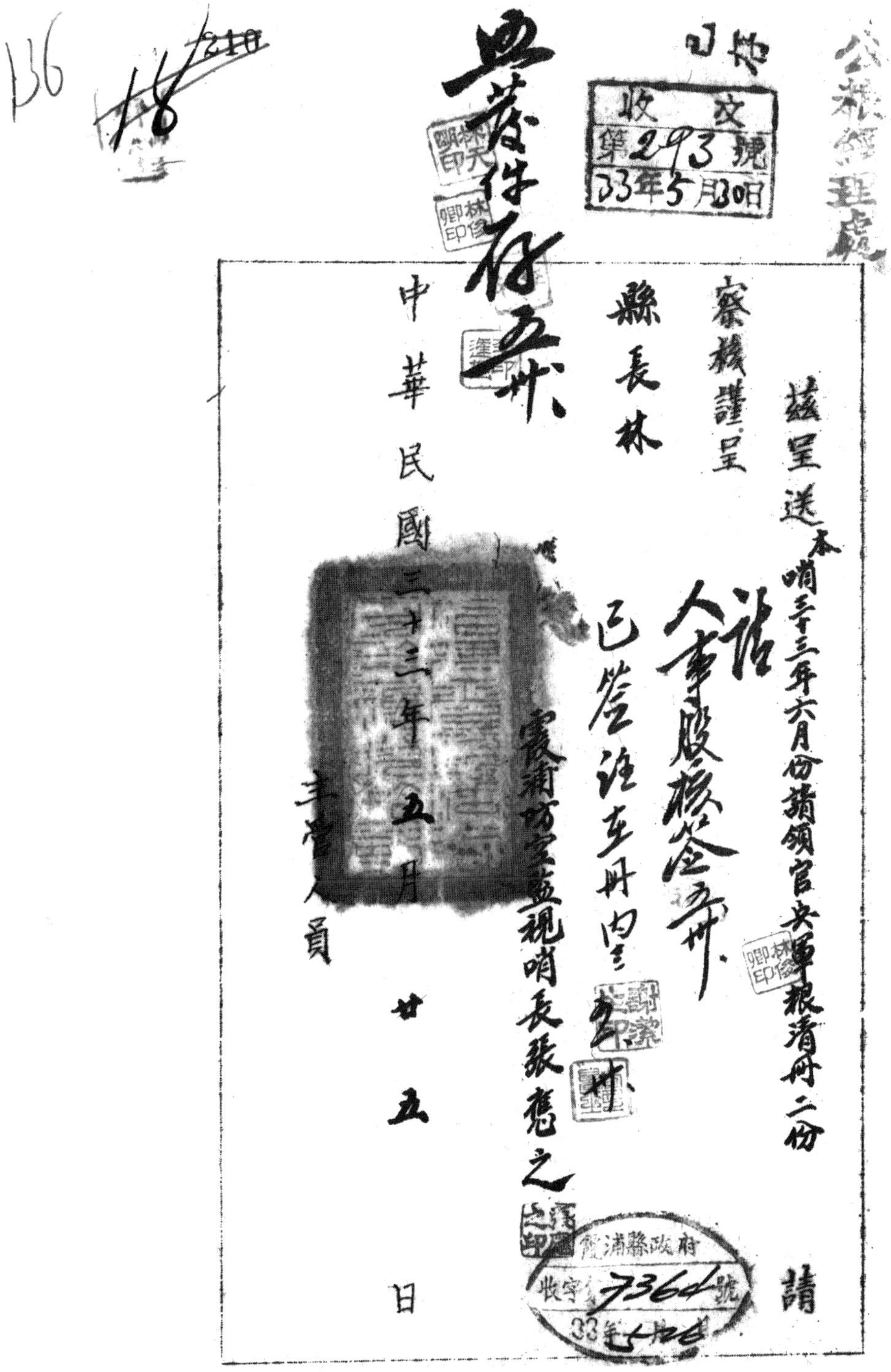

茲呈送本哨三十三年六月份請領官兵軍糧清册二份 請

察核謹呈

縣長林

霞浦防空監視哨長張惠之

主管人員

中華民國三十三年五月廿五日

霞浦县政府公文联单　福建省霞浦防空监视哨呈送三十三年六月份请领官兵军粮清册

（1944年5月25日）　0168-001-0353

福建省霞浦防空監視哨三十三年六月份請領官兵軍糧清册

附件 福建省霞浦防空监视哨三十三年六月份请领官兵军粮清册

(1944年5月) 0168-001-0353

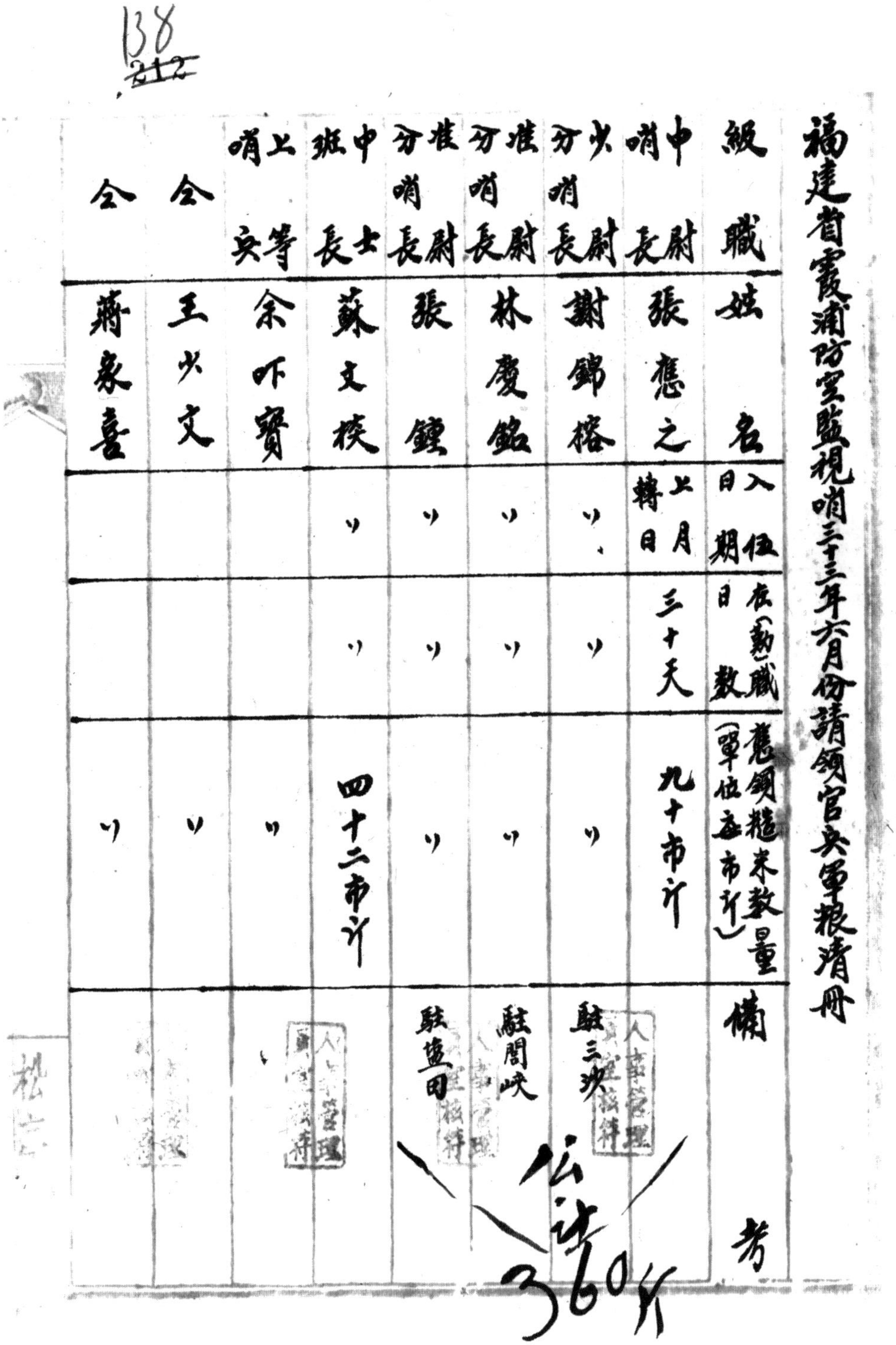

138

福建省霞浦防空監視哨三十三年六月份請領官兵軍糧清冊

級職	姓名	入伍日期	在(勤)職日數	應領糙米數量(單位為市斤)	備考
中尉哨長	張應之	上月轉日	三十天	九十市斤	
少尉分哨長	謝錦榕	〃	〃	〃	駐三沙
准尉分哨長	林慶銘	〃	〃	〃	駐閭峽
准尉分哨長	張鏜	〃	〃	〃	駐鹽田
中士班長	蘇文模	〃	〃	四十二市斤	
上等哨兵	余吓寶			〃	
仝	王少文			〃	
仝	蔣家喜			〃	

共計360斤

附件　福建省霞浦防空监视哨三十三年六月份请领官兵军粮清册

(1944 年 5 月)a 面　0168-001-0353

仝	池吓神	〃	〃	〃
一等哨兵	邱紅霞	〃	〃	〃
仝	卓步申	〃	〃	〃
仝	陳世誠	〃	〃	〃
仝	徐火炮	〃	〃	〃
上等兵傳達	鍾士魁	〃	〃	〃
二等兵炊事	蘇金詩	〃	〃	〃
中士班長	陳銀水	〃	〃	〃
上等哨兵	吳依鉅	〃	〃	〃
一等哨兵	陳積基	〃	〃	〃

以上縣哨士兵

人事管理員室核符

附件　福建省霞浦防空监视哨三十三年六月份请领官兵军粮清册

(1944年5月)b面　0168-001-0353

~~213~~ 139

仝	黃家法	〃	〃	〃	
二等炊事兵	楊明英	〃	〃	〃	以上三沙分哨士兵
上士班長	許慶祥	〃	〃	〃	
上等哨兵	林進鶚	〃	〃	〃	
一等哨兵	吳九鍾	〃	〃	〃	
仝	馮在鑾	〃	〃	〃	
二等炊事兵	蘇宏炘	〃	〃	〃	以上閭峡分哨士兵
上士班長	楊紹潘	〃	〃	〃	
上等哨兵	鄭朝勝	〃	〃	〃	
一等哨兵	蔡文霖	〃	〃	〃	

人事管理室核符　人事管理室核符　人事管理室核符　人事管理室核符　人事管理室核符

附件　福建省霞浦防空监视哨三十三年六月份请领官兵军粮清册

(1944年5月)a面　0168-001-0353

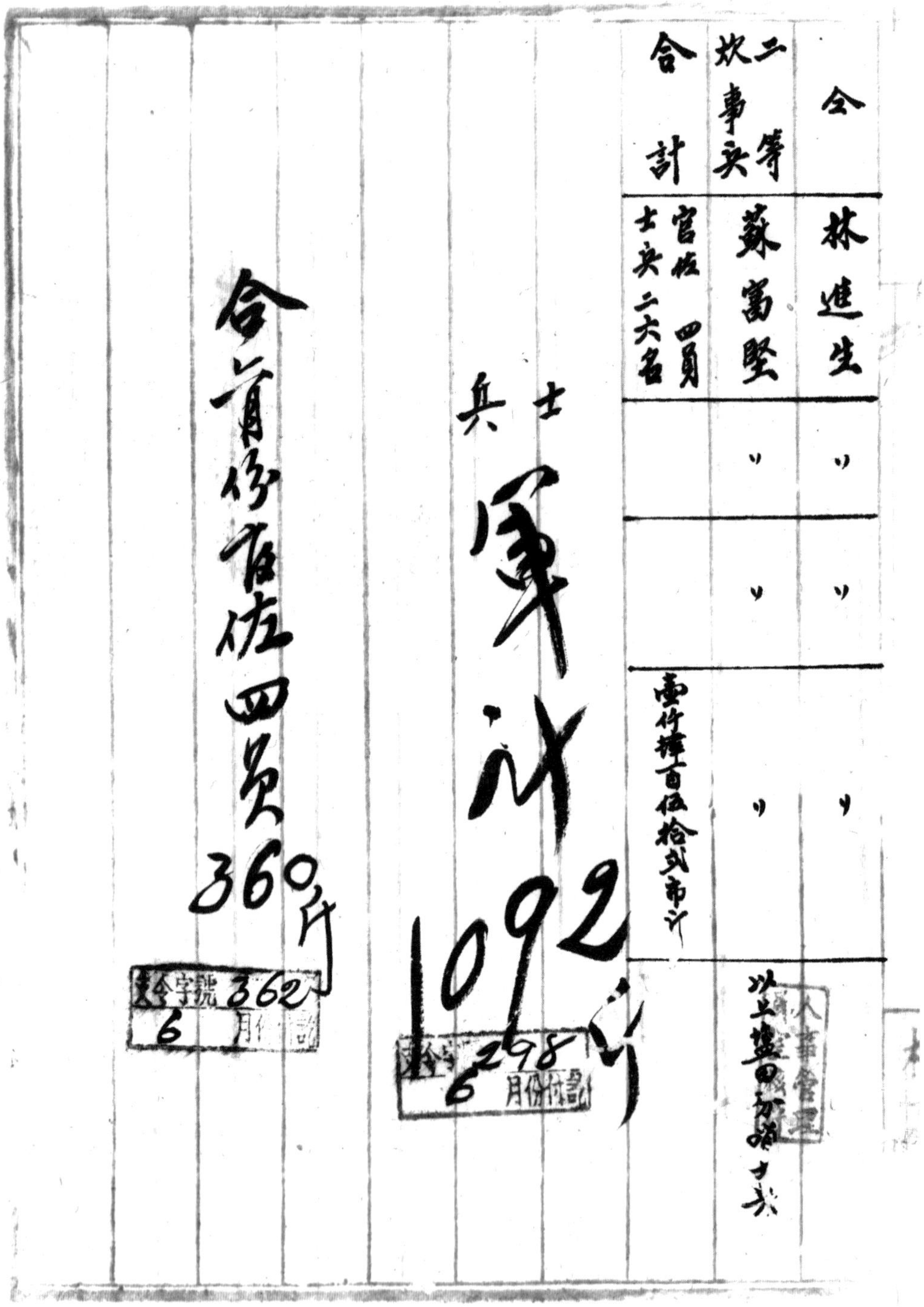
合　林進生　〃　〃　〃

二等炊事兵　蘇富堅　〃　〃　〃

以上塩田分哨士兵

合計　官佐四員　士兵二六名　壹仟肆百伍拾貳市斤

士兵軍計1092斤

合有份官佐四员360斤

支令字號362　6月份付訖

支令字號298　6月份付訖

附件　福建省霞浦防空监视哨三十三年六月份请领官兵军粮清册

(1944年5月)b面　0168-001-0353

214

140

中華民國三十三年五月　日

哨長張應之

張應之印

附件　福建省霞浦防空监视哨三十三年六月份请领官兵军粮清册

（1944年5月）　0168-001-0353

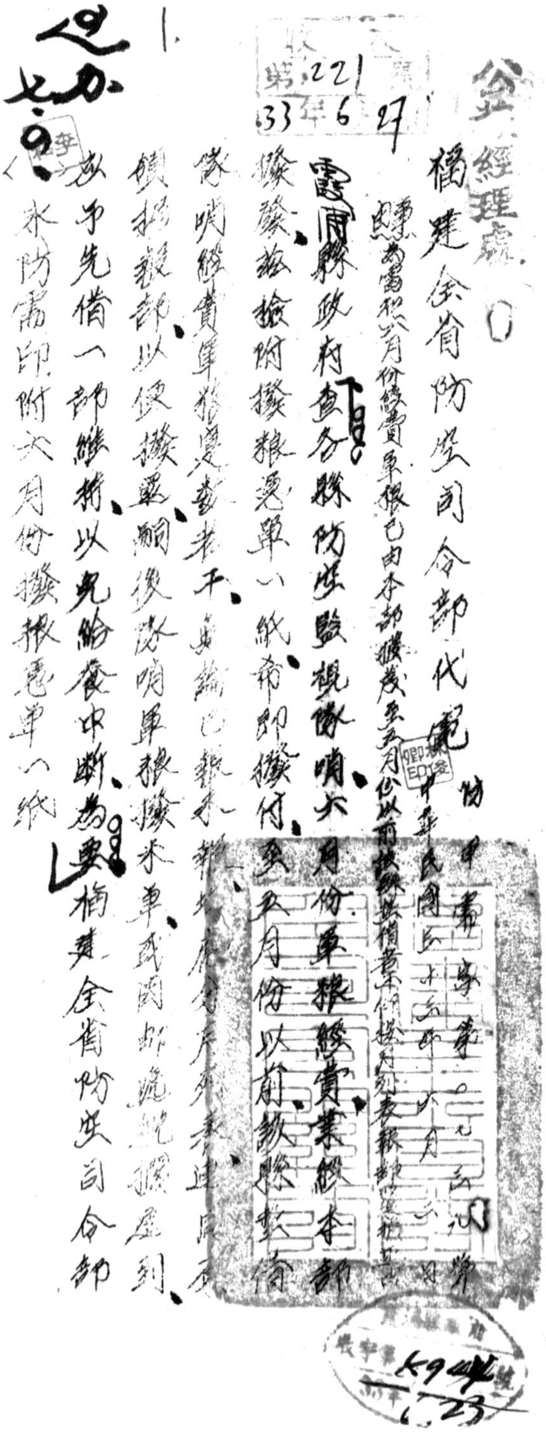

福建全省防空司令部关于六月份经费军粮已由本部拨发，至五月份以前该县垫借若干请按月列表报部以便拨还的代电(1944 年 6 月 2 日)　0168-001-0419

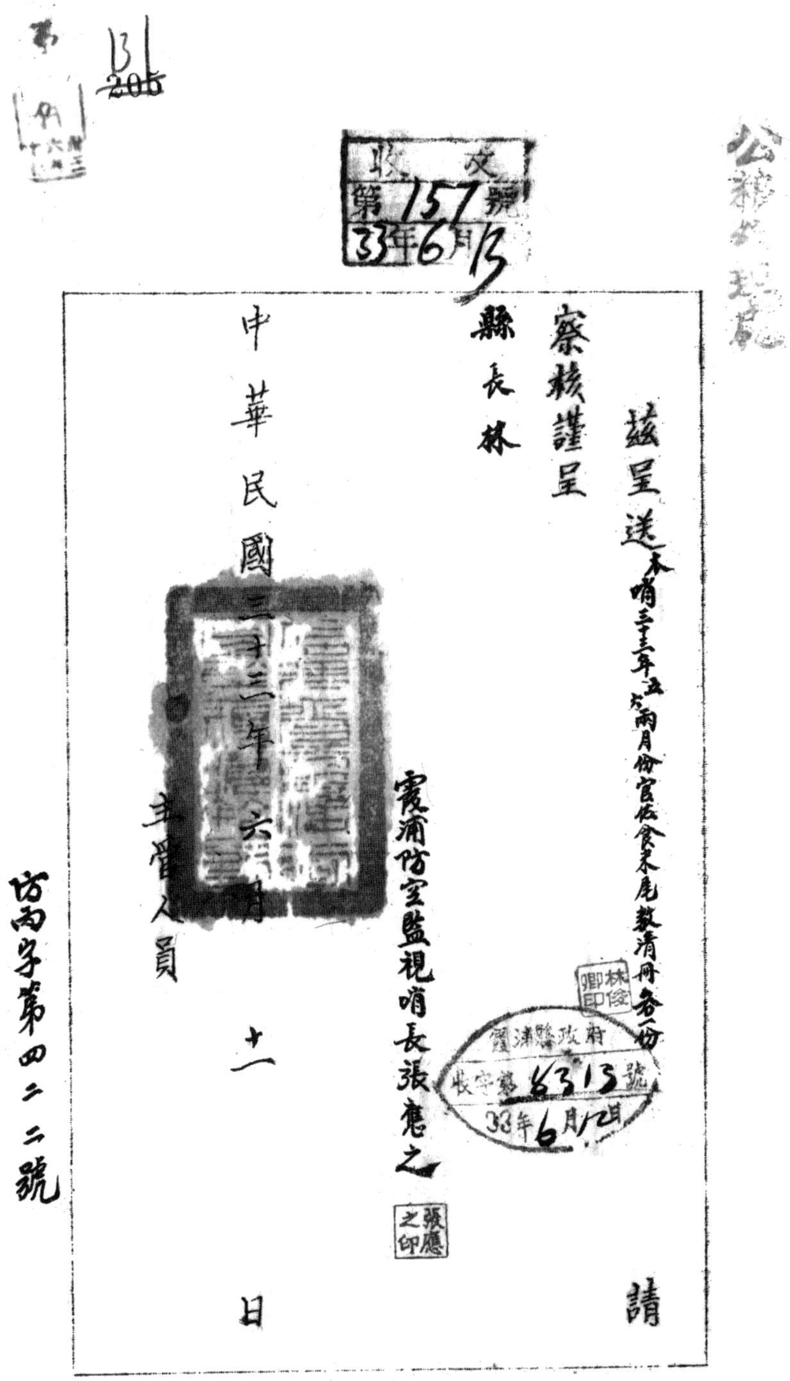
收文 第157號 33年6月13

茲呈送本哨三十三年五六兩月份官佐食米尾數清冊各一份

請

察核謹呈

縣長林

霞浦防空監視哨長張應之

中華民國三十三年六月十一日

主管人員

防丙字第四二二號

霞浦縣政府 收字第6313號 33年6月12日

霞浦县政府公文联单　福建省霞浦防空监视哨呈送三十三年五、六两月份官佐食米尾数清册

（1944年6月11日）　0168-001-0353

12

~~206~~

福建省霞浦防空監視哨請借墊補發民國三十三年五六月份官佐食米尾数清冊

附件 福建省霞浦防空监视哨请借垫补发民国三十三年五、六月份官佐食米尾数清册

（1944 年 6 月） 0168-001-0353

133
~~207~~

福建省霞浦防空監視哨請借墊補發民國三十三年五月份官佐食米尾數清冊

級職	姓名	規定米量	已領米量	補發米量	備考
中尉哨長	張應之	一〇二 〇〇	九〇 〇〇	一二 〇〇	本月份官佐軍粮及眷粮領到九十市斤按照規定應領一百零二市斤除已領九十市斤外每員應請補發十二市斤俾符規定數量以恤困苦
少尉分哨長	謝錦榕	一〇二 〇〇	九〇 〇〇	一二 〇〇	
准尉分哨長	林慶銘	一〇二 〇〇	九〇 〇〇	一二 〇〇	
仝	張鍾	一〇二 〇〇	九〇 〇〇	一二 〇〇	
合計	四員	四〇八 〇〇	三六〇 〇〇	四八 〇〇	

附件　福建省霞浦防空监视哨请借垫补发民国三十三年五月份官佐食米尾数清册

（1944 年 6 月）　0168-001-0353

134
~~208~~

福建省霞浦防空監視哨請借墊補發民國三十三年六月份官佐食米尾數清冊

級職	姓名	規定米量		已領米量		補發米量		備考
中哨長尉	張應之	一〇二	〇〇	九〇	〇〇	一二	〇〇	本月份官佐夏糧及春糧領到九十市斤按照規定應領一百〇二市斤除已領九十市斤外每員應請補發十二市斤俾符規定數量以恤困苦
火分哨長尉	謝錦塔	一〇二	〇〇	九〇	〇〇	一二	〇〇	
准分哨長尉	林慶銘	一〇二	〇〇	九〇	〇〇	一二	〇〇	
仝	張鍾	一〇二	〇〇	九〇	〇〇	一二	〇〇	
合計	四員	四〇八	〇〇	三六〇	〇〇	四八	〇〇	

附件　福建省霞浦防空监视哨请借垫补发民国三十三年六月份官佐食米尾数清册
（1944 年 6 月）　0168-001-0353

中華民國三十三年六月　日

哨長張應之

張應之印

附件　福建省霞浦防空监视哨请借垫补发民国三十三年五、六月份官佐食米尾数清册

（1944年6月）　0168-001-0353

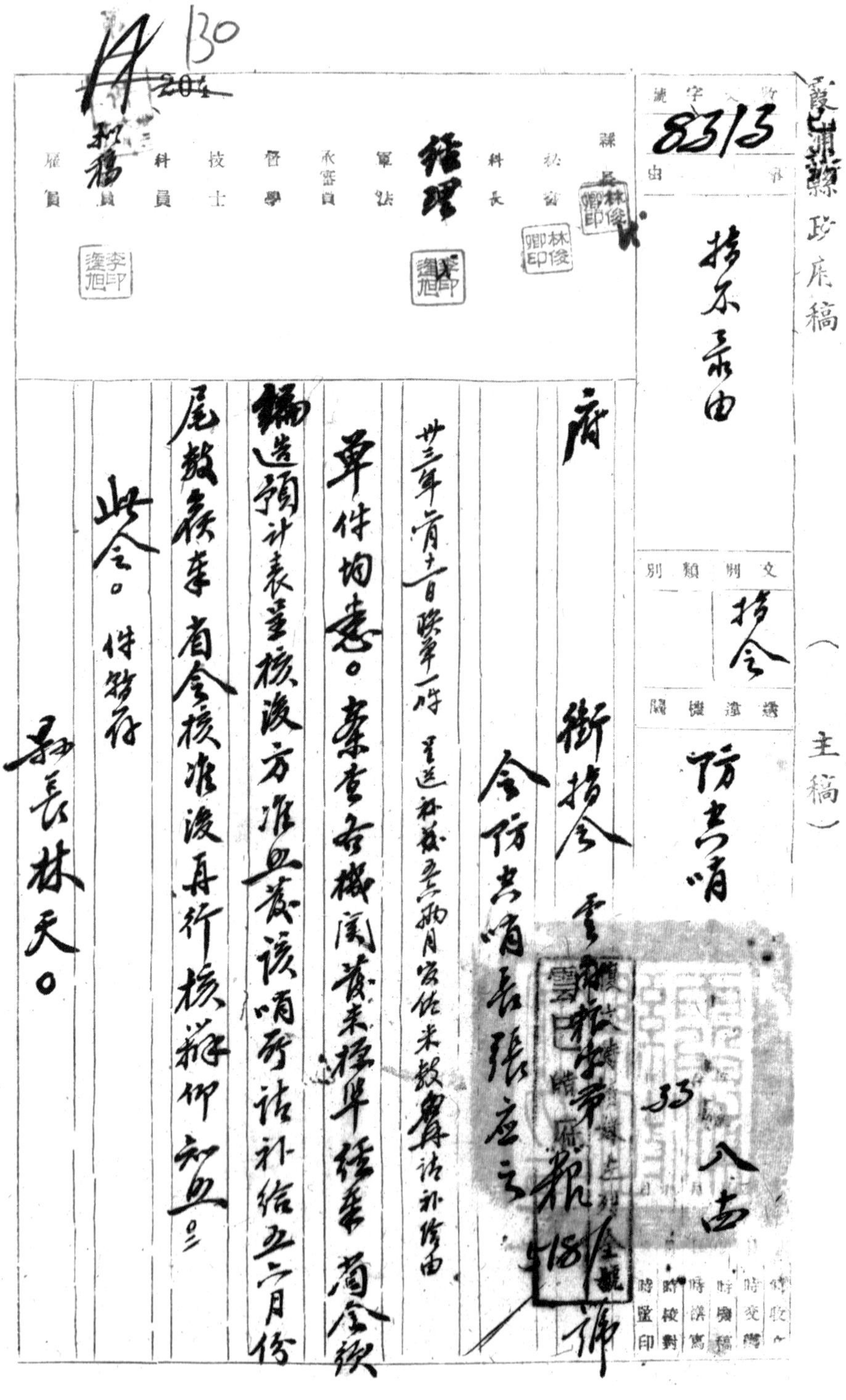
霞浦县政府稿（主稿）

号字 8313

事由 指示示由

文别 指令

机关 防空哨

府衔指令 霞府字第 号

令防空哨长张应云

卅三年六月十日呈第一件，呈送补发五、六月份米款请补给由。

呈件均悉。案查各机关发米标准，经奉省令饬编造预计表呈核后方准照发。该哨所请补给五、六月份尾数，候奉省令核准后再行核办。仰知照。此令。件发存。

县长林天○

霞浦县政府关于防空监视哨所请补发五、六月份尾数候奉省令核准后再行核办的指令

（1944年6月19日） 0168-001-0353

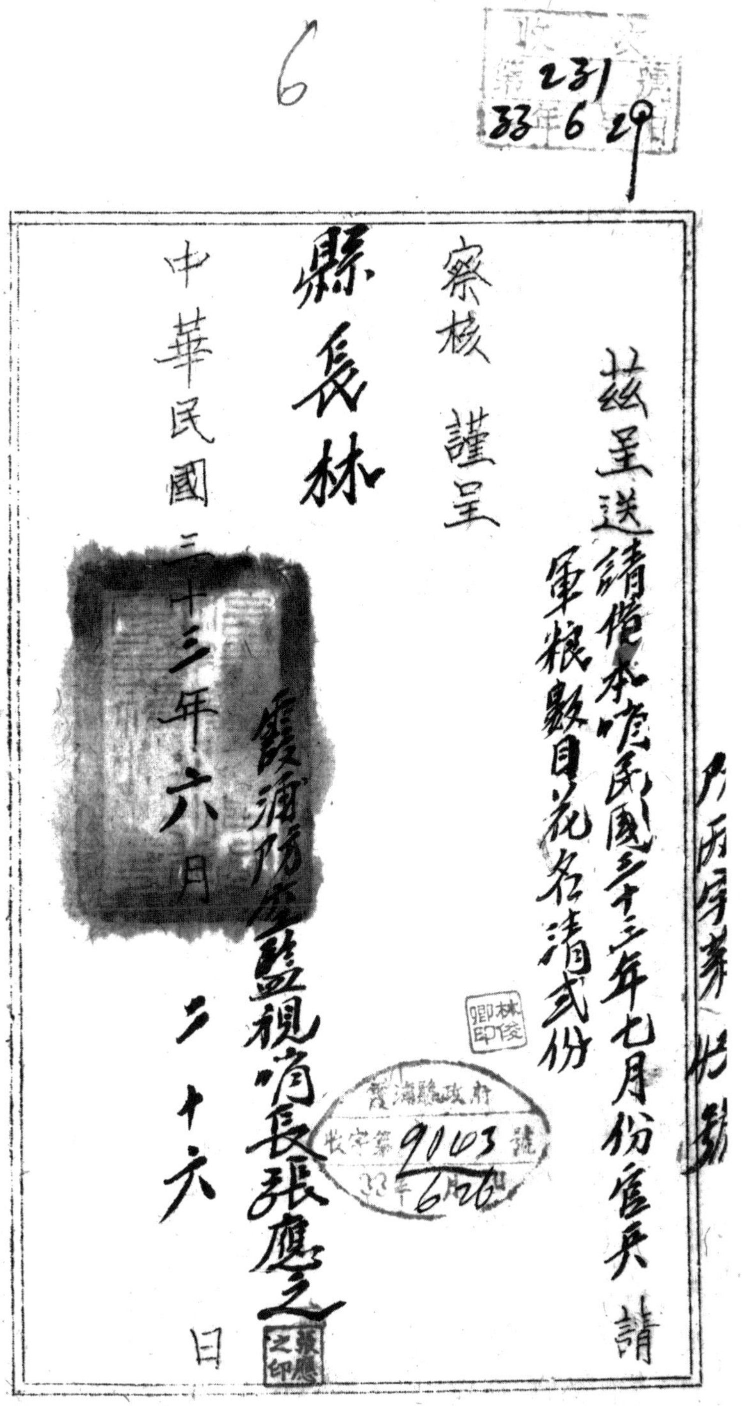
兹呈送請借本哨民國三十三年七月份官兵軍粮數目花名清式份 請
察核 謹呈
縣長林
霞浦防空監視哨長張應之
中華民國三十三年六月二十六日

霞浦縣政府 收字第9103號 33年6月26

霞浦县政府公文联单 福建省霞浦防空监视哨呈送请借三十三年七月份官兵军粮清册

(1944年6月26日) 0168-001-0419

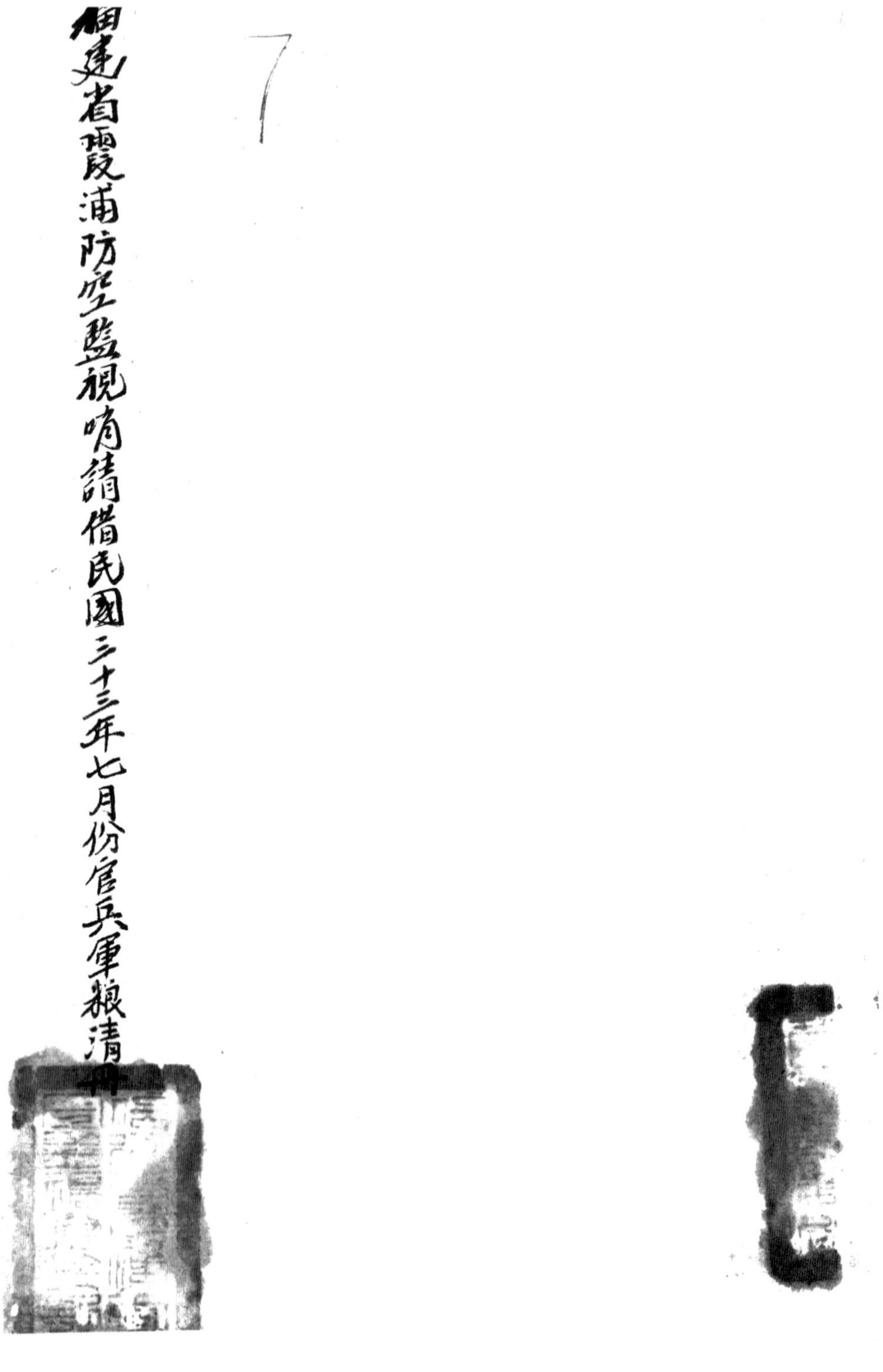
7

福建省霞浦防空監視哨請借民國三十三年七月份官兵軍粮清冊

附件　福建省霞浦防空监视哨请借民国三十三年七月份官兵军粮清册

（1944 年 6 月）　0168-001-0419

8

福建省霞浦防空監視哨請借民國三十三年七月份官兵軍粮清册

職別	姓名	請借數量	應繳價款	備考
中尉哨長	張應之	九〇〇〇斤	三六〇〇元	
少尉分哨長	謝錦榕	九〇〇〇	三六〇〇	
准尉分哨長	林慶銘	九〇〇〇	三六〇〇	
准尉分哨長	張鍾	九〇〇〇	三六〇〇	
小計	四員	三六〇〇〇斤	一四四〇〇元	
中士班長	蘓文揆	四二〇〇斤	四〇〇元	
上等哨兵	余吓宝	四二〇〇	四〇〇	
	王大文	四二〇〇	四〇〇	

附件　福建省霞浦防空监视哨请借民国三十三年七月份官兵军粮清册

(1944年6月)a面　0168-001-0419

上等哨兵	蔣家喜	四二〇〇斤	四〇〇元
	池阿神	四二〇〇	四〇〇
一等哨兵	邱紅霞	四二〇〇	四〇〇
	卓步申	四二〇〇	四〇〇
	陳世誠	四二〇〇	四〇〇
	徐大砲	四二〇〇	四〇〇
上等傳達兵	鍾士魁	四二〇〇	四〇〇
一等炊事兵	蔡金詩	四二〇〇	四〇〇
中士班長	許慶祥	四二〇〇	四〇〇
上等哨兵	黃志喜	四二〇〇	四〇〇

以上本哨士兵

附件　福建省霞浦防空监视哨请借民国三十三年七月份官兵军粮清册
(1944年6月)b面　0168-001-0419

一等哨兵	陳積基	四三〇〇斤	四〇〇元	
	黄家法	四三〇〇	四〇〇	
一等炊事兵	蘇宏恢	四三〇〇	四〇〇	以上閭峽分哨士兵
中士班長	陳銀水	四三〇〇	四〇〇	
上等哨兵	吴依鉅	四三〇〇	四〇〇	
一等哨兵	蔡文霖	四三〇〇	四〇〇	
	林進生	四三〇〇	四〇〇	
一等炊事兵	楊明英	四三〇〇	四〇〇	以上三沙分哨士兵
中士班長	楊紹藩	四三〇〇	四〇〇	
上等哨兵	鄭朝勝	四三〇〇	四〇〇	

附件　福建省霞浦防空监视哨请借民国三十三年七月份官兵军粮清册

(1944 年 6 月)a 面　0168-001-0419

一等兵 吳九鍾 四二斤〇〇 四〇元〇〇
湯在鑾 四二〇〇 四〇〇
一等炊事兵 蘇富堅 四二〇〇 四〇〇
以上盤田分哨士兵
小計 二六名 一〇九二斤〇〇 一〇四〇元〇〇
總計 三〇員名 一四五二斤〇〇 二四八〇元

附件 福建省霞浦防空监视哨请借民国三十三年七月份官兵军粮清册
(1944年6月)b面 0168-001-0419

哨長張應之 張應之印

中華民國三十三年六月　日

10

附件　福建省霞浦防空监视哨请借民国三十三年七月份官兵军粮清册

（1944 年 6 月）　0168-001-0419

呈為緩繳六月份軍糧以留繼續接濟七月份軍糧俾免官兵停炊懇
乞准予所請由

呈

竊查職哨六月份官兵食米前係由縣公糧經理處借到糙米壹仟肆百伍拾弍市斤到六月
份官兵食米已由省防空司令部撥來糙米壹仟伍百叁拾市斤理應繳還前由
鈞府公糧處借糙米壹仟肆百伍拾弍市斤查七月份時間已到本哨官兵軍糧省部尚未撥
呈按照省令在月份軍糧撥不及時仍由
鈞府借墊如若歸還六月份公糧處之借米而七月一日職哨官兵則停炊不然須又向
鈞府借給似此繳借不過數日時間難免多費種種手續職擬前由
鈞府借來之六月份食米俟省部撥來七月份軍糧時則行繳還而本哨七月份官兵食米則免
複向　鈞府墊借將未繳還之六月份食米留為七月份繼接除呈報省部此種原因提前撥給

防內

中華民國三十三年六月二十八日

福建省霞浦防空监视哨关于缓缴六月份军粮以留继续接济七月份军粮，俾免官兵断炊的呈文

（1944年6月28日）　0168-001-0419

5

外理合澄情具陈呈请
钧長察核恳請准予所請是否有當伏乞令遵。
謹呈
縣長林
霞浦防空監視哨長張應之
張應之印

福建省霞浦防空监视哨关于缓缴六月份军粮以留继续接济七月份军粮，俾免官兵断炊的呈文
（1944年6月28日） 0168-001-0419

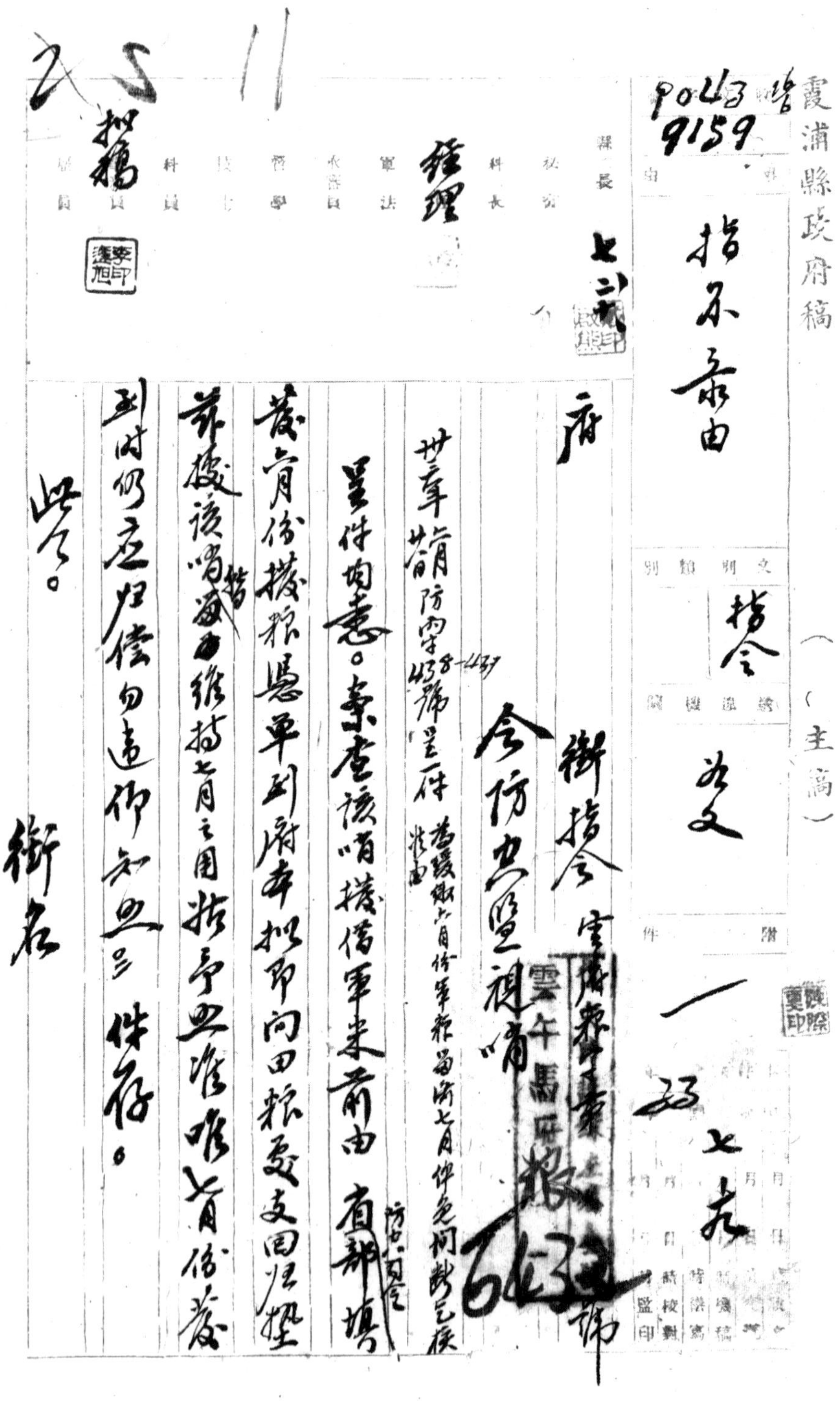

霞浦县政府关于准予防空监视哨暂留六月份军粮，唯七月份军粮发到时应归偿勿违的指令

（1944年7月21日） 0168-001-0419

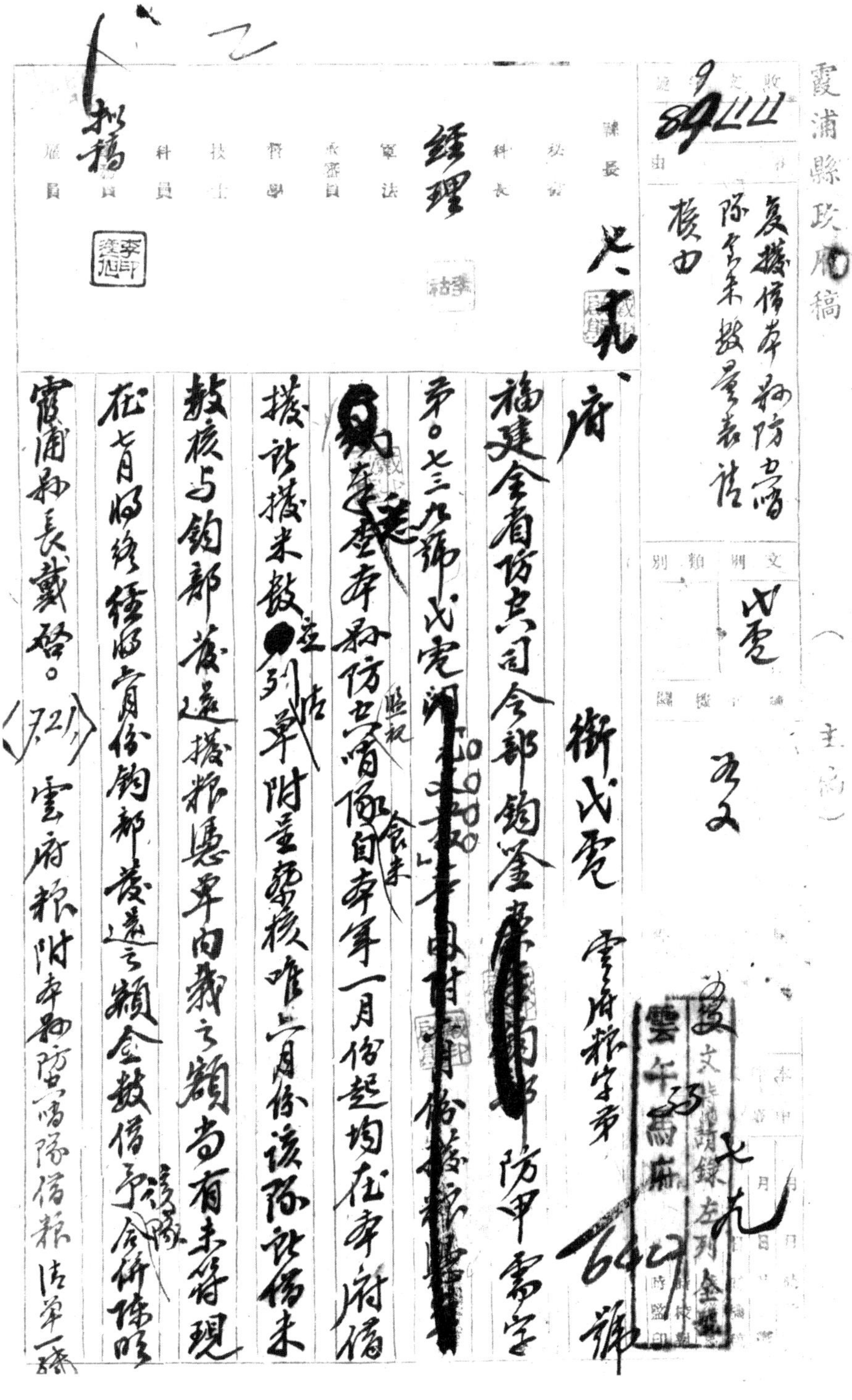

霞浦县政府关于拨借本县防空哨队食米数量表的呈文(1944 年 7 月 21 日)　0168-001-0419

3

霞浦县防空[监视]哨队三十三年度拨借食米数量清单

月份	拨借米数	备考
一月	一五〇〇斤	
二月	一五〇〇斤	
三月	一五〇〇斤	
四月	一五〇〇斤	
五月	一四五二斤	
六月	一四五二斤	
合计	八九〇四斤	钧部拨存县本年内裁一五三三斤经部拨借该队惟四七月份之[illegible] 本县[illegible]存借理委员会[illegible]收据唯有备钧部拨存县本年 数量除该队拨借之数外尚长七八斤合併注明

附件 霞浦防空监视哨队三十三年度拨借食米数量清单(1944年7月21日) 0168-001-0419

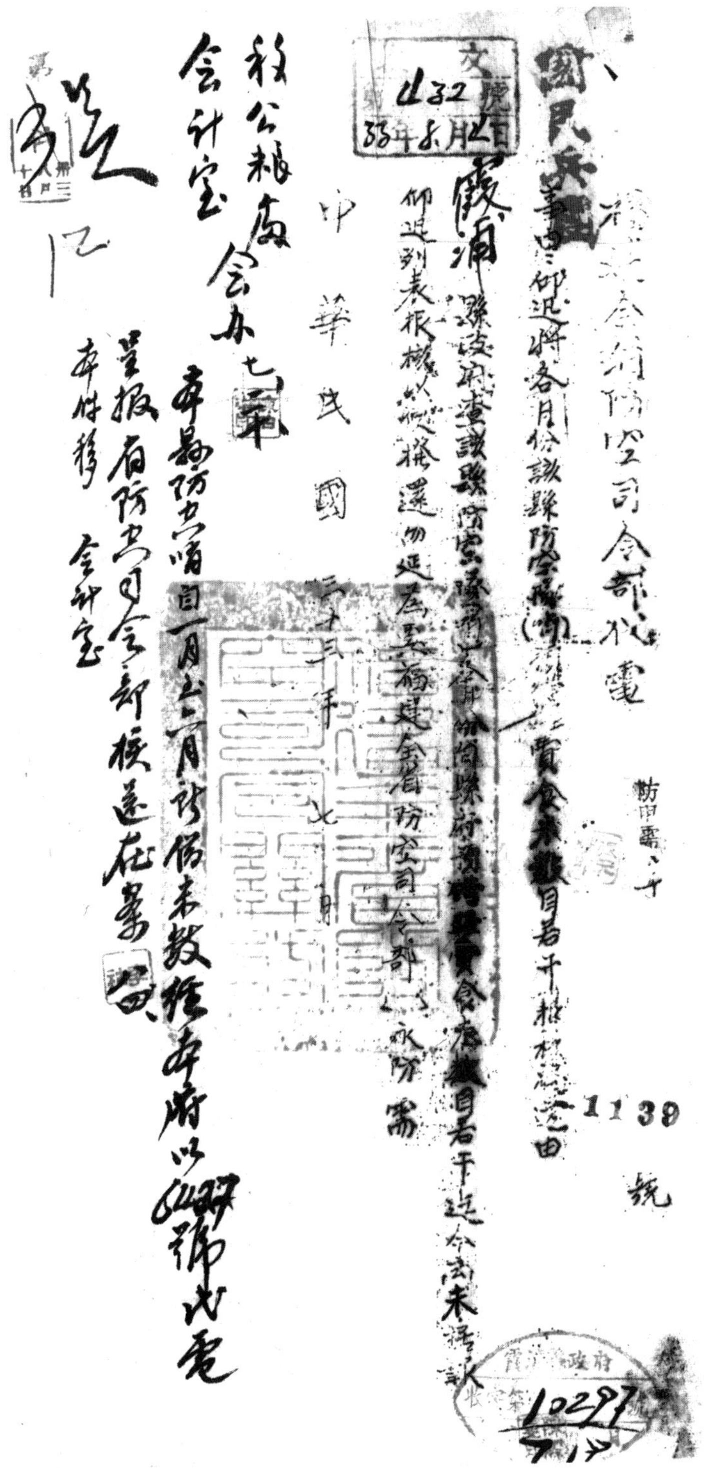
福建全省防空司令部代電
防申電 1139 號
霞浦縣政府：查該縣防空監視哨預借經費食米數目若干迄今尚未據報，仰迅列表報核以憑撥還為要。福建全省防空司令部（防需）
中華民國三十三年七月 日
本縣防空哨自一月至六月預借米數經本府以6497號代電呈報省防空司令部核還在案
本件移 會計室

福建全省防空司令部关于迅将各月份该县防空哨预借经费、食米数目列表报核的代电

（1944年7月） 0168-001-0419

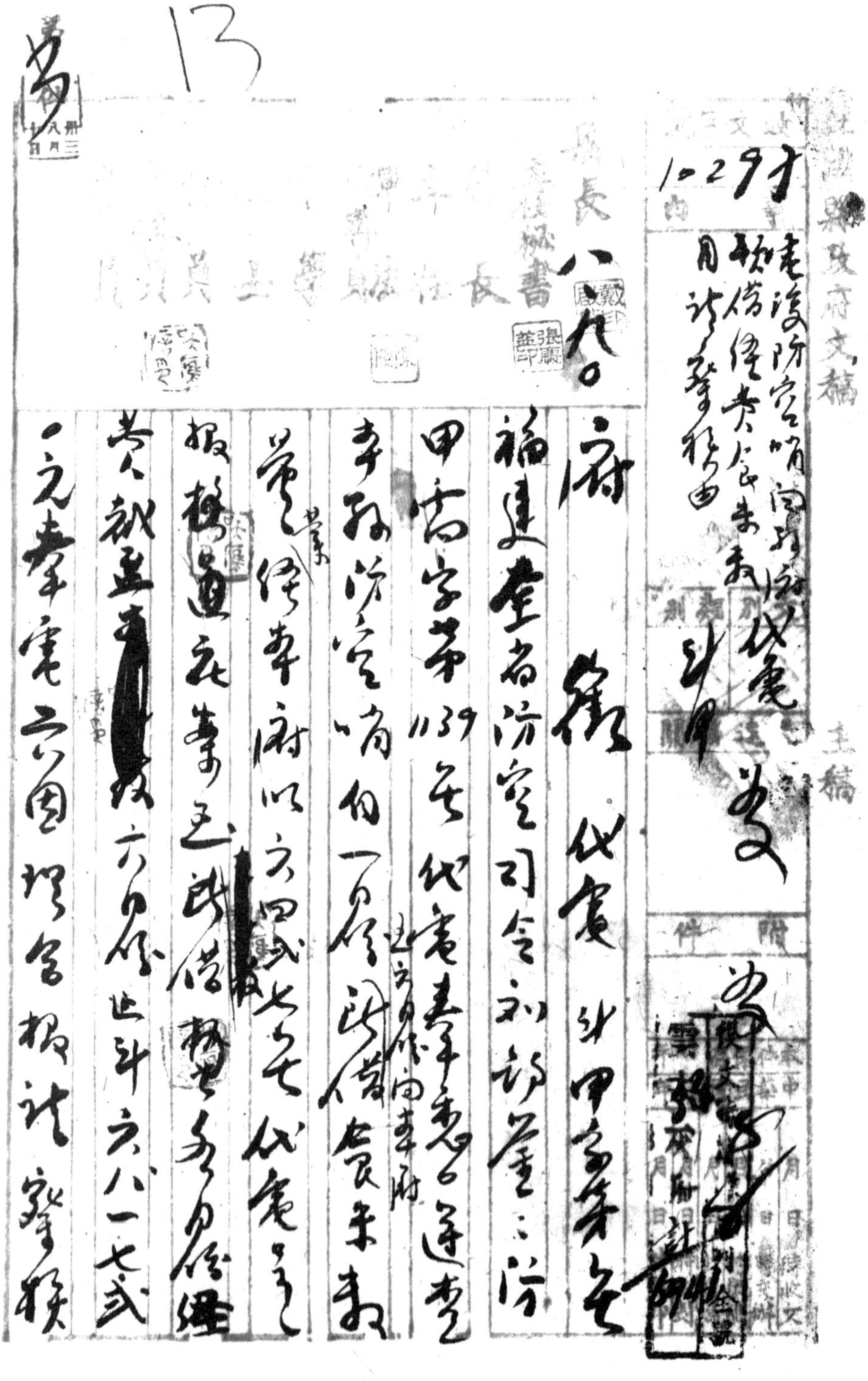

霞浦县政府关于呈复本县防空监视哨一至六月份向县政府预借经费、食米数目的代电

（1944 年 8 月 10 日）　0168-001-0419

並已照數撥還請轉覆霞府核准撥為荷
戴白叩 計

霞浦县政府关于呈复本县防空监视哨一至六月份向县政府预借经费、食米数目的代电

（1944年8月10日） 0168-001-0419

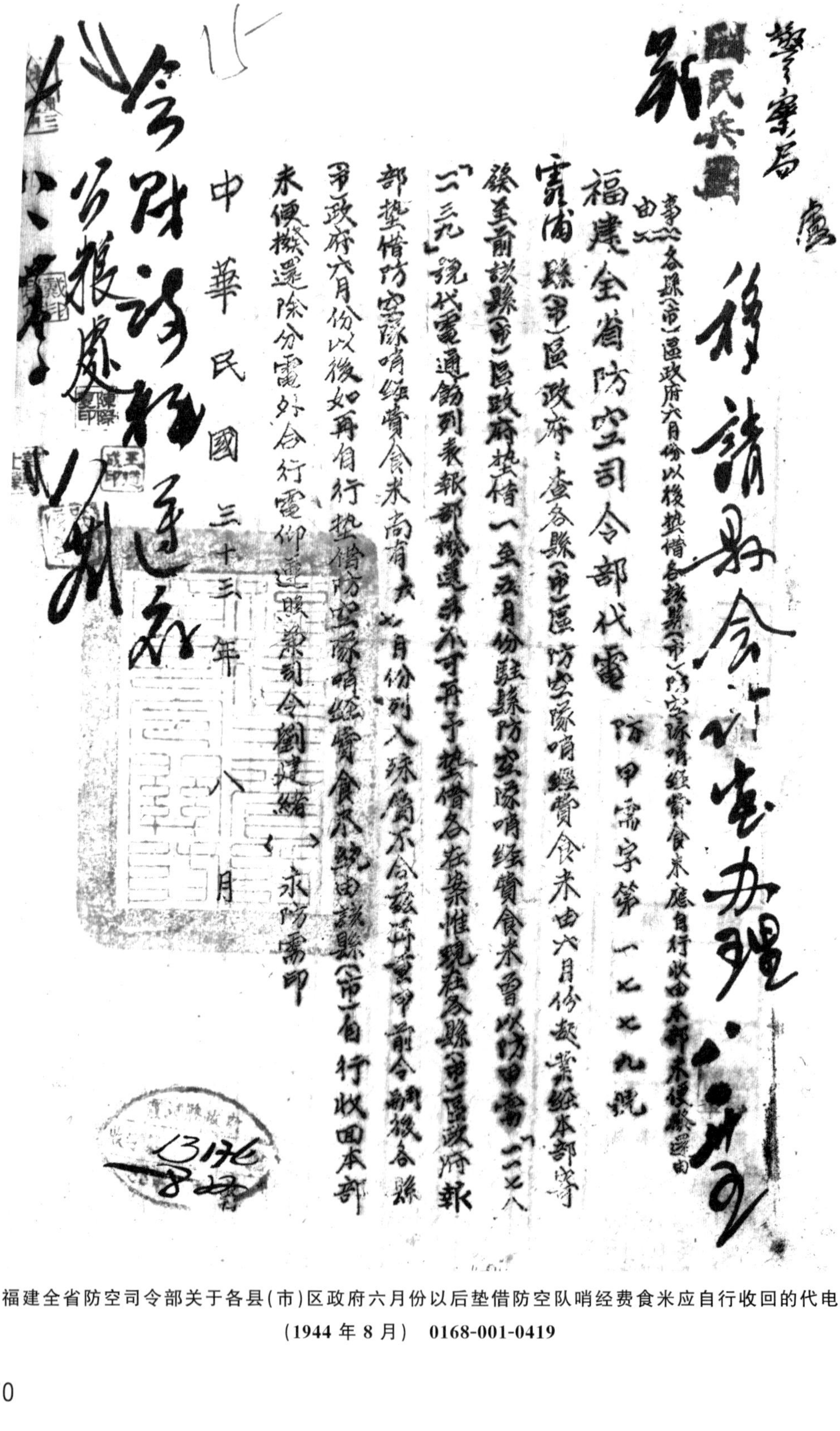

事由：各縣(市)區政府六月份以後墊借各該縣(市)防空隊哨經費食米應自行收回本部未便撥還由

福建全省防空司令部代電 防甲需字第一七七九號

霞浦縣(市)區政府：查各縣(市)區防空隊哨經費食米由六月份起業經本部以寧發吾前該縣(市)區政府墊借一至五月份駐縣防空隊哨經費食米曾以防甲需「一七八一三九」號代電通飭列表報部撥還并不得再予墊借各在案惟現在各縣(市)區政府報部墊借防空隊哨經費食米尚有六七月份列入殊屬不合茲將前令酌擬各縣(市)政府六月份以後如再自行墊借防空隊哨經費食米概由該縣(市)自行收回本部未便撥還除分電外合行電仰遵照。司令劉建緒 求防需印

中華民國三十三年八月

福建全省防空司令部关于各县(市)区政府六月份以后垫借防空队哨经费食米应自行收回的代电

(1944 年 8 月) 0168-001-0419

事由：令知防空队哨食米已由省拨发，各县市区政府以前垫付食米应即如数扣还具报由

财政厅 考核
公粮经理处 会
会计室 令
保安处 杰之

福建省政府训令

民国三十三年九月　日

（府财乙永 字第 号）

82260

令霞浦县政府

查本年度各县防空队哨经费应列有预算在未能列前所有经费及食米准由县暂先垫发，俟预算确定后拨还，经以寅卯感府财乙永字第三六一七五号训令饬遵在案。现各县市区防空队哨官兵食米已由本府拨发所有各该县市区政府在五月底以前垫发之各该县市区防空队哨经费及官兵食米应即先行

霞浦县政府 收字第 1653 号 9月16日

福建省政府关于防空队哨食米已由省拨发，各县市区政府以前垫付食米应即如数扣还具报的训令

(1944年9月6日)a面　0168-001-0419

6

乙

如數扣還歸墊至五月份以前墊發之官佐眷糧應俟補發時扣還並自六月份起停止墊發除分令外合行令仰遵照辦理具報察查又至六月份以後須資食米亦已按月撥發併飭知照此令。

主席劉建緒

查防空隊哨本年度經費六一五·六元係計由獨款林支付
六八一七二〇元食糧在省府撥支
本處墊發防空哨一至六月份計食米
七、二三四市斤呈報省處分還在案

福建省政府关于防空队哨食米已由省拨发，各县市区政府以前垫付食米应即如数扣还具报的训令

(1944年9月6日)b面　0168-001-0419

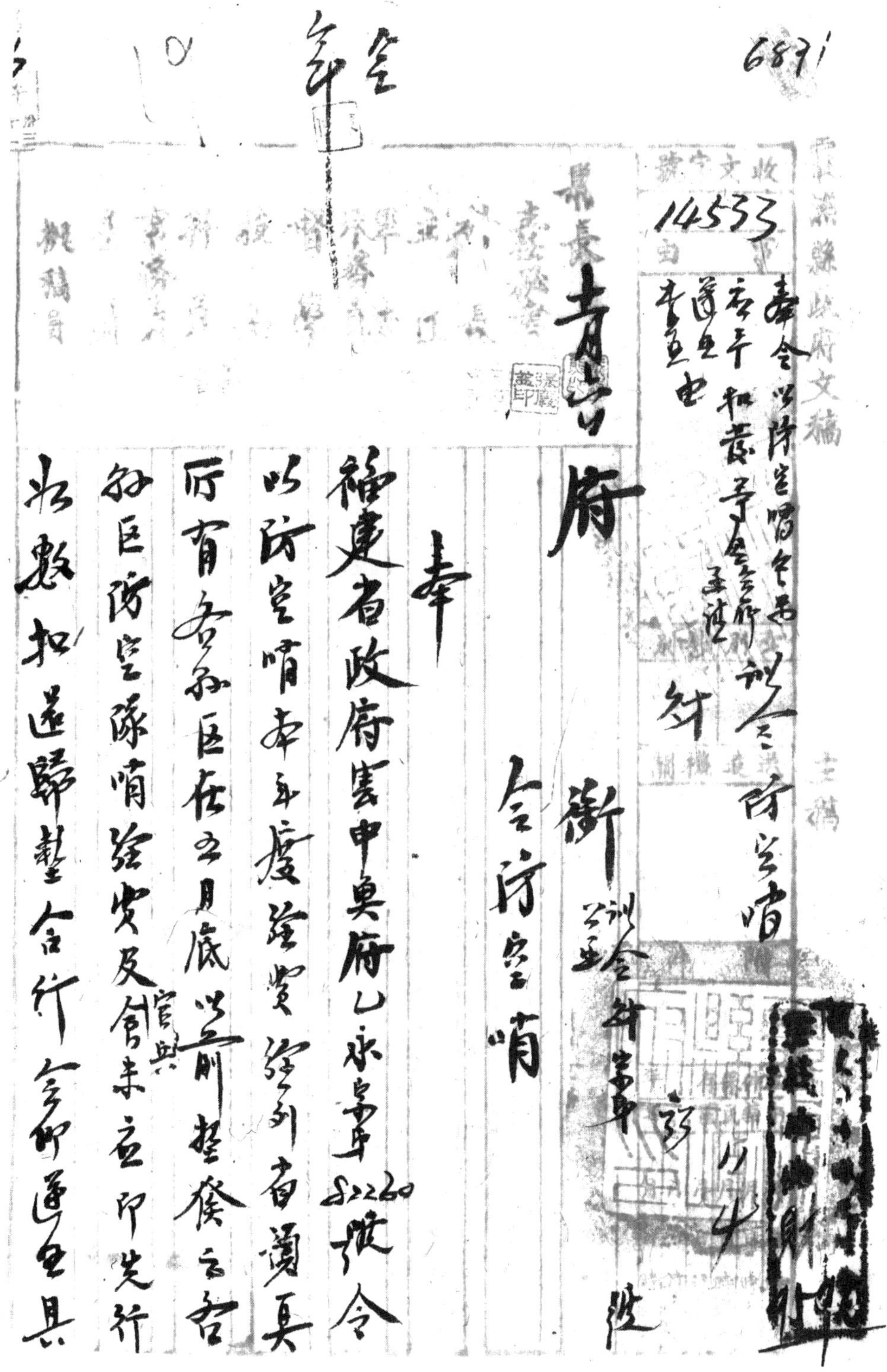

霞浦县政府关于防空哨领借食米由田粮处代扣归还、所借经费解库归垫的训令

（1944 年 11 月 8 日） 0168-001-0419

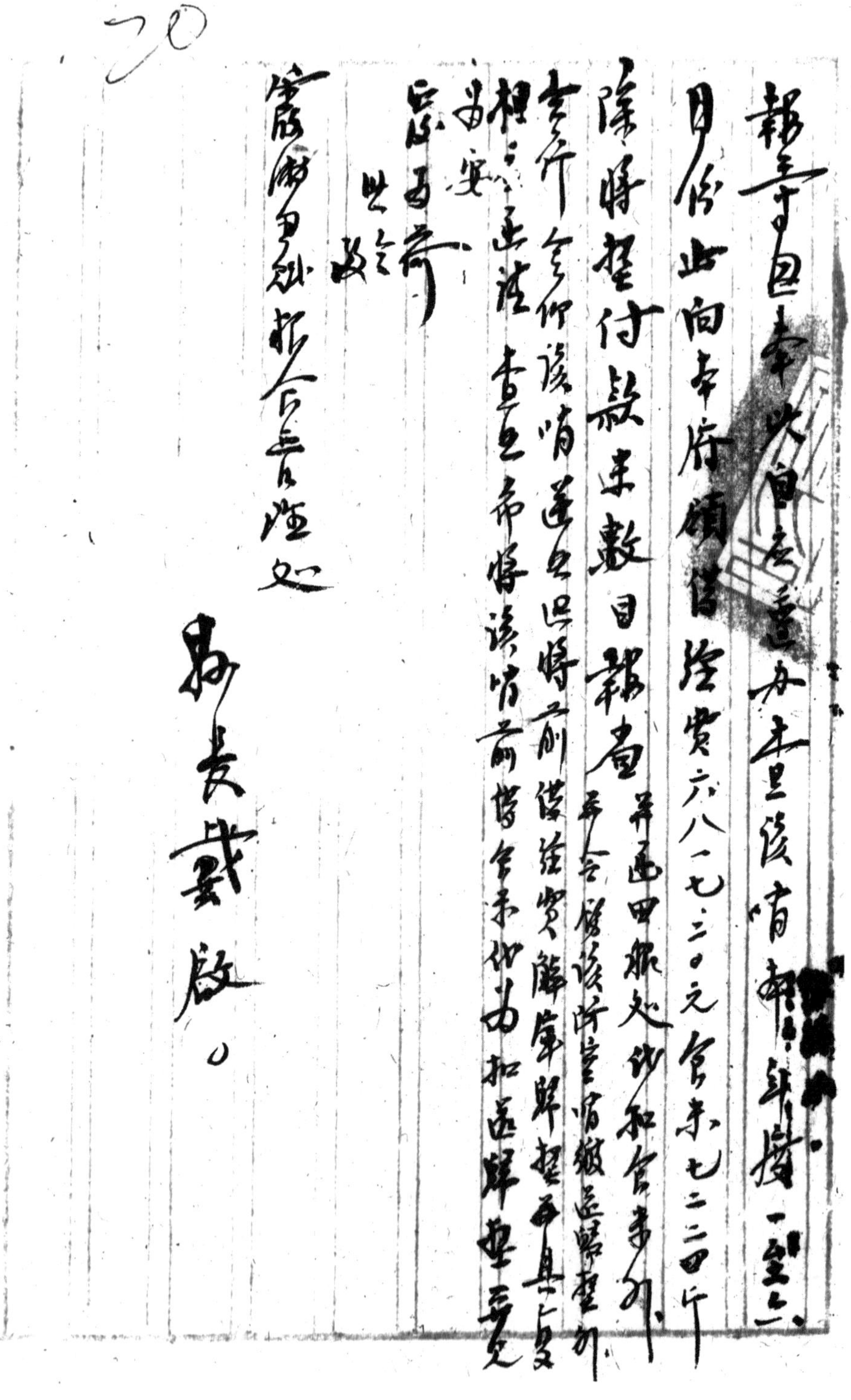
月份止向本府領借經費六八一七二〇元食米七二二四斤
除將經付款米數目報省 并函田粮处代扣和食米外
查所領借該哨經費已呈請將前借經費解庫歸墊外
相應函達
查照希將該哨前借食米代為扣還歸墊為
荷
此致
霞浦县田粮管理处
县长 劉 啟

霞浦县政府关于防空哨领借食米由田粮处代扣归还、所借经费解库归垫的训令

（1944 年 11 月 8 日） 0168-001-0419

福建省補給委員會代電 霞中泉補秘永字第　號 民國三十三年九月六日

事由：抄發省防空部隊八月份駐防該縣現有人數通知表乙份仰即遵照新訂辦法辦理由

霞浦縣補給分會：茲抄發省防空部隊八月份駐防該縣現有人數通知表乙份，仰即遵照本會電未真補一字永4550號代電新訂辦法辦理為要。省補委會秘二（）印附人數通知表乙份

福建省补给委员会关于抄发省防空部队八月份驻防该县现有人数通知表并遵新办法办理的代电

（1944 年 9 月 6 日） 0168-001-0419

霞浦縣三十三年八月份征購　防空　駐縣部隊副食馬乾實物人馬通知表

部隊番號	現有人數			馬匹	備攷
	官	兵	合計		
霞浦防空監視隊			29		
總計			29		
附記					

股長　　覆核　　製表

5

附件　霞浦县三十三年八月份征购防空驻县部队副食、马干、实物、人马通知表

（1944 年 9 月 6 日）　0168-001-0419

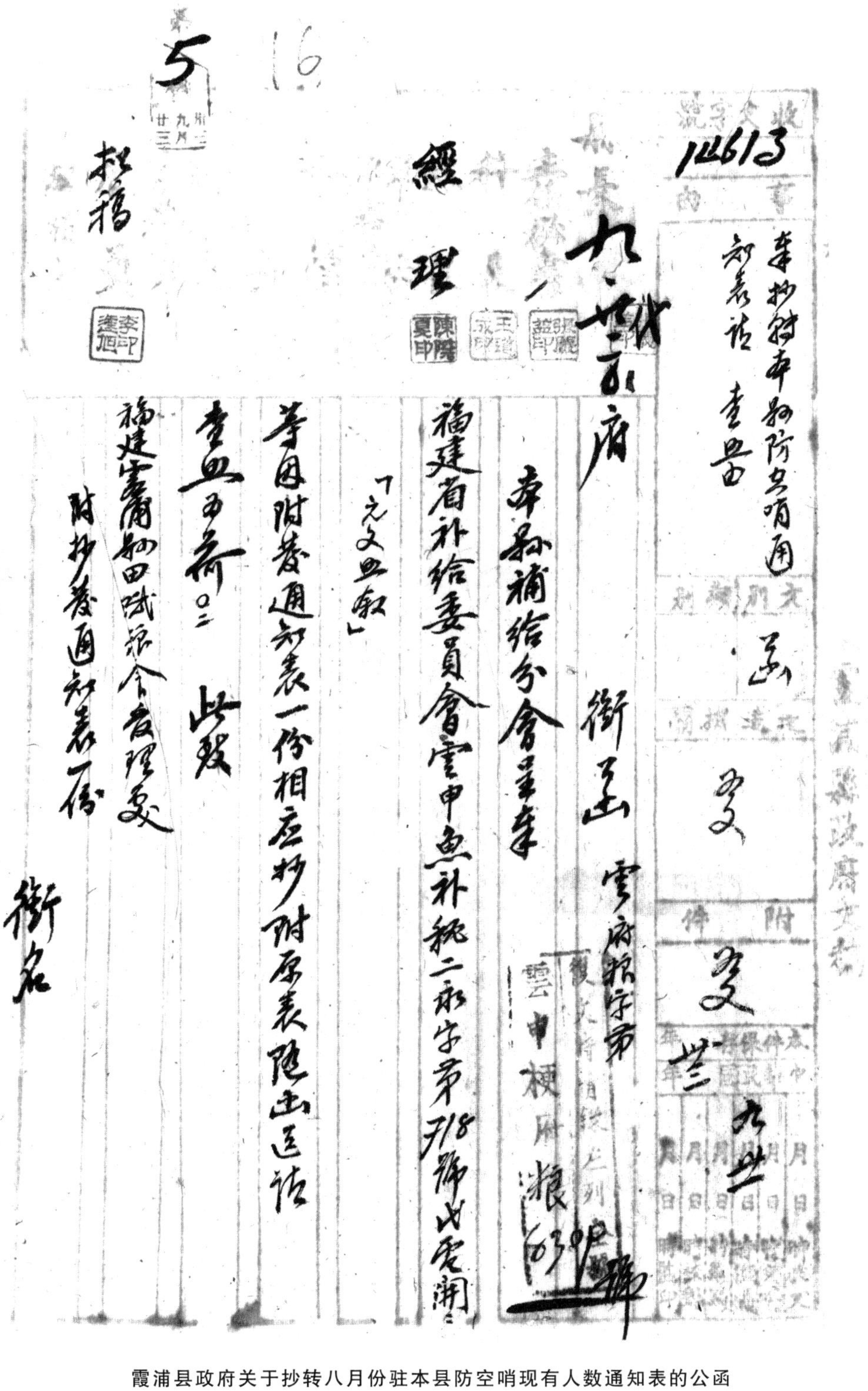

奉抄附本县防空哨通知表请查照由

霞浦县政府 公函 [illegible]

奉县补给分会呈奉

福建省补给委员会雲申鱼补秘二两字第718号代电开

「元文照叙」

等因附发通知表一份相应抄附原表随函送请

查照为荷 此致

福建霞浦县田赋粮食管理处

附抄发通知表一份

衔名

霞浦县政府关于抄转八月份驻本县防空哨现有人数通知表的公函

（1944 年 9 月 23 日） 0168-001-0419

（三）被服与装具

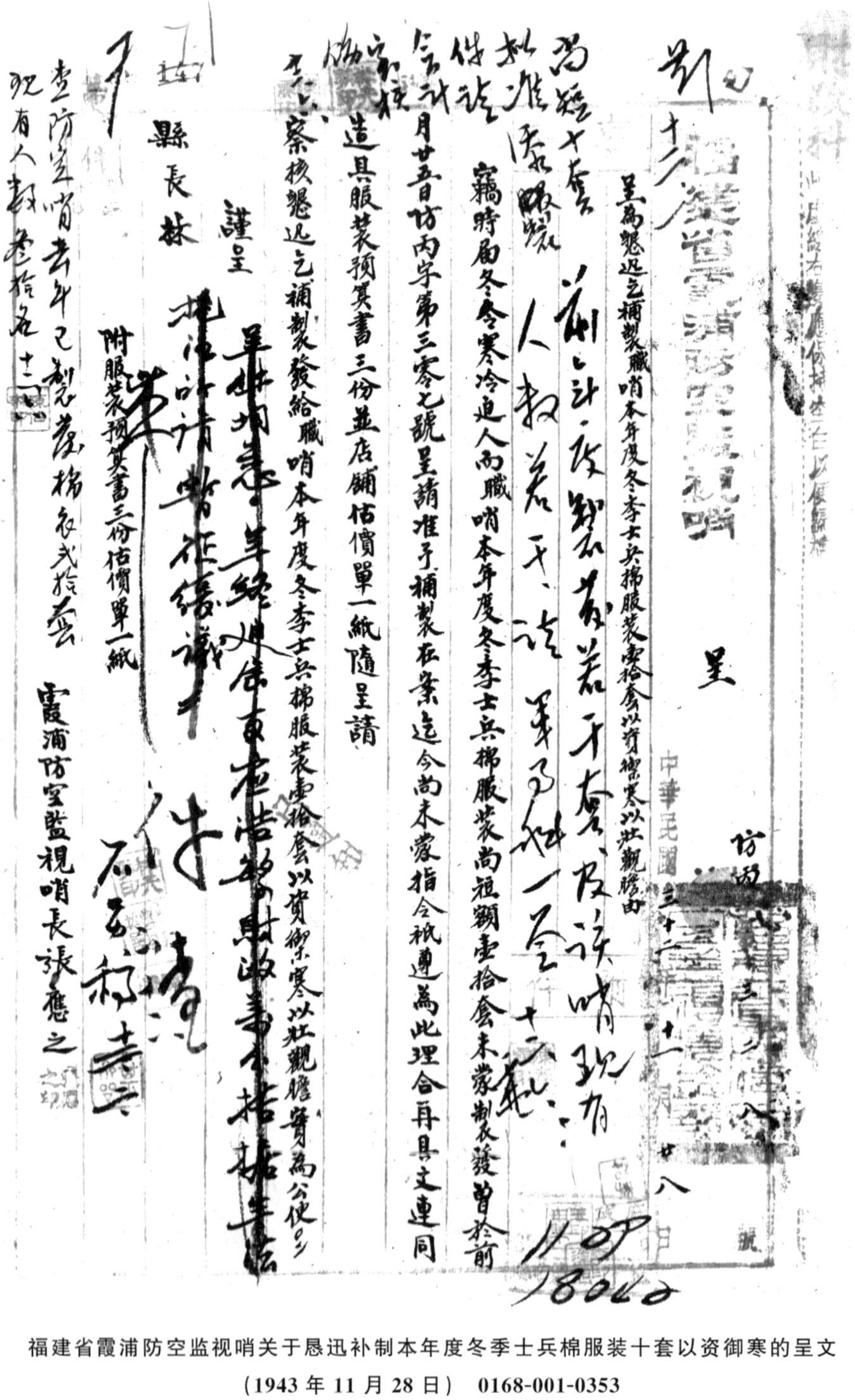

福建省霞浦防空监视哨关于恳迅补制本年度冬季士兵棉服装十套以资御寒的呈文

（1943 年 11 月 28 日）　0168-001-0353

72

估價單

克桂廠縫土布棉軍裝夾褲每套計合料工綫棉扣共國幣柒佰捌拾伍元正

卅二年十一月廿四日

附录　士兵棉服估价单(1943年11月24日)　0168-001-0353

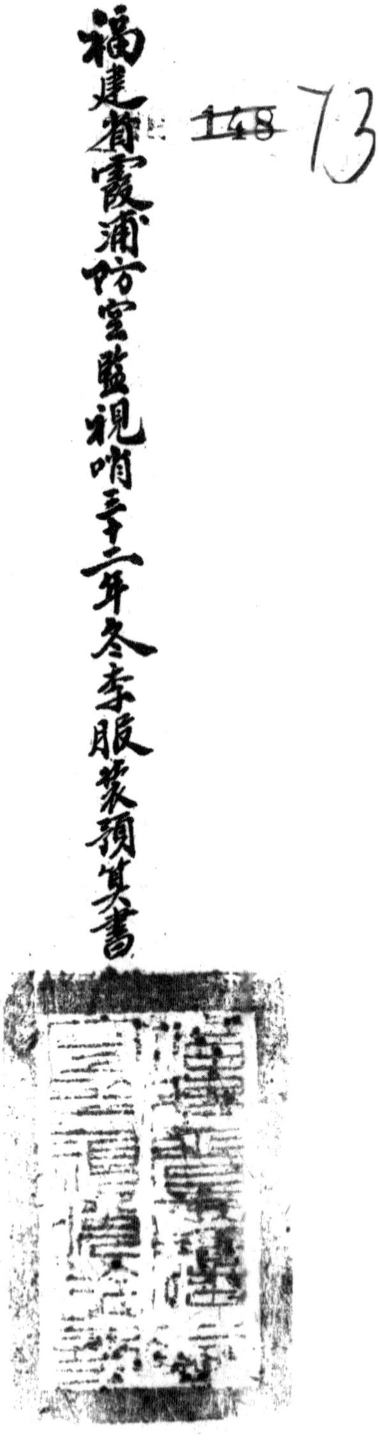
福建省霞浦防空監視哨三十二年冬季服裝預算書

附录　福建省霞浦防空监视哨三十二年冬季士兵服装预算书

(1943年11月)　0168-001-0353

~~152~~ 77

福建省霞浦防空監視哨三十二年度冬季士兵服裝預算書

歲出臨時門

款	項	目	節	科目	預算數		備考
1				防空監視哨冬季士兵服裝費	七四五〇	〇〇	計拾套每套布料棉花線扣計七百四十五元合支如上數
	1			草綠色軍衣夾褲費	七四五〇	〇〇	計拾套每套布料棉花線扣計七百四十五元合支如上數
		1		草綠色軍衣夾褲費	七四五〇	〇〇	

附录　福建省霞浦防空监视哨三十二年冬季士兵服装预算书

（1943年11月）　0168-001-0353

哨長張憲之

中華民國三十二年十一月　日

附录　福建省霞浦防空监视哨三十二年冬季士兵服装预算书

（1943年11月）　0168-001-0353

財政科

葉核辦

福建省霞浦防空監視哨　呈

呈為際届嚴寒職哨士兵棉被尚未蒙製發前經請准予在本哨三十二年度經費盈餘項下簽發價款先購買草席草荐俾資禦寒以保健康由

中華民國三十三年一月三日

竊查時届嚴寒職哨士兵棉被或軍毯前經叠呈請乞准予發給在案迄今尚未蒙示遵現職哨概分哨警個之士兵均覺寒冷而疾病從此而往勢將均難繼續服務為此理合具文呈請

鈞長察核在　鈞府財政困難之際未蒙製發棉被之前懇乞准予在本哨三十二年度經費盈餘項下簽發價款先購買草席十五張草荐十五床附呈估價單二份兩數計價款國幣捌百貳拾伍元懇乞准予簽發即購資禦寒以保健康實為公便　謹呈

縣長林

附呈估價單二份

霞浦防空監視哨長張甍之

查歷年關不展各机関支應浩繁本件擬過節後再辦件指

擬着雁行之

福建省霞浦防空监视哨关于恳准在本哨三十二年度经费盈余项下签发价款购买草席、草荐的呈文

（1944 年 1 月 3 日）　0168-001-0353

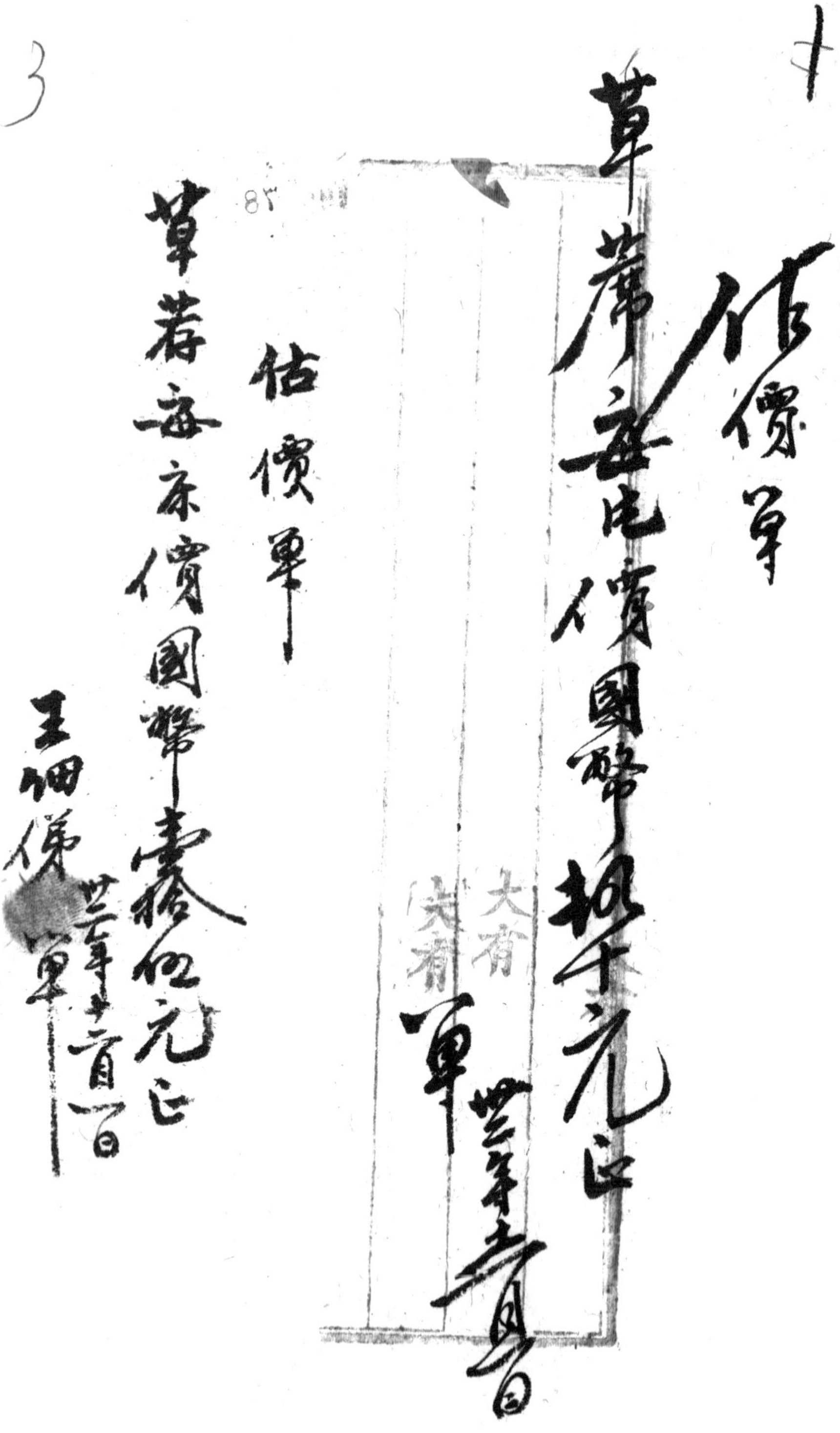

估價單
草席每床價國幣捌十元正
大有 單 卅二年十二月一日

估價單
草薦每床價國幣壹拾伍元正
王佃保 單 卅二年十二月一日

附录 草席、草荐估价单(1943 年 12 月 1 日) 0168-001-0353

20

~~216~~ 142

福建省霞浦防空監視哨　呈

防丙字三五七號

中華民國三十三年二月十九日

事由：呈為職哨士兵棉被在未蒙製發前懇乞先准予簽發價款購買草蓆草荐俾資禦寒以保健康以安服務由

附件：

竊查時在嚴寒職哨士兵棉被前經疊呈請乞准予製發在案迄今尚未蒙示遵現職哨概分哨之士兵均受寒冷而疾病徒此而往勢將難再繼續服務茲此理合再具文呈請

鈞長察核在鈞府財政困難之際未蒙製發棉被之前懇乞准予簽發價款先購買若干蓆十五片草荐十五床附呈估價單二份請

察核乞准簽發購買俾資禦寒以保健康以安服務實為公便

謹呈

縣長林

附估價單二份

福建省霞浦防空监视哨关于士兵棉被未制发前，恳请先准予签发价款购买草席、草荐的呈文

(1944年2月19日)a面　0168-001-0353

20

霞浦防空監視哨長張慶之

福建省霞浦防空监视哨关于士兵棉被未制发前，恳请先准予签发价款购买草席、草荐的呈文

(1944年2月19日)b面 0168-001-0353

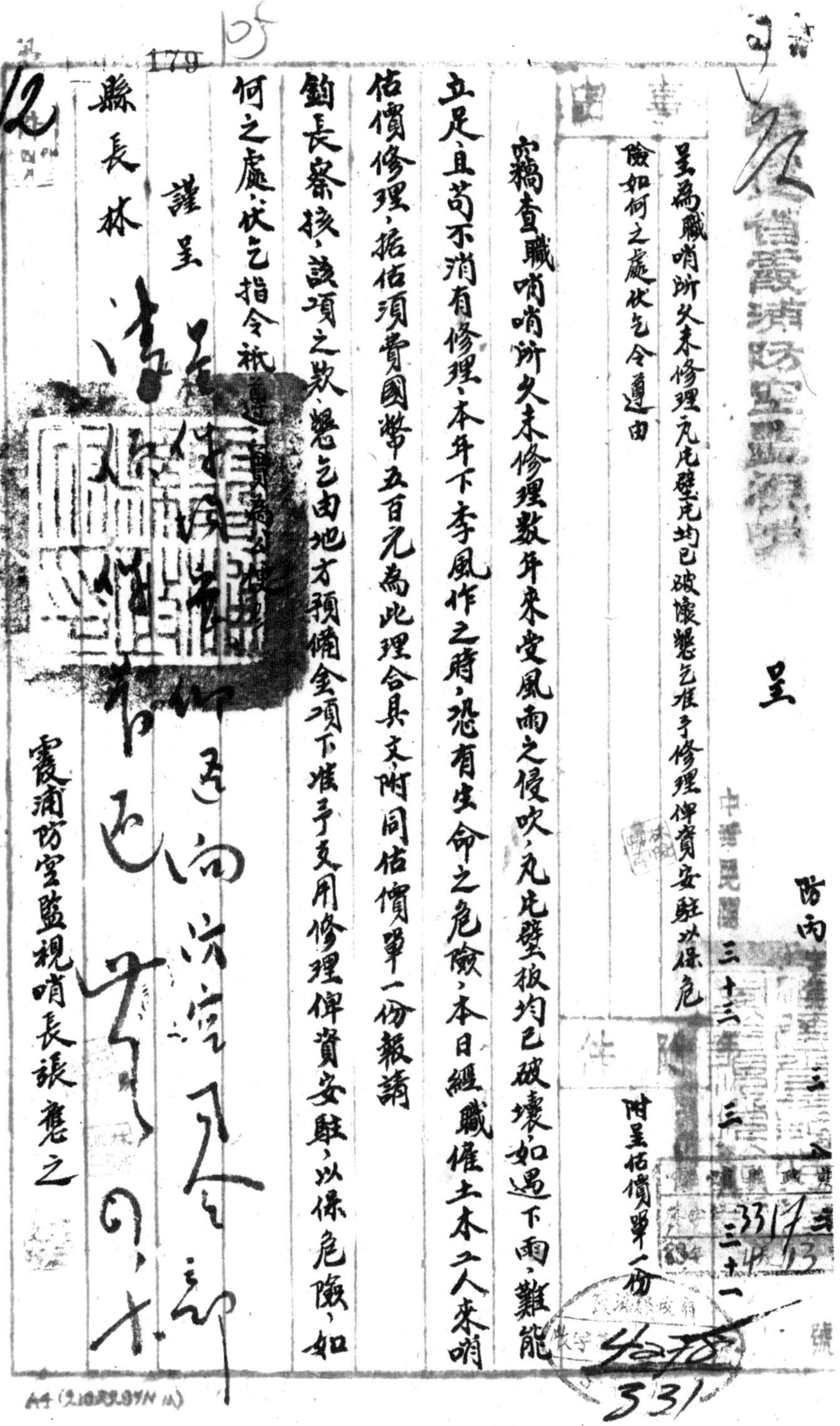

福建省霞浦防空監視哨

呈

防丙 中華民國三十三年三月三十一日

呈為職哨所久未修理瓦片壁片均已破壞懇乞准予修理俾資安駐以保危險如何之處伏乞令遵由

附件：附呈估價單一份

竊查職哨哨所久未修理數年來受風雨之侵吹，瓦片壁板均已破壞，如遇下雨，難能立足，且苟不消有修理，本年下季風作之時，恐有生命之危險，本日經職催土木二人來哨估價修理，据估須費國幣五百元，為此理合具文，附同估價單一份，報請鈞長察核，該項之欵，懇乞由地方預備金項下准予支用修理，俾資安駐，以保危險，如何之處，伏乞指令祇遵。

謹呈

縣長林

霞浦防空監視哨長張憲之

福建省霞浦防空监视哨关于本哨所久未修理，瓦片、壁板均已破坏，恳请准予修理的呈文

（1944 年 3 月 31 日） 0168-001-0353

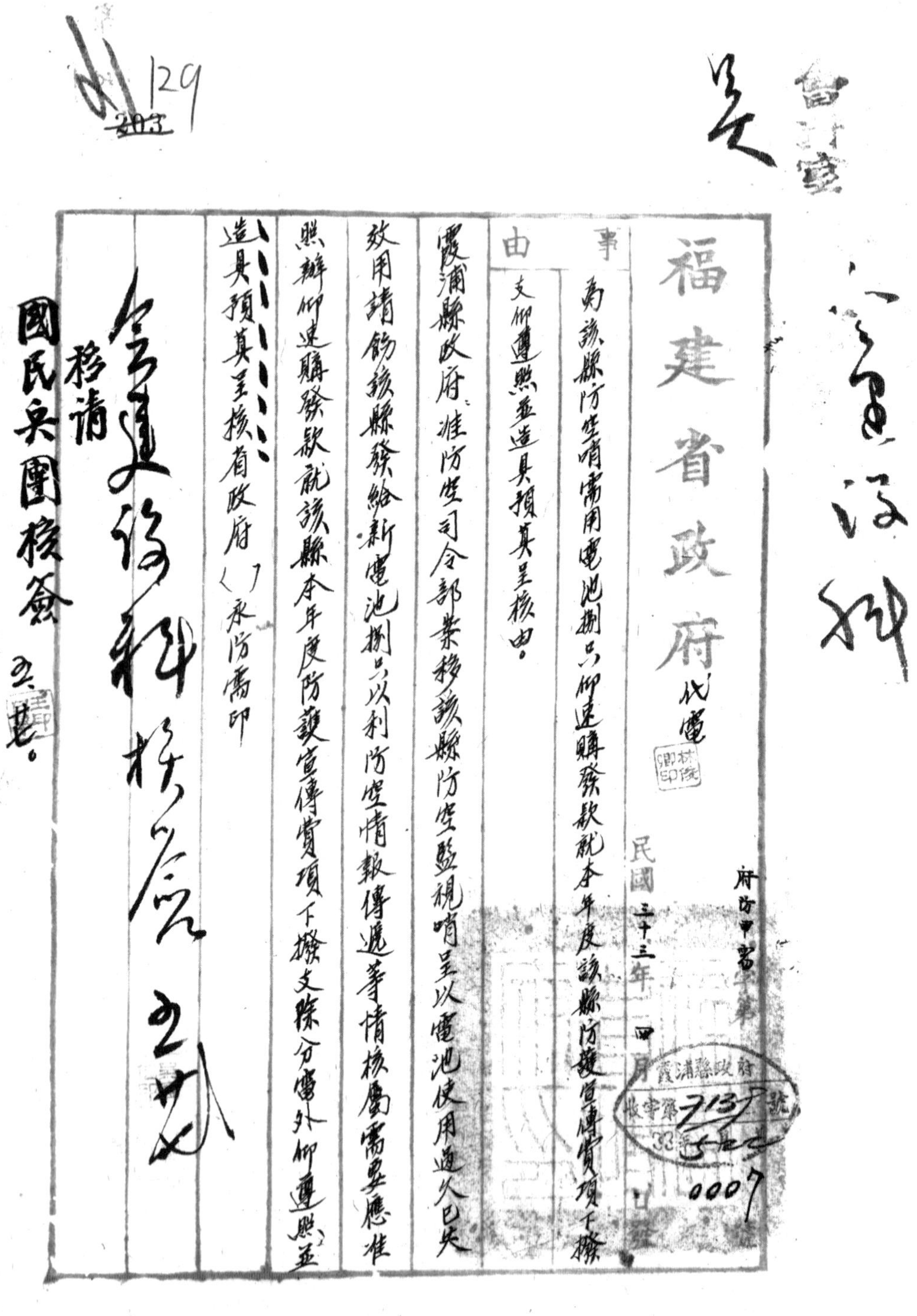

福建省政府 代電

事由 爲該縣防空哨需用電池捌只仰速購發款就本年度該縣防護宣傳費項下撥支仰遵照並造具預算呈核由

霞浦縣政府：准防空司令部業移該縣防空監視哨呈以電池使用過久已失效用請飭該縣發給新電池捌只以利防空情報傳遞等情核屬需要應准照辦仰速購發款就該縣本年度防護宣傳費項下撥支除分電外仰遵照並造具預算呈核 省政府（卯）永防需印

民國三十三年四月 日

霞浦縣政府 收字第713號

移請

國民兵團核簽

福建省政府关于该县防空哨需用电池八只请速购发，款就本年度该县防护宣传费项下拨支并造具预算呈核的代电（1944 年 4 月） 0168-001-0353

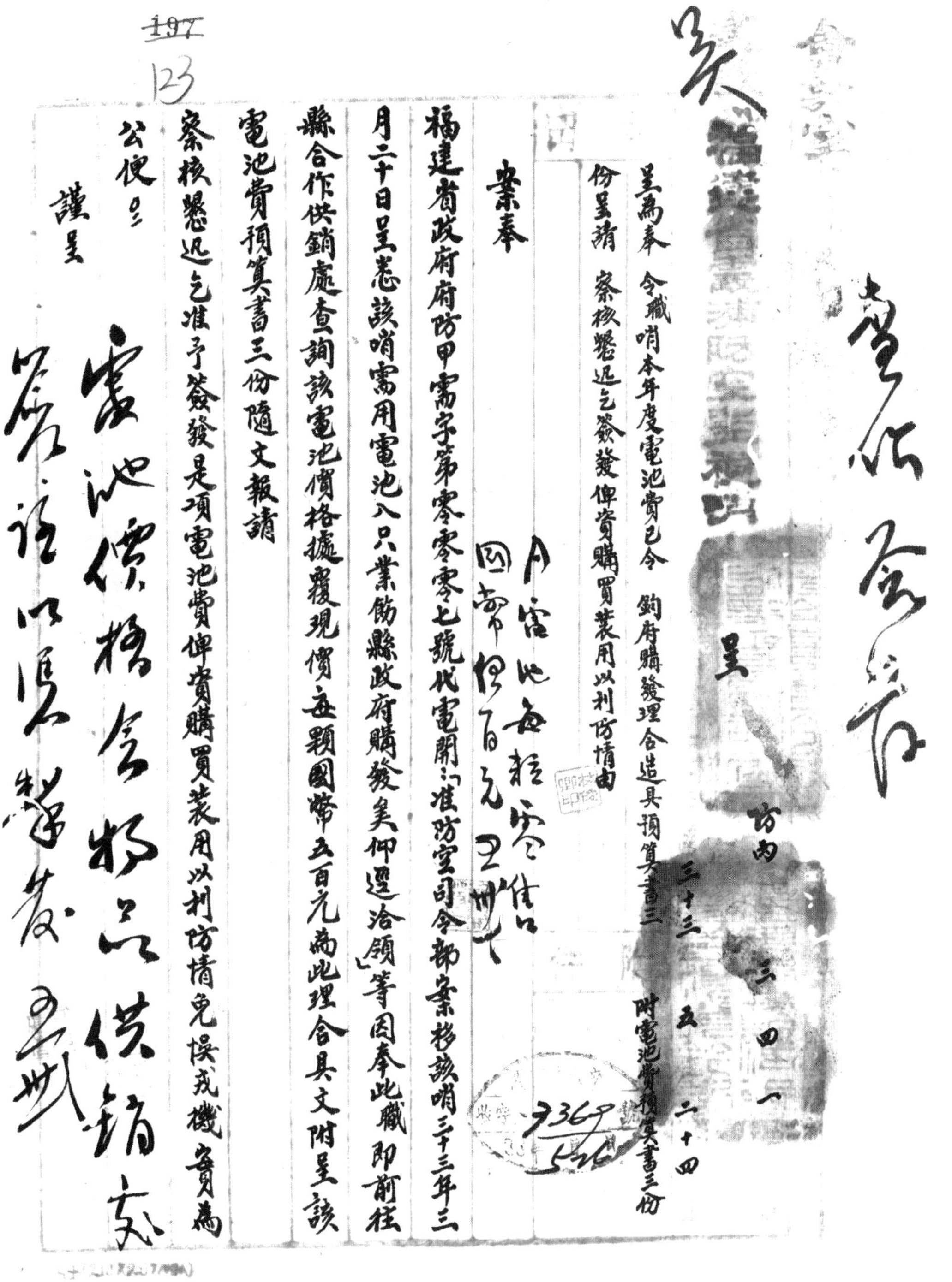

~~197~~
123

呈為奉令職哨本年度電池費已令 飭府購發理合造具預算書三份呈請 察核懇迅乞簽發俾資購買裝用以利防情由

附電池費預算書三份

案奉

福建省政府府防甲需字第零零零七號代電開：「准防空司令部案移該哨三十三年三月二十日呈悉該哨需用電池八只業飭縣政府購發矣仰逕洽領」等因奉此職即前往縣合作供銷處查詢該電池價格據覆現價每顆國幣五百元為此理合具文附呈該電池費預算書三份隨文報請

察核懇迅乞准予簽發是項電池費俾資購買裝用以利防情免誤戎機實為

公便。

謹呈

福建省霞浦防空监视哨关于造具本哨本年度购买电池预算书，恳迅签发俾资购买装用的呈文

（1944 年 5 月 24 日） 0168-001-0353

~~138~~ 124

縣長林

霞浦防空監視哨長張惠之

福建省霞浦防空监视哨关于造具本哨本年度购买电池预算书，恳迅签发俾资购买装用的呈文

（1944年5月24日） 0168-001-0353

125
~~199~~

福建省霞浦防空監視哨三十三年度購買電池費預算書

附件　福建省霞浦防空监视哨三十三年度购买电池费预算书

（1944 年 5 月）　0168-001-0353

126

~~200~~

福建省霞浦防空監視哨三十三年度購買電池費預算書

款	項	目	節	科目	預算數	備考
1				霞浦防空監視哨電池費	四〇〇〇 〇〇	計捌顆每顆國幣伍百元合計需支如上數
	1			電池費	四〇〇〇 〇〇	
		1		電池費	四〇〇〇 〇〇	
			1	電池費	四〇〇〇 〇〇	
合計					四〇〇〇 〇〇	

附件　福建省霞浦防空监视哨三十三年度购买电池费预算书

(1944 年 5 月)　0168-001-0353

~~201~~
127

哨長張應之

中華民國三十三年五月　日

附件　福建省霞浦防空监视哨三十三年度购买电池费预算书

（1944年5月）　0168-001-0353

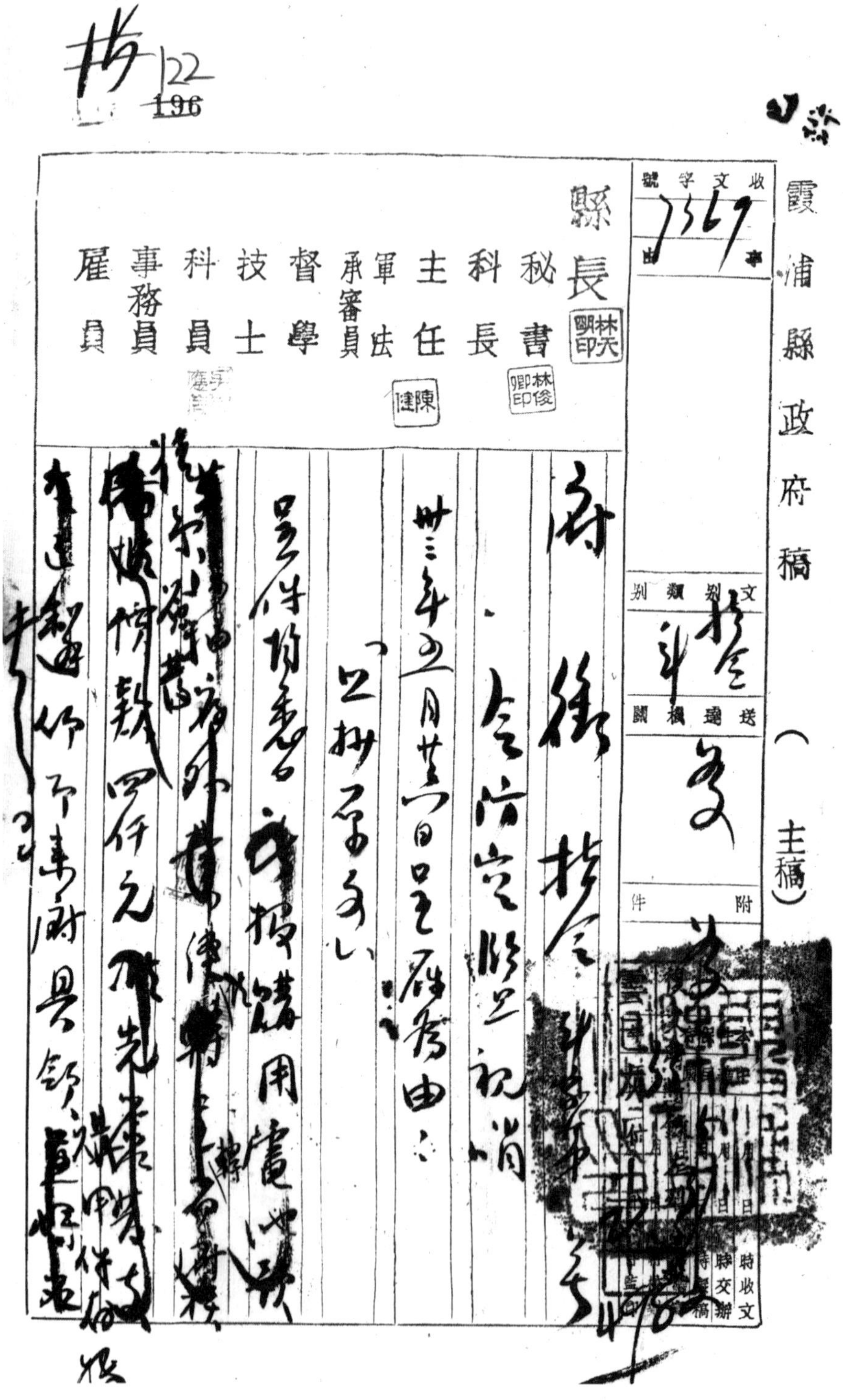

霞浦县政府关于购买电池费预算书准予签发即来府具领购用的指令

（1944 年 6 月 10 日） 0168-001-0353

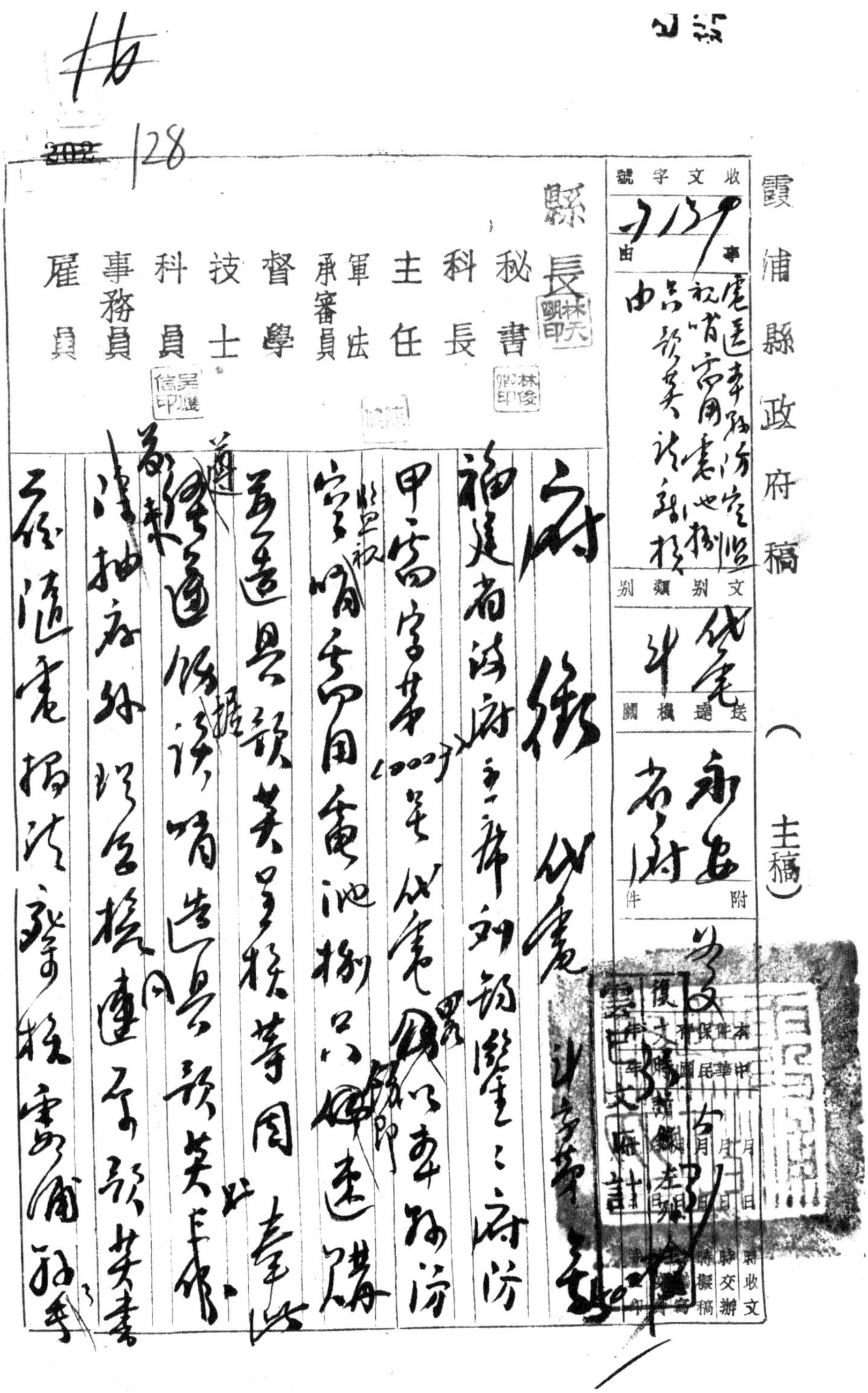

霞浦县政府关于呈报本县防空监视哨购买电池预算书的代电

(1944 年 6 月 12 日)a 面　0168-001-0353

林秀石〈〉计附电呈本县防空监视哨购买电池预算书
二份

霞浦县政府关于呈报本县防空监视哨购买电池预算书的代电

(1944年6月12日)b面 0168-001-0353

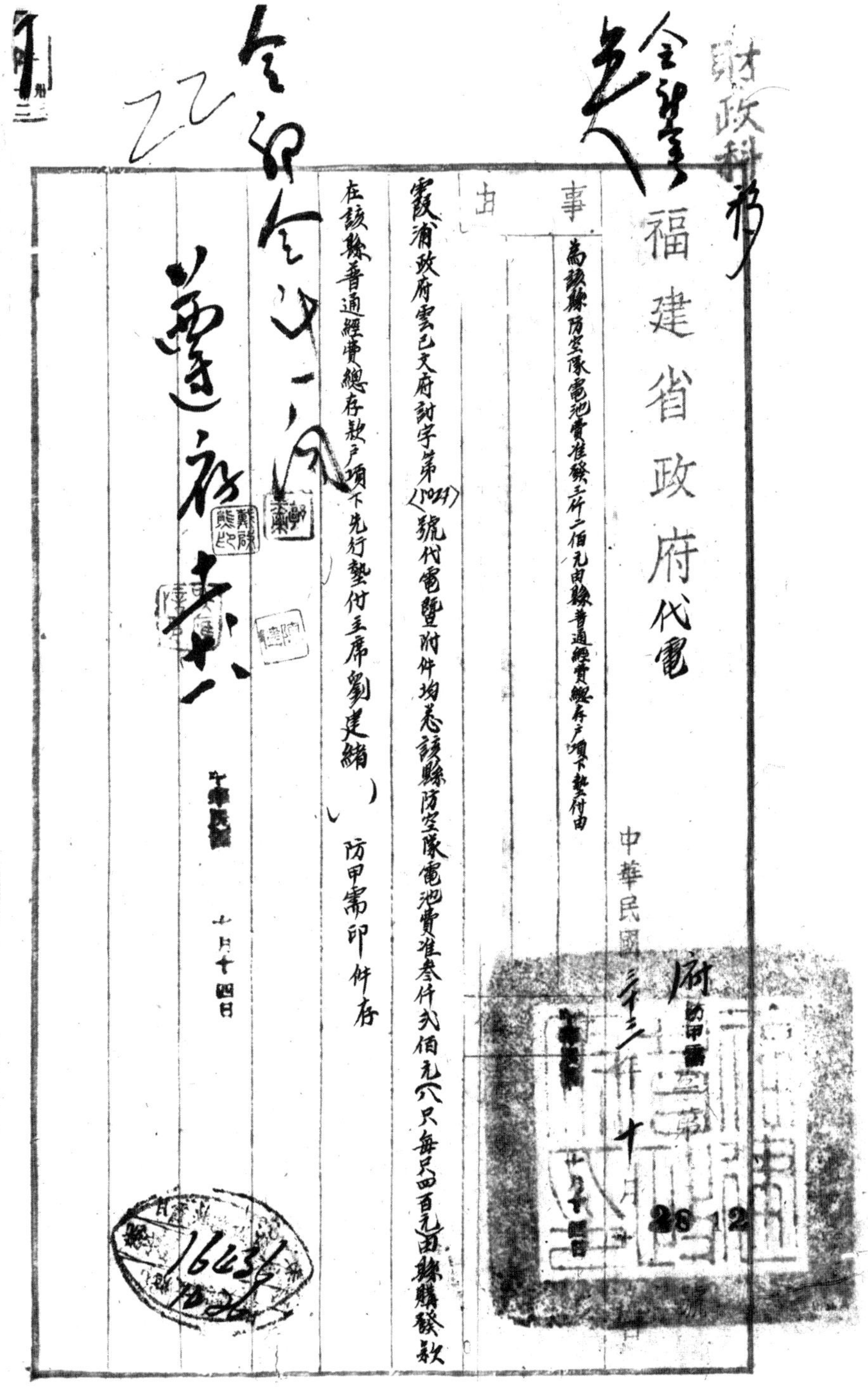
福建省政府代電

事由：為該縣防空隊電池費准發三千二百元由縣普通經費總存户項下墊付由

霞浦縣政府雲巳支府討字第〈1023〉號代電暨附件均悉。該縣防空隊電池費准叁仟贰佰元（八只，每只四百元）由縣籌發，款在該縣普通經費總存款户項下先行墊付。主席劉建緒（防甲需印 件存）

中華民國三十三年十月十四日

福建省政府关于该县防空队电池费准发三千二百元，由县普通经费总存款户项下垫付的代电

（1944 年 10 月 14 日） 0168-001-0419

二

防空监视队哨业务

(一)防护

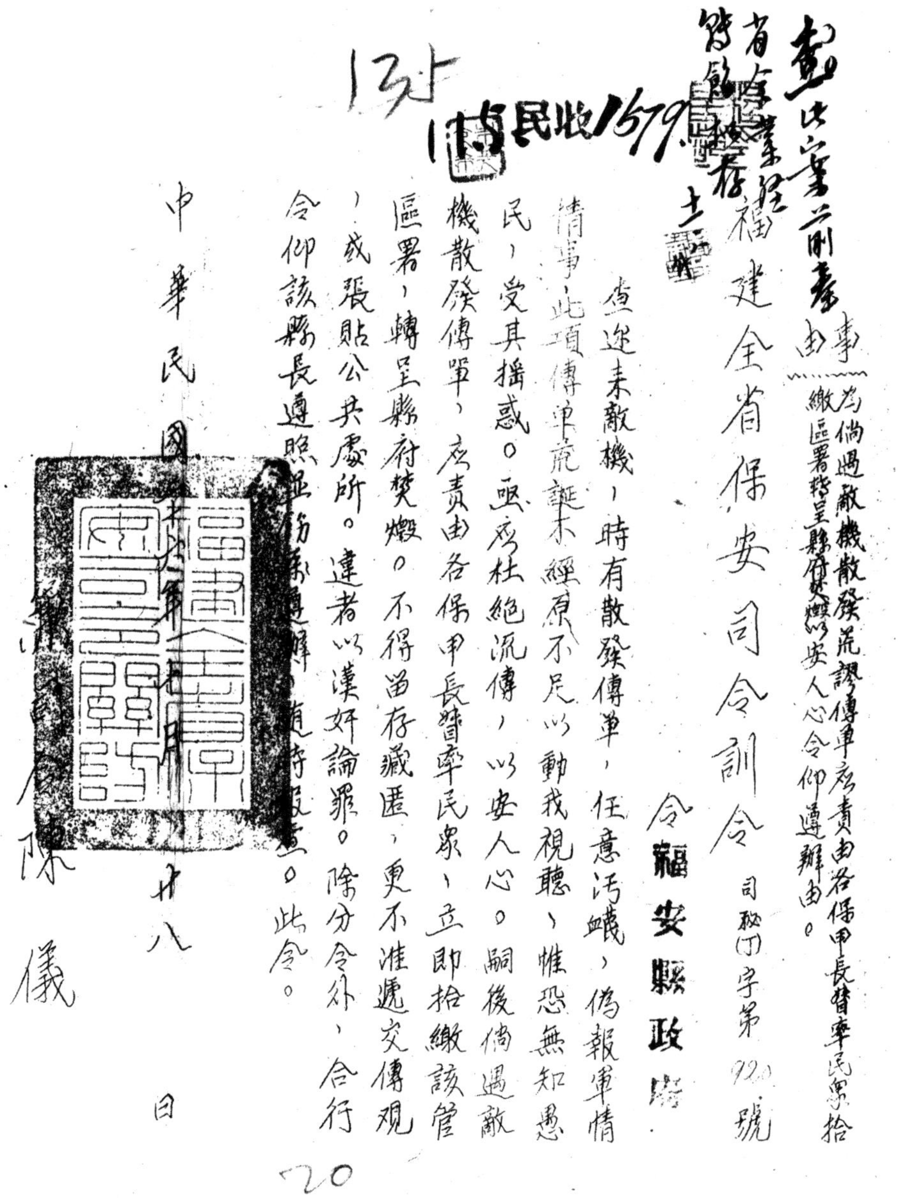
事由：為倘遇敵機散發荒謬傳單應責由各保甲長督率民眾拾繳區署轉呈縣府焚燬以安人心令仰遵辦由。

福建全省保安司令部訓令　司秘(丁)字第920號

令福安縣政府

查近來敵機，時有散發傳單，任意污衊，偽報軍情情事。此項傳單荒誕不經，原不足以動我視聽，惟恐無知愚民，受其搖惑。亟應杜絕流傳，以安人心。嗣後倘遇敵機散發傳單，應責由各保甲長督率民眾，立即拾繳該管區署，轉呈縣府焚燬。不得留存藏匿，更不准遞交傳觀，或張貼公共處所。違者以漢奸論罪。除分令外，合行令仰該縣長遵照[illegible]為要。此令。

中華民國廿六年十月廿八日

司令　陳儀

福建全省保安司令部关于倘遇敌机散发荒谬传单应责由各保甲长督率民众拾缴区署转呈县府焚毁以安人心的训令(1937 年 10 月 28 日)　0158-001-0726

民收1677

事由：為對于飛机降落時之處置仰遵照由

福建省政府訓令

保防(丁)字第4052號

令福安縣政府

案准軍政部巧代電開：准航空委員會魚代電称自我空軍出動以來敵機被我擊落者各地多有而我機于战鬥之餘或因机件發生障故或因油量已經告罄以致強迫降落者間亦有之各地民眾每有不能分辯以為凡是降落之機均屬敵機機中人員均屬敵人同仇心熾對人對機均予敵視毀傷雪憤情本可原惟是飛機降落已失威力我方飛機固宜極力愛護以保軍實即屬敵機既落我手即可轉為我用毀機雪憤等於自棄其利器而機中飛航人員果為我英勇抗戰之空軍戰士自應敬愛有加妥為救護其為我之俘虜亦應活擒囚解中央弗加傷害以彰我軍民武德揚我大國風度全國同胞如能明瞭

福建省政府关于对于飞机降落时之处置的训令(1937年10月30日)a面　0158-001-0697

此旨既不加怒俘虜更何致誤害我空軍戰鬥人員務請上述各節通令所屬縣區政府機関轉飭各地同胞嗣後遇有飛機降落時對于飛機及其附件武器等應一面派員妥為看管一面速電本会聽候處置對于隨機降落或跳保險傘降落之人不分敵我均應先行救護其為我空軍將士者應立加慰問如已受傷應速護送当地醫院診治同時即電本会報告人員姓名及飛機號碼倘為敵人先視其態度如何運用相当力量將其捕獲送交就近軍警機関或縣政地方機関收押看管電告本會聽候處置事関地方政務除分電外相應電請查照見復等由准此除分[illegible]請查照迅飭所屬一体遵照並廣向民衆[illegible]除分令外合亟令仰遵照。此令。

[illegible]儀

中華民國[illegible]三十日

福建省政府关于对于飞机降落时之处置的训令(1937年10月30日)b面　0158-001-0697

32
32
1126 民收1837

事由 奉 行政院轉奉 國民政府令知軍機防護法施行期間再予展限九個月一案令仰知照等因仰知照由

福建省政府訓令 保一(丁)字第 4325 號

令福安縣政府

案奉

行政院第六零二四號訓令内開:

「案奉 國民政府二十六年十月二十七日訓令開,『為令知事。查軍機防護法施行期間,現經明令公布再予展限九個月,除分行外,合行令仰知照,並轉飭所屬一體知照。』此令。」等因,奉此,除分令外,合行令仰知照,並轉飭知照。

福建省政府关于军机防护法施行期间再予展限九个月的训令

(1937年11月17日)a面 0158-001-0710

等因，奉此，除分令外，合行令仰知照。此令。

中華民國二十六年十一月十七日

主席 陳儀

福建省政府关于军机防护法施行期间再予展限九个月的训令

(1937年11月17日)b面 0158-001-0710

000064

福建全省保安司令快邮代电

一科

事由　奉　委座沁侍参鄂电飞机被迫降落及航员跳伞降落不得射击损毁等因希切实遵照由。

霞浦县政府奉委座沁侍参鄂电開查飞机被迫降落及航员跳伞降落已失作战能力如系我军标志应妥予保護招待如系敌方亦宜生擒俘獲不得射击损毁以便審問利用業經通令在案頃查八月一日潛山京泉鎮敵机一架被迫降落内載敵軍官十人當由區署派兵往捕擊斃五人俘獲五人嗣因土人義憤又將五人殺斃八月十二日永修附近我航員被迫跳傘落地後被駐軍射擊受傷殊屬不合除查究嚴懲外應即嚴切曉諭軍民一体遵照如再有違犯

件已奉飭有案存卷

九　陳吳偉印

收文二六3251號

福建全省保安司令关于飞机被迫降落及航员跳伞降落不得射击损毁希遵照的快邮代电

(1938 年 8 月 31 日)a 面　0168-001-0489

定行严惩等因奉此除分电外希切实遵照并饬属一体遵照

陈仪世司一印

中华民国二十七年八月一日发

校对 徐学灏

监印 徐学灏

福建全省保安司令关于飞机被迫降落及航员跳伞降落不得射击损毁希遵照的快邮代电

(1938年8月31日)b面　0168-001-0489

駐閩綏靖主任公署快郵代電 參(甲)字第 號

中華民國廿七年九月七日

霞浦縣縣長奉委座本年八月沁侍參鄂電開查飛機被迫降落及航員跳傘降落已失作戰能力如屬我軍標誌應妥予保護招待如屬敵方亦宜生擒俘獲不得射擊損燬以便審問利用業經通令在案乃查八月一日潛山凉泉鎮敵機一架被迫降落內載敵軍官十人當由區署派兵往捕擊斃五人俘獲五人嗣因土人義憤又將五人殺斃八月十二日永修附近我航員被迫跳傘落地後被駐軍射擊受傷殊屬不合除查究嚴懲外應即嚴切曉諭軍民一体遵照如再有違犯定行嚴懲等因除分電各飭各軍事機關各專員縣長特區長遵照外特電仰轉飭所屬

飭屬恪遵

一科

0000065

3203號

驻闽绥靖主任公署关于飞机被迫降落及航员跳伞降落不得射击损毁希遵照的快邮代电

(1938年8月31日)a面 0168-001-0489

切實遵照傳儀 世綏泰田印

駐閩綏靖主任公署關防

中華民國二十七年八月 日

校對沈爾嘉

驻闽绥靖主任公署关于飞机被迫降落及航员跳伞降落不得射击损毁希遵照的快邮代电

(1938年8月31日)b面　0168-001-0489

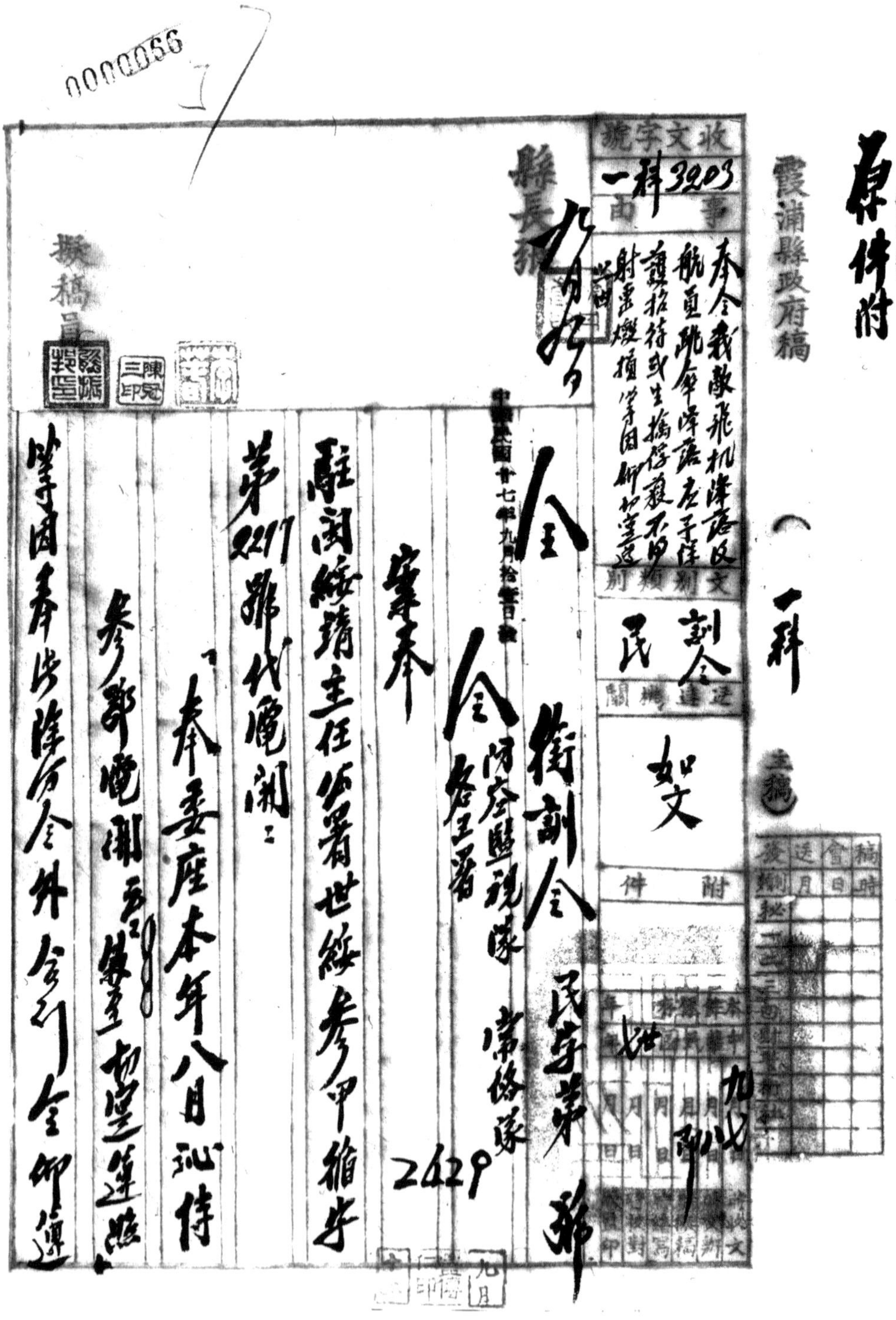

霞浦县政府关于我敌飞机降落及航员跳伞降落应予保护招待或生擒俘获不得射击损毁的训令

(1938 年 9 月 11 日)a 面　0168-001-0489

照轉飭所屬切實遵照。
此令。

霞浦县政府关于我敌飞机降落及航员跳伞降落应予保护招待或生擒俘获不得射击损毁的训令

(1938年9月11日)b面　0168-001-0489

一科

事由：所有擊落敵機殘骸及軍用品等一經發現應即呈送政府如有隱匿以侵佔等論罪仰飭遵照

中華民國廿七年九月廿日

福建省政府訓令　保防(戊)字第4406號

令霞浦縣政府

案奉

軍事委員會訓令法審寅武(三)字第三九三六號訓令開：

案據航空委員會主任錢大鈞二十七年六月二十三日法戊字第零八一二號呈略以抗戰軍興所有被擊落敵機殘骸係屬戰利品自屬國有無知愚民往往私自占有賣買亟應嚴予取締惟現行法尚無適當條文可資援引擬請通令照刑法侵占及贓物各罪分別論科等情到會查是項敵機殘骸及其他敵人遺棄

布告週知

收文27 4391號

福建省政府关于所有击落敌机残骸及军用品等一经发现应即呈送政府，如有隐匿以侵占等论罪的训令（1938年9月20日）a面　0168-001-0478

單用械彈等物件均屬戰利品一經發現應立即報告官廳歸為國有如有隱匿不報占為己有或私自賣買情事一律照刑法侵占及贓物各罪分別論科除指令並函司法院外合行令仰該省主席遵照迅飭所屬各縣布告週知此令

等因奉此除分別函令外合行令仰該縣長布告週知。

此令。

中華民國二十七年九月二十日

主席陳儀

校對宋灝

監印徐學瀾

福建省政府关于所有击落敌机残骸及军用品等一经发现应即呈送政府，如有隐匿以侵占等论罪的训令(1938 年 9 月 20 日)b 面　0168-001-0478

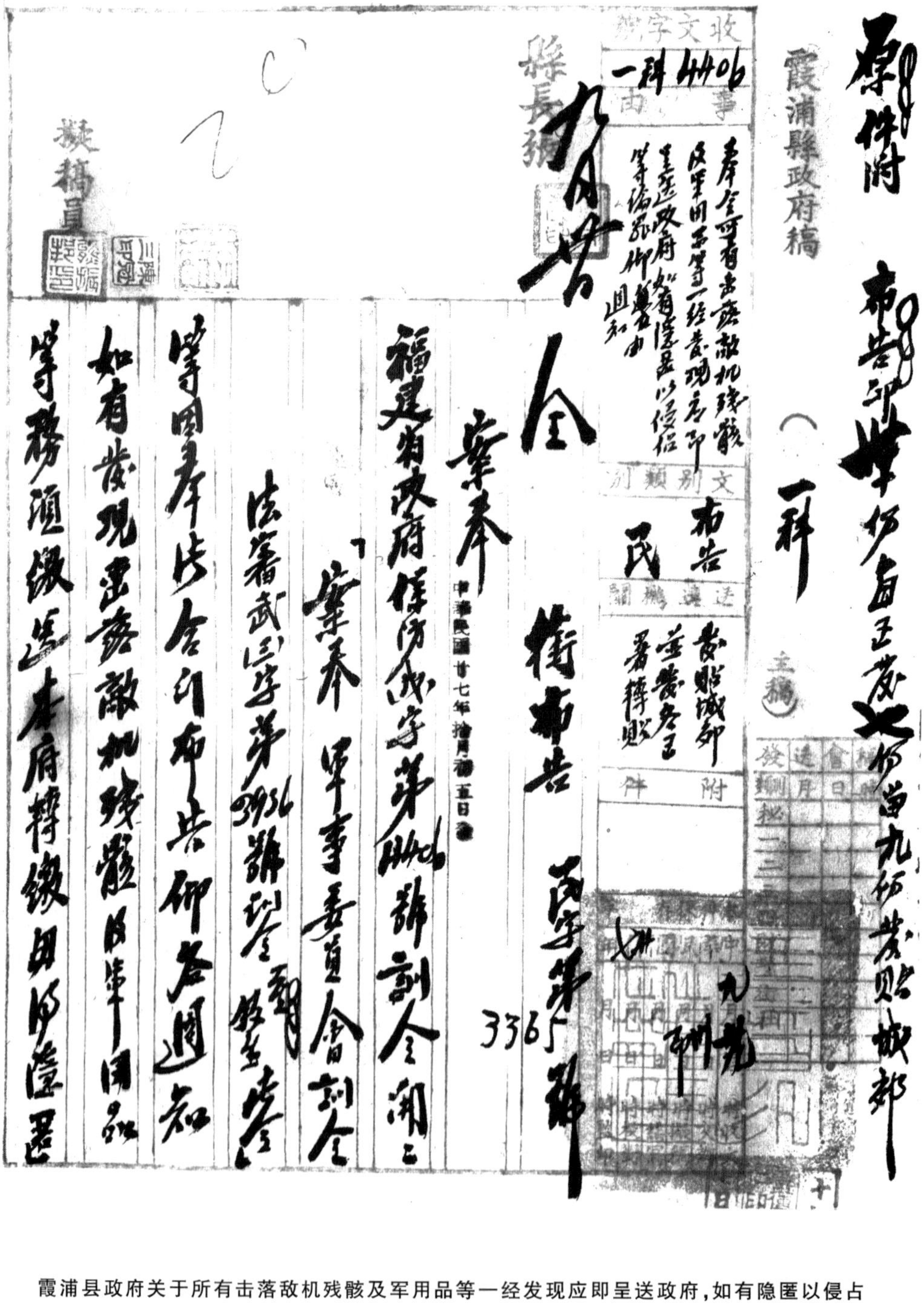

霞浦县政府关于所有击落敌机残骸及军用品等一经发现应即呈送政府，如有隐匿以侵占等论罪的布告（1938 年 9 月 20 日）a 面　0168-001-0478

千萬為要

特布

霞浦县政府关于所有击落敌机残骸及军用品等一经发现应即呈送政府，如有隐匿以侵占等论罪的布告(1938 年 9 月 20 日)b 面　0168-001-0478

0000074　61

一科

事由：轉令凡奪獲敵之毒氣罐及毒氣有關之材料均應繳呈仰知照由

中華民國廿七年拾月廿?日

福建全省保安司令訓令

司貫戌字第1578號

收文二六5612號

令霞浦縣政府

案奉

駐閩綏靖主任陳魚綏參代電轉奉軍委會零三點一七令元一電開：「仰即通令各單凡奪獲敵之毒氣罐及其他與毒氣有關之材料應一概繳呈來會為要」等因，特電知照等因。特電知照等因。除分令外，合行令仰該縣長飭屬遵照。此令。

中華民國二十七年十月十四日

司令　陳儀

校對　馮士林
監印　徐學瀾

福建省保安司令关于转令夺获敌之毒气罐及毒气有关之材料均应缴呈的训令

（1938年10月14日）　0168-001-0489

霞浦县政府关于奉令凡夺获敌之毒气罐及毒气有关之材料均应缴呈的训令

（1938 年 10 月 26 日）　0168-001-0489

0000076

之材料應一概繳呈仰飭屬遵照等因奉
此除分令外相應函請
貴會令飭屬遵照為荷
查照飭屬遵照為荷
此致
霞浦縣國民抗敵自衛團司令部

銜名

霞浦县政府关于奉令凡夺获敌之毒气罐及毒气有关之材料均应缴呈的训令

（1938 年 10 月 26 日）　0168-001-0489

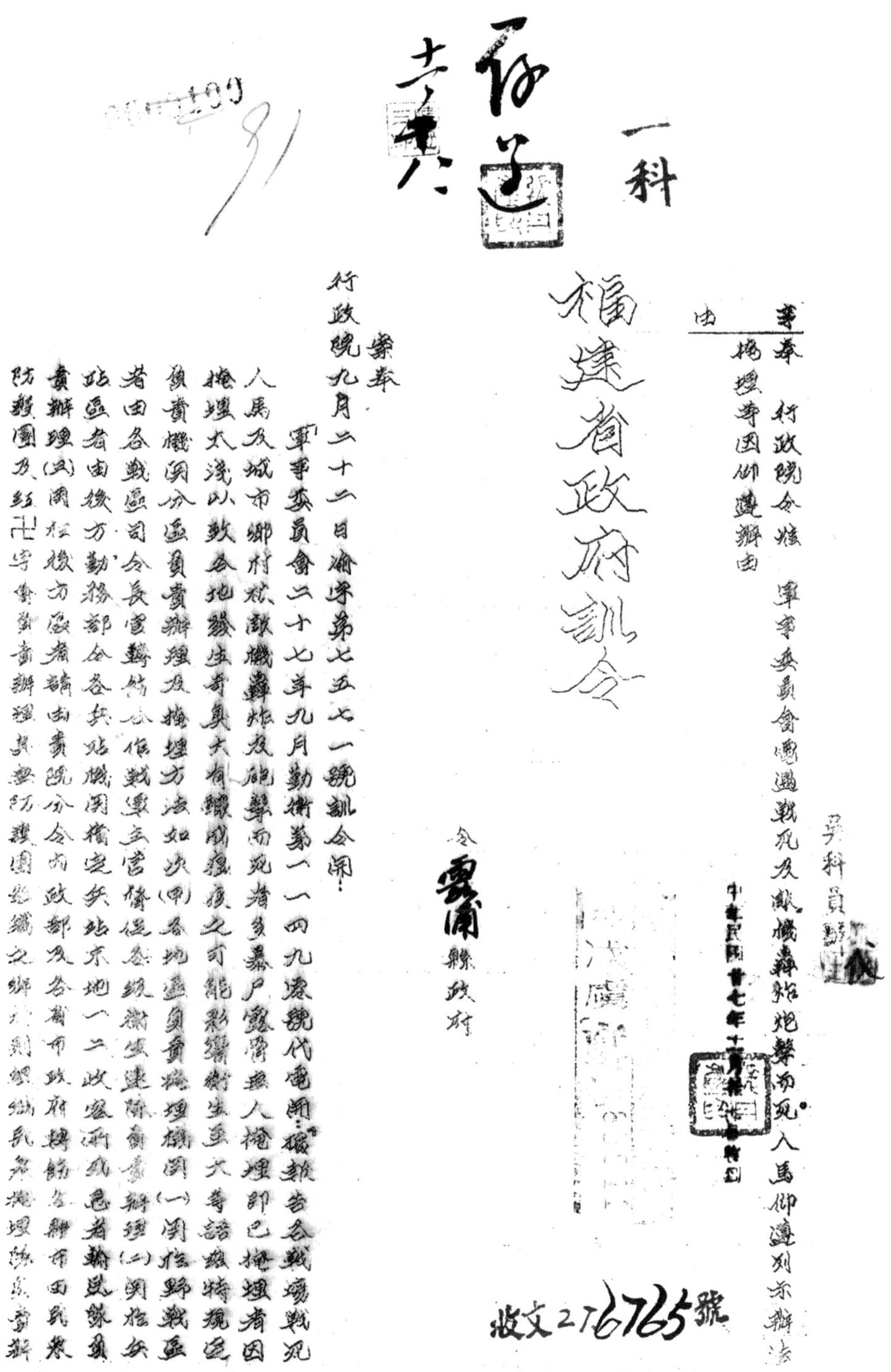

一科

事由 奉行政院令據軍事委員會電遇戰死及敵機轟炸炮擊而死人馬仰遵列示辦法掩埋等因仰遵辦由

福建省政府訓令

中華民國廿七年十一月七日

令雲霄縣政府

案奉

行政院九月二十二日渝字第七五七一號訓令開：

軍事委員會二十七年九月勤衛第一一四九零號代電開：據報告各戰場戰死人馬及城市鄉村被敵機轟炸及砲擊而死者多暴尸露骨無人掩埋即已掩埋者因掩埋太淺以致各地發生奇臭大有釀成瘟疫之可能影響衛生至大等語茲特規定負責機關分區負責辦理及掩埋方法如次(甲)各地區負責掩埋機關(一)關於野戰區者由各戰區司令長官轉飭所屬作戰軍至軍需從各級衛生建築隊負責辦理(二)關於兵站區者由後方勤務部令各兵站機關指定兵站所在地一二收容所或急者輸送隊負責辦理(三)關於後方區者請由貴院分令內政部及各省市政府轉飭各縣市由民眾防護團及紅卍字會負責辦理其無防護團組織之鄉村則組織民眾掩埋隊負責辦

主科員

收文27 6765號

福建省政府关于奉电遇战死及敌机轰炸炮击而死人马应遵列示办法掩埋的训令

(1938年11月7日)a面　0168-001-0489

埋並飭由本會咨各部通飭屬從速進行(乙)掩埋方法(一)前方戰場無法備辦棺木應採

用深埋法即掘土離地面三尺置屍其中上撒石灰以消毒覆土並須高出地面作成

丘狀以防雨水浸蝕有隊屬姓名可查者則植立木牌以誌之(二)後方盡力採辦棺木

棺中加石灰殮末埋法同上並論軍民務必植立木牌於可能範圍內記其姓名籍貫與

職業及死亡年月日除分電各戰區司令長官及後方勤務部暨政治部轉飭切實遵

辦外相應電請查照分令內政部及各省市政府轉飭各縣市切實遵照辦理等由准

此應即照辦除電復並分令外合亟令仰轉飭切實遵照辦理。

等因，奉此。除分令外，合行令仰該縣長切實遵照辦理。

此令。

中華民國二十七年十一月　日

陳儀

福建省政府关于奉电遇战死及敌机轰炸炮击而死人马应遵列示办法掩埋的训令

(1938 年 11 月 7 日)b 面　0168-001-0489

0000101 72

五科

福建省政府密訓令 保秘防(戌)字第5118號

令閩清縣政府

中華民國廿七年十一月

案奉

航空委員會篠雲戌衛代電開：

「查各地防空機關間有對于俘獲空軍戰利品，留存地方展覽，事後又未如數解繳本會，如戰利品中有新發現之機件或重要文書，因時過境遷，則失卻研究價值，以至無法利用，殊為可惜，嗣後該部如俘獲空軍戰利品應隨時電告本會核辦或就近點交空軍機關或航空站場轉繳本會，以便集中保管研究利用，除分電外，特電仰遵照辦理，并轉飭所屬一体遵照為要。

收文2.7372號

福建省政府关于俘获空军战利品应随时电告航空委员会核办或就近点交空军机关或航空站场的训令

(1938年11月18日)a面　0168-001-0489

屬一体遵照為要。」

等因；奉此，除分令外，合行令仰遵照辦理。

此令。

中華民國　十八日

陳儀

校對馮[illegible]

監印徐學淵

福建省政府关于俘获空军战利品应随时电告航空委员会核办或就近点交空军机关或航空站场的训令

(1938 年 11 月 18 日)b 面　0168-001-0489

71 70

第五科

福安縣政府譯字第　號

譯電紙

來電機關	
事由	縣長立密據近日各處敵機轟炸情形必有漢奸在地面指示目標凡我軍警團隊保甲應即加緊肅清漢奸組織務期根除以杜後患軍隊機關既在地尤須設備各個防空掩體遇有空襲時配置軍警公役向四週嚴密監視倘發現漢奸活動立即捉捕或格殺之予駐地附近每日尤應派員細心巡檢有無特殊標誌記號除分電各部隊各專員各縣長外仰即遵辦 南陳儀銑酉綏甲
決定辦法	
備考	譯電員姓名

28.8.125

二十七

福安县政府译驻闽绥靖公署主任兼第二十五集团军总司令部关于据近日各处敌机轰炸情形，必有汉奸在地面指示目标，应予加紧肃清以杜后患的电文(1939 年 5 月 16 日)　0158-001-0631

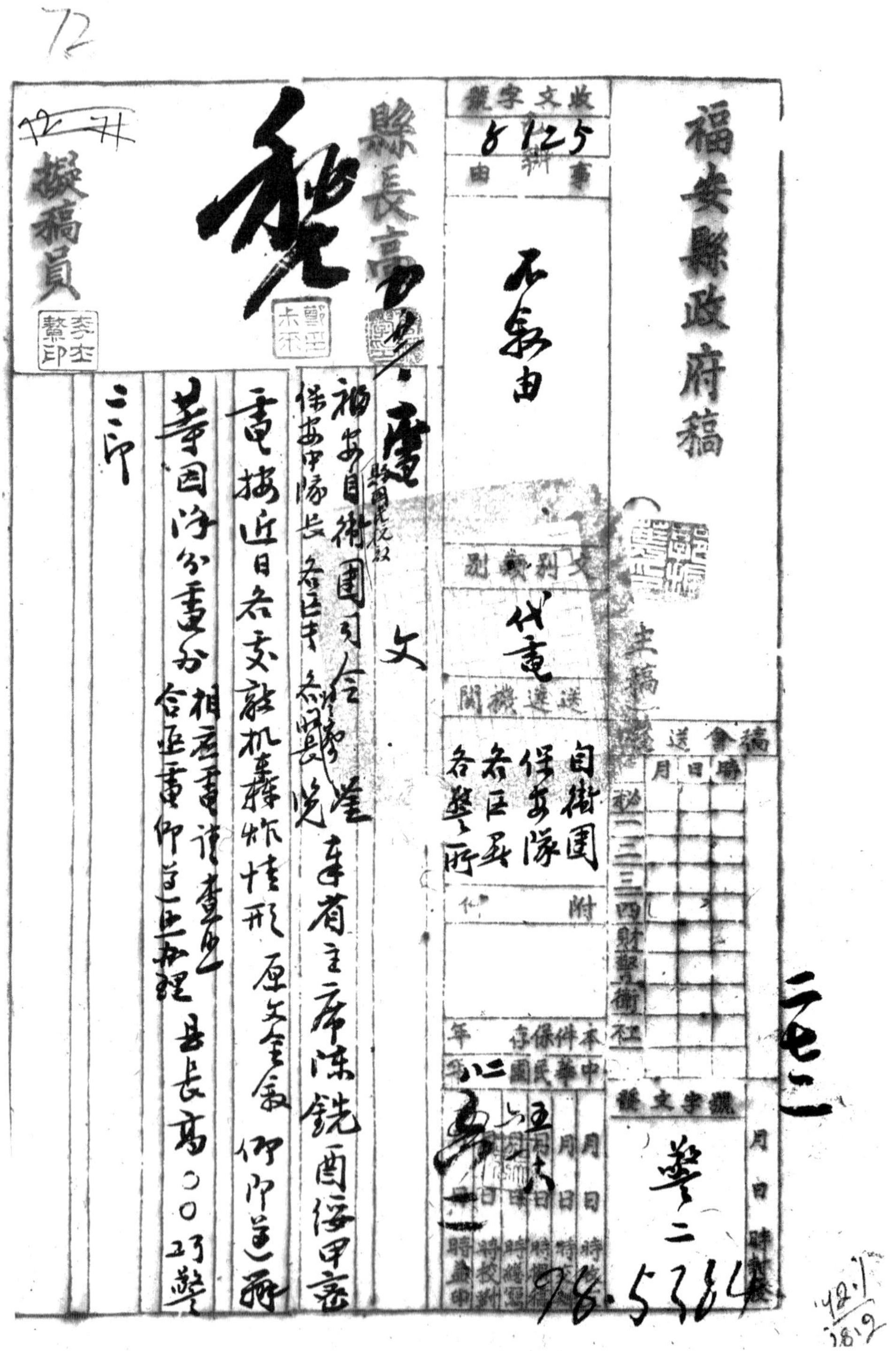
福安縣政府稿
收文字號 8125
縣長高
擬稿員
電
福安自衛團司令、保安中隊長、各區署、各聯保：
奉省主席陳銑酉保甲密電：據近日各交敵机轟炸情形，原文……仰即遵辦
等因，除分電外，相應電請查照，合亟電仰遵照辦理。縣長高〇〇巧警
代電
送達機關：自衛團、保安隊、各區署、各聯保
中華民國廿八年六月

福安县政府关于奉令加紧肃清汉奸组织以杜后患的代电(1939 年 6 月 2 日)　0158-001-0631

譯電紙

福安縣政府譯電第　號

來電機關	
事由	葛和長（）密查敵機常来我防區任意轟炸實屬痛恨仰即飭各地駐守部隊迅擇適當地点组設对空射擊班或於遇敵機低飛(600)公尺低空飛行时即予以射擊為要李樹棠微叅銜
決定辦法	轉飭保安隊斟酌設
備考	譯電員姓名

福安县政府译福建省国民抗敌自卫团闽东区司令部关于敌机常来我区轰炸迅饬驻守部队选择适当地点组设对空射击班的电文（1939 年 7 月 5 日） 0158-001-0846

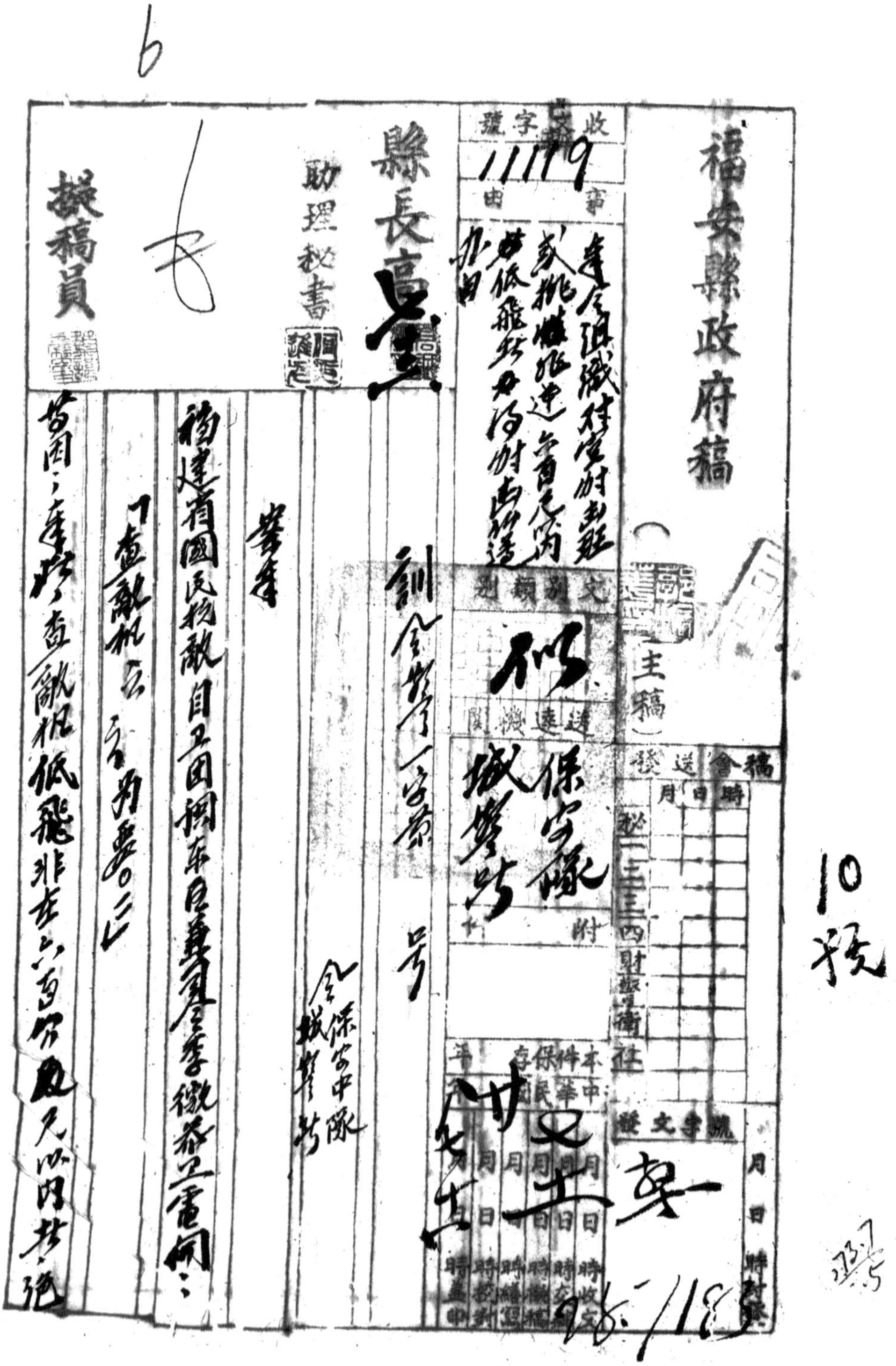

福安縣政府稿

收字號 11119

事由

縣長

助理秘書

擬稿員

福安县政府关于奉令组织对空射击班或挑飞行高度六百公尺以内之低飞者方得射击的训令

（1939 年 7 月 11 日） 0158-001-0846

7

对不许射击，因既不能命中，反增我军存匿目标，倘有不遵，一经查出，定予严惩。除分令外，合行令仰转饬遵照办理。

此令！

福安县政府关于奉令组织对空射击班或挑飞行高度六百公尺以内之低飞者方得射击的训令

（1939年7月11日） 0158-001-0846

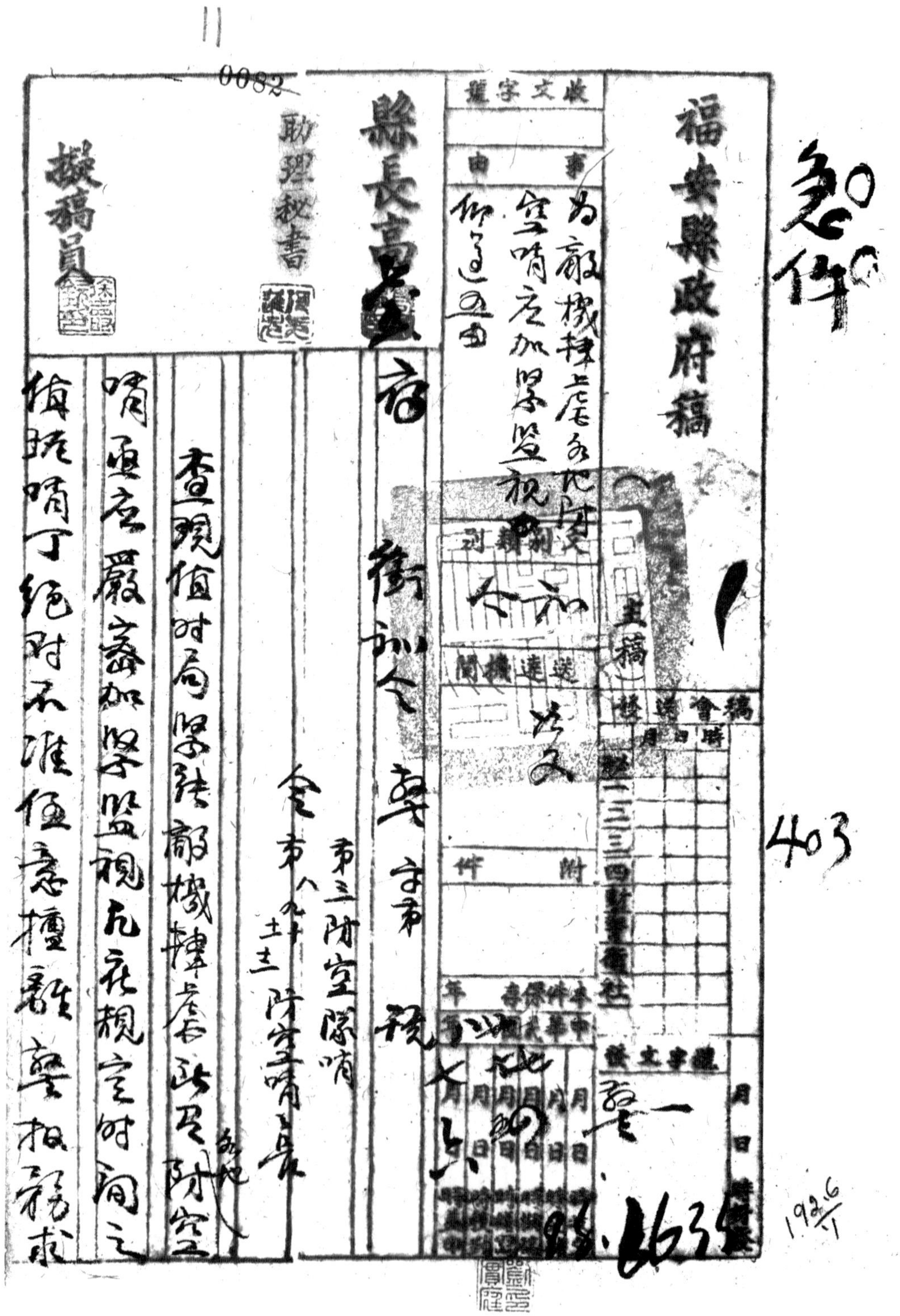

福安县政府关于敌机肆虐各地防空哨应加紧监视的训令(1939 年 7 月 6 日)　0158-001-0301

0083

各哨長責有攸關應嚴加督飭勿得稍事敷衍
確實迅速以報報遲定予軍法制裁除分令外
合行令仰該隊哨長遵照。
此令

福安县政府关于敌机肆虐各地防空哨应加紧监视的训令(1939年7月6日)　0158-001-0301

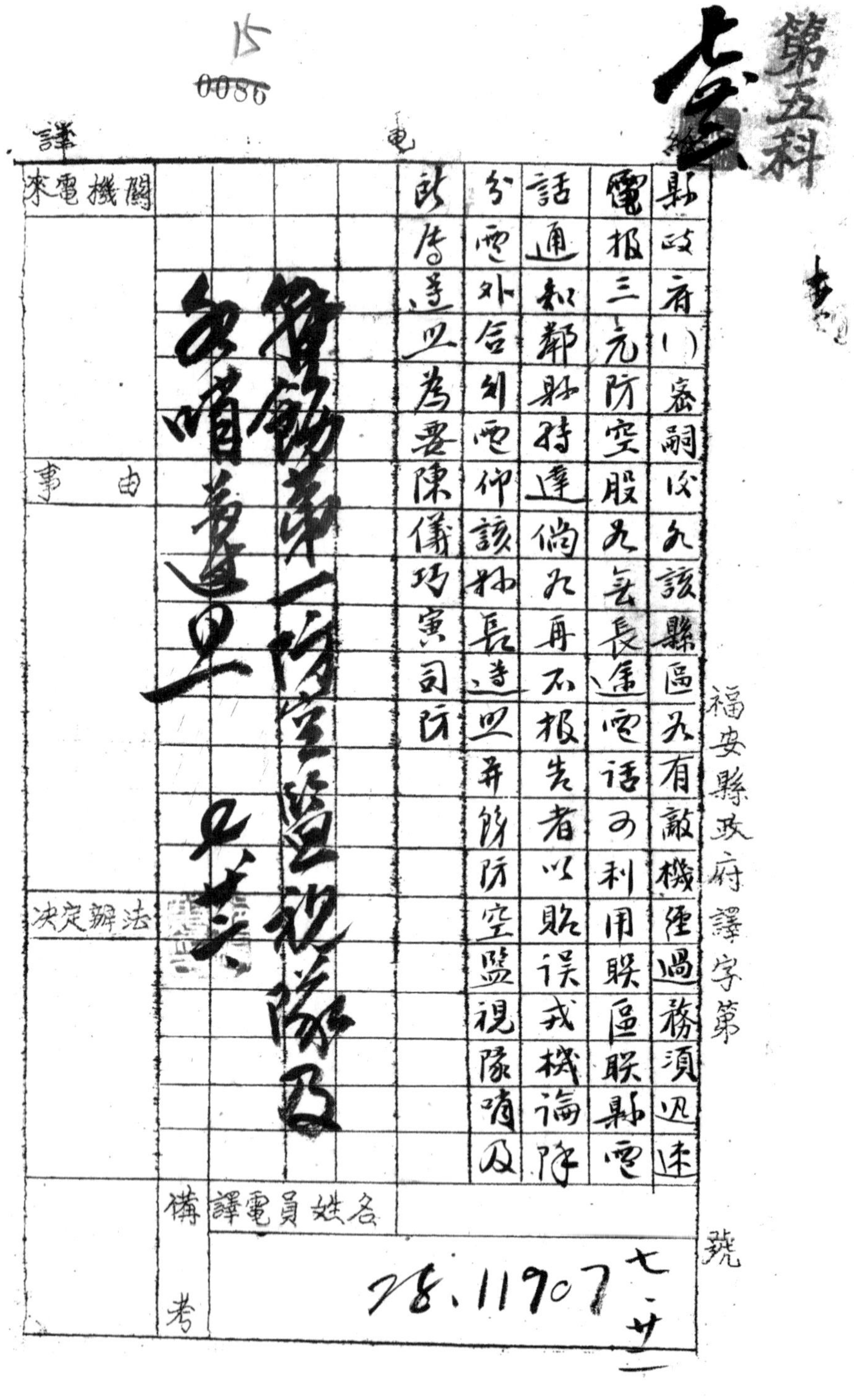
15
0086
第五科
譯電
來電機關
事由
決定辦法
縣政府（）密嗣後如該縣區如有敵機經過務須迅速
電報三元防空股及縣長（）電話可利用聯區聯縣電
話通知鄰縣轉達倘如再不報告者以貽誤戎機論除
分電外合行電仰該縣長遵照并飭防空監視隊哨及
所屬遵照為要陳儀巧寅司防
覆飭第一防空監視隊及
各哨站遵照
福安縣政府譯字第　　號
備考
譯電員姓名
28.11707 七.廿二

福安县政府译福建省政府关于如有敌机经过应速电报三元防空股的电文

（1939 年 7 月 22 日） 0158-001-0301

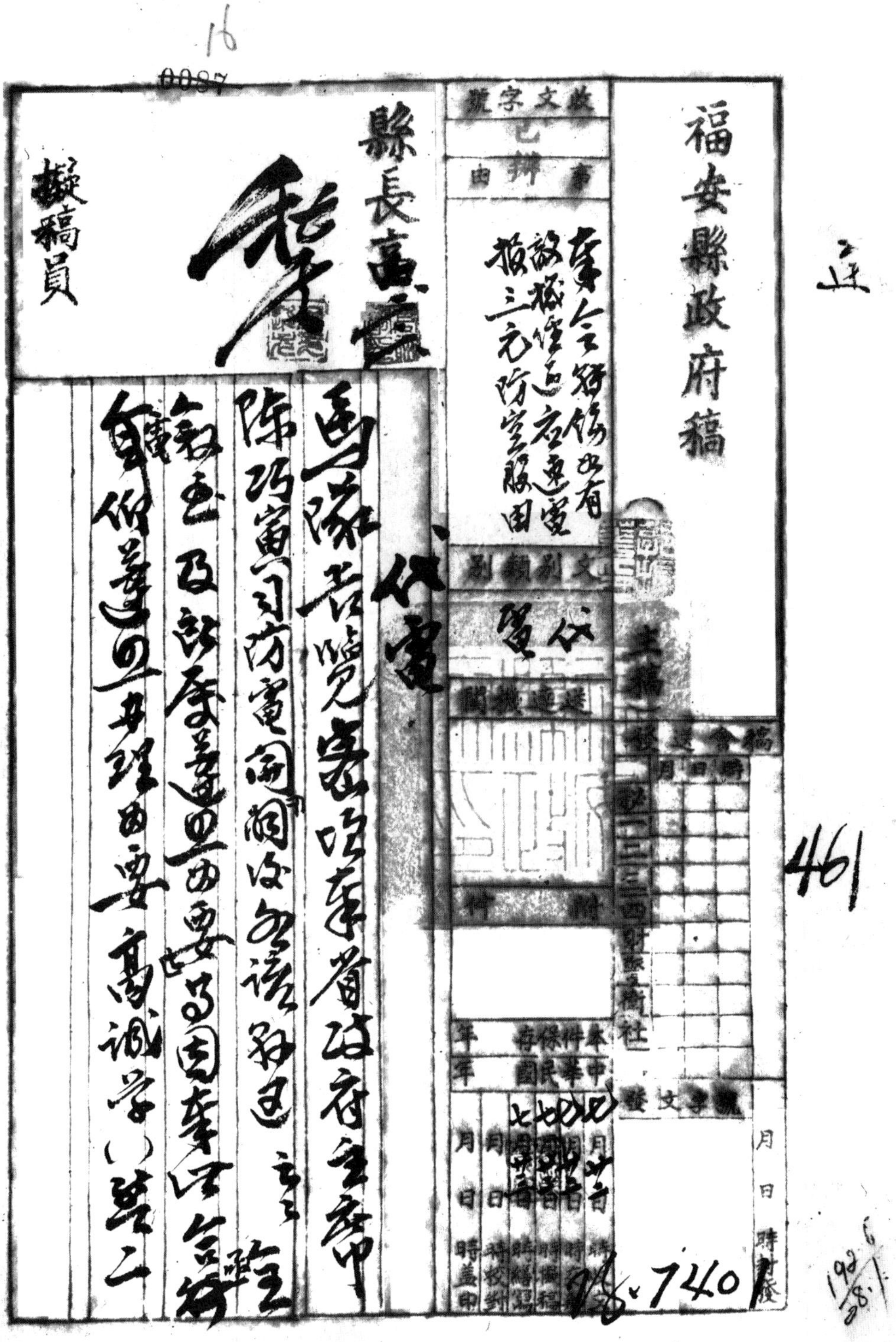

福安县政府关于奉令转饬如有敌机经过应速电报三元防空股的代电

（1939 年 7 月 23 日） 0158-001-0301

第五科

各飭監視隊并按督查具報

0088

福建省政府密快郵代電

福安縣政府奉行政院豔未一電開查敵擾我資源城市及交通要衝遍及湘鄂各省城市務依前此電令指示期限督促实施並由各該省防空部隊派員分別現地督察以期確实仍將遵辦情形具報等因查前奉行政院效一電令各縣曾經通令遵辦在案茲奉前因除分電外合亟電仰該縣長務依前此電示各縣督促实施并轉飭該縣(區)防護團及防空監視隊哨隨

七、

28/12472卅

福建省政府关于转饬各县防护团及防空监视队哨随时派员现地督查的密快邮代电

(1939年7月21日)a面　0158-001-0301

時派員分別現地督察仍將遵辦情形具報省

政府(關)保防印

中華民國　　　　　日發

借印

校葉派立林

福建省政府关于转饬各县防护团及防空监视队哨随时派员现地督查的密快邮代电

(1939年7月21日)b面　0158-001-0301

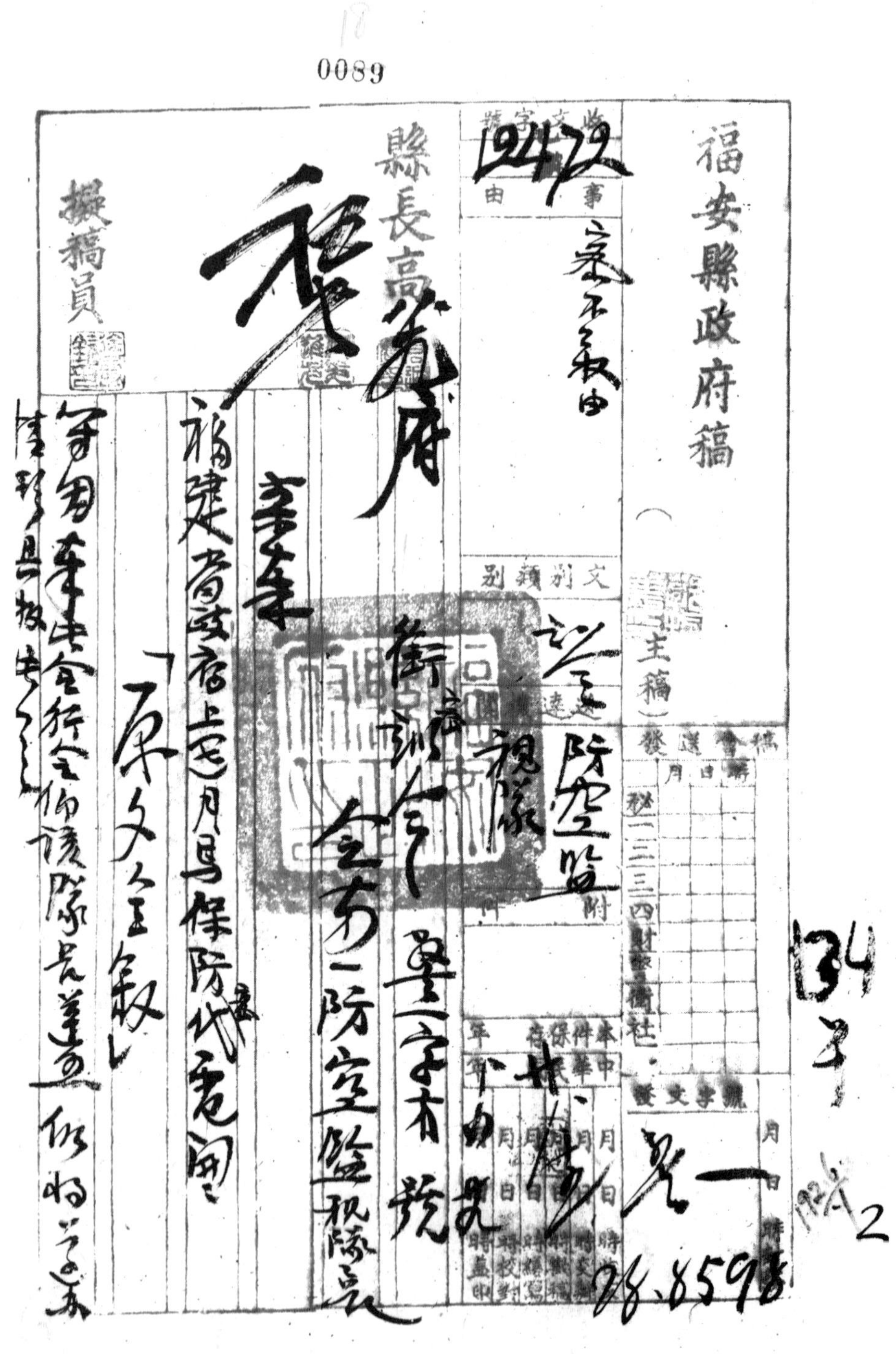

福安县政府关于防空监视队哨随时派员现地督查办理情形具报训令

（1939 年 8 月 29 日）　0158-001-0301

事由：為敵機散佈鼠疫桿菌仰飭注意嚴防由 附件

福建省政府代電 律亥删府衛防永139215號

案奉第三戰區司令長官艶垓電開「查甬衢先後發生鼠疫据稱病菌由敵机傳播雖未經切实証明但事有可能嗣後遇有敵机散佈傳单或任何物品應立即焚燬以資防範並飭屬遵照為要」等因併据浙江省衛生處處長陳萬里等戌陷金電以金華儉日敵机散佈顆粒狀物經鏡檢為鼠疫桿菌俟培養及動物接種後再行报告」等情前來除分電外合亟電仰遵照并飭屬注意嚴防為要省政府 衛丣永印

中華民國二十九年十二月 日

福建省政府关于敌机散布鼠疫杆菌请注意严防的代电(1940 年 12 月 15 日) 0165-001-0004

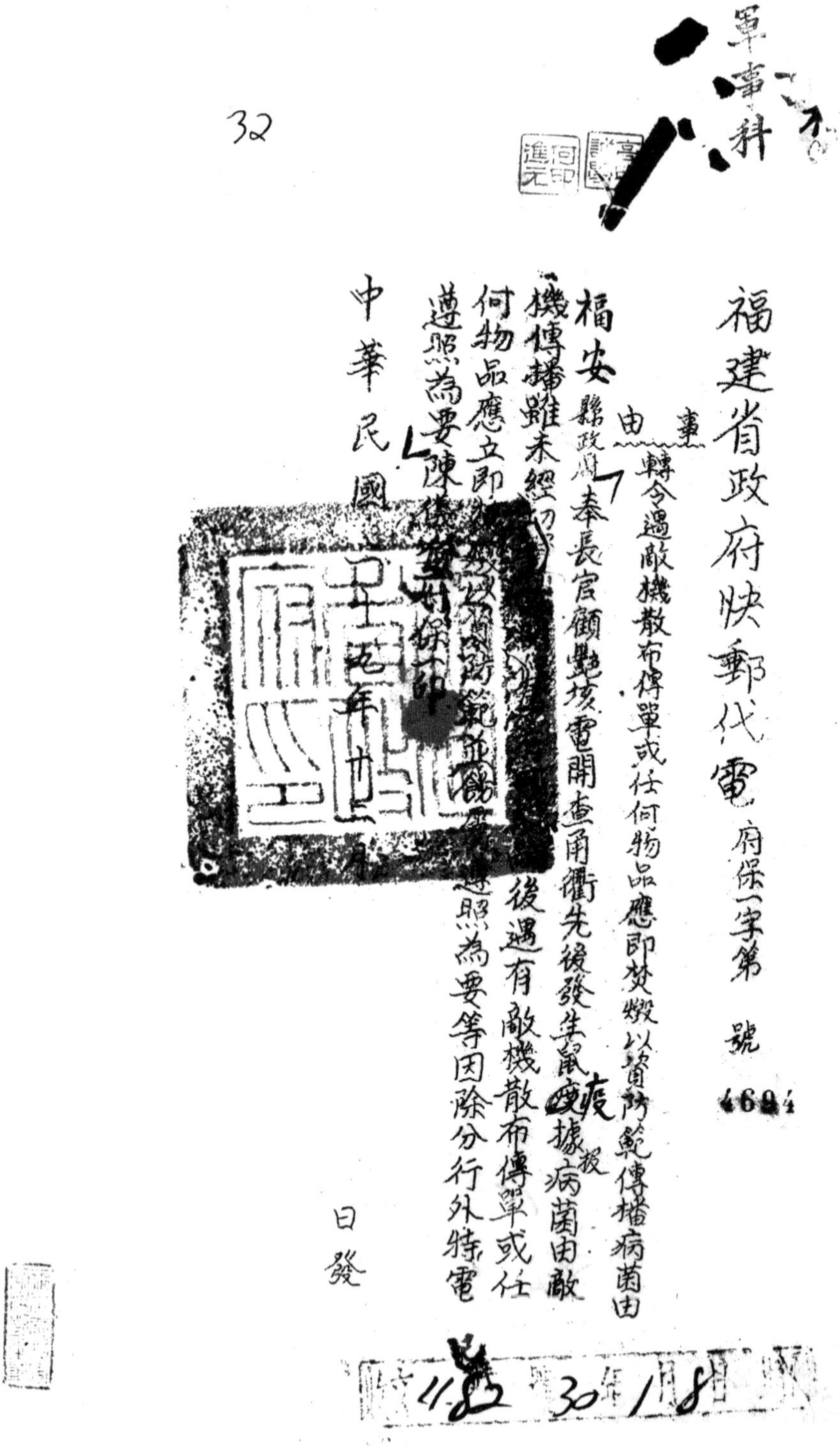

32

軍事科

福建省政府快郵代電 府保一字第 號 4694

事由：轉令遇敵機散布傳單或任何物品應即焚燬以資防範傳播病菌由

福安縣政府：奉長官顧艷核電開：查甬衢先後發生鼠疫，據報病菌由敵機傳播，雖未經切[illegible]，嗣後遇有敵機散布傳單或任何物品應立即焚燬以資防範，並飭屬遵照為要等因，除分行外，特電遵照為要。陳儀 府保印

中華民國二十九年十二月 日發

30年1月8日

福建省政府关于遇敌机散布传单或任何物品应即焚毁以资防范传播病菌的快邮代电

（1940 年 12 月 28 日） 0158-001-0817

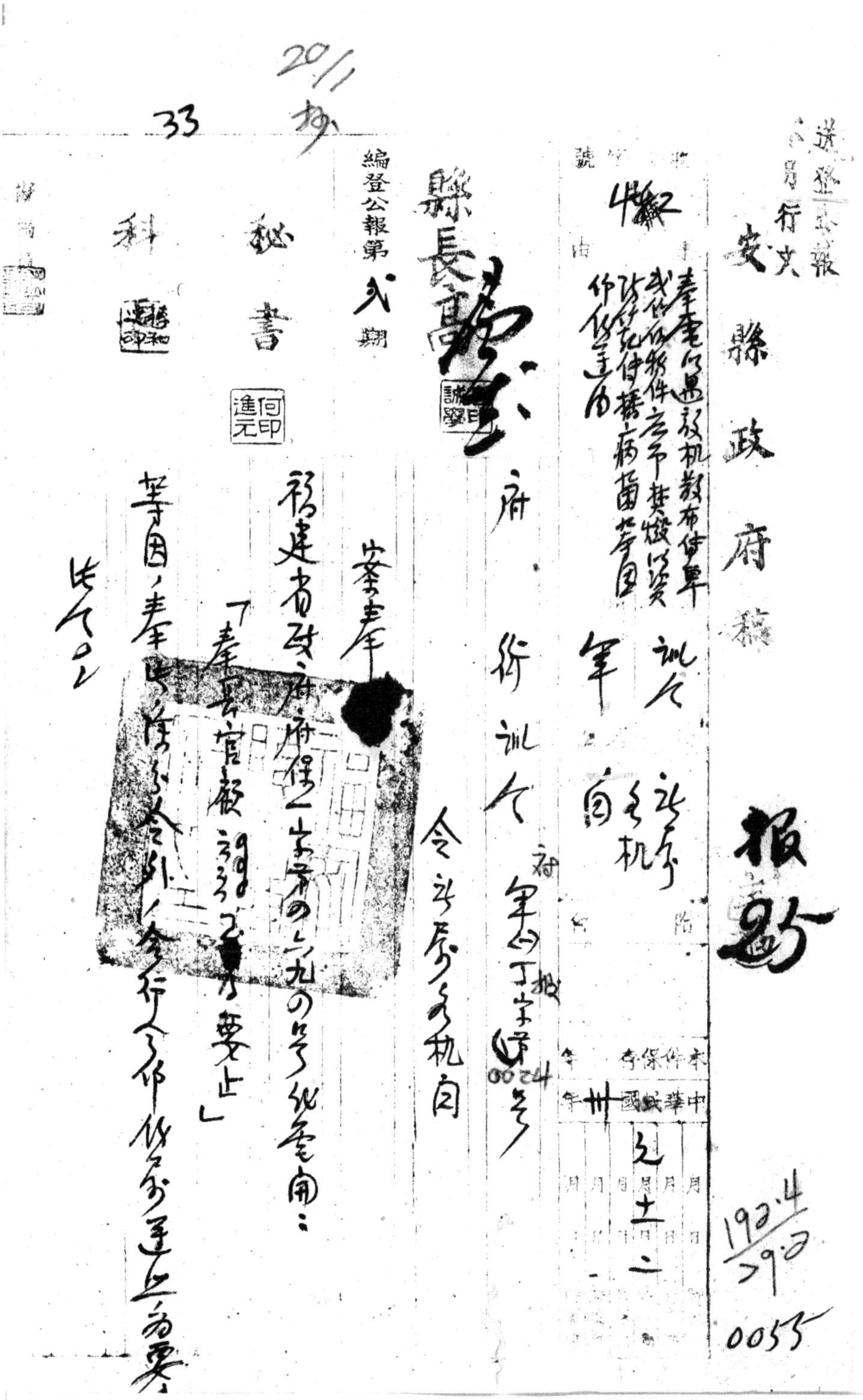

福安县政府稿

奉电以遇敌机散布传单或任何物件应即焚毁以资防范传播病菌等因仰遵照由

训令

县长 高

秘书

科

编登公报第贰期

府行训令

令本府各机关

案奉

福建省政府府保二字第〇二九〇号代电开：「[illegible]要止」等因，奉此，除分令外，合行令仰遵照为要。

中华民国卅年一月十二

福安县政府关于遇敌机散布传单或任何物品应即焚毁以资防范传播病菌的训令

（1941 年 1 月 11 日） 0158-001-0817

18

福安縣政府公報剪用紙

福建省政府訓令 府衛甲報永字第〇一八七六號 三〇，一〇，四，

准衛生署函請轉飭各衛生醫療機關協助當地防空司令部組織防毒設計委員會共同設計研究并實施毒氣（菌）之防禦等由，仰知照并飭遵照

令 各縣政府 各特種區署 省立醫院 省立醫學院 省立永安醫院 省會衛生事務所 各防疫所 省立衛生試驗所 吉山鄉村衛生實驗區

案准

衛生署卅醫字第一〇九一六號有代電開：

「案准航空委員會三十年六月二十九日防民辛蓉字第一四三七號暉容艷代電開：『查年來敵機曾在綏之臨河，浙之金（華）衢（縣）等地，先後使用毒氣，及類以毒菌等情事，當經各該防空司令部，呈送毒物檢體前來，惟經多方化驗與細菌培鑒諸手續，未獲確實結果，究其原因，不外毒物，檢體之保管，及郵遞需時等問題所致，茲為預防暴敵意圖殘殺我人民，濫用毒氣（菌）時，各地均能隨時化驗，共為何種毒氣，（菌）立即予以撲滅計，希轉飭各衛生機關及醫院，盡量協助當地防空司令部，組設防毒設計委員會，共同設計研究，并實施毒氣（菌）之防禦，除分電教育部各防空司令部外，特電請查照辦理，并希見復。』等由到署，除分行外，相應電請查照，即希飭屬協助辦理為荷。」

等由；准此，除分令外，合行令仰遵知照并轉飭遵照辦理（各縣區用）

此令。

福安县政府公报剪贴　福建省政府关于准卫生署函请转饬各卫生医疗机关协助当地防空司令部组织防毒设计委员会共同设计研究并实施毒气（菌）之防御的训令（府卫甲报永字第01876号民国三十年十月四日）（1941年10月19日）　0158-001-0051

19

30

19

縣長　秘書　科長　主任　科員　辦事員

福安縣政府訓令　字第　號

令縣衛生院

案奉

福建省政府府衛甲卯永字第〇二六七六號令：准衛生署函請轉飭各衛生医療机関協助当地防空会……（原文載省政府公報永字第一三四四期第　頁）奉此，仰即遵照。

此令。

縣長　高識

中華民國卅年十月廿三日

福安县政府关于奉令组织实施毒气防御的训令（1941年10月23日）　0158-001-0051

軍事科

福建省保安處代電 衛(辛)2091號

事由：奉轉敵施放毒氣希飭屬注意由

霞浦劉縣長：奉廿五集團軍總部虞辛仁侯字第0422號代電開：奉委座顧鄜戍申電開：據報（一）敵頃組一毒氣訓練班，以宮本中佐為主任，陸軍特務員三百六十名參加訓練施放毒氣之常識及技術，限期一月赴浙東及第三戰區我後方陣內毒斃我士兵，該批人員包括台人、鮮華人及日人。（二）華中敵陸軍航空指揮部頃自武漢抽調偵察機十六架、驅逐機八架赴蘇浙皖區偵查我方軍事調動及散佈毒種等情，希飭屬注意為要等因。除分電各師外，仰轉飭所屬注意為要等因。除

福建省保安处关于奉转敌施放毒气希饬属注意的代电(1941年10月20日)a面 0168-001-0517

分電外，希飭屬注意防範為要。保安處哿參印

中華民國卅年十月　日

校對范摩堯

福建省保安处关于奉转敌施放毒气希饬属注意的代电(1941年10月20日)b面　0168-001-0517

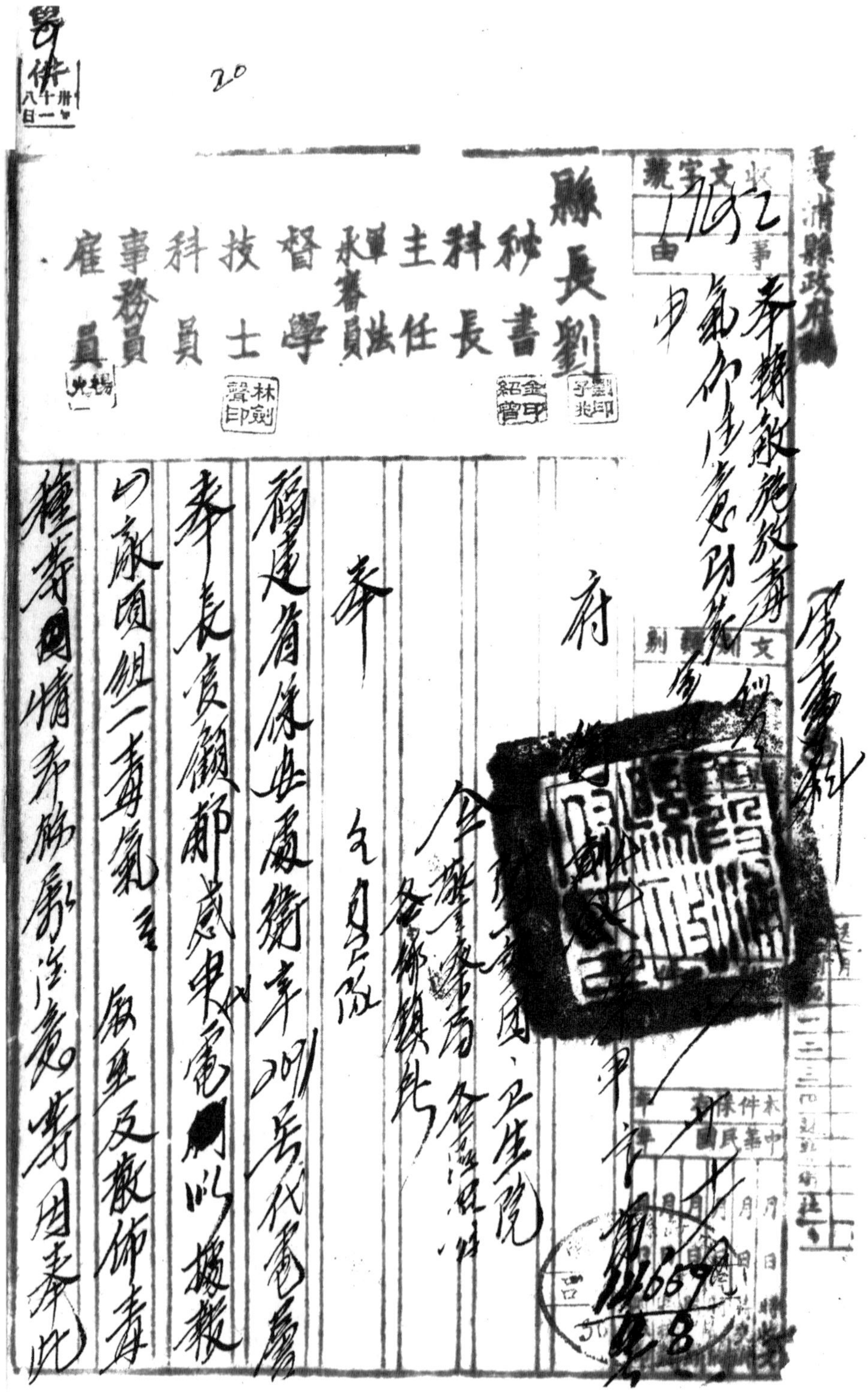

霞浦县政府关于奉转敌施放毒气注意防范的训令(1941 年 11 月)a 面　0168-001-0517

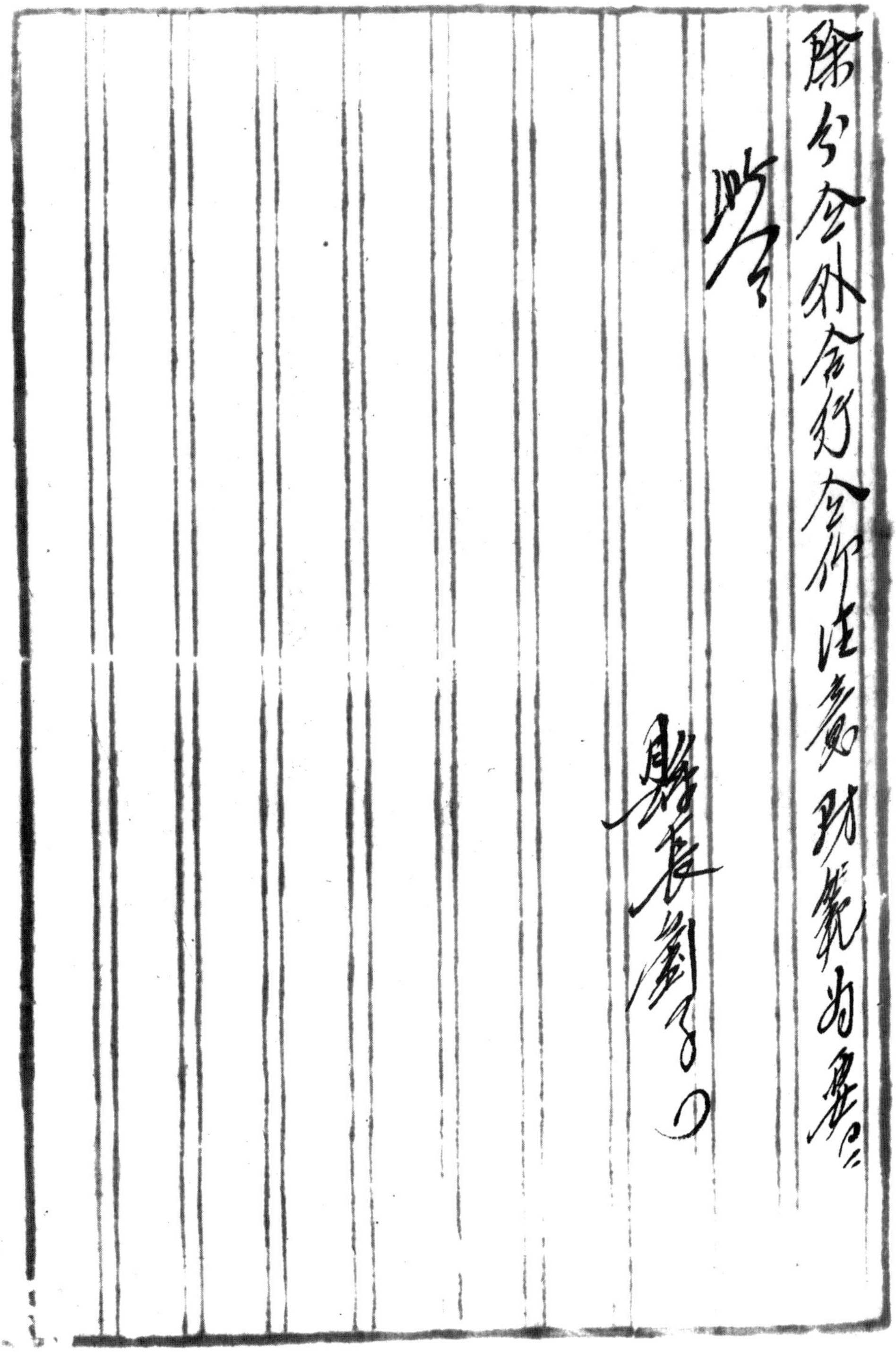

除分令外合行令仰注意防範為要

此令

縣長劉子

霞浦县政府关于奉转敌施放毒气注意防范的训令(1941 年 11 月)b 面　0168-001-0517

建省保安處代電

事由：飭屬防範敵机投下放毒谷物由

銜辛字第2690號

福安縣政府：屬奉委座戌虞令一亨侍電開：據報支日敵機一架在常德附近投下布帛豆谷等物，鄉民有拾取者當即中毒等情，仰即轉飭所屬各部隊各機関軍民一体注意防範等因，除分電外，仰飭屬注意嚴為要。保安處暗參印

中華民國三十年十一月　日發

校對范學堯

該案前奉省府電已飭屬並佈告通知矣　存卷

福建省保安处关于饬属防范敌机投下放毒谷物的代电(1941 年 11 月)　0158-001-0500

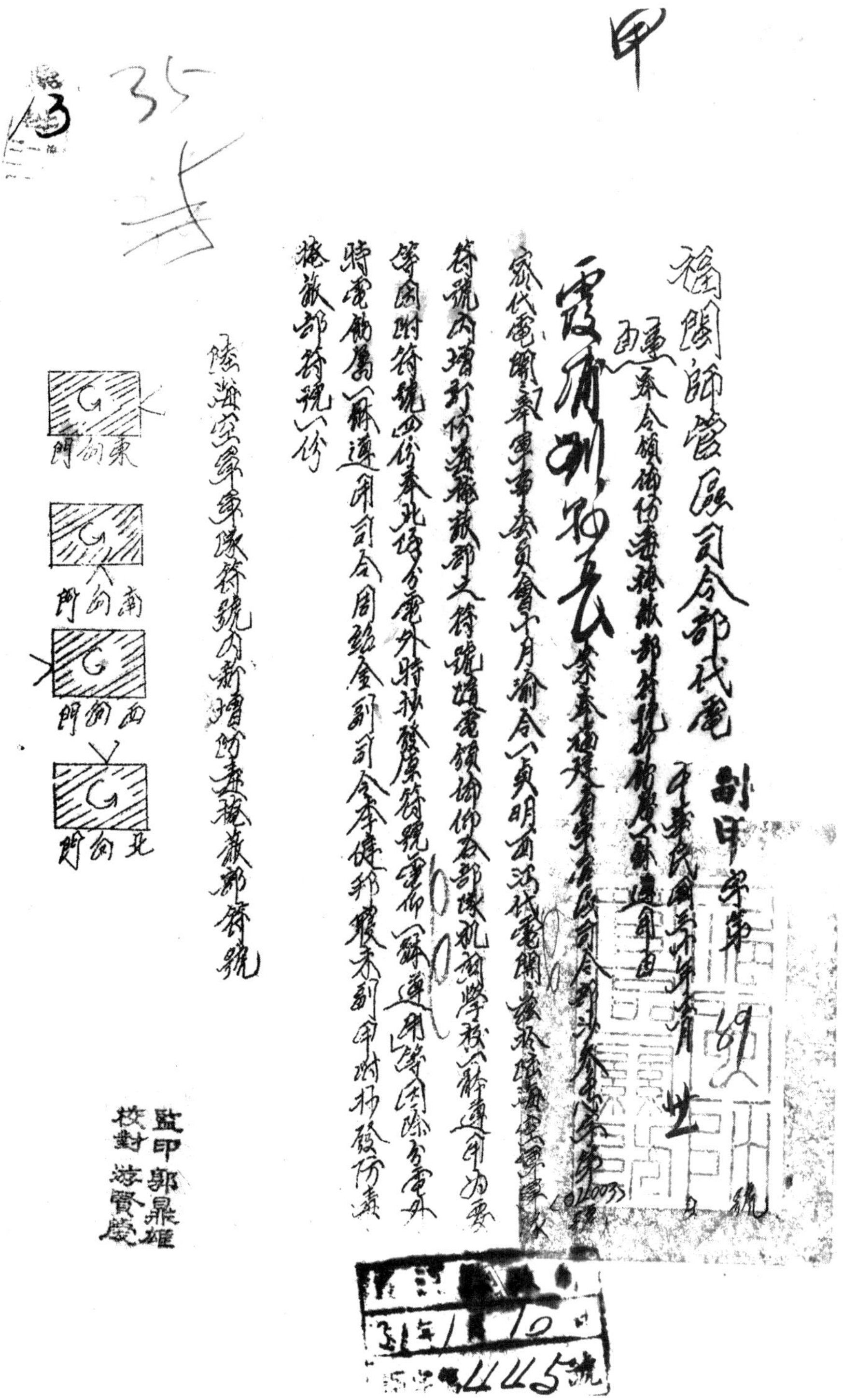

甲

福闽师管区司令部代电　副甲字第69号

霞浦刘县长：案奉福建省保安司令部代电开：案奉军事委员会十一月渝令一爽明酉沟代电开：兹于防空监视队符号内增订防毒掩蔽部之符号，随电颁发，仰各部队机关学校一体遵用为要等因，附符号四份。奉此，除分电外，特检发原符号，电仰一体遵用等因。除分电外，特电饬属一体遵用。司令周志金　副司令李健邦　戌东副印　附抄发防毒掩蔽部符号一份

陆（防）空监视队符号内新增防毒掩蔽部符号

门向东

门向南

门向西

门向北

监印 郭鼎雄
校对 游实庆

福闽师管区司令部关于奉令颁布防毒掩蔽部符号饬属一体遵用的代电

（1941 年 12 月 31 日）　0168-001-0480

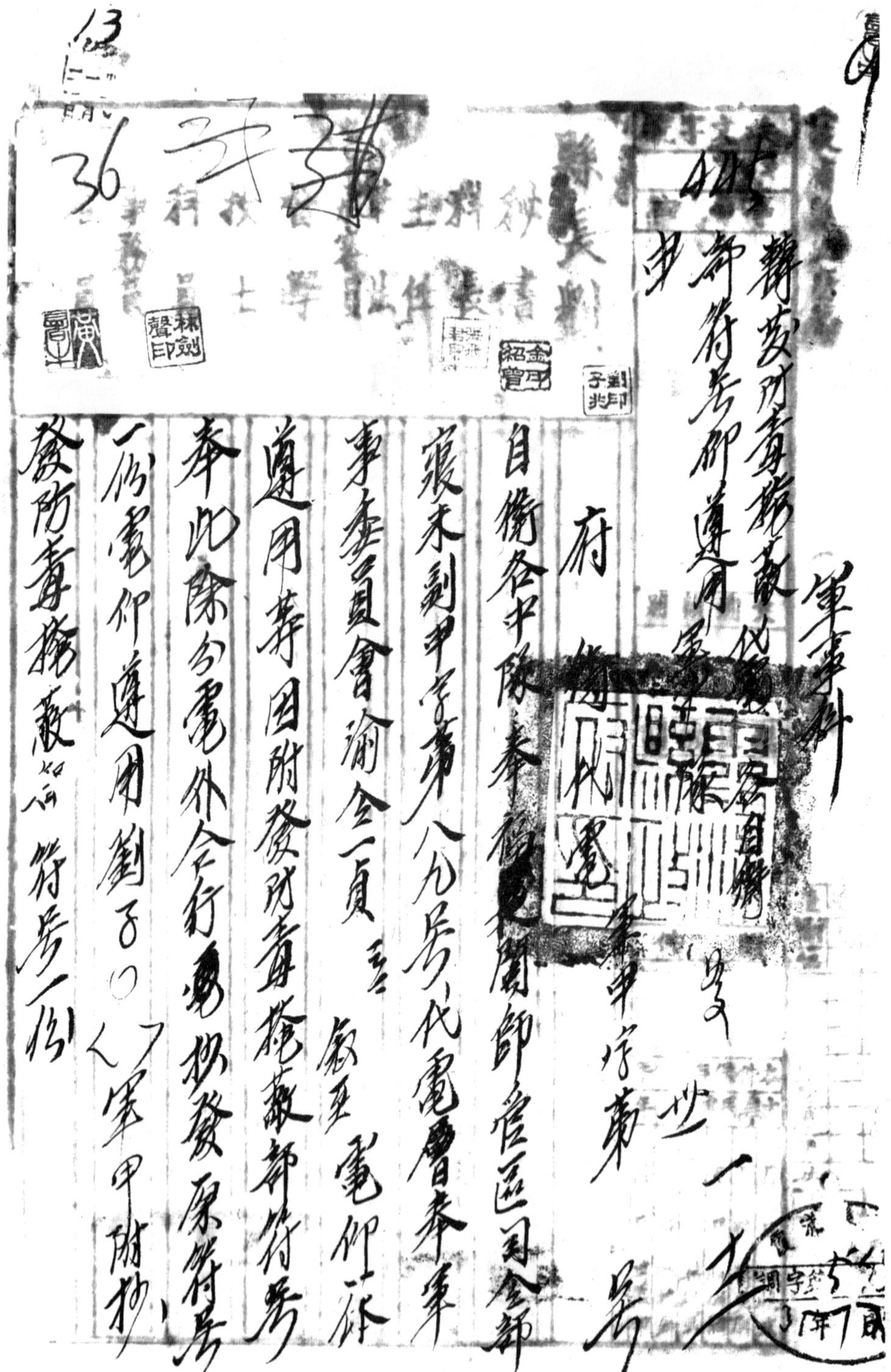
軍事科
轉發防毒掩蔽部符號仰遵用由
府衛字第　號
自衛各中隊 奉福建省閩東區司令部
寅灰未副甲字第八九号代電會奉軍
事委員會渝令一頁云 敘至 電仰祗
遵用等因附發防毒掩蔽部符号
奉此除分電外合行擬發原符号
一份電仰遵用 劉子
發防毒掩蔽部符号一份

霞浦县政府关于转发防毒掩蔽部符号并遵用的代电(1942 年 1 月 12 日)　0168-001-0480

25

抄件

行政院训令　　顺柱秘字三八零
　　　　　　　民国三十一年二月二十六日

令

據衛生署呈稱：「案據戰時防疫聯合辦事處呈，為修正處理敵機擲下物品須知，呈請鑒核備案等情，到署。經核尚無不合，除准予備案并會同軍醫署呈請軍事委員會鑒核通飭外，謹檢同修正處理敵機擲下物品須知一份，呈請鑒核備案通飭施行」等情。除指令准予備案並分令外，合行抄發原件，令仰知照並轉飭知照。此令。

附抄發處理敵機擲下物品須知一份

院長　蔣中正

處理敵機擲下物品須知（三十一年二月一日修正）

各地社團防空之軍民人等於發現敵機擲下物品後應注意下列各項

（一）所有擲下物品均應認為有沾染毒菌或毒物之可能，務須避免用手直接接觸

行政院关于抄发处理敌机掷下物品须知的训令(1942年2月26日)　0165-001-0013

附件　处理敌机掷下物品须知(三十一年二月一日修正)(1942年2月1日)a面　0165-001-0013

所有掃除及集合該項物品之器具用後亦應消毒

(二)屢聞敵擲下物品內含有傳染病疫之嫌疑

(三)對敵擲下物品以立刻就地消滅為原則

(四)當地如有檢驗設備之衛生機關應通知派員採取一部負責檢驗其餘仍應予以消滅至檢集該項物品之時更須特別注意避免觸發之可疑

(五)對敵擲下物品之地區如面積不廣應先用消毒藥水充分噴灑然後將較有物體集合一處用烈火徹底焚燒之消毒藥品可用百分之二來沙而或千分之一石炭酸或漂白粉溶液或石灰水（石灰一份水四份）

(六)如敵擲下物品甚多落下之地區面積較廣無法盡量用消毒藥水噴灑焚燬地區并劃定污染區之範圍將擲下物品集中焚燬之並消毒時應有居民暫時離開觀察並須經過相當時間之曝曬須達六小時以上使其消毒之效

(七)如敵擲下物品內發現食品應注意檢驗處理者由衛生機關嚴密審查菌之存在則切勿任意食用以免傳染病疫及人類

附件 处理敌机掷下物品须知(三十一年二月一日修正)(1942年2月1日)b面 0165-001-0013

收文字第4485號 31年3月19日

福建省政府教育廳代電

事由：奉教育部代電准衛生署函以遇有敵機投下可疑物品應即審慎從事迅速檢驗報告等由電仰遵辦等因特電遵照辦理由

福安縣立初級農業職業學校：案奉教育部三十一年一月五日總字第零零四七一號代電開："案准衛生署未卅防一八三六三號函開："查本年十一月間敵機於湖南常德桃源兩地投下穀米破布等物不數日常德發生鼠疫循此敵人技末途窮之時深恐有寔行細菌兵器戰爭之可能自應預謀防範以策安全本軍醫署本衛生署現奉令妥謀防治方法及研究細菌學兵器戰爭施用之可能性經已會同有關各方詳細商討擬具適當防治方法並已分別函令有關各機關一致注意防治工作遇有敵機投下可疑物品應即審慎從事迅速檢驗報告至各醫學院設備較為完全遇有當地衛生機關檢驗敵機擲下疑物時擬請儘量幫助以便判並對於細菌戰爭之可能性指宗專門

20182

福建省政府教育厅关于奉教育部电遇有敌机投下可疑物品应即审慎从事迅速检验报告的代电

（1942年3月3日） 0165-001-0007

參

福建全省防空司令部代電　防民丙字第　號

事由：為抄發敵機散播鼠疫菌辦法及處理敵機擲下物品須知，仰嚴密防範由。

福安縣政府：案准航空委員會防空總監部防民壬渝字第一一六號代電開："奉交下軍委會三十年十二月辦(二)診渝字第五四九號世代電開：查敵寇撒播鼠疫桿菌，迭據閩浙湘各省電告發現鼠疫，化驗屬實。經飭據軍醫衛生兩署會擬防止敵機散播鼠疫桿菌實施辦法，送請行政院審核通飭施行在案。茲准函復以是案經召集有關機關開會審查，准照審查意見辦理，除由院通飭遵照外，抄同審查會議紀錄，囑查照等由，附紀錄一份。除分飭遵照外，合亟抄發該會議紀錄內附前項防止敵機散播

福建全省防空司令部关于抄发防制敌机散播鼠疫杆菌实施办法及处理敌机掷下物品须知并严密防范的代电(1942年3月24日)a面　0158-001-0708

鼠疫桿菌实施辦法及處理敵機擲下物品須知各一份電仰[illegible]

照轉飭所屬一体遵照并仰轉飭[illegible]對於防[illegible]工作[illegible]

合作戮力同心以赴事功為要等因附發辦法及須知各一份奉

此除分電外相應檢送是項辦法及須知各一份電請查照并請

轉飭所屬注意防範為荷等由准此除分電外合行抄發是項

辦法及須知各一份仰一体嚴密防範為要福建全省防空司令

部迴防民丙卯附發辦法及須知各一份

中華民國三十一年三月　日發

福建全省防空司令部关于抄发防制敌机散播鼠疫杆菌实施办法及处理敌机掷下物品须知并严密防范的代电(1942年3月24日)b面　0158-001-0708

附382

防制敵機散播鼠疫桿菌實施辦法

請軍事委員會行政院通令全國各軍政機關飭知敵人有利用細菌兵器之企圖須嚴密防範

請軍事委員會通令全國防空機關轉飭擔任防空監視哨之軍民人等一致嚴密注意敵機擲下物品並將其按照處理敵機擲下物品須知辦理

三、由軍政部通令全國各地軍旅防疫機關一致注意防範並充實防疫及檢驗器材

四、由衛生署通飭全國各地省市衛生主管機關轉飭所屬一体注意防範並準備防疫及檢驗器材

五、由軍醫署衛生署及中國紅十字會總會救護總隊部積極準備預防及治療鼠疫物品並會同向國外洽請捐助各種治療及預防鼠疫器材如氰酸氣噴霧器及[illegible]等

六、由衛生署令飭中央及西北兩防疫處充分準備鼠疫疫苗發售

91

附件 防制敌机散播鼠疫杆菌实施办法(1942 年 3 月 24 日)a 面 0158-001-0708

七、由衛生署即發預防鼠疫生物品
八、由軍政部衛生署分別令飭各集團衛生機關及派駐各該地之担任醫防人員灌輸防疫及消毒常識俾能于必要時指導協助
九、在某地有鼠疫發生時該省衛生主管人員應即馳往該地聯合當地有關各方組織臨時防疫聯合辦事處務于最短期間予以撲滅
十、請軍事委員會通令全國對于防疫工作應軍民合作戮力同心以赴事功
十一、如某地發生鼠疫應由地方負責自籌經費努力防制必要時得呈請中央撥款或派員協助防治
十二、如有鼠疫或疑似鼠疫發生時應即按照戰時防疫聯合辦事處所訂之「疫情報告辦法」移送辦理之

附件 防制敌机散播鼠疫杆菌实施办法(1942年3月24日)b面 0158-001-0708

处理敌机掷下物品须知

各地担任防空之军民人等于发现敌机掷下物品后应注意下列各项

（一）所有掷下物品均应认为有沾染毒菌或毒物之可能务须避免用手直接接触该项物品即用以扫除或集合该项物品之器具用后亦应消毒

（二）严防掷下物品内掺有能传染鼠疫之跳蚤

（三）对掷下物品以立刻就地消灭为原则

（四）除当地有检验设备之卫生机关可通知其派员来取一部份外余一概应予消灭负责检集该项物品之人员尤须特别注意避免跳蚤之叮咬

附件　处理敌机掷下物品须知（1942年3月24日）a面　0158-001-0708

(五)對擲下物品之地區如面積不廣應先用消毒藥水先分噴洒前後將該項物品集合一處加入燃火物徹底焚燒之消毒物品可用百分之三來沙兒或千分之一石炭酸或煤焦油溶或百分之五漂白粉溶液或石灰水(石灰一份水四份)

六、如擲下物品甚多沾污之地區面積較廣必須先集合各處如消毒藥水不敷時所有居民至好暫時離開猛烈之陽光經大小時以上後亦可收消毒之效

七、如擲下物品亦可使鼠食者更應注意澈底撲滅否則若其中攙有帶有鼠疫桿菌之跳蚤鼠類易遺傳染隨後波及人類

附件 处理敌机掷下物品须知(1942年3月24日)b面 0158-001-0708

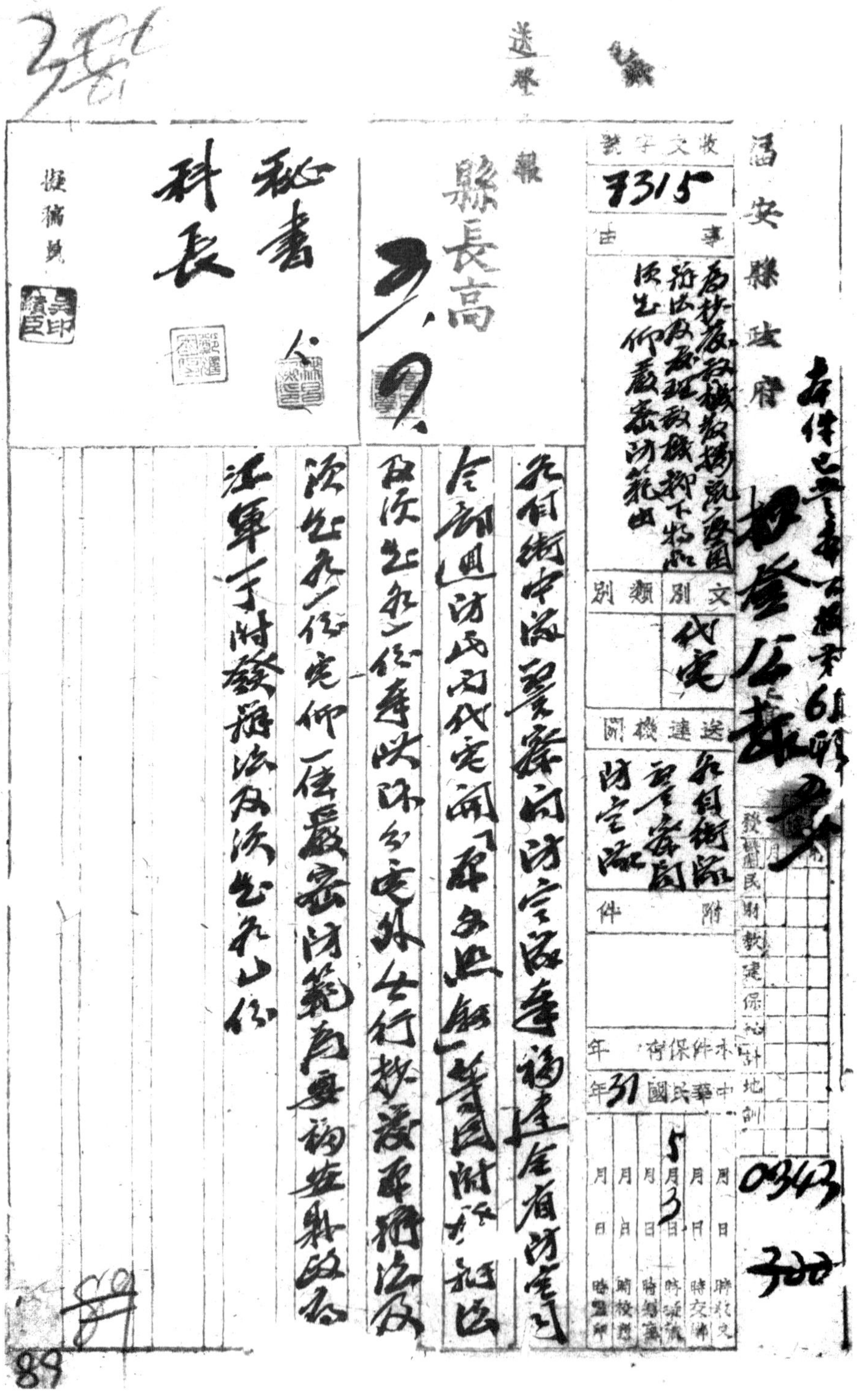

福安縣政府

收文字號 7315

事由：為抄發防制敵機散播鼠疫杆菌實施辦法及處理敵機擲下物品須知由

文別：代電

送達機關：各街鎮、警察局、防空隊

中華民國31年5月3日

縣長高

秘書

科長

擬稿員

各街鎮、警察局、防空隊……
……防制敵機散播鼠疫杆菌實施辦法及處理敵機擲下物品須知各一份，仰一體嚴密防範為要。福安縣政府
計附發辦法及須知各一份

福安县政府关于抄发防制敌机散播鼠疫杆菌实施办法及处理敌机掷下物品须知的代电

（1942 年 5 月 3 日） 0158-001-0697

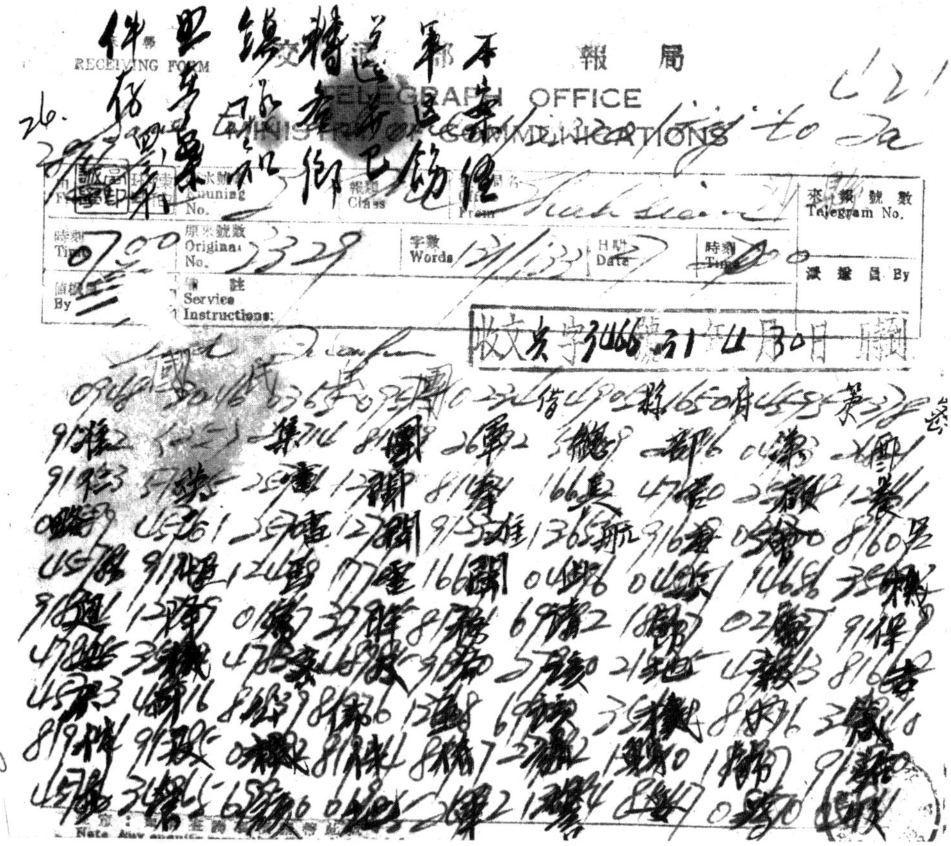
RECEIVING FORM

報局

TELEGRAPH OFFICE

MINISTRY OF COMMUNICATIONS

來報號數 Telegram No.

報類 Class

發報局名 From

時刻 Time

原來號數 Original No.

字數 Words

日期 Date

時刻 Time

譯電員 By

備註 Service Instructions:

派遞員 By

福安县政府译福建省军管区司令部电饬属保护此次敌机迫降之机密，机内文件及机件妥为收存

（1942 年 4 月 27 日） 0161-001-0132

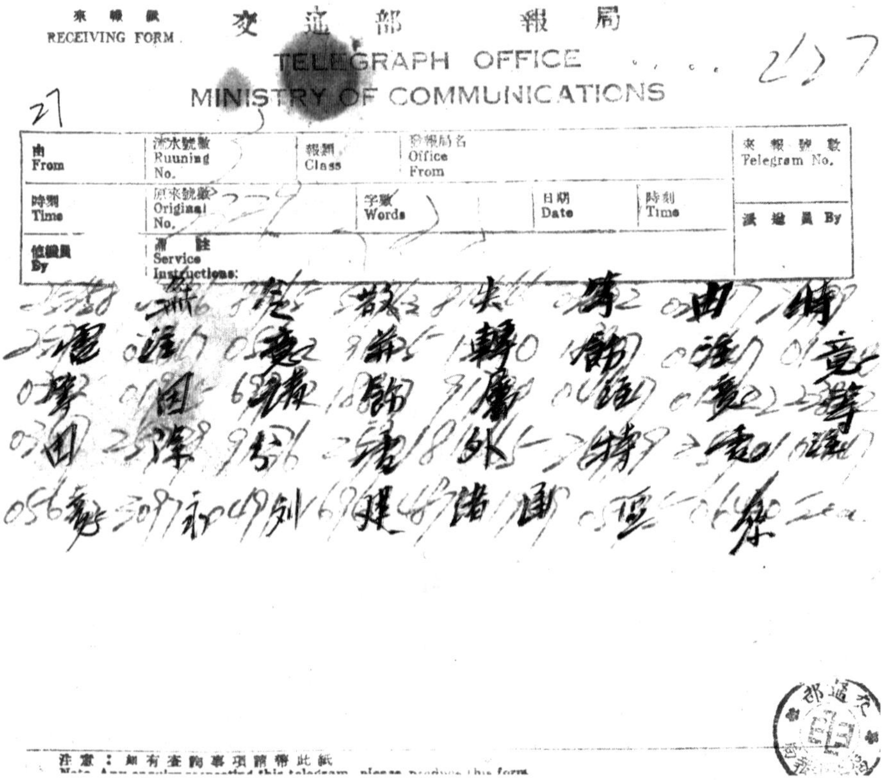

福安县政府译福建省军管区司令部电饬属保护此次敌机迫降之机密，机内文件及机件妥为收存

（1942年4月27日） 0161-001-0132

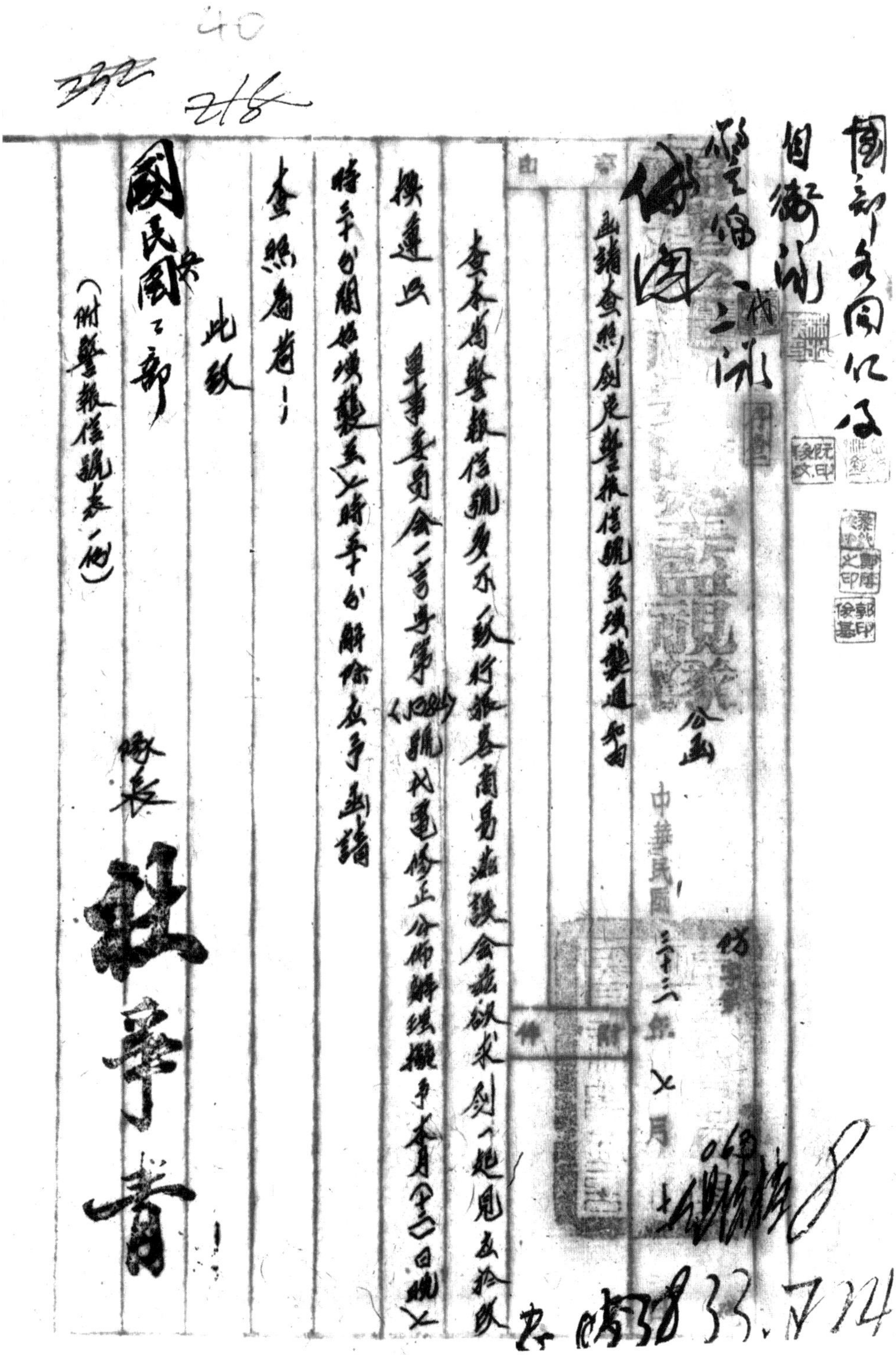

函请查照划定警报信号并演习由

福安县防空监视队公函

查本县警报信号多未一致，行旅暨商民易滋误会，兹欲求划一起见，爰于本队换达照军事委员会一言字第（10084）号代电修正公布解除空袭警报，于本月十二日晚七时半分开始演习，至八时半分解除在案。函请查照为荷！

此致

国民兵团部

（附警报信号表一份）

队长 杜争青

中华民国三十三年七月十一日

福安县防空监视队关于划定警报信号并于十二日晚演习的公函（1944 年 7 月 11 日） 0161-001-0138

空袭警报		
呜——		鸣响三十秒长音后续放两响短音

紧急警报		
呜——		鸣响三十秒长音后续放六次短音

解除警报		
呜——		续放三分钟长音

附件 福建省警报信号表(1944 年 7 月 11 日) 0161-001-0138

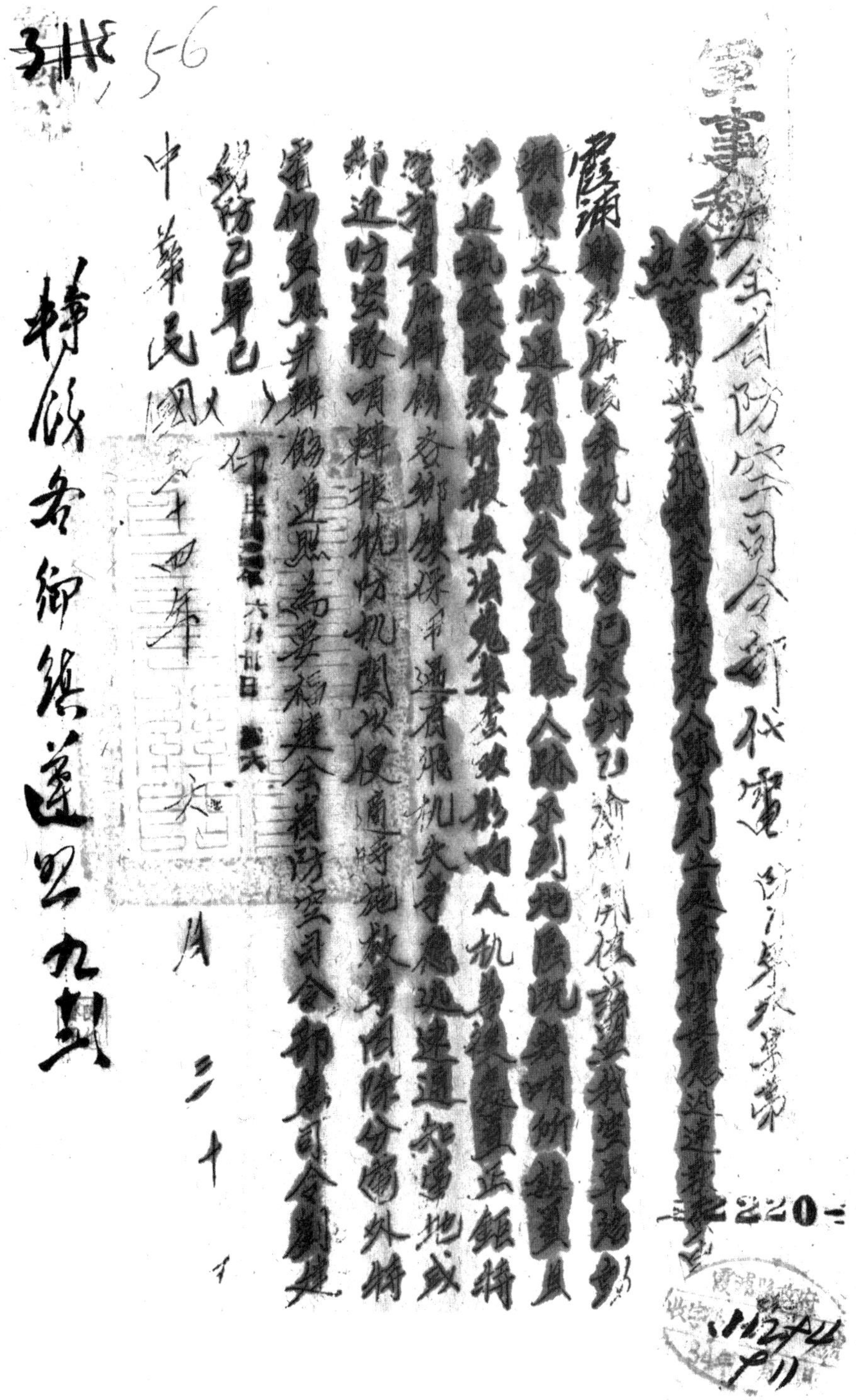

福建全省防空司令部关于遇有飞机失事坠落人迹不到之处，各乡保长应迅速报告的代电

（1945年6月30日） 0168-001-0477

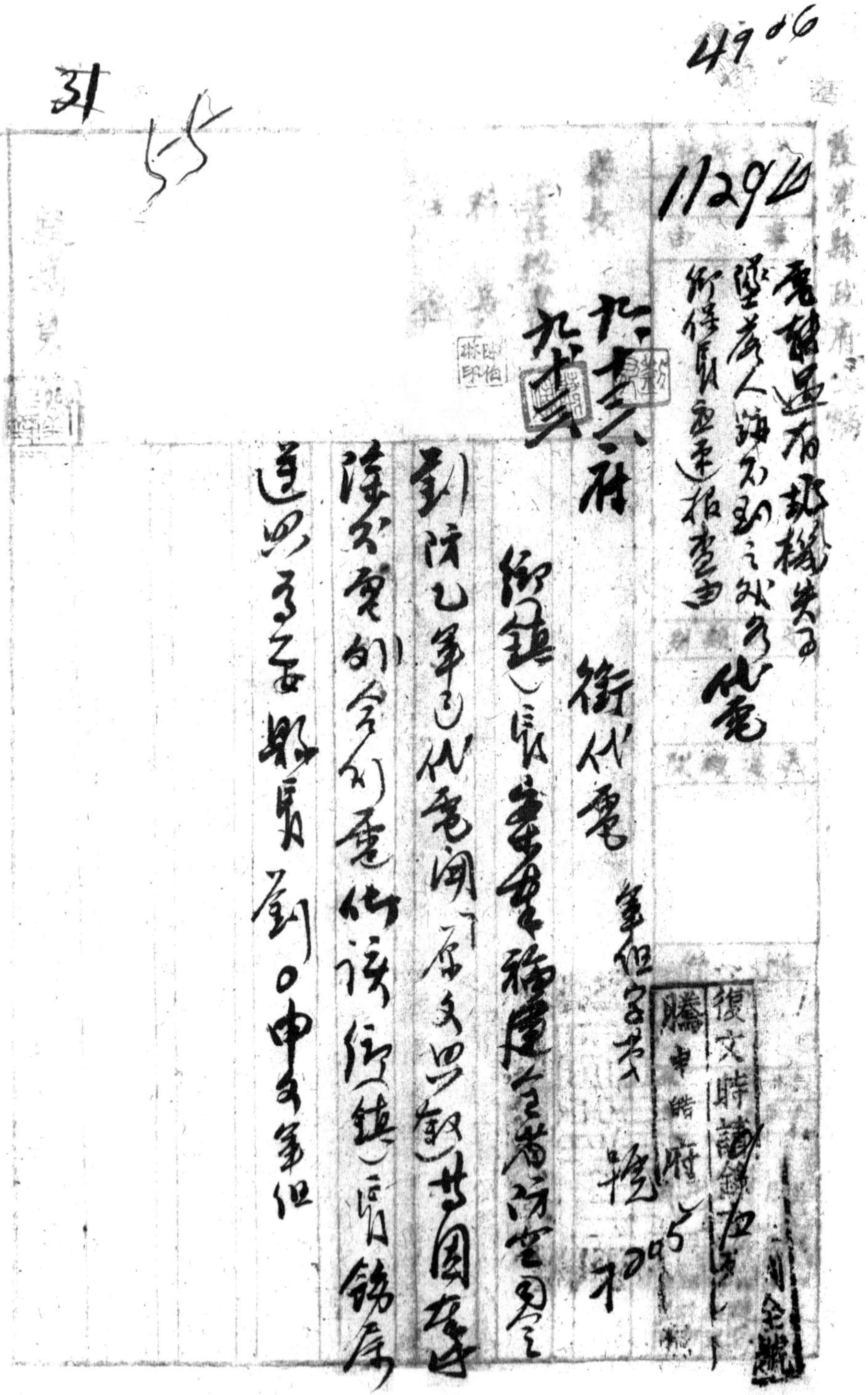

霞浦县政府关于遇有飞机失事坠落人迹不到之处，各乡保长应速报查的代电

（1945年9月19日）　0168-001-0477

（二）敌情与处置

1.敌情报告

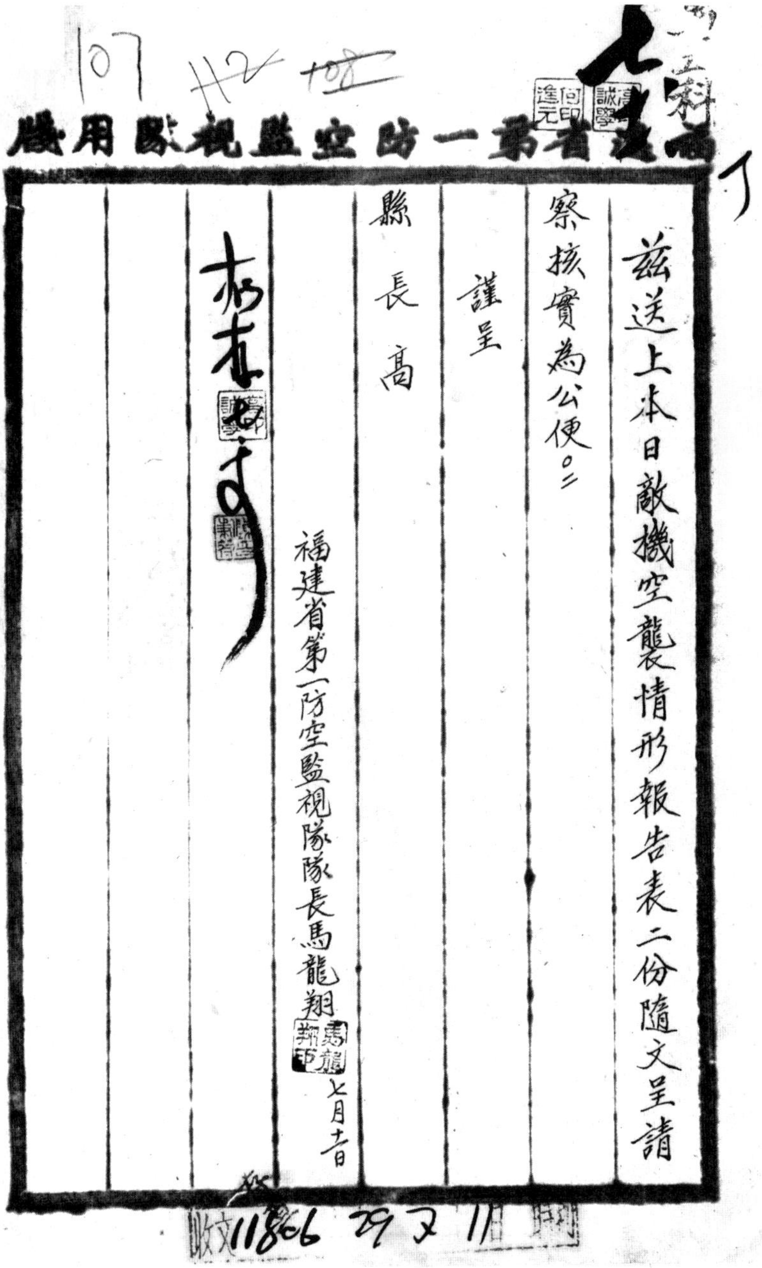

福建省第一防空監視隊用牋

茲送上本日敵機空襲情形報告表二份隨文呈請

察核實為公便。

謹呈

縣長高

福建省第一防空監視隊隊長馬龍翔

七月十一日

福建省第一防空监视队关于报送本日敌机空袭情形报告表的呈文

（1940年7月11日） 0161-001-0108

~~114~~ ~~110~~ 109

福安縣縣城受敵机空襲情形报告表

月日	七月十一日
敵机架數	不明
由何處飛來由何處飛去	由六都發現向福鼎海邊七星島飛去
發空襲警報時刻	十点四十五分
警報解除時刻	十一点二十分
投弹數量	
被炸處所	
損傷情形	
敵机未侵入原因	因向福鼎飛行故未侵入福安
備攷	敵机飛行高度在四千公尺以上故架數不明
附註	

福建省第一防空監視隊隊長馬龍翔

附件　福安县城受敌机空袭情形报告表(1940年7月11日)　0161-001-0108

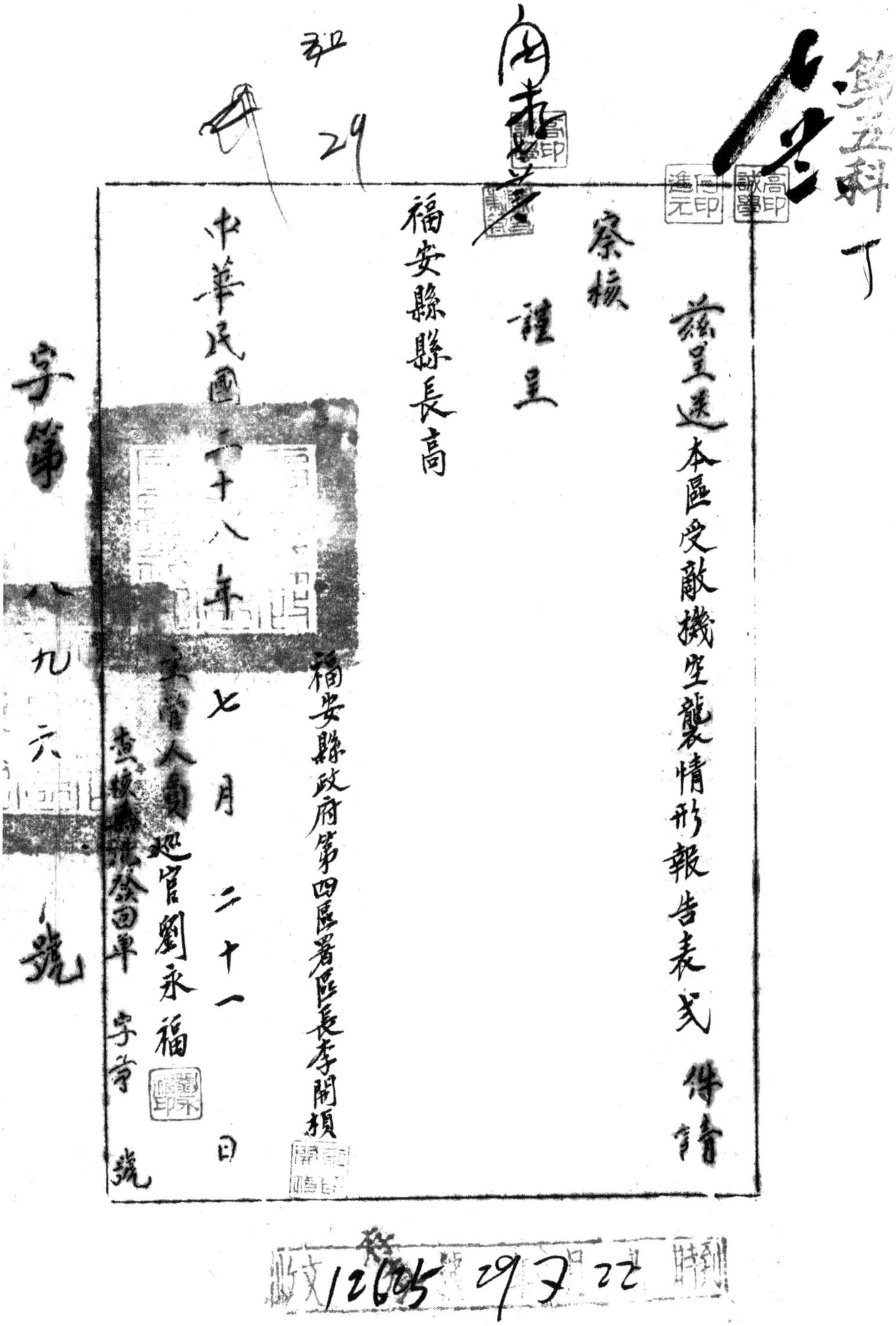

茲呈送本區受敵機空襲情形報告表式 件 請

察核

謹呈

福安縣縣長高

福安縣政府第四區署區長李開禎

中華民國二十八年七月二十一日

文書人員趙官劉永福

字第 八九六 號

福安县政府第四区区署关于报送本区受敌机空袭情形报告表的呈文

(1939 年 7 月 21 日)a 面　0158-001-0477

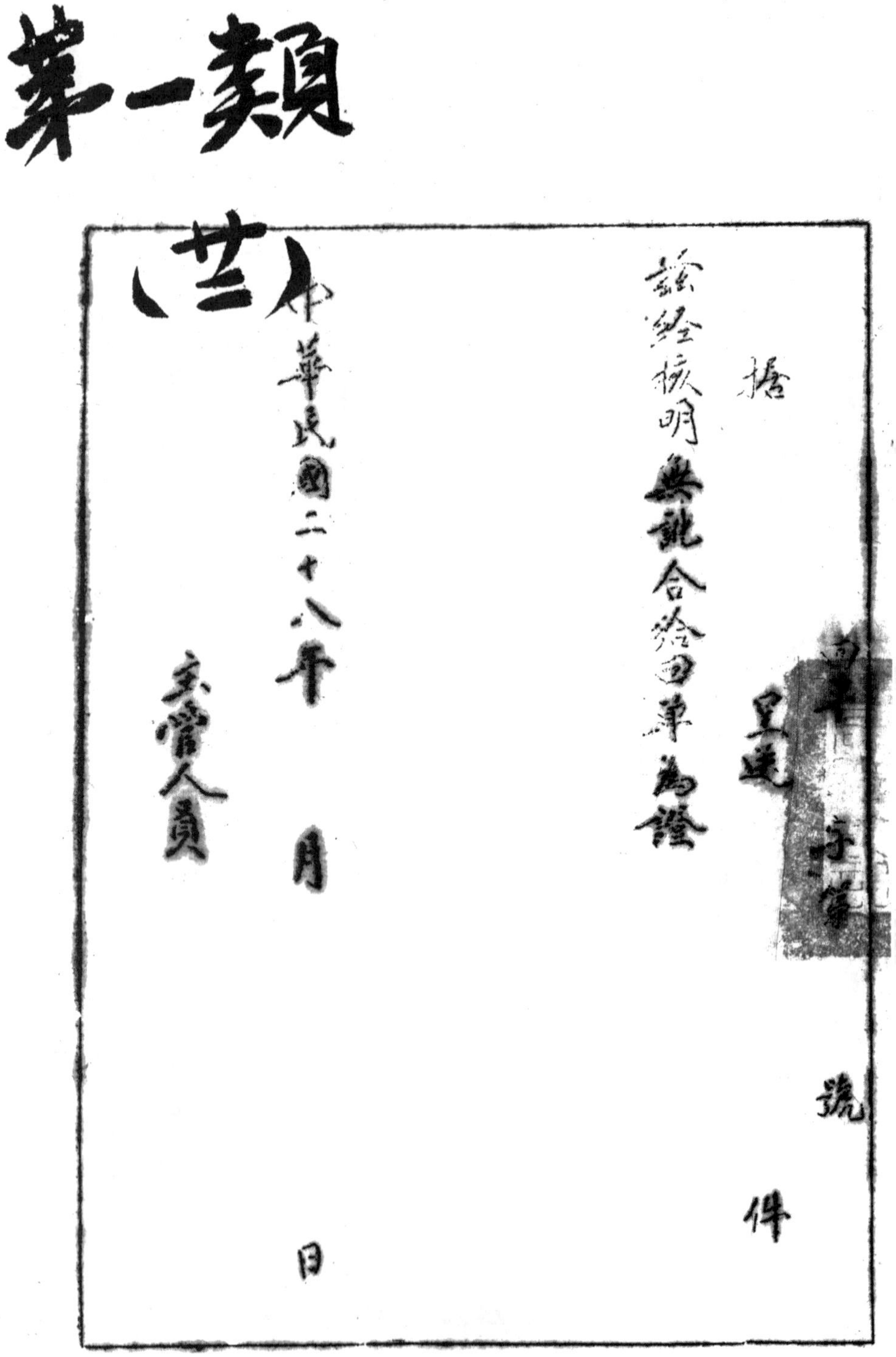
第一類（廿三）

據

呈送

字第　　號

件

該經核明無訛合給回單為證

中華民國二十八年　月　日

收管人員

福安县政府第四区区署关于报送本区受敌机空袭情形报告表的呈文

(1939年7月21日)b面　0158-001-0477

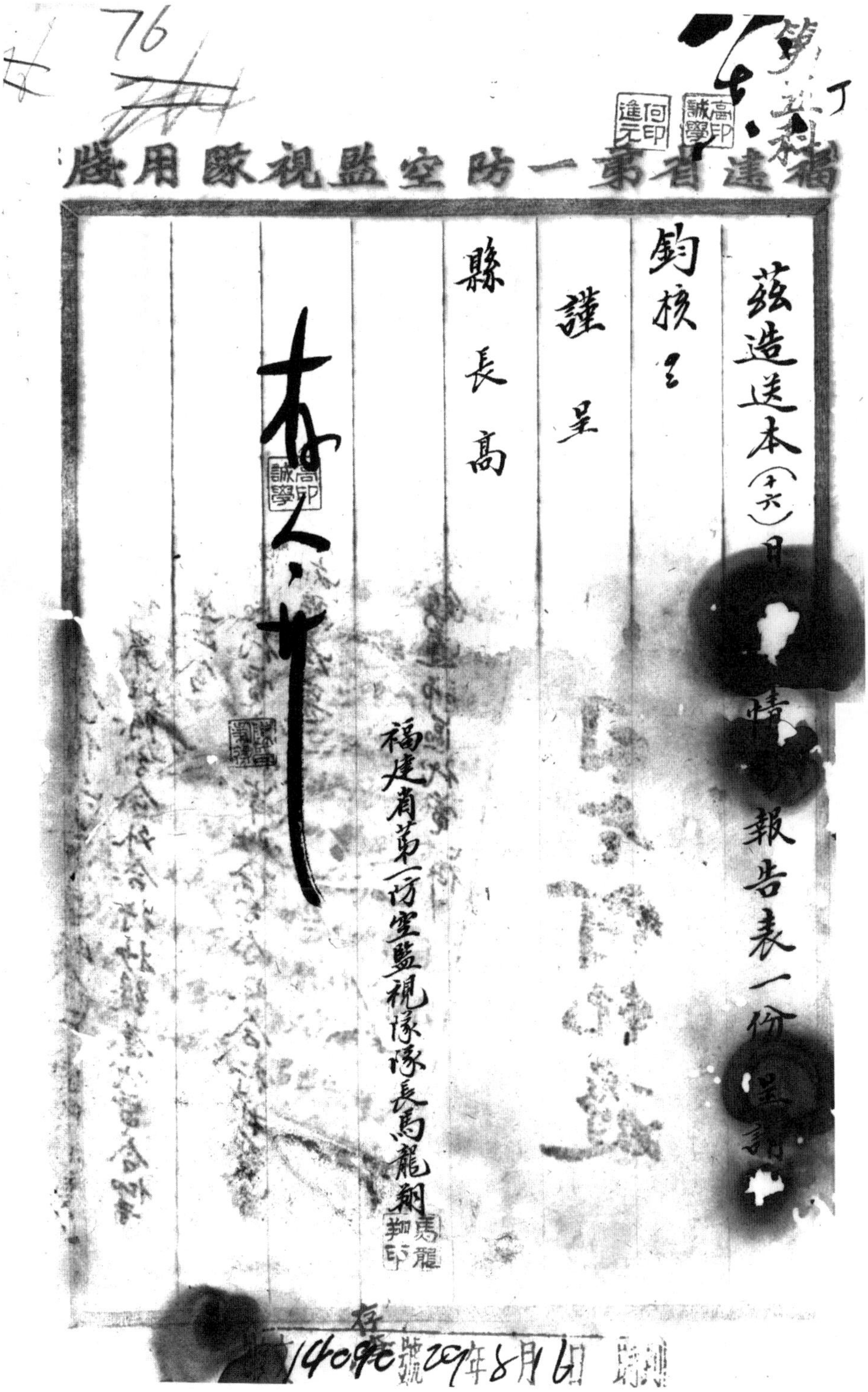

福建省第一防空監視隊用牋

茲造送本(十六)日[illegible]情[illegible]報告表一份呈請

鈞核

謹呈

縣長高

福建省第一防空監視隊隊長馬龍翔

福建省第一防空监视队关于报送福安县敌机空袭情形报告表的呈文

（1940 年 8 月 16 日） 0158-001-0688

福安縣敵机空襲情形報告表

月日	敵机架數	由何處飛來	由何處飛去	發空襲警報時刻	空襲警報解除時刻	投彈數量	被炸處所	損傷情形	敵机未侵入原因	備攷
八月十六日	一架	由寧德飛來	由羅源飛去	十時十分	十時廿六分				因由寧德羅源東沖海面飛去致未侵入	

福建省福安縣第一防空監視隊隊長馬龍翔（印：馬龍翔印）

附件　福安县敌机空袭情形报告表（1940 年 8 月 16 日）　0158-001-0688

155

杉洋胡指揮官鎮密徽蔡幼赴上海截

與止嵛島有敵運輸艦弍艘皮艇肆隻飛機兩架

鋼砲弍尊機鎗陸枝台軍〈200〉名皇軍〈28〉名 霞浦塔 戰戴留熊

銜〈1.78〉號 俞長輝 齊 1944.10.8 發

急件速譯

有留若

字碼〇〇八三

霞浦县政府关于嵛山岛敌情致杉洋石司令的(齐)电稿(1944年10月8日) 0168-001-0451

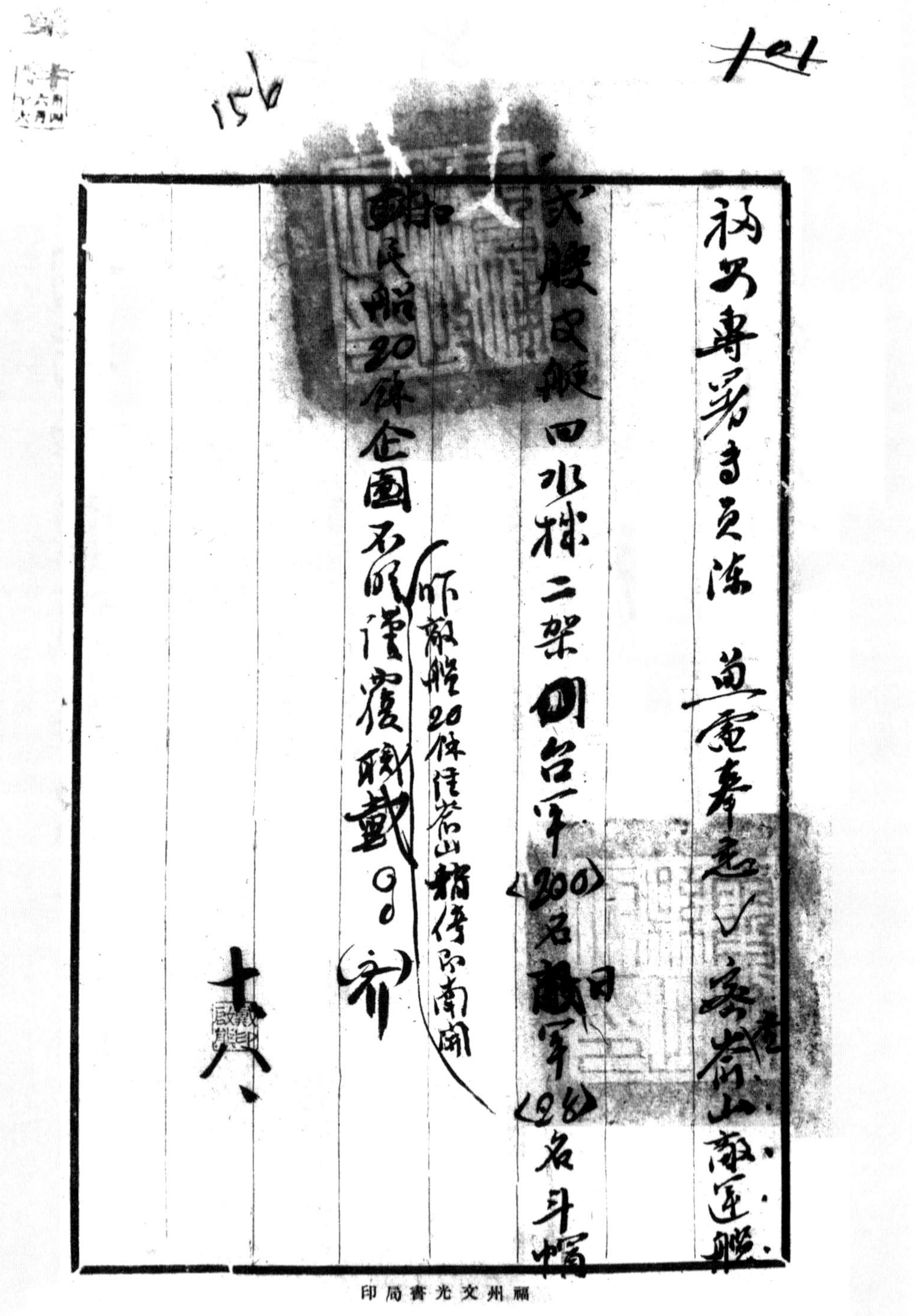

霞浦县政府关于嵛山敌情复福安专署的(酉齐)电文(1944年10月8日) 0168-001-0451

福安专署专员陈酉虞参乙电奉悉。密 嵛山敌情，遵经酉齐电报在案，谨复。职戴〇酉佳

霞浦县政府关于嵛山敌情的(酉佳)复电(1944年10月9日)　0168-001-0451

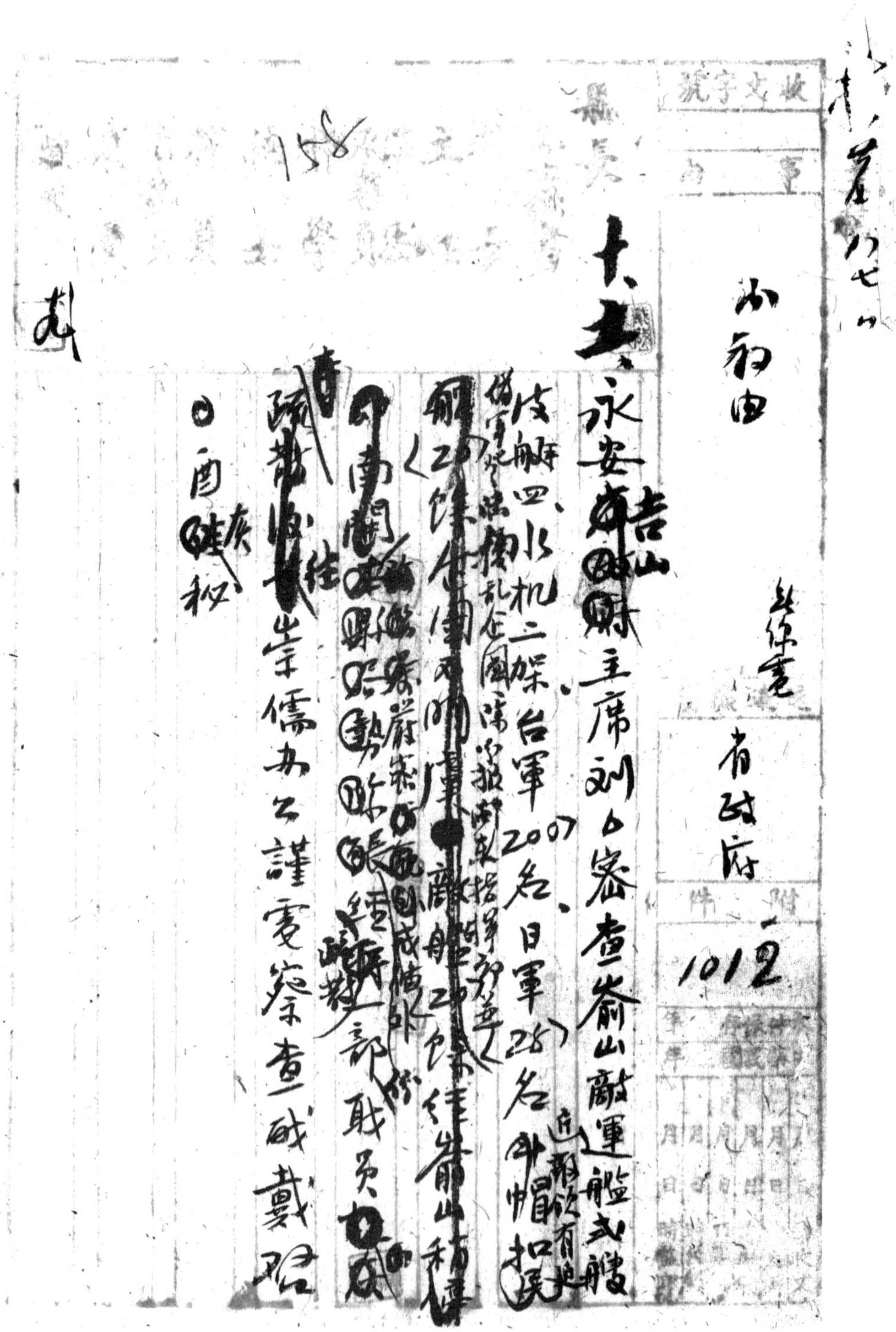
永安省政府主席刘：密。查嵛山敌运舰弍艘、汽艇四、飞机二架，台军2007名、日军287名
崇儒叩，谨电察查
酉灰秘

霞浦县政府关于嵛山敌情及疏散情形呈福建省政府的(酉灰)电文

(1944年10月10日)　0168-001-0451

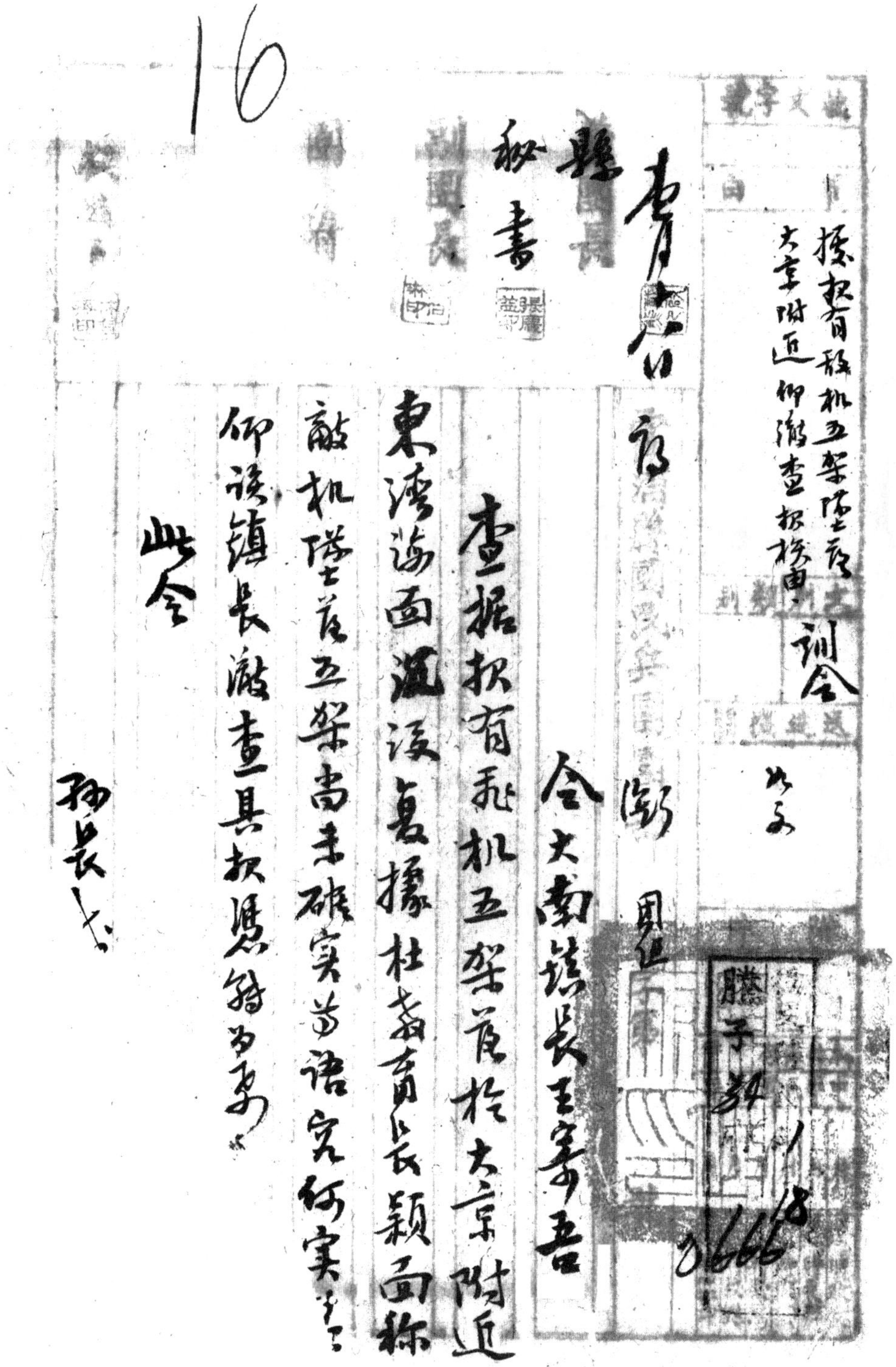
16

據報有敵机五架墜落大京附近仰澈查核由

訓令

令大京鎮長王寄吾

查據报有飛机五架墜落於大京附近東灣海面渡島據杜姓鄉長顯面称敵机墜落五架尚未確實等语究何實情

仰該鎮長澈查具报憑核為要

此令

縣長

霞浦县政府关于据报有敌机五架坠落大京附近迅彻查报核的训令

（1945年1月19日） 0168-001-0453

國民五角

17

報告 元月十三日于縣府

竊職奉 諭前往大南區視察導遊於八日由城出發于九日晨經高羅村時據該村鄉民云有飛機五架（未明徽號）落於大京附近東灣海面職聞訊後即往大京探查真相抵大京時復據大京鄉民稱謂于早晨六時許由海外竄進飛機一架落於距大京三里許東灣海面嗣有四架追尋於後當前架飛機落海面時後四架亦相繼降落已微聞有機槍掃射數響視有火烟上升旋即值說迄十二時許矣

附件 李仙关于大京村民称有飞机落于东湾海面的报告(1945年1月13日)a面 0168-001-0453

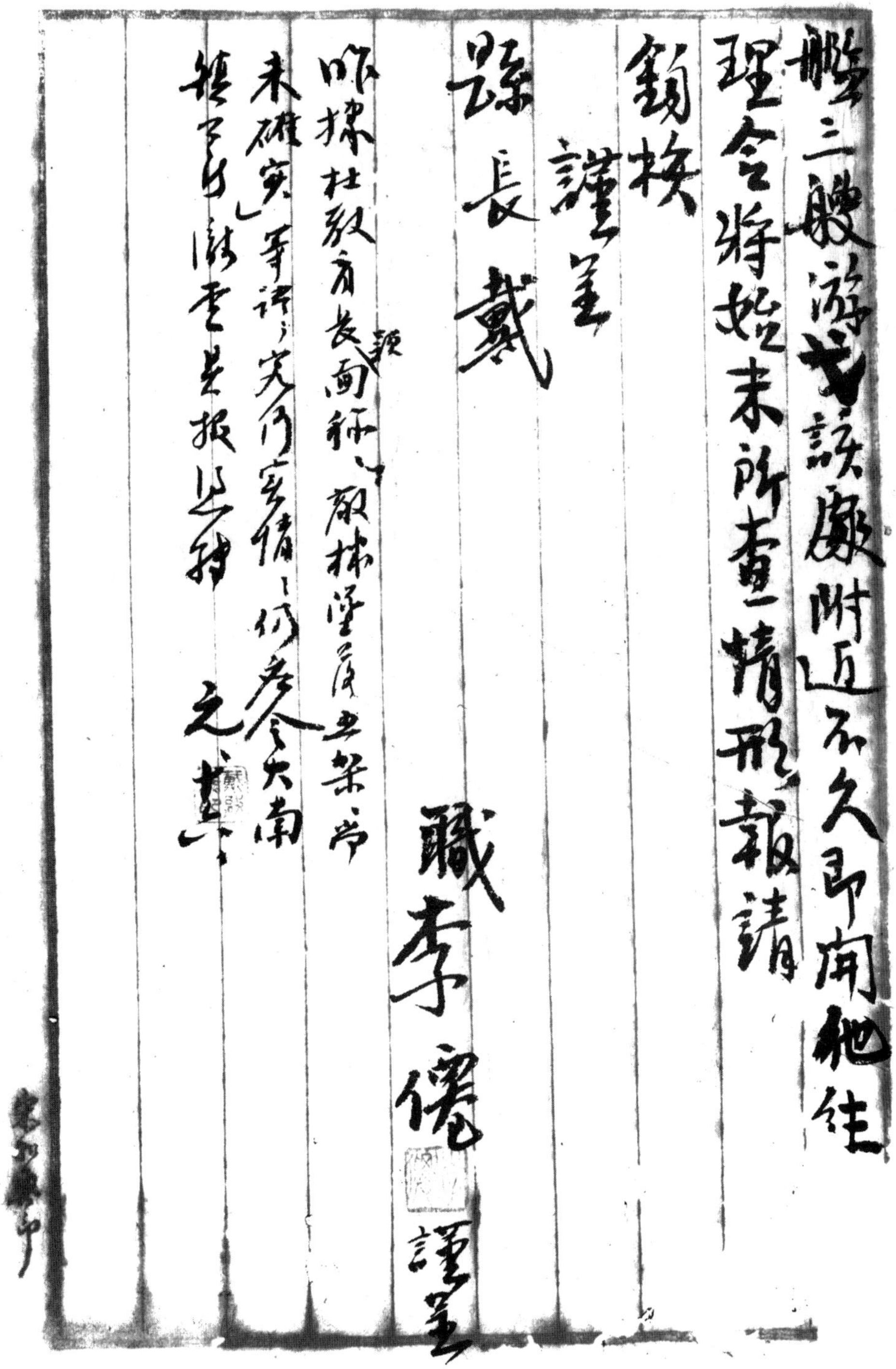
艇三艘游弋該廠附近不久即開艇往
理合將始末所查情形報請
鈞核
謹呈
縣長戴
職李僊 謹呈

昨據杜敦育鎮長面稱，敵機墜落[illegible]架，尚未確實等語，究竟實情何如，令大南鎮[illegible]查具報以憑核辦 之[illegible]

附件 李仙关于大京村民称有飞机落于东湾海面的报告(1945年1月13日)b面 0168-001-0453

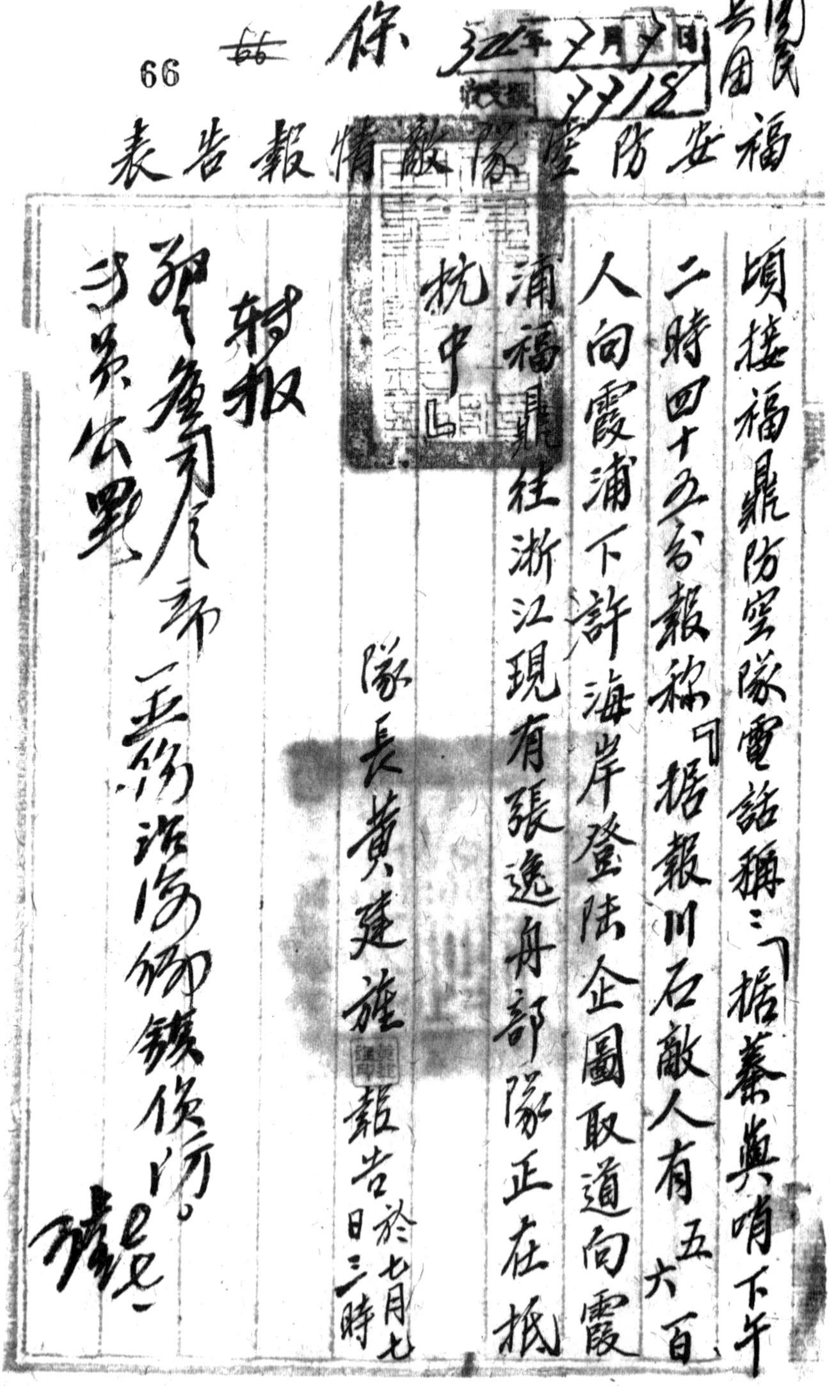

66

福安防空隊敵情報告表

頃據福鼎防空隊電話稱：「據秦嶼哨下午二時四十五分報稱：『據報川石敵人有五六百人向霞浦下許海岸登陸，企圖取道向霞浦福鼎往浙江，現有張逸舟部隊正在抵抗中』」

隊長黃建旌報告於七月七日三時

特報

福安防空隊敵情報告表　秦屿哨报告川石敌人五六百向霞浦下浒登陆，企图取道霞浦福鼎往浙江

（1945年7月7日）　0158-001-0481

2.坠落敌机及处置

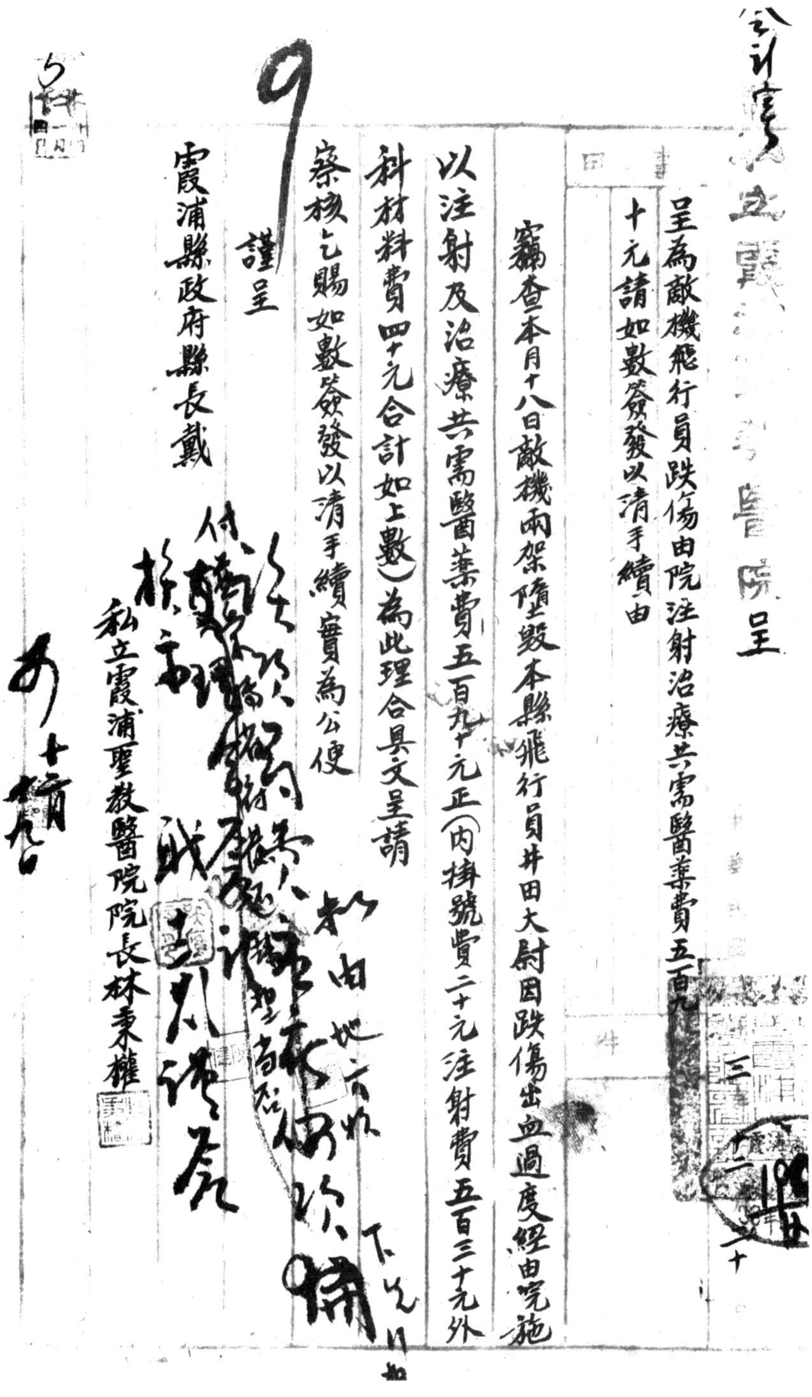

呈為敵機飛行員跌傷由院注射治療共需醫藥費五百九十元請如數簽發以清手續由

竊查本月十八日敵機兩架墮毀本縣飛行員井田大尉因跌傷出血過度經由院施以注射及治療共需醫藥費五百九十元正（內掛號費二十元注射費五百三十元外科材料費四十元合計如上數）為此理合具文呈請察核乞賜如數簽發以清手續實為公便

謹呈

霞浦縣政府縣長戴

私立霞浦聖教醫院院長林秉權

私立霞浦圣教医院关于敌机飞行员跌伤由院注射治疗共需医药费五百九十元请如数签发以清手续的呈文(1944 年 12 月 20 日)　0168-001-0453

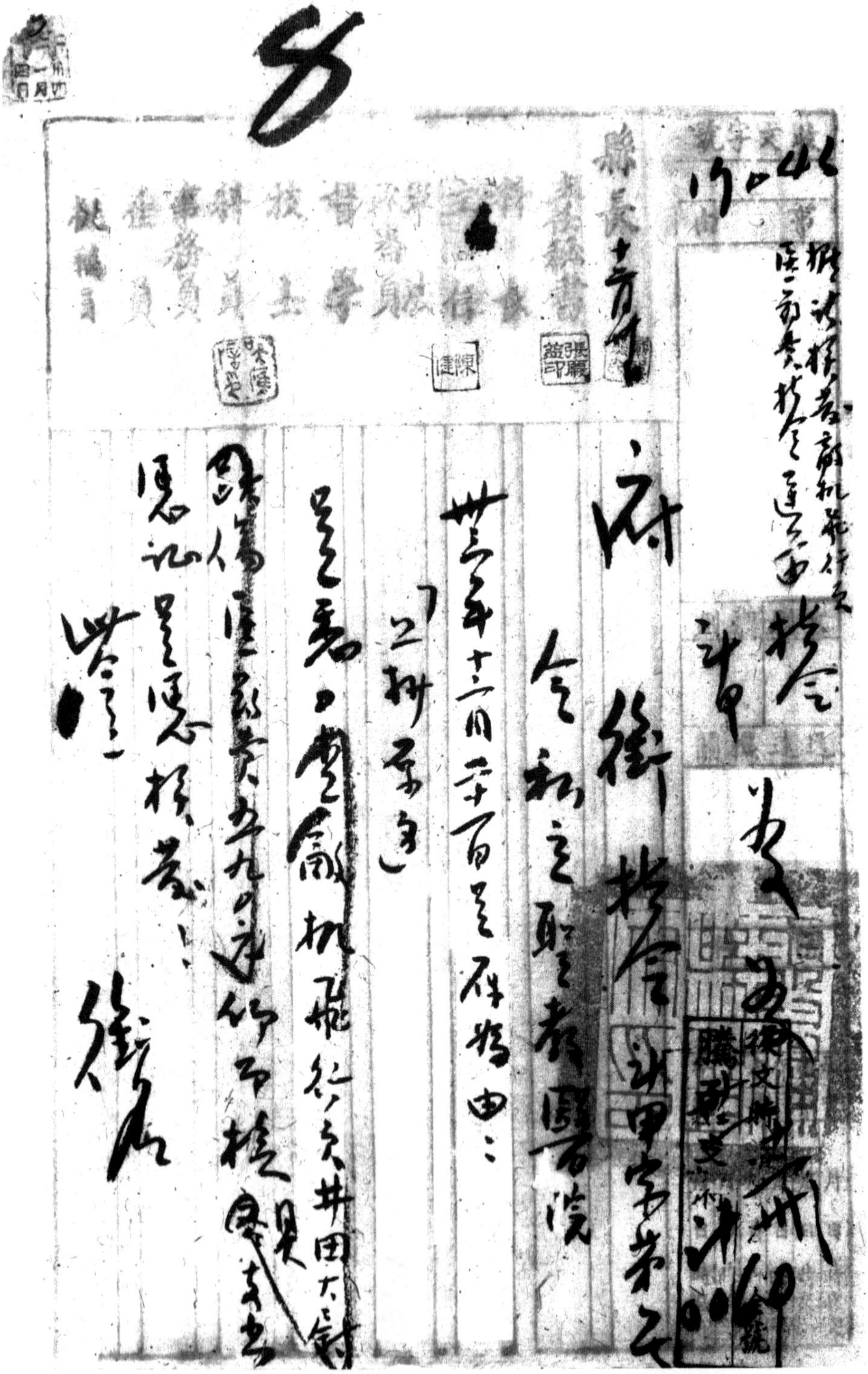

霞浦县政府关于检具支出凭证呈凭核发敌机飞行员医药费的指令

（1945 年 1 月 4 日）　0168-001-0453

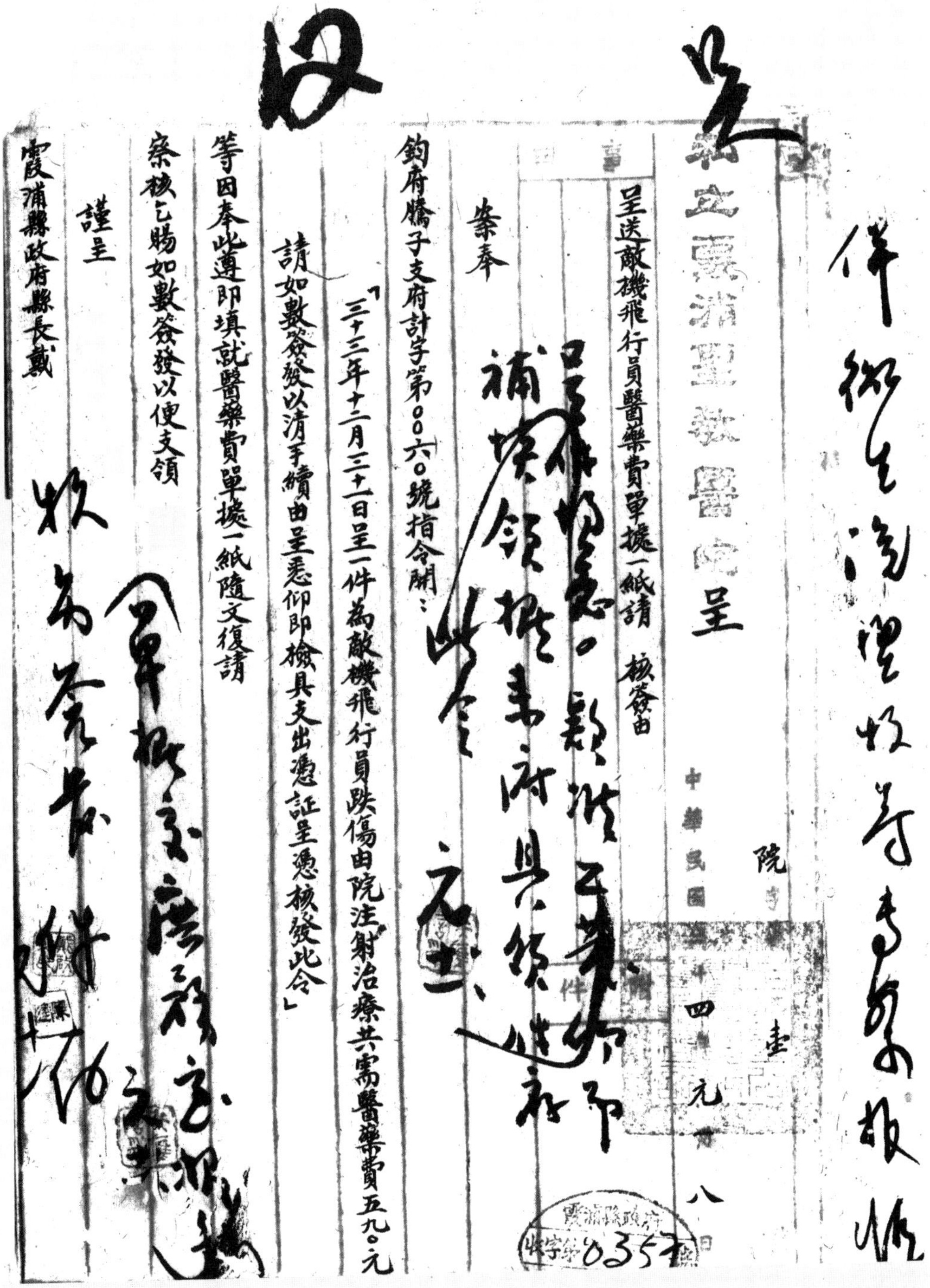

私立霞浦聖教醫院 呈

呈送敵機飛行員醫藥費單據一紙請 核發由

案奉

鈞府縣子支府計字第〇〇六〇號指令開：

「三十三年十二月三十一日呈一件爲敵機飛行員跌傷由院注射治療共需醫藥費五九〇元請如數簽發以清手續由呈悉仰即檢具支出憑証呈憑核發此令」

等因奉此遵即填就醫藥費單據一紙隨文復請

察核乞賜如數簽發以便支領

謹呈

霞浦縣政府縣長戴

院長

中華民國三十四年元月八日

私立霞浦圣教医院关于报送敌机飞行员医药费单据乞如数签发以便支领的呈文

(1945 年 1 月 8 日)a 面　0168-001-0453

呈附醫藥費單據一紙

私立霞浦聖教醫院院長林秉權

私立霞浦圣教医院关于报送敌机飞行员医药费单据乞如数签发以便支领的呈文

（1945 年 1 月 8 日）b 面 0168-001-0453

霞浦縣救濟院 呈

雲亥馬濟

呈報掩埋敵飛行員地址請察查由

案奉

鈞令即準備棺木並掩埋隊即刻往羅漢山掩埋敵飛行員等因奉此當即召集掩埋隊鍾河四等前往殮埋去後茲據該丁鍾河四等報稱敵飛行員一屍已掩埋在羅漢山山麓坎内坐北向南作有標識等情據此理合具文報請

鈞長察查

謹呈

霞浦縣政府縣長戴

霞浦縣救濟院院長鄭國雄

霞浦救济院关于掩埋敌飞行员地址的呈文(1944年12月21日) 0168-001-0453

20

霞浦縣政府來電用紙

何處來	來電機關或姓名	事由	來電時間	何種來電	收到時間
福安石西卓			三十三年12月23日戌時	譯電	33年12月24日

批示：閱存首道办 武署

霞縣長：□密。奉長官歐亥養電開：陳鈞空軍站十三總站派員拆運外，希速將文件、敵俘、戰利品等解送本部，遵办等因。遵照。石西卓亥梗。

文件、敵俘及戰利品一部份已解送

专署電復 十二月廿五

12/26

霞浦县政府译闽东警备司令部关于速将文件、敌俘、战利品等解送本部的（亥梗）电文

（1944年12月24日） 0168-001-0453

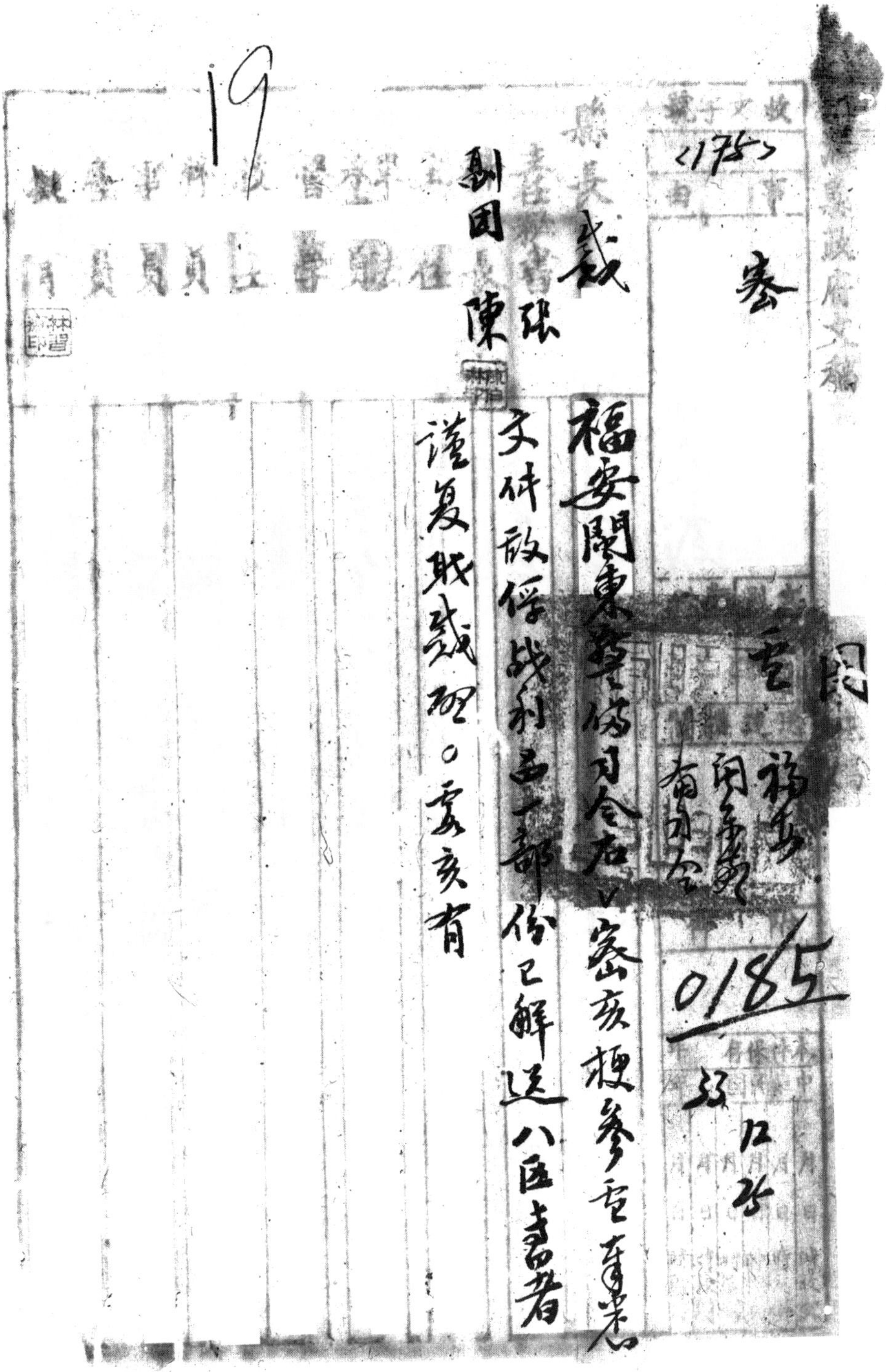

霞浦县政府关于文件、敌俘、战利品一部分已解送八区专署的呈复电文

（1944 年 12 月 25 日） 0168-001-0453

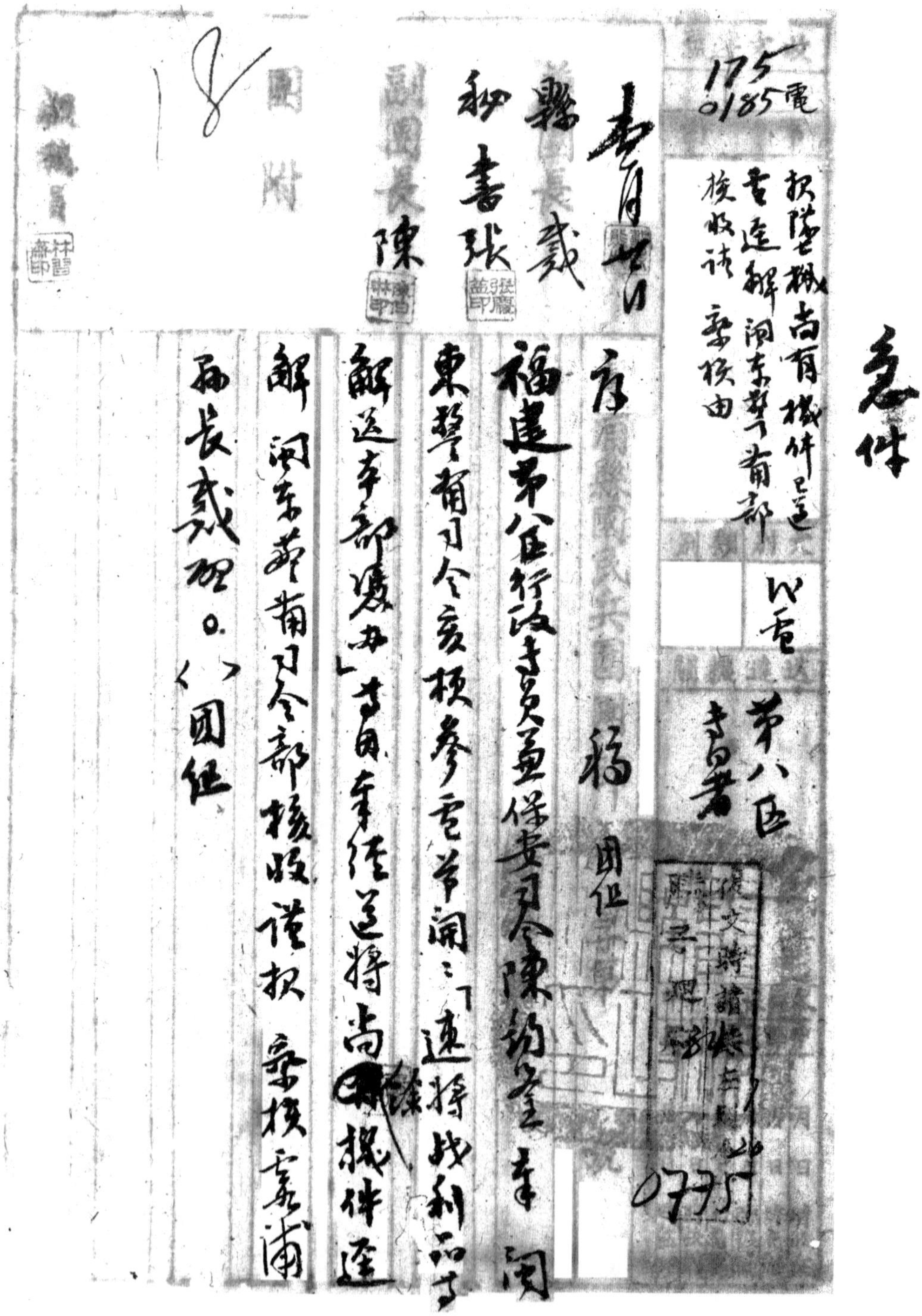

175/0185 電

叔坠機尚有機件已遵電逕解閩東警備部核收請鑒核由

急件

代電

第八區專署

福建第八區行政督察專員兼保安司令陳鈞鑒：奉閩東警備司令部亥梗參電節開：「速將戰利品逕解送本部核收」等因，奉經逕將尚餘機件逕解閩東警備司令部核收，謹叔鑒核。霞浦縣長武(子)團佐

霞浦县政府关于坠机尚有机件已遵电径解闽东警备部核收的代电

（1945年1月24日）　0168-001-0453

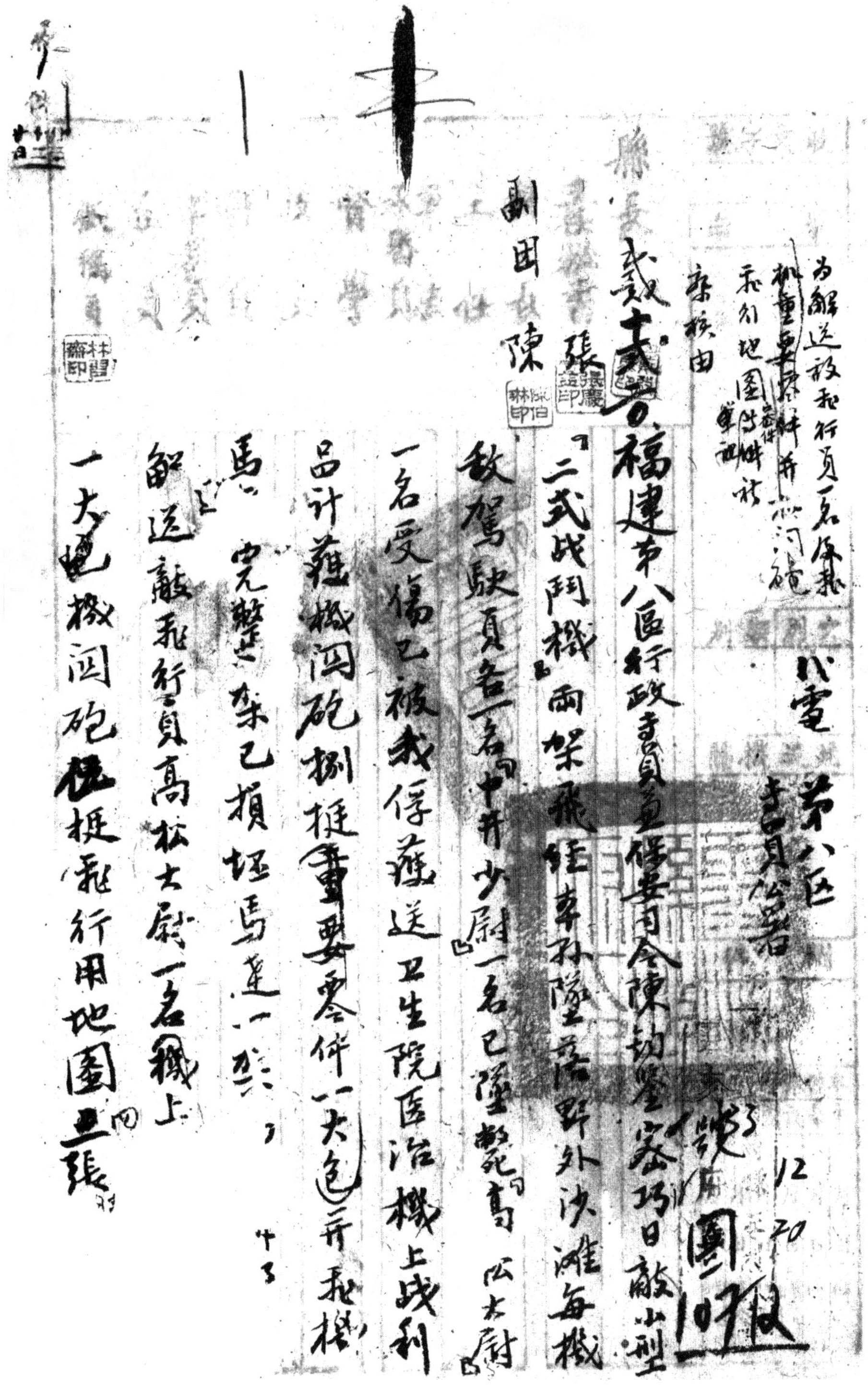
事由：为解送敌飞行员一名併报机重要零件并机关砲飞行地图等密件由

八電　第八區專員公署

福建第八區行政專員兼保安司令陳勃鑒：密。巧日敵小型二式戰鬥機兩架飛經本縣墜落野外沙灘，每機敵駕駛員各一名，中井少尉一名已墜斃，高松大尉一名受傷已被我俘獲送衛生院医治，機上戰利品計獲機關砲捌挺，重要零件一大包并飛機馬達完整，其已損壞馬達一架，解送敵飛行員高松大尉一名、機上一大機關砲伍挺、飛行用地圖四張

縣長 張　副團長 陳

霞浦县政府关于解送敌飞行员一名及飞机重要零件并机关炮、飞行地图等密件的代电

（1944 年 12 月 20 日）　0168-001-0453

尚餘機關砲飛艇零件留縣應用防匪飛机馬達俟拆卸完竣後續解辦理合先行併报鈞部察核示遵霞浦縣長

戴堅。

计解送敌飛行員一名 飛机重要零件一大包 機關砲艇 飛行地圖四張 筆記簿一包 又附軍用二生清單一份

霞浦县政府关于解送敌飞行员一名及飞机重要零件并机关炮、飞行地图等密件的代电

（1944 年 12 月 20 日） 0168-001-0453

軍用品雜項清單

品名	數量	品名	數量
降落傘（連椅墊在）	壹把	連字管	壹条
降落傘椅墊（拆傘面）	壹個	紅布	壹塊
帆布背墊	貳付	連字管底	壹个
空用芦衣背身	壹件	航空帽	貳頂
白瓶	壹塊	手套	貳雙
袜	壹双	太陽旗（連杆）	壹面
皮鞋	壹双	布腰帯	壹条
單帽	壹頂	皮椅墊	壹面

附件　军用品杂项清单(1944 年 12 月 20 日)　0168-001-0453

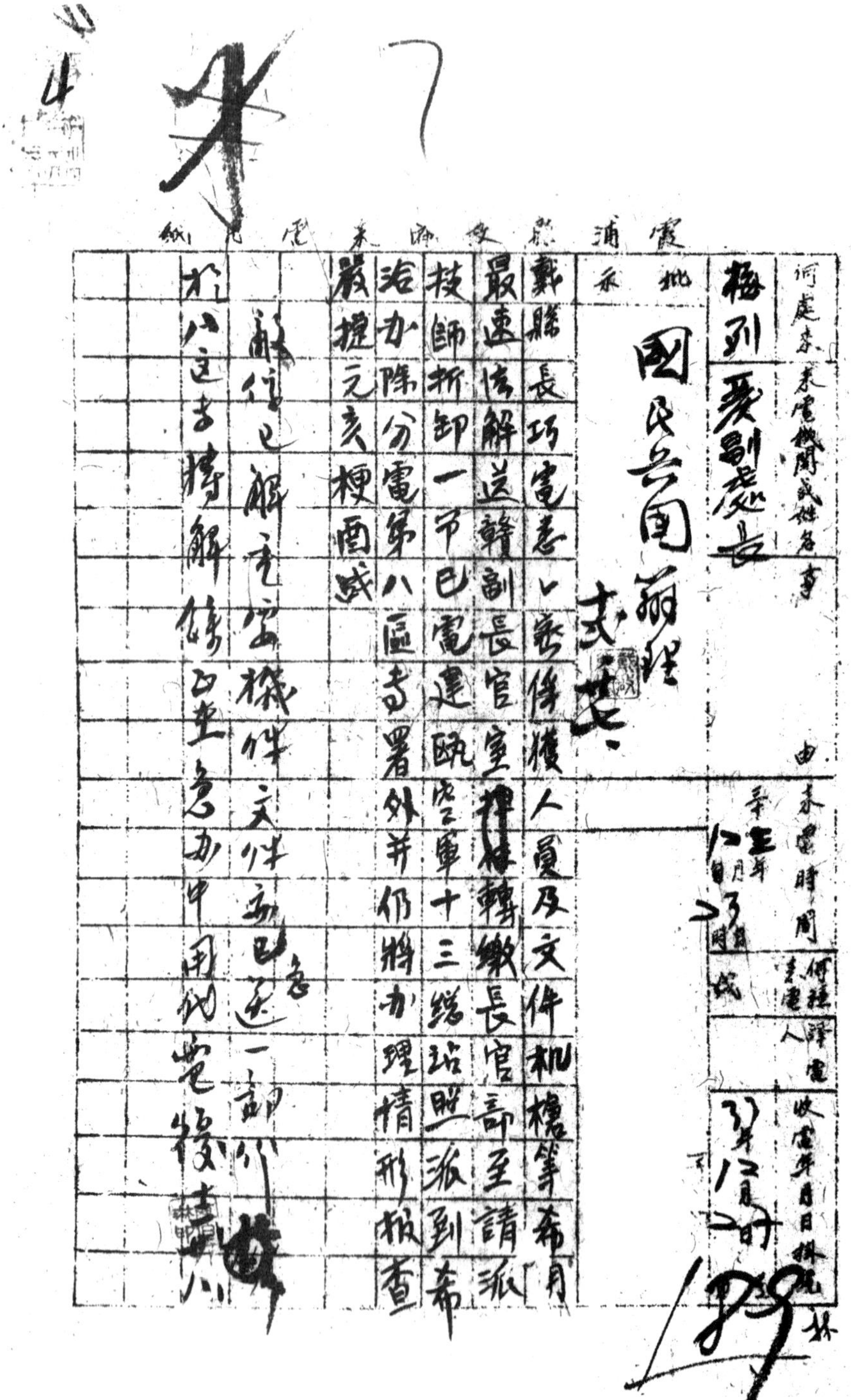
霞浦縣政府來電紙

何處來 來電機關或姓名事由

霞浦縣長巧電悉亡寇俘獲人員及文件機槍等希同最速法解送贛副長官室擇轉繳長官部至請派技師拆卸一節已電建甌空軍十三總站照派到希洽辦除分電第八區專署外并仍將辦理情形報查嚴提元亥梗酉戰

來電時間

何種來電人

譯電

收電年月日時

霞浦县政府译福建省保安处关于速将俘获人员及文件、机枪等解送赣副长官室的(亥梗酉战)电文

(1944年12月27日) 0168-001-0453

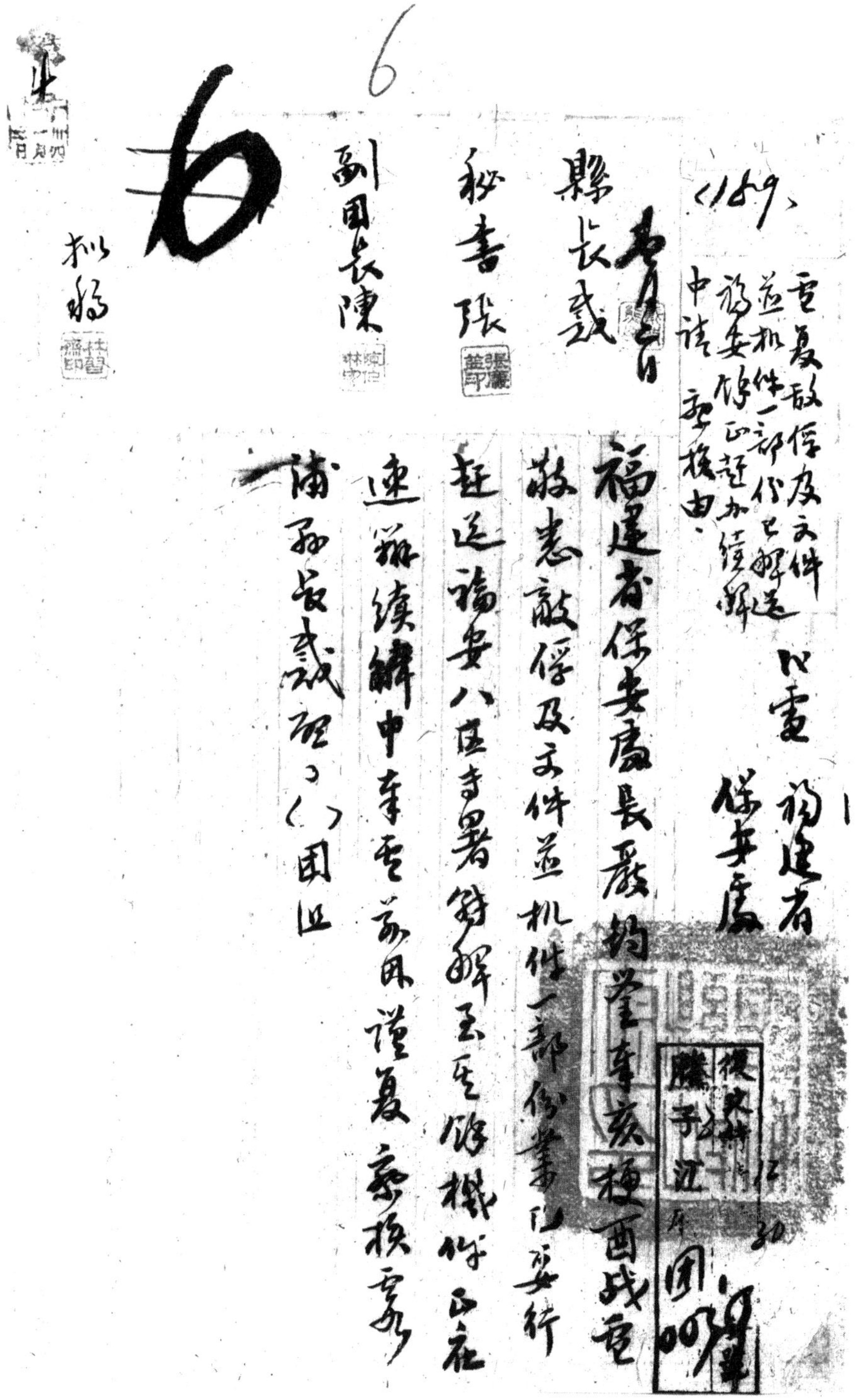

霞浦县政府关于敌俘及文件并机件一部分已解送福安八区专署，余正赶办续解中的复电

（1945 年 1 月 3 日） 0168-001-0453

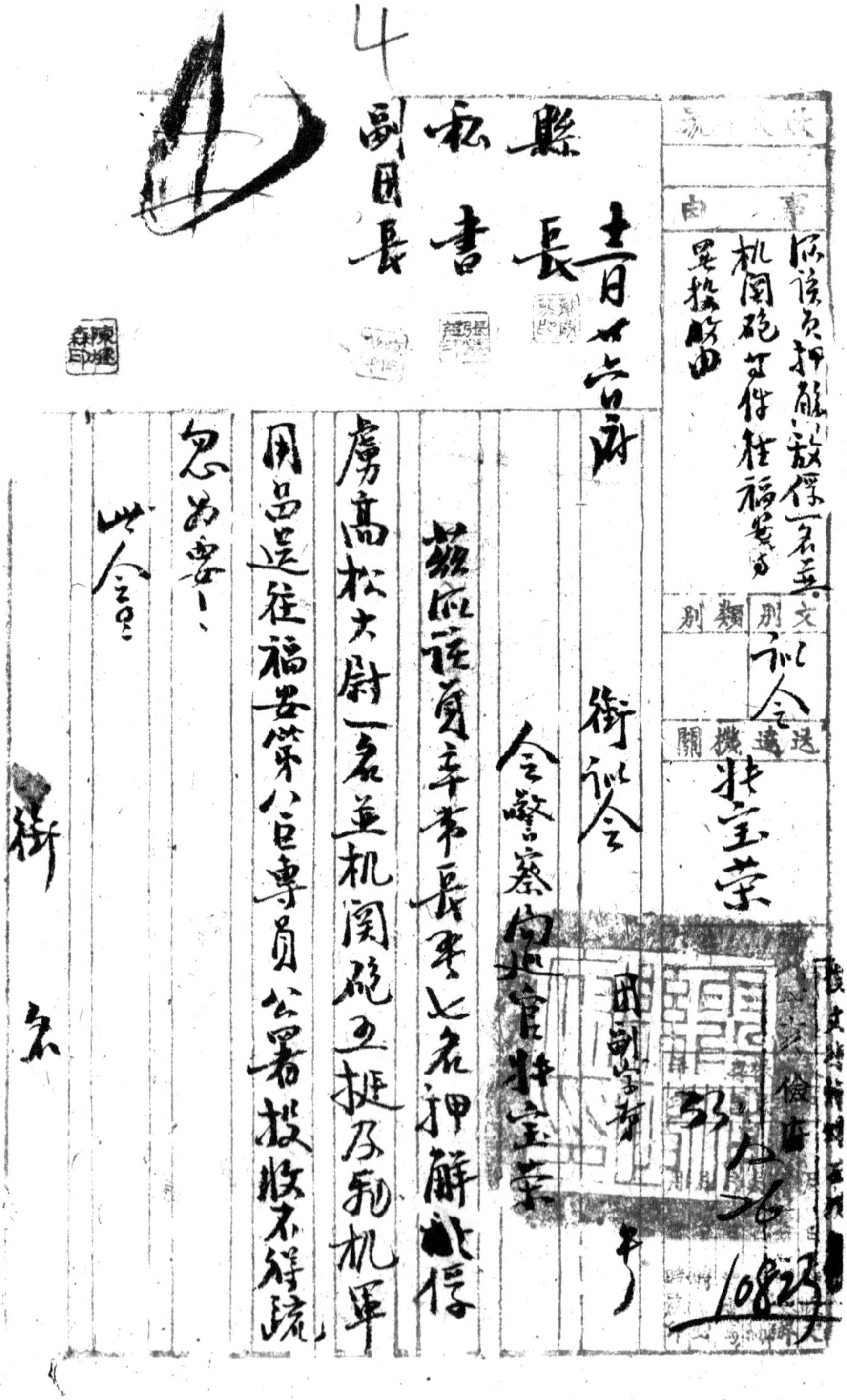
事由：派该员押解敌俘一名并机关炮等件往福安专署投收由
文别：训令
送达机关：张宝荣
县长
秘书
副团长
十二月廿六日府
衔训令
令警察局巡官张宝荣
兹派该员率带长警七名押解敌俘虏高松大尉一名并机关炮五挺及飞机军用品送往福安第八区专员公署投收不得疏忽为要！
此令
衔 名

霞浦县政府关于派警察局巡官张宝荣押解敌俘一名并机关炮等件往福安专署投收的训令

（1944 年 12 月 26 日） 0168-001-0453

請
縣座批
示
元.十七

為據郭其炎呈請轉呈　察核賜予救濟由

呈

騰子文

中華民國三十四年一月十二日

案據乘塘保住民郭其炎報告稱：「竊炎住居本轄（乘塘保）第十一甲，向以肩挑度活，緣前月二十七日經僱赴羅漢山扛運敵機，不意竟遭機傷右腳小指，斷骨不能步履，醫無獲痊，至今多日，生活困難，飢寒交迫，徒吁奈何，非請察轉准給醫費，炎自無力調治傷痕，愈深受累胡底，情何以堪，為此亟合備由報乞察核俯賜如懇施行，不勝迫切待命之至」等情。據此，查該民所稱確係實情，理合轉請

鈞長察核，賜予救濟。

謹呈

霞浦县长溪镇公所关于郭其炎经雇扛运敌机受伤请予救济的呈文

（1945年1月12日）　0168-001-0453

縣長戴

俟省款撥到，即行予
救濟可也

長溪鎮鎮長陳建明

霞浦县长溪镇公所关于郭其炎经雇扛运敌机受伤请予救济的呈文

（1945年1月12日） 0168-001-0453

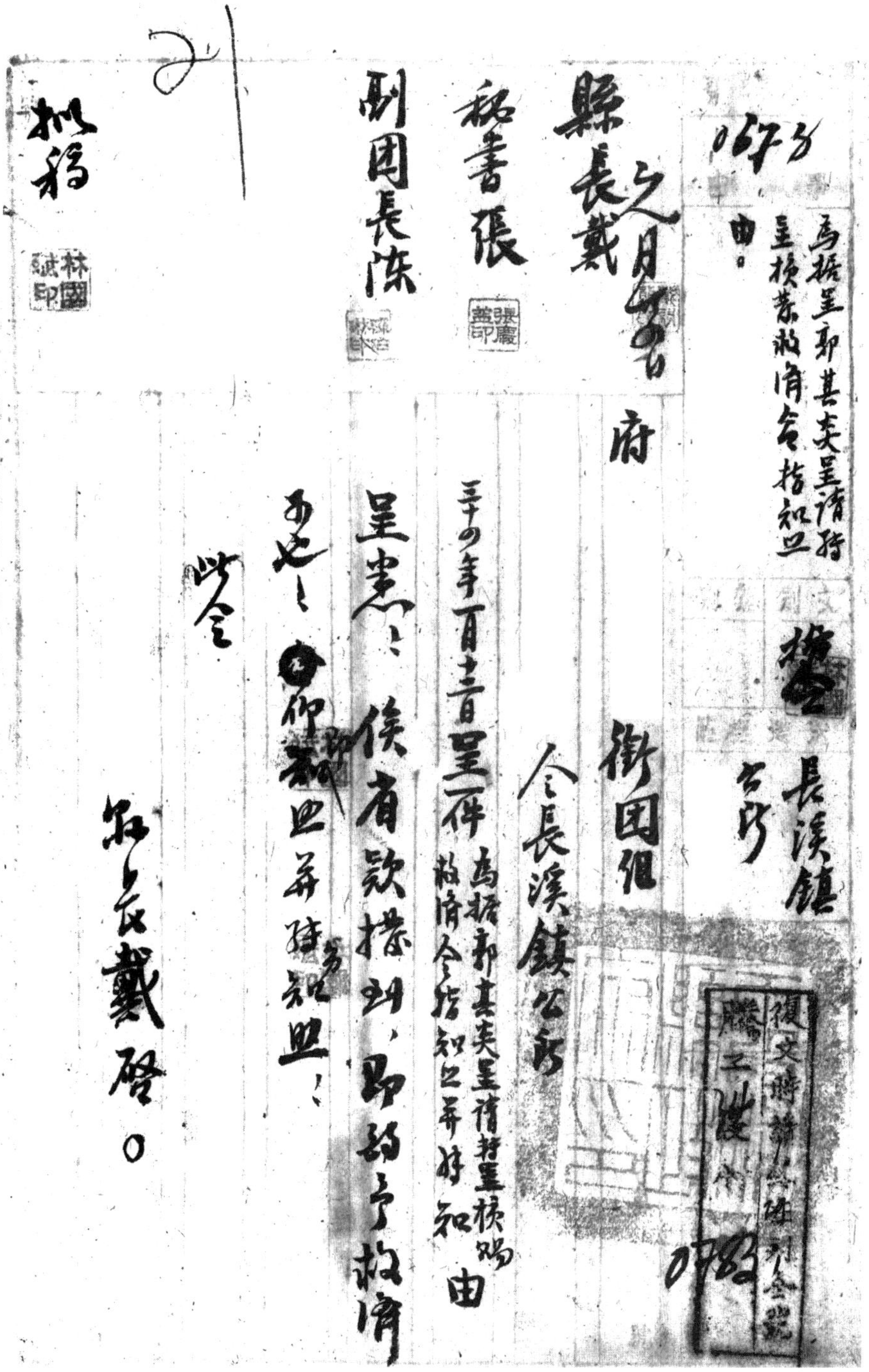
0673
為據呈郭其炎呈請轉呈核撥救濟令指知照由
指令 長溪鎮公所
衛團組
縣長戴 一月廿三日
秘書張
副團長陳
擬稿
府
令長溪鎮公所
三十四年一月十三日呈一件為據郭其炎呈請轉呈核撥救濟令指知之并轉知由
呈悉。俟省款撥到，即酌予救濟。仰即知照并轉知為要！
此令。
縣長戴 啓0

霞浦县政府关于俟省款拨到即酌予郭其炎救济的指令(1945 年 1 月 23 日) 0168-001-0453

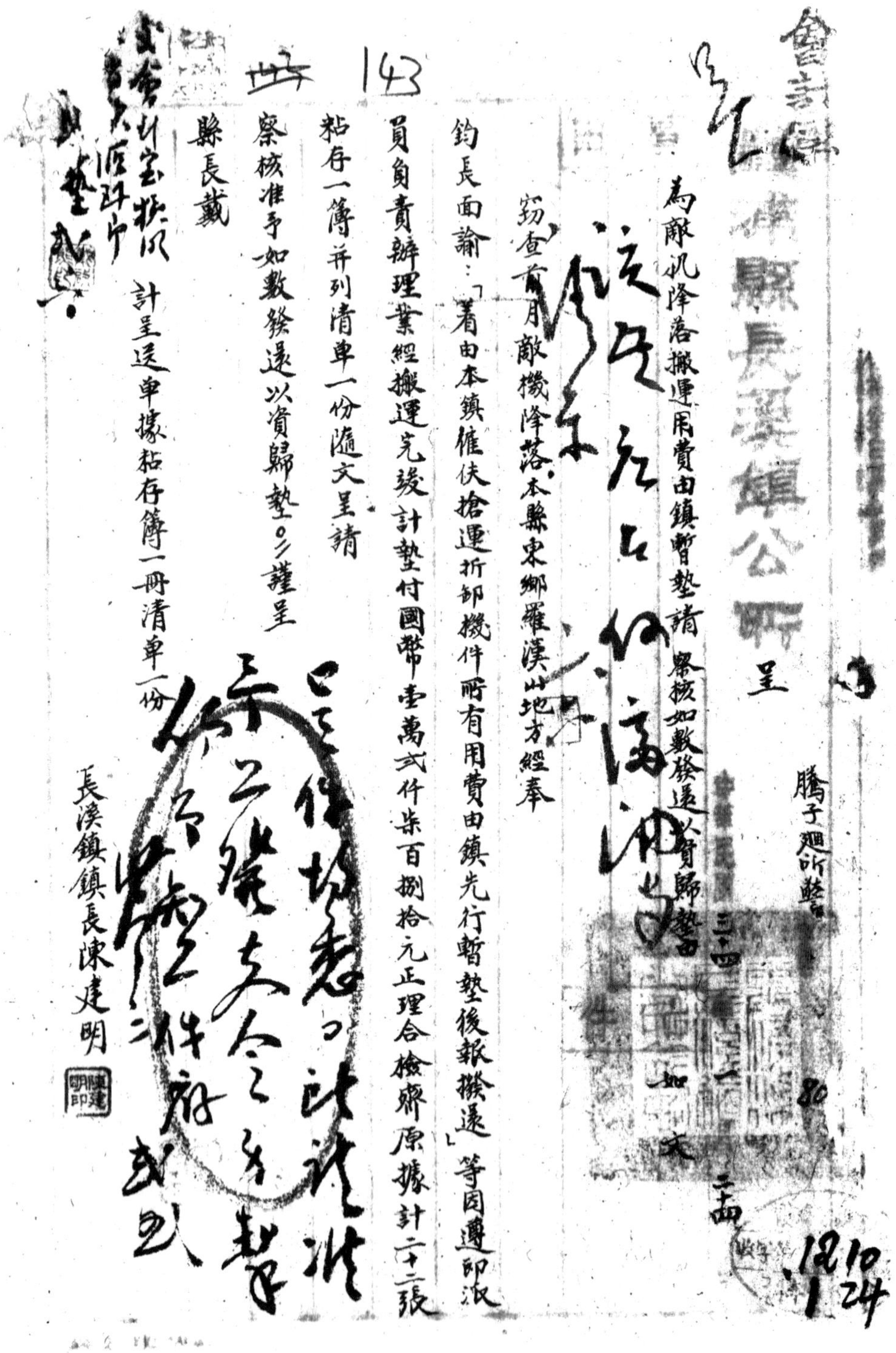

霞浦縣長溪鎮公所 呈

為敵机降落搬運用費由鎮暫墊請 察核如數發還以資歸墊由

竊查前月敵機降落本縣東鄉羅漢山地方經奉

鈞長面諭：「着由本鎮僱伕搶運折卸機件所有用費由鎮先行暫墊後報撥還」等因遵即派員負責辦理業經搬運完竣計墊付國幣壹萬弍仟柒百捌拾元正理合檢齊原據計二十二張粘存一簿并列清單一份隨文呈請

察核准予如數發還以資歸墊◎謹呈

縣長戴

計呈送单據粘存簿一冊清单一份

長溪鎮鎮長陳建明

霞浦县长溪镇公所关于敌机降落搬运费由镇暂垫请察核如数发还以资归垫的呈文

（1945年1月24日） 0168-001-0453

文 144

霞浦縣長溪鎮公所代墊搬運敵機拆卸機件費用清單

年	月	日	單據號數	代墊金額	備考
33	12	26	1	国玖拾陸元正	搬運机工資
〃	〃	23	2	国玖拾陸元正	
34	1	5	3	国叁百陸拾元正	
33	12	24	4	国貳百貳拾捌元正	
〃	〃	23	5	国貳百柒拾捌元正	
〃	〃	19	6	国陸拾元正	
〃	〃	21	7	国壹仟柒百元正	
〃	〃	21	8	国捌拾元正	

附件　霞浦县长溪镇公所代垫搬运敌机拆卸机件费用清单(1945 年 1 月 24 日)a 面　0168-001-0453

33	〃	〃	〃	〃	〃	〃	〃	〃	〃
12	〃	〃	〃	〃	〃	〃	〃	〃	〃
22	23	22	23	25	25	26	26	26	31
9	10	11	12	13	14	15	16	13	18
国币壹仟[illegible]百元正	国币贰百捌拾元正	国币壹百捌拾元正	国币壹仟贰百捌拾元正	国币壹仟陆百捌拾元正	国币捌百捌拾元正	国币壹仟零捌拾元正	国币贰百元正	国币捌拾元正	国币贰百伍拾元正

附件　霞浦县长溪镇公所代垫搬运敌机拆卸机件费用清单(1945 年 1 月 24 日)b 面　0168-001-0453

145

34/1/1	〃/〃/4	〃/〃/11	〃/〃/12	合計
19	20	21	22	單據貳拾貳張
國幣捌百捌拾元正	國幣壹千陆百元正	國幣捌百元正	國幣叁百貳拾元正	國幣壹萬貳仟柒佰捌拾元正

附件　霞浦县长溪镇公所代垫搬运敌机拆卸机件费用清单（1945年1月24日）　0168-001-0453

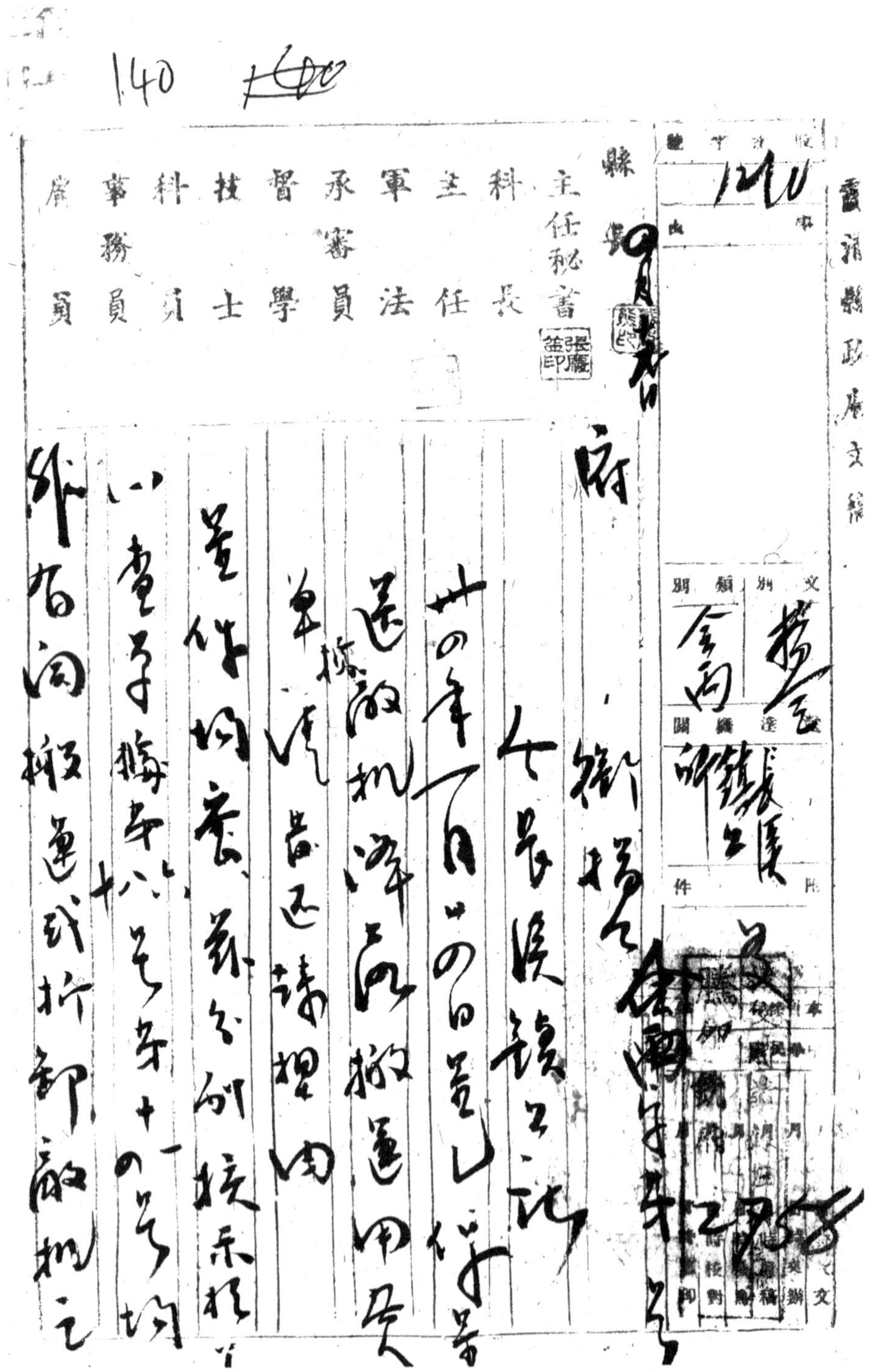

霞浦县政府关于长溪镇公所代垫敌机降落搬运费用清单核示的指令

（1945 年 4 月 16 日） 0168-001-0453

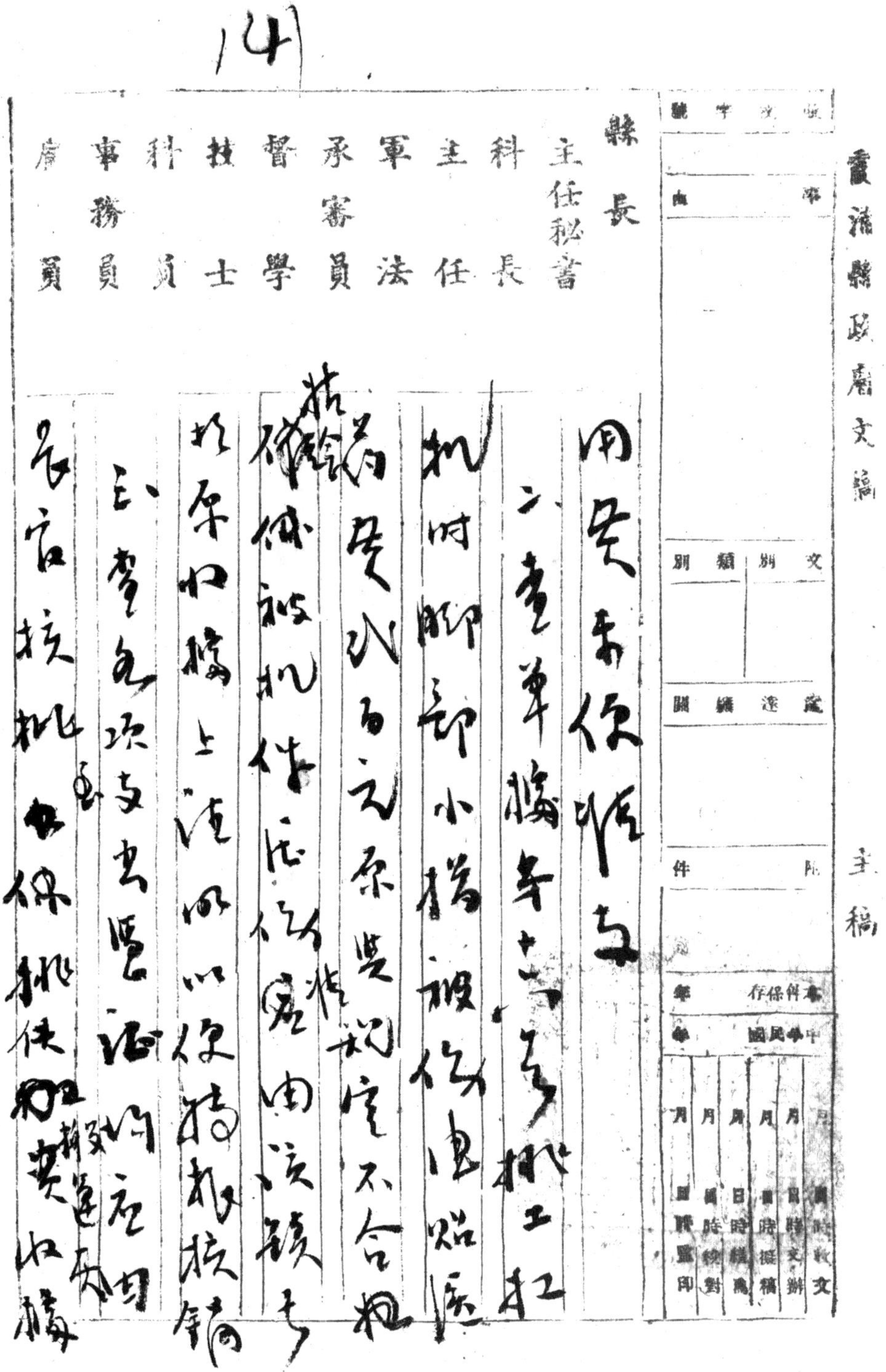

霞浦县政府关于长溪镇公所代垫敌机降落搬运费用清单核示的指令

（1945年4月16日） 0168-001-0453

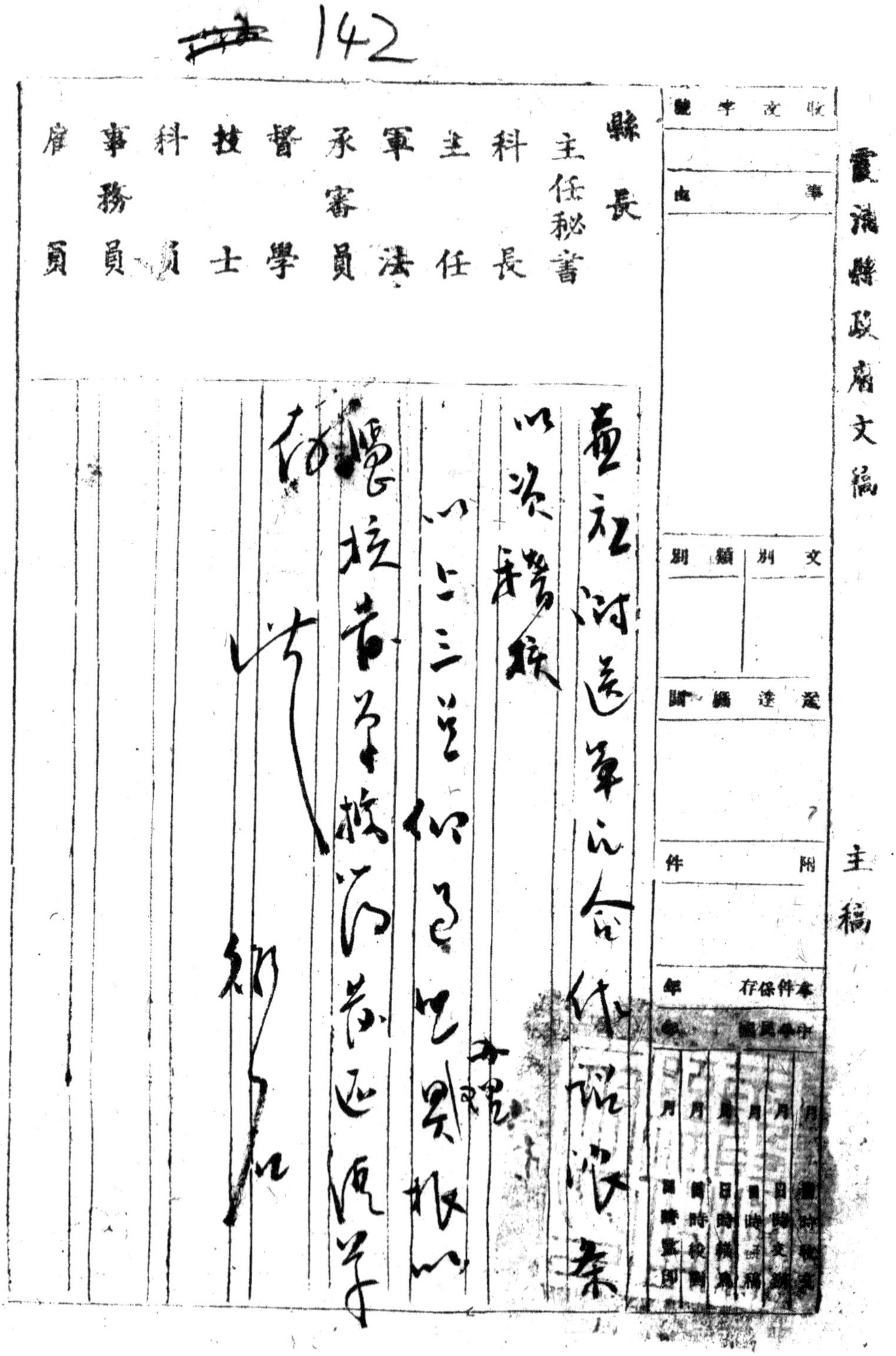

霞浦县政府关于长溪镇公所代垫敌机降落搬运费用清单核示的指令

（1945年4月16日） 0168-001-0453

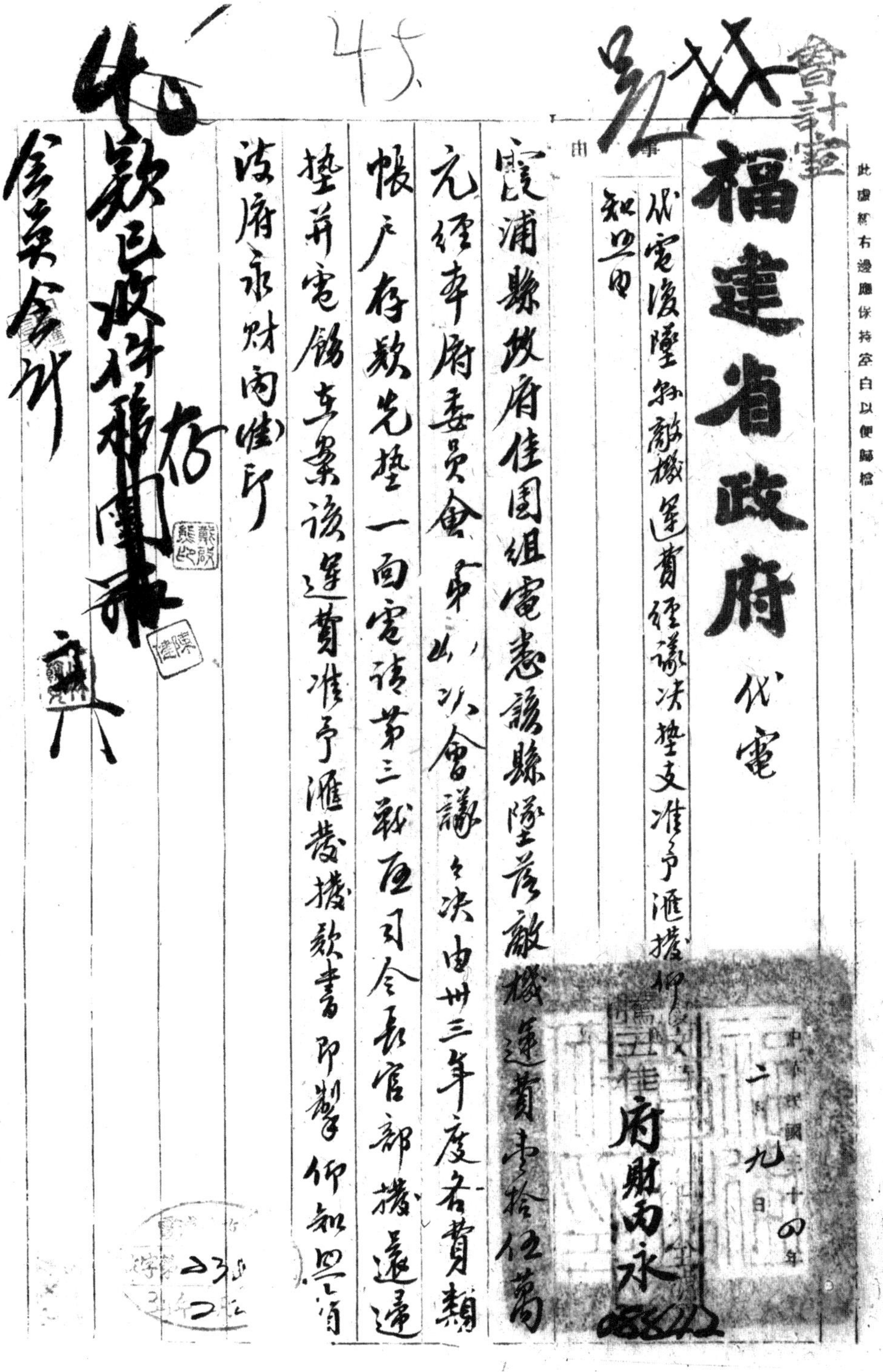

福建省政府 代電

代電墜縣敵機運費經議決墊支准予滙撥仰知照由

霞浦縣政府佳回組電悉該縣墜落敵機運費壹拾伍萬元經本府委員會第八八六次會議決由卅三年度省預算帳户存款先墊一面電請第三戰區司令長官部撥還歸墊并電飭奉案該運費准予滙發撥款書即寄仰知照省政府永財丙佳印

中華民國三十四年二月九日

福建省政府关于坠县敌机运费经议决由省府垫支准予汇拨的代电

(1945 年 2 月 9 日)　0168-001-0453

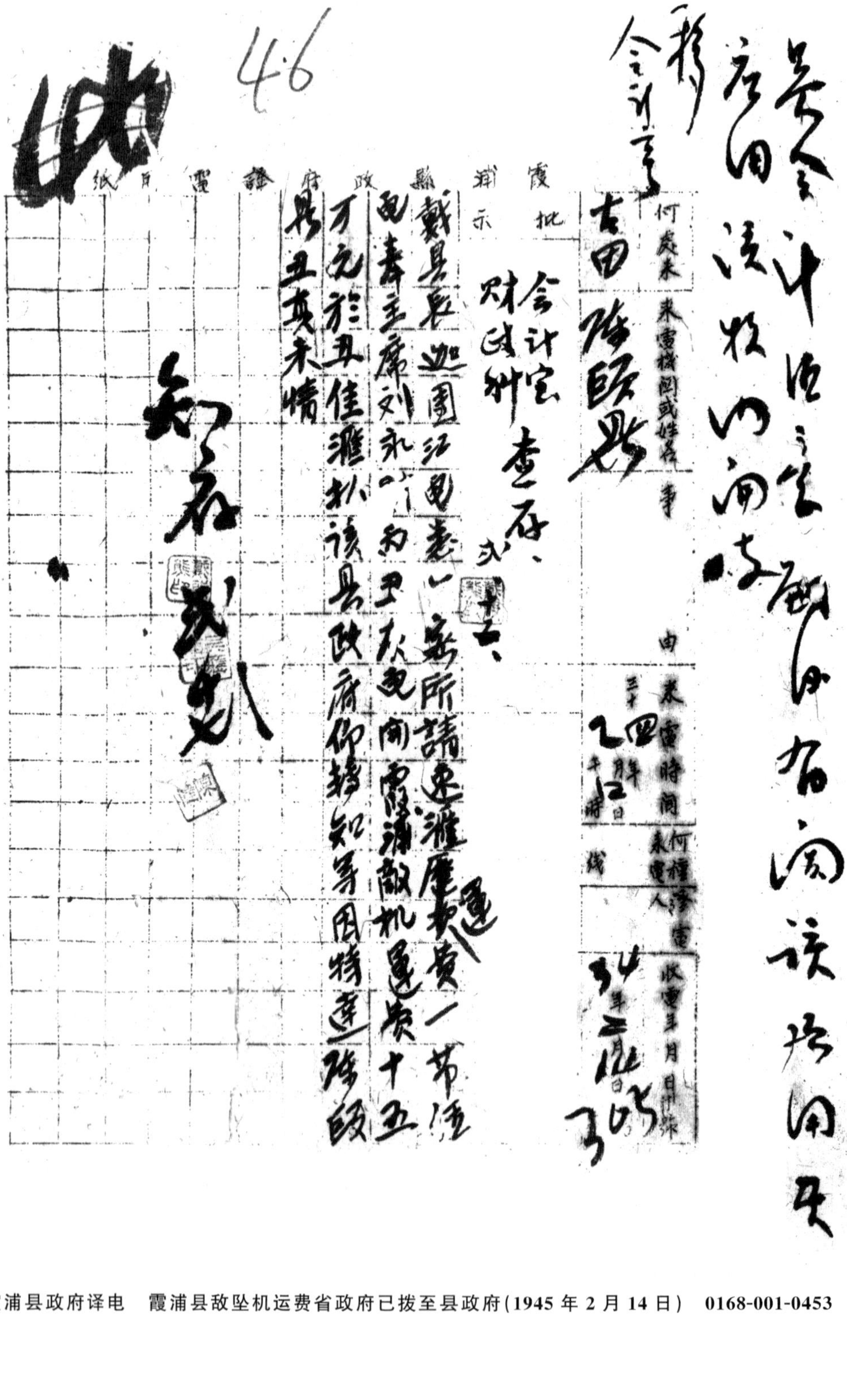

霞浦县政府译电　霞浦县敌坠机运费省政府已拨至县政府(1945 年 2 月 14 日)　0168-001-0453

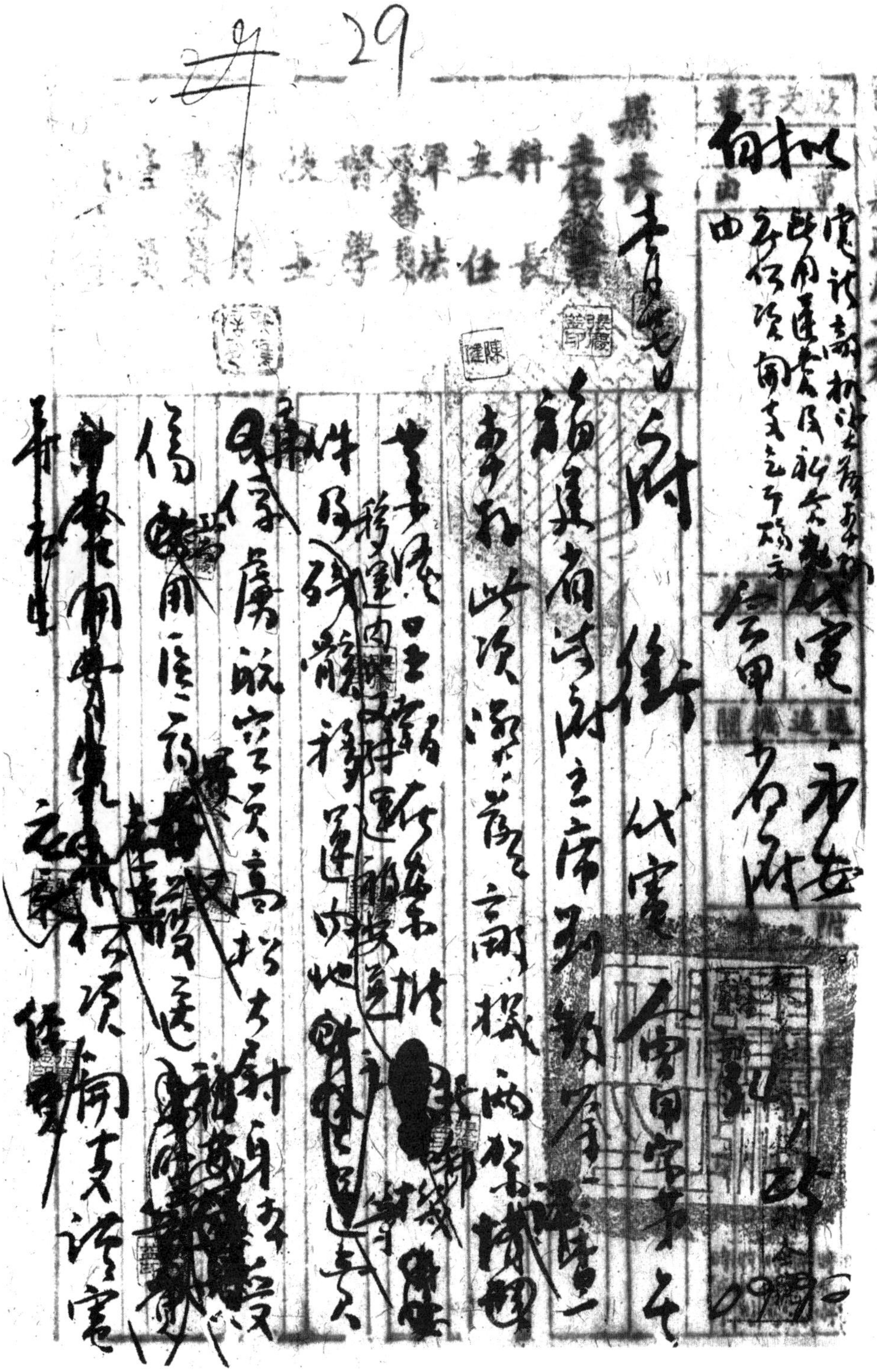

霞浦县政府关于敌机坠落本县所用运费及旅费应由何项开支请即赐示的代电

（1945 年 2 月 25 日） 0168-001-0453

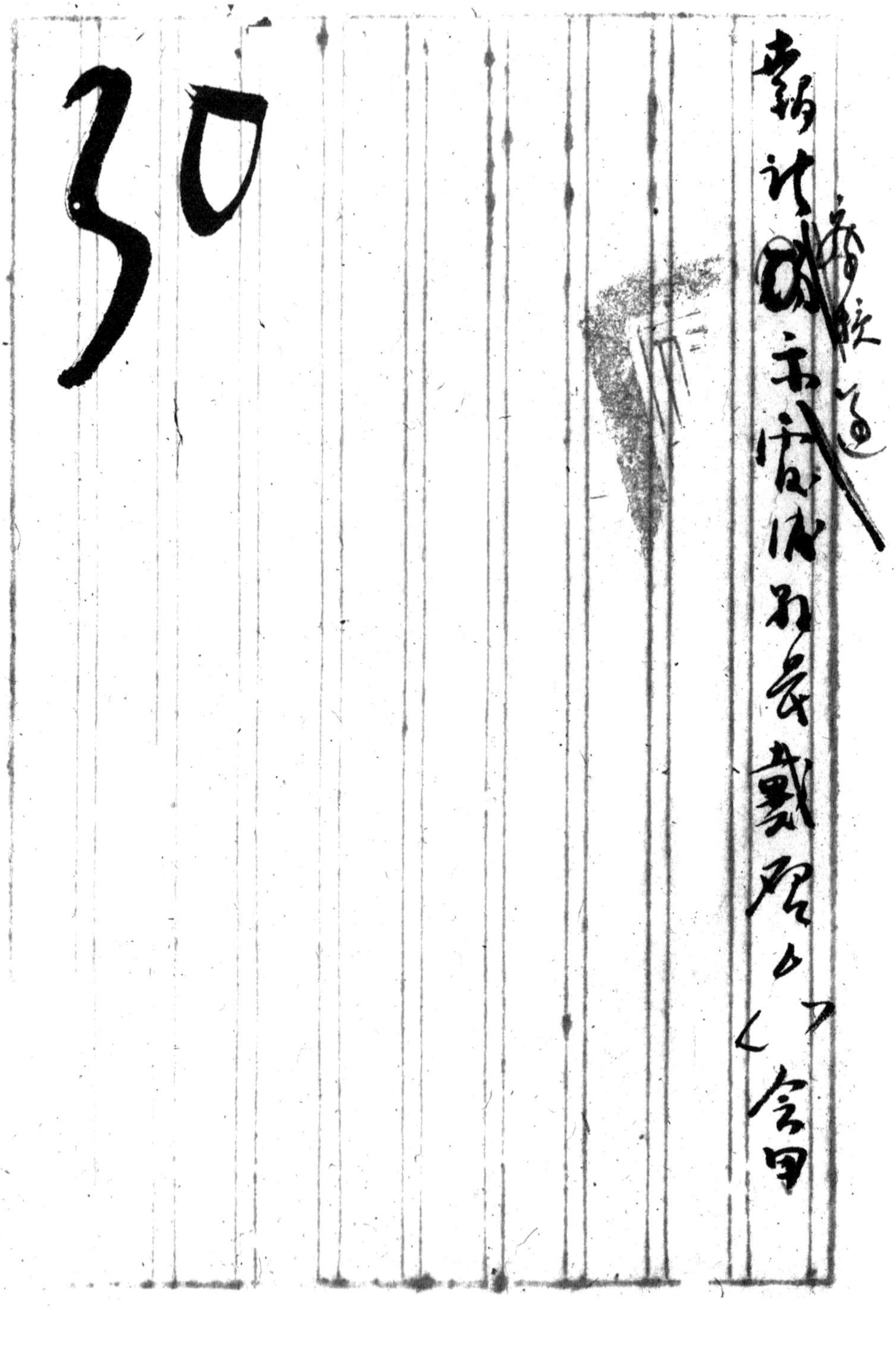

霞浦县政府关于敌机坠落本县所用运费及旅费应由何项开支请即赐示的代电

（1945 年 2 月 25 日） 0168-001-0453

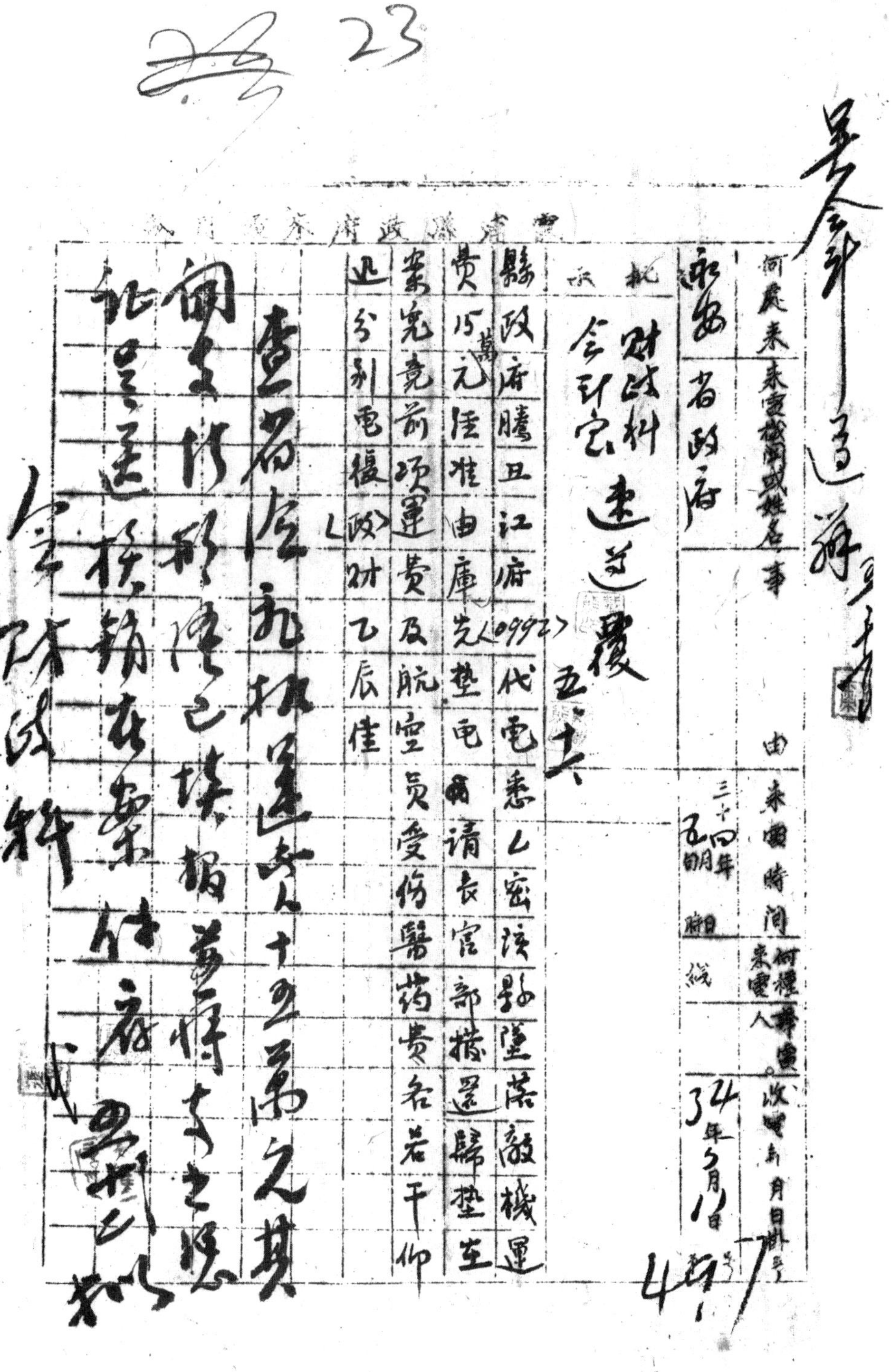

霞浦县政府译福建省政府关于坠落敌机运费及航空员受伤医药费迅即呈复的电文

（1945 年 5 月 9 日） 0168-001-0454

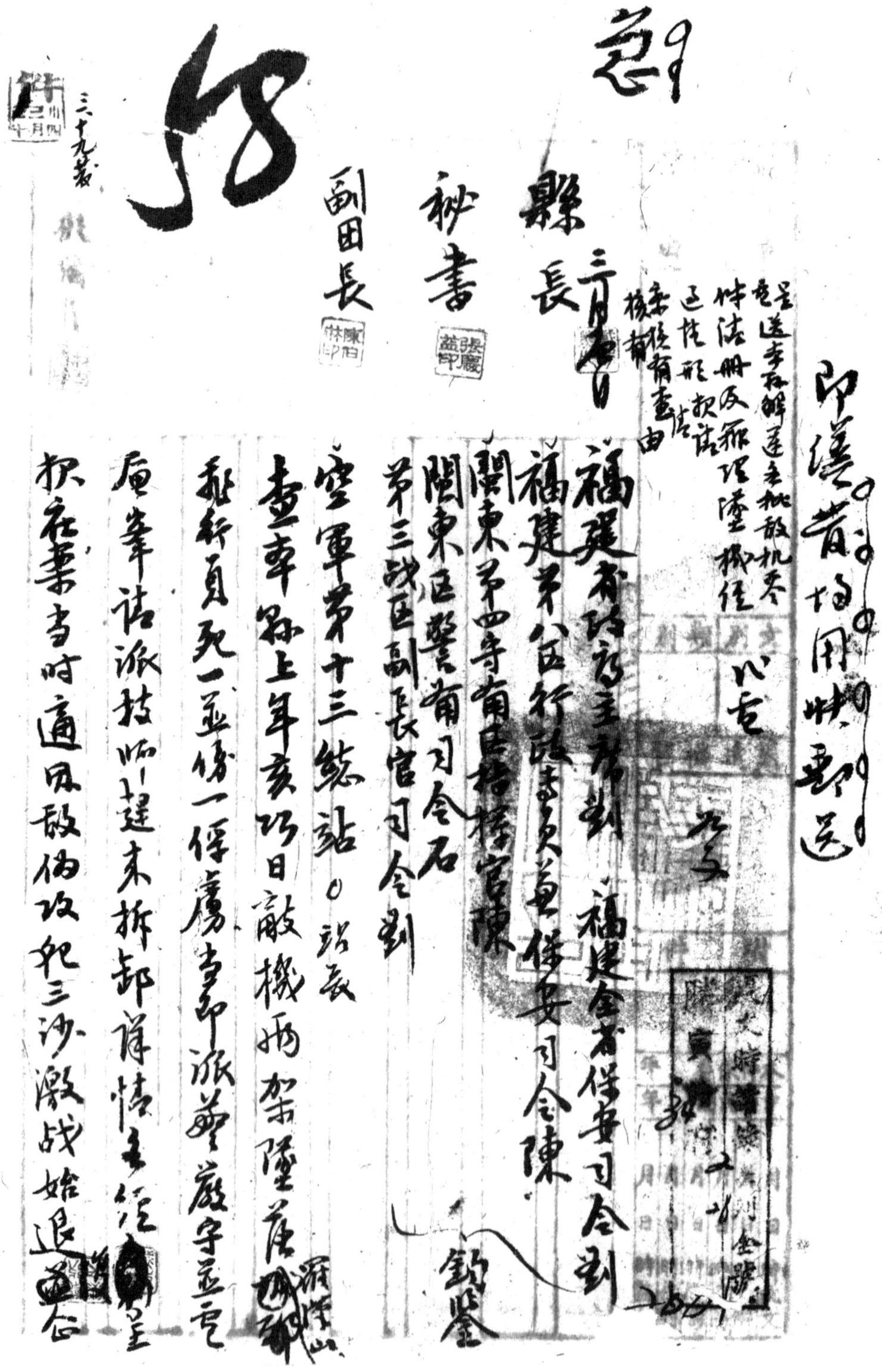
縣長
秘書
印發 菁均用快郵送
呈送本縣解運各批敵機零件清册及辦理墜機經過情形由
福建省政府主席劉、福建全省保安司令劉
福建第八區行政督察專員兼保安司令陳
閩東第四區指揮官陳
閩東區警備司令石
第三戰區副長官司令劉
空軍第十三總站站長 鈞鑒
查本縣上年亥巧日敵機兩架墜落
飛行員死一並傷一俘虜當即派警嚴守並電
廈峯請派技師來拆卸詳情業經電呈
在案當時適因敵偽攻犯三沙激戰始退遂

霞浦县政府关于报送本县解运各批敌机零件清册及办理坠机经过情形的代电

（1945 年 3 月 19 日） 0168-001-0453

59

嗣攻奪回敵機，以資緊急處置，經派機匠將敵機先拆一部，
於亥馬日將俘虜飛行員及機砲件件先送　第八區專署併
陸續拆卸趕運，并電　層峯請示等。福建第八區專署暨閩
東警備司令部電示已將敵派員拆卸，餘將俘虜敵員及文件機
於寒送解。閩東第四年省區指揮部轉解本縣請示。第八區專
署為緊急處置，雇匠拆卸機件，仍送專署轉餘福安寧德等
縣政府運解當季。第八區專署暨省保安處電派照辦，并
遵照　專署電示尚有機件送運。閩東警備司令部轉送復
奉　第三戰區司令長官顧電，除應將原物点交空軍第八十三
站拆運人員接收外，因本縣經手剩遺機件有未運零件

霞浦县政府关于报送本县解运各批敌机零件清册及办理坠机经过情形的代电
（1945 年 3 月 19 日）　0168-001-0453

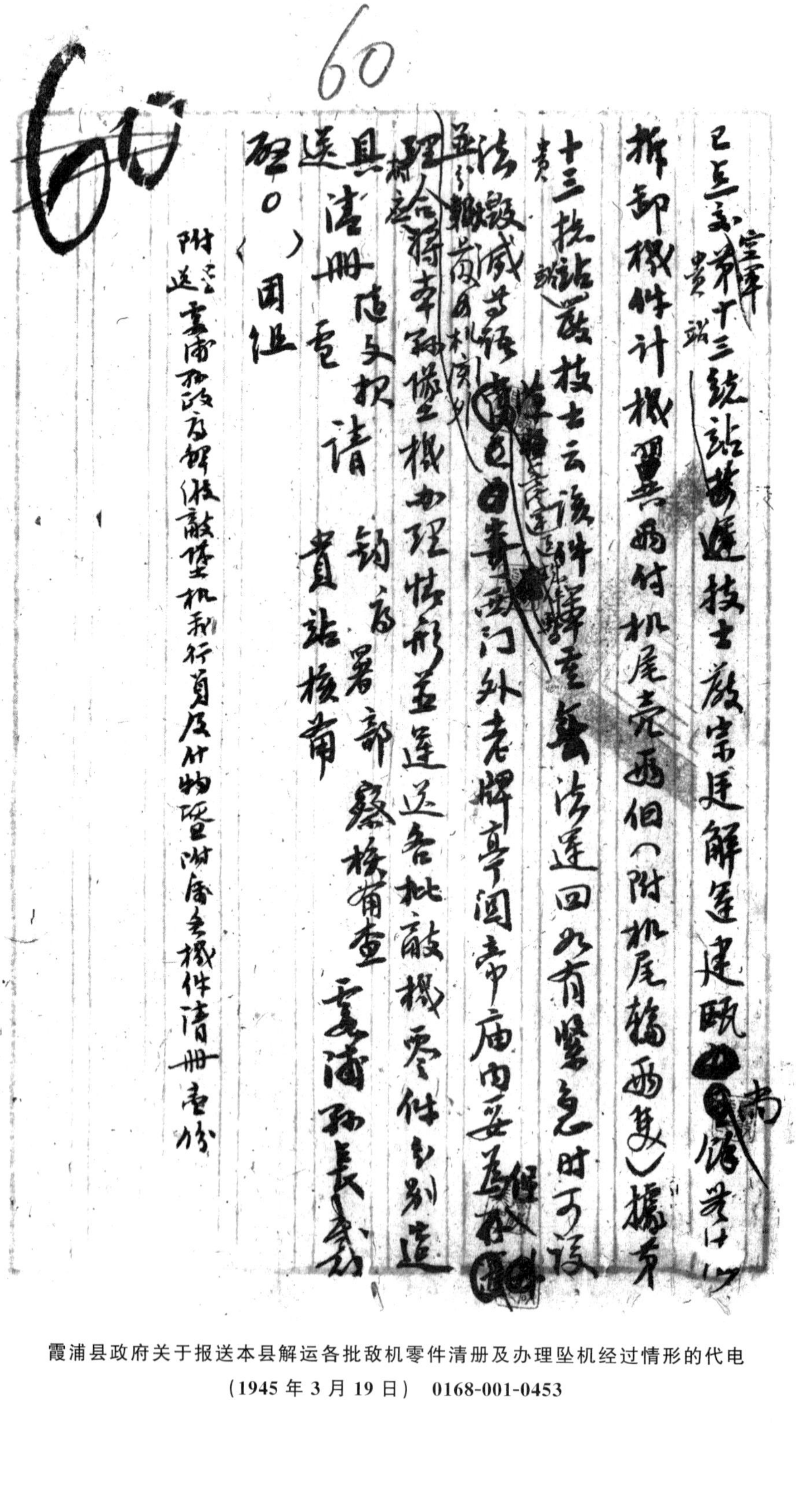

霞浦县政府关于报送本县解运各批敌机零件清册及办理坠机经过情形的代电

（1945年3月19日） 0168-001-0453

敌机件未拆卸　有七

翅膀两付　机尾壳两個（附机尾轮两隻）

县长龚

附件

附表转报　丑八

戳　丑六八

附件　霞浦县政府未拆卸敌机件清单(1945 年 2 月)　0168-001-0453

61

霞浦縣政府解繳敵墜機飛行員及什物暨附屬各機件清册

民國三十四年二月

名稱	單位	數量	附註	點交日期	收據號數	收機關姓名	備考
敵飛行員高桥大尉	名	壹		卅三.十二.廿三		福建第八区行政督察專員兼保安司令公署收容官公	製給第十條收據
機関槍	挺	伍		仝		仝	仝
飛行地圖	張	捌		仝		仝	仝
敵飭諭命令筆記襍件等	包	壹		仝		仝	仝
降落傘	把	壹	連椅垫全	仝		仝	製給軍用品樣項清單
降落傘椅垫	面	壹	缺傘面	仝		仝	仝
帆布背垫	付	弍		仝		仝	仝
掌用蘆花背身	件	壹		仝		仝	仝
白布	塊	壹		仝		仝	〃
袜	双	壹		仝		仝	仝

附件　霞浦县政府解缴敌坠机飞行员及什物暨附属各机件清册

（1945 年 2 月）　0168-001-0453

62

皮鞋	双	壹		卅三、十二、廿三		福建第八区行政督察专员兼保安司令公署收据字	[illegible]鈐軍周祺琦
軍帽	頂	壹		仝		仝	仝
通氣管	條	壹		仝		仝	仝
紅布	塊	壹		仝		仝	仝
通氣管底	個	壹		仝		仝	仝
航空帽	頂	弍		仝		仝	仝
太陽旗	面	壹	連柄	仝		仝	仝
布腰帶	條	壹		仝		仝	仝
皮椅墊	面	壹		仝		仝	仝
橡皮油壺	個	四	連電压	卅四、一、五	机字第一號	福建第八区行政督察专员兼保安司令陳廉芬	
橡膠車輪	個	弍		仝	仝	仝	
機身油壺標	支	壹		仝	仝	仝	

附件　霞浦县政府解缴敌坠机飞行员及什物暨附属各机件清册

（1945年2月）　0168-001-0453

63

品名	单位	数量	附记			
電壓器	個	壹	附保弍条	卅四、一、五	松山草堂	福建第一區行政督察專員兼保安司令陳聯芬
通止器	個	壹	附毛保四条	仝	仝	仝
回轉計發電機	個	壹		仝	仝	仝
銅小油管	個	壹	連頭	仝	仝	仝
重力弄二至管	條	壹		仝	仝	仝
駕駛盤	架	壹		仝	仝	仝
升機坐椅	個	壹		仝	仝	仝
分電壓調整器	個	壹		仝	仝	仝
爆射機	個	壹		仝	仝	仝
壓力針錶	架	壹	即厚載高低增減回轉器	仝	仝	仝
電池	個	弍		仝	仝	仝
可熔片	個	壹		仝	仝	仝

附件　霞浦县政府解缴敌坠机飞行员及什物暨附属各机件清册

（1945 年 2 月）　0168-001-0453

64

空油壺	個	弍		卅一、五	机字第一號	福建第八区行政督察专员兼保安司令陳聯芬
夜明錶	架	壹	右下角缺一	仝	仝	仝
轉輪把	個	壹		仝	仝	仝
電压調整器	個	壹		仝	仝	仝
槍架	個	壹		仝	仝	仝
發動機頭蓋	個	壹		仝	机字第三號	仝
發動車盤	個	壹		仝	仝	仝
油量錶	架	壹		仝	仝	仝
鋼线	条	拾壹		仝	仝	仝
電綫	条	叁		仝	仝	仝
大小油管	条	拾弍		仝	仝	仝
杂线	条	弍		仝	仝	仝

附件　霞浦县政府解缴敌坠机飞行员及什物暨附属各机件清册

（1945 年 2 月）　0168-001-0453

65

鞭節綫	条	壹		卅、一、五	机字第三号	福建第八區行政督察專員兼保安司令陳聯芬
電信訊變信器	個	壹		仝	机字第四號	仝
橡皮油管	条	壹		仝	仝	仝
橡皮管	条	壹		仝	仝	仝
上下錶機	個	壹		仝	仝	仝
點閘機	個	壹	附電綫弍条	仝	仝	仝
計壓加壓錶	個	弍		仝	仝	仝
九七式油量指示器	個	壹		仝	仝	仝
前部操縱匡	個	壹		仝	仝	仝
把手輪	個	壹		仝	仝	仝
脚下翼	個	壹		仝	仝	仝
發電机	架	壹		仝	机字第陸号	仝

附件　霞浦县政府解缴敌坠机飞行员及什物暨附属各机件清册

（1945年2月）　0168-001-0453

66

橡皮油箱	隻	壹	附油量表	卅、一、五	机字第陆号	福建第八区行政专员兼保安司令陳聯芬
坐位	架	壹		仝	仝	仝
机頭圓架	隻	壹		仝	仝	仝
橡皮油管	条	拾肆		仝	仝	仝
大小油管	条	叁拾叁		仝	仝	仝
電线	条	肆拾弍	大小合計、	仝	仝	仝
可熔片	架	壹	附電线七条	仝	仝	仝
熄滅灯	盞	壹	内附電珠壹粒	仝	仝	仝
指示器	架	壹	附油量表及電线四条	仝	仝	仝
尾輪脚	架	壹	附電线四条	仝	机字第柒號	仝
後部指揮匡	架	壹	附電线七条	仝	仝	仝
送受話指揮函	架	壹	附電线三条	仝	仝	仝

附件　霞浦县政府解缴敌坠机飞行员及什物暨附属各机件清册

（1945 年 2 月）　0168-001-0453

尾部接續筐	架	壹	附電線三條	三四、一、五	机字第柒号	福建第八區行政專員兼保安司令陳聯芬
監聽機	架	壹		仝	仝	仝
電變信機	架	壹	附電源壹條	仝	仝	仝
前部接續筐	架	壹	附電線二[illegible]條	仝	仝	仝
無線電源筐	架	壹	附電線壹條	仝	仝	仝
音響連絡器	架	壹		仝	仝	仝
無名機	架	壹	附電線一條	仝	仝	仝
高低節機	架	壹		仝	机字第捌号	仝
尾輪固定把手	架	壹	附電源四條	仝	仝	仝
旋回指示器	架	壹		仝	仝	仝
通電機	粒	叁	附電線四條	仝	仝	仝
開鎖機	架	壹		仝	仝	仝

附件 霞浦县政府解缴敌坠机飞行员及什物暨附属各机件清册

（1945 年 2 月） 0168-001-0453

68

昇降调整机	架	壹		卅四、一、五	机字第捌號	福建第八区行政专员兼保安司令陳聯芬
砲安全器	架	壹		仝	仝	仝
高压油切替机	架	叁		仝	仝	仝
檢印机	架	壹		仝	仝	仝
圓番机	架	壹		仝	仝	仝
蹈脚机	架	壹	附橡皮油管三条	仝	机字第玖号	仝
小油筒	架	壹		仝	仝	仝
油古臺集	集	壹	附油長三条	仝	仝	仝
翼下脚机	架	壹		仝	仝	仝
橡皮油管	条	叁		仝	仝	仝
小橡皮環	個	拾弍		仝	仝	仝
油櫃楔	架	壹	附寄電机	仝	仝	仝

附件　霞浦县政府解缴敌坠机飞行员及什物暨附属各机件清册

（1945年2月）　0168-001-0453

69

綳綫	条	陸		三〇、一、五	机字第玖号	福建第八区行政专员兼保安司令陳聯芬
車油箱	個	弍	附油壶一個	仝	仝	仝
零件	籃	弍		仝	仝	仝
橡皮油箱盖	隻	壹		仝	机字第拾号	仝
氣管	隻	弍		仝	仝	仝
氣缸	個	弍拾捌		三四、一、二十	机字第拾弍号	福建第八区保安副司令黄國秋
活塞	個	弍拾捌	連活塞環	仝	仝	仝
螺旋槳	片	陸		仝	仝	仝
螺旋槳頭包皮	個	弍		仝	仝	仝
螺旋槳頭	個	弍		仝	仝	仝
發動机架	隻	壹		仝	仝	仝
發動机後机盒	隻	壹	連齒輪	仝	仝	仝

附件 霞浦县政府解缴敌坠机飞行员及什物暨附属各机件清册

（1945 年 2 月） 0168-001-0453

70

發動機大軸	隻	貳	連中機盒	三四、一、二十	機字第拾貳號	福建第八區保安副司令部解繳
減縮器	隻	壹	連軸	仝	仝	仝
發動機中機盒	片	貳		仝	仝	仝
進氣管	個	拾捌		仝	機字第拾叁號	仝
脫氣管	個	拾叁		仝	仝	仝
滑油散熱器	個	壹		仝	仝	仝
起落架	個	貳		仝	仝	仝
汽化器	個	壹		仝	仝	仝
氧氣瓶	個	壹	連管叁條	仝	仝	仝
滑油抽	個	壹		仝	仝	仝
油漕	個	貳		仝	仝	仝
機關槍筒	個	叁		仝	仝	仝

附件　霞浦县政府解缴敌坠机飞行员及什物暨附属各机件清册

（1945 年 2 月）　0168-001-0453

71

電線環架	個	壹	連電線	三〇一、手	機字第拾叁号	福建第八區保安副司令部[illegible]收
螺旋槳調速器	個	弍		仝	機字第拾捌号	仝
偏心盤	個	叁		仝	仝	仝
偏心齒輪	個	叁		仝	仝	仝
机關槍調整器	個	壹		仝	仝	仝
減縮器度盤	個	壹		仝	仝	仝
軸承	個	壹	連套壹個	仝	機字第拾捌号	仝
軸珠套	個	捌		仝	仝	仝
螺帽	個	叁		仝	仝	仝
軸偏心套	個	叁		仝	仝	仝
汽化器座	個	壹		仝	仝	仝
滑油抽	個	壹		仝	機字第拾伍号	仝

附件　霞浦县政府解缴敌坠机飞行员及什物暨附属各机件清册

（1945年2月）　0168-001-0453

72

汽油柚	個	弍		三〇、一、廿	機字第拾伍號	福建第八區行政督察專員兼保安司令公署副司令符國[illegible]
滑油濾	個	壹		仝	仝	仝
推桿	條	捌拾陸		仝	仝	仝
推桿套	隻	捌拾柒		仝	仝	仝
電線	條	弍拾捌		仝	仝	仝
油管	條	伍		仝	仝	仝
雜件	籃	弍		仝	仝	仝
發動機包皮	個	伍拾陸		仝	仝	仝
保險傘	把	壹	綫切斷	三〇、一、廿三	機字第拾陸號	空軍第十三站技士嚴宗廷
輪胎	隻	弍		仝	仝	仝
蓄電機	架	弍		仝	仝	仝
發電機	架	壹		仝	仝	仝

附件　霞浦县政府解缴敌坠机飞行员及什物暨附属各机件清册

（1945 年 2 月）　0168-001-0453

[illegible] 73

起動機	架	壹		三〇、一、廿三	机字第拾陆号	空軍第十三技術站技士嚴宗廷
無線電送信机	架	弍		仝	仝	仝
無線電受信机	架	弍		仝	仝	仝
電瓶	隻	弍		仝	仝	仝
受話器	隻	弍		仝	仝	仝
調同空	隻	壹		仝	仝	仝
無線電起動机	隻	壹		三〇、一、廿二	机字第拾捌号	仝
電壓調整器	隻	壹		仝	仝	仝
容器機	隻	弍		仝	仝	仝
搖手把	隻	弍		仝	仝	仝
手槍	把	壹	號碼〈70370〉子彈の無	仝	仝	仝
酸素發生用電罐	隻	壹		仝	仝	仝

附件　霞浦县政府解缴敌坠机飞行员及什物暨附属各机件清册

（1945 年 2 月）　0168-001-0453

74

送話器	隻	壹	三四、一、廿二	机字第拾捌号	空軍第十三總站技士龐守廷
流量計	隻	壹	仝	仝	仝
機關砲	挺	叁	三四、二、六	机字第拾玖号	福建第八区行政督察專員兼保安司令陳聯芬
子彈	顆	一六五七	仝	仝	仝
彈匣	個	弍	仝	仝	仝
終					

附件　霞浦县政府解缴敌坠机飞行员及什物暨附属各机件清册

（1945 年 2 月）　0168-001-0453

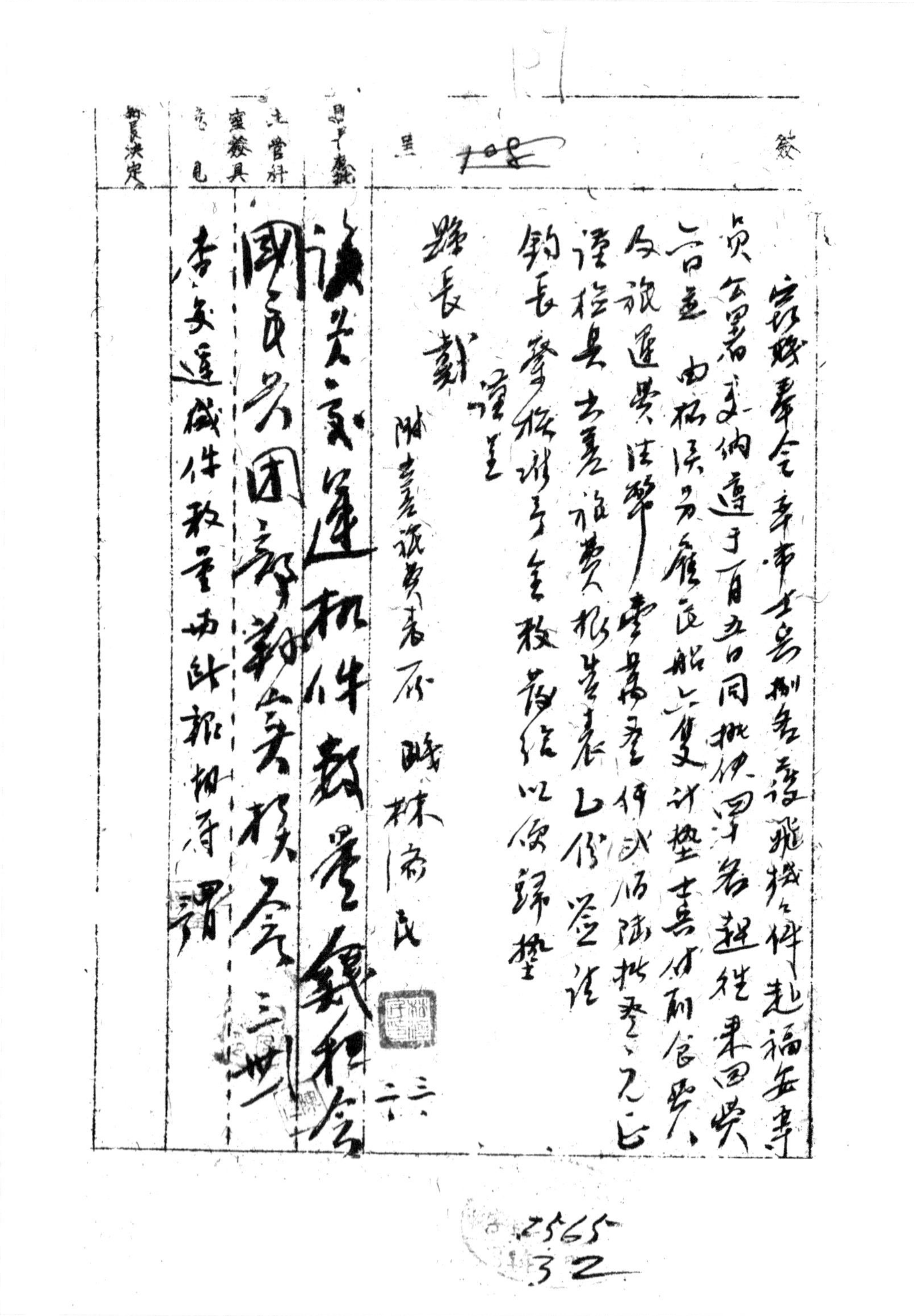

霞浦县政府签呈表　林济民呈请核发护运机件赴福安专员公署副食费及旅运费13263元以资归垫（1945年3月2日）　0168-001-0453

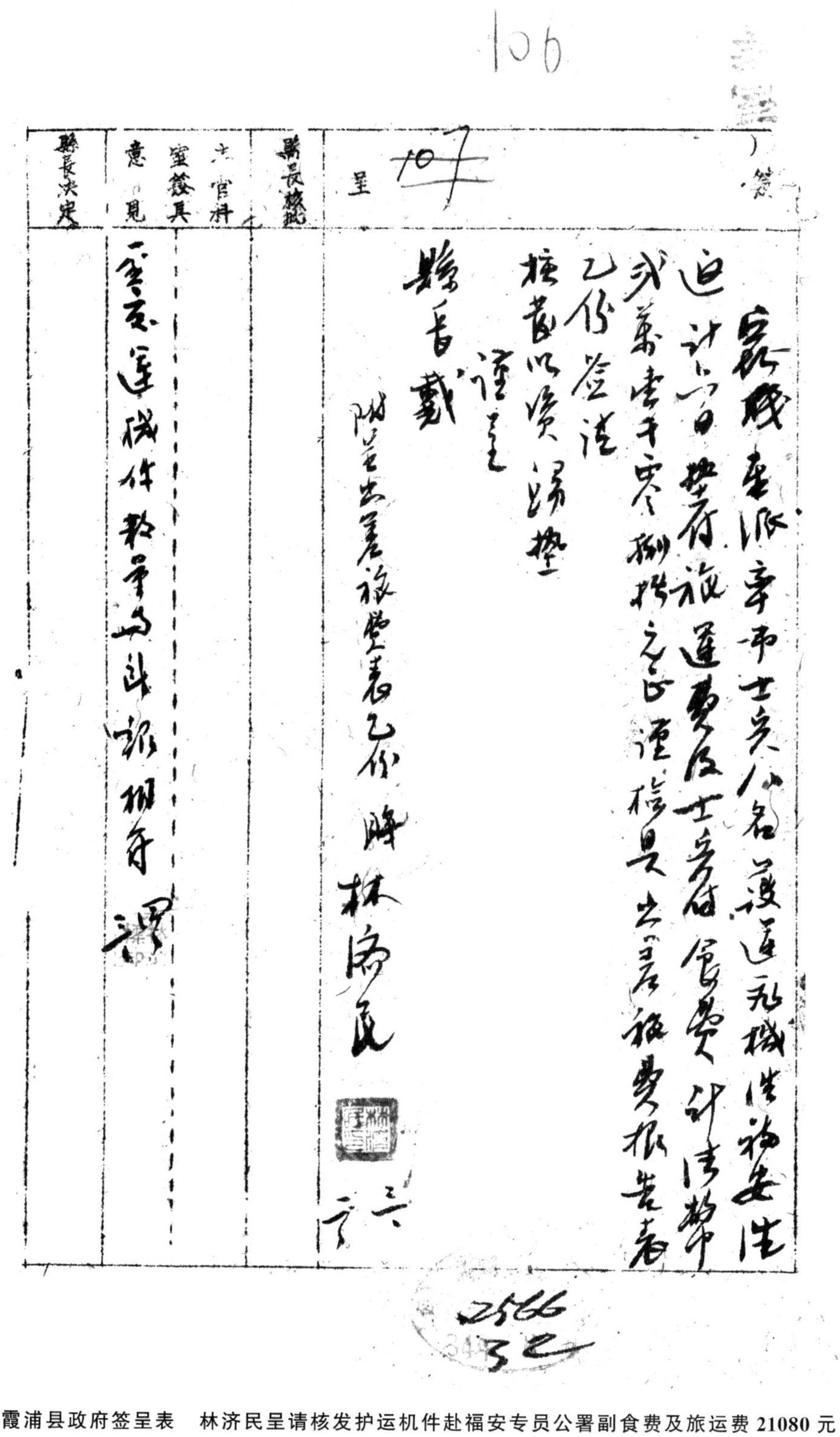

霞浦县政府签呈表　林济民呈请核发护运机件赴福安专员公署副食费及旅运费 21080 元以资归垫(1945 年 3 月 2 日)　0168-001-0453

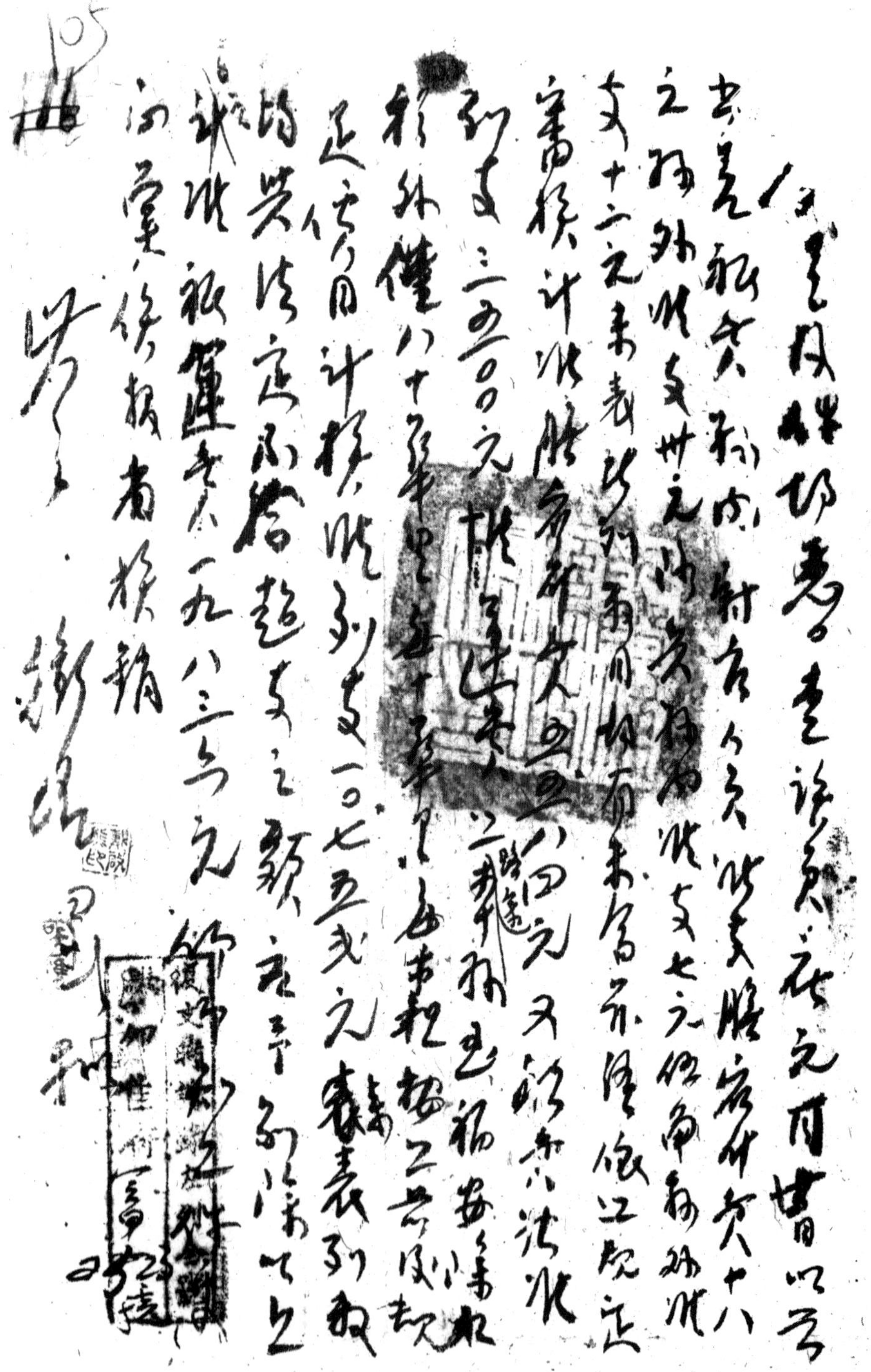

霞浦县政府关于元月护运机件前往福安之旅运费依照规定核准计发 27860 元，超出之数应予列除的指令（1945 年 4 月 9 日）　0168-001-0453

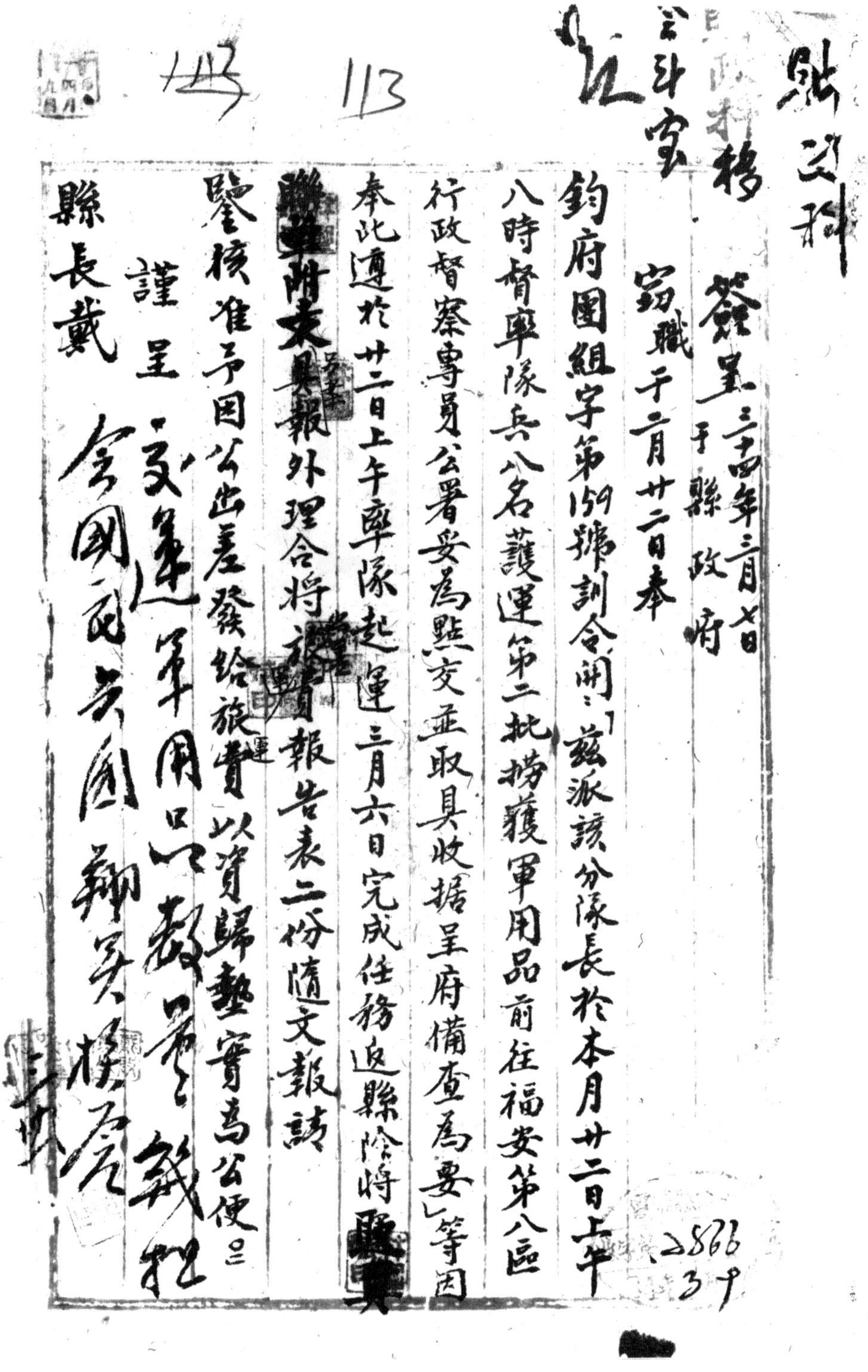
簽呈 三十四年三月七日
於縣政府
竊職于二月廿二日奉
鈞府團組字第159號訓令開：「茲派該分隊長於本月廿二日上午八時督率隊兵八名護運第二批撈獲軍用品前往福安第八區行政督察專員公署妥為點交並取具收據呈府備查為要」等因
奉此遵於廿二日上午率隊起運三月六日完成任務返縣除將聯單附表具報外理合將旅費報告表二份隨文報請
鑒核准予因公出差發給旅費以資歸墊實為公便
謹呈
縣長戴

霞浦县国民兵团分队长林国斌关于报送旅费运费报告表的签呈

(1945 年 3 月 7 日)a 面　0168-001-0453

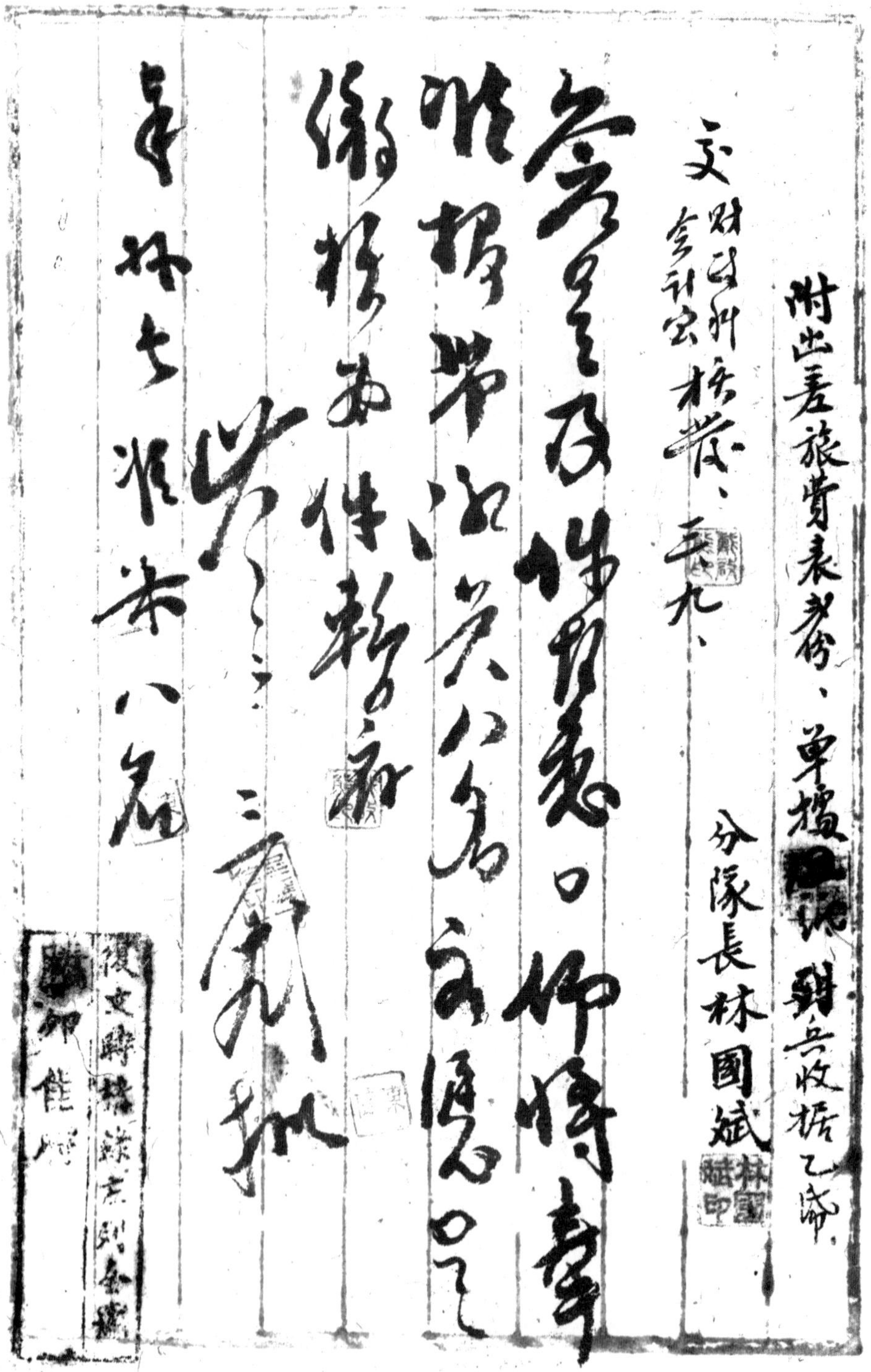

霞浦县国民兵团分队长林国斌关于报送旅费运费报告表的签呈

(1945年3月7日)b面 0168-001-0453

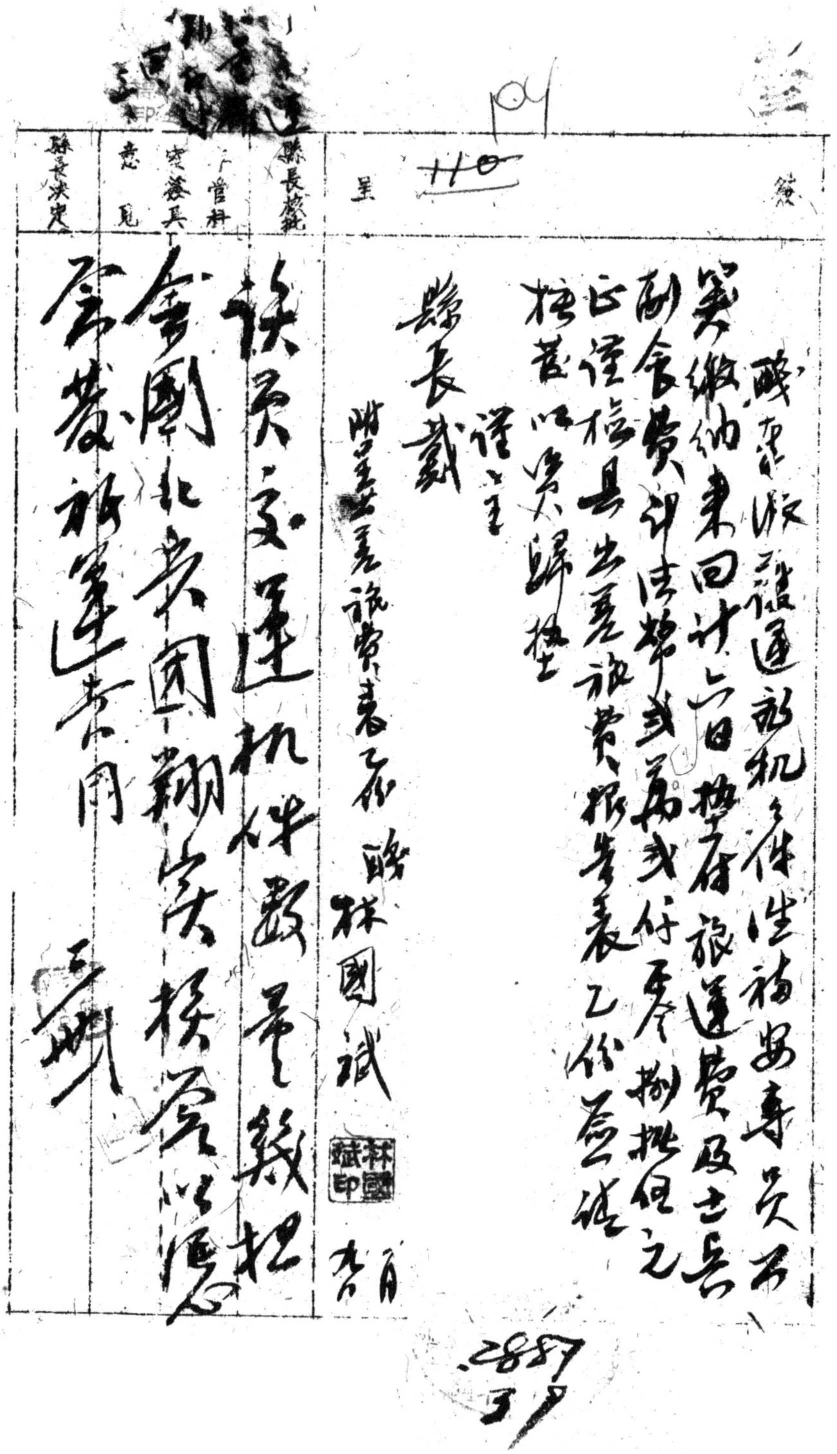
縣長決定	意見	主管科室簽具	縣長核批	呈	簽

職前奉派護運機件往福安專員公署繳納，來回計六日，按旅運費及士兵副食費，計法幣弍萬弍仟零捌拾伍元正，謹檢具出差旅費報告表乙份，簽請核發，以資歸墊。

謹呈

縣長戴

附呈出差旅費書表

職 林國斌

霞浦县政府签呈表　林国斌呈请核发护运机件赴福安专员公署旅运费 22085 元以资归垫

（1945 年 3 月 9 日）　0168-001-0453

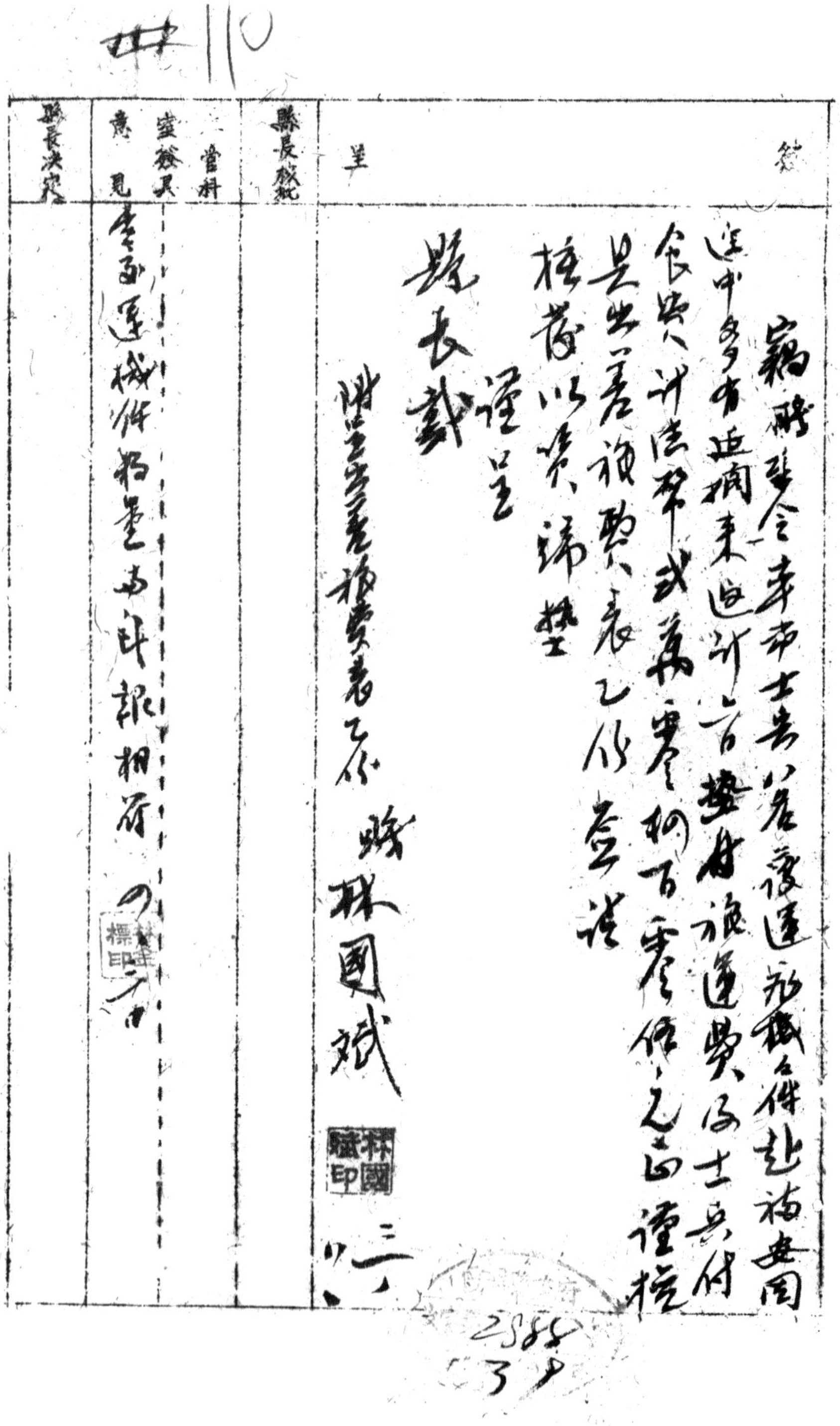
簽呈

竊職奉令率帶士兵八名護運機件赴福安專員公署，途中多有延擱，來回計六日，按每名旅運費及士兵付食外，計法幣弍萬零肆百零伍元，已由職墊出，是否應請核發，理合簽請核發以資歸墊。

謹呈

縣長戴

附呈旅費表一份

職 林國斌 三、八

縣長核批

當科室簽具意見：查本案運機件旅費尚屬相符

縣長决定

霞浦县政府签呈表　林国斌呈请核发护运机件赴福安专员公署旅运费 20405 元以资归垫

（1945 年 3 月 8 日）　0168-001-0453

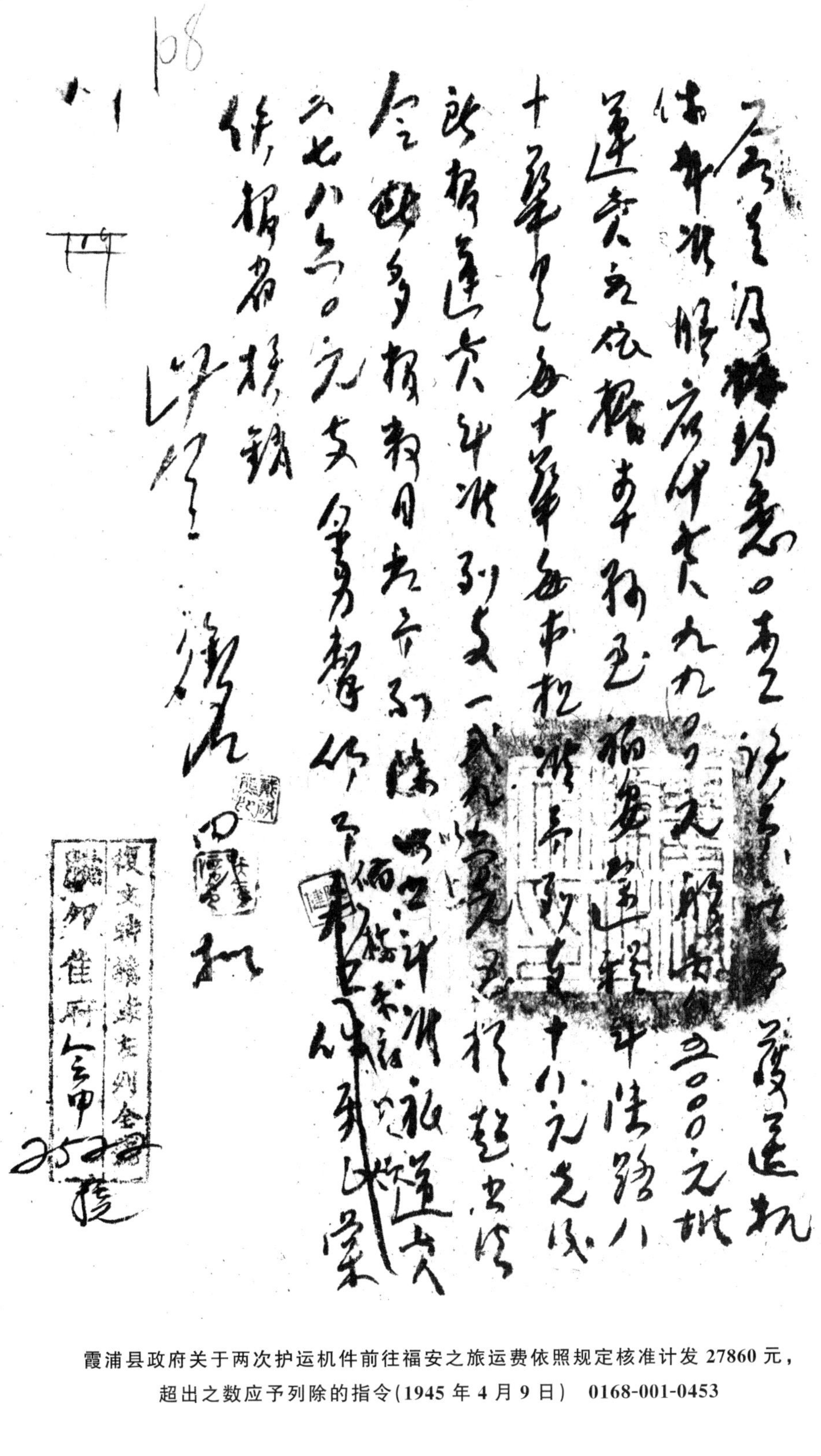

霞浦县政府关于两次护运机件前往福安之旅运费依照规定核准计发 27860 元，超出之数应予列除的指令(1945 年 4 月 9 日)　0168-001-0453

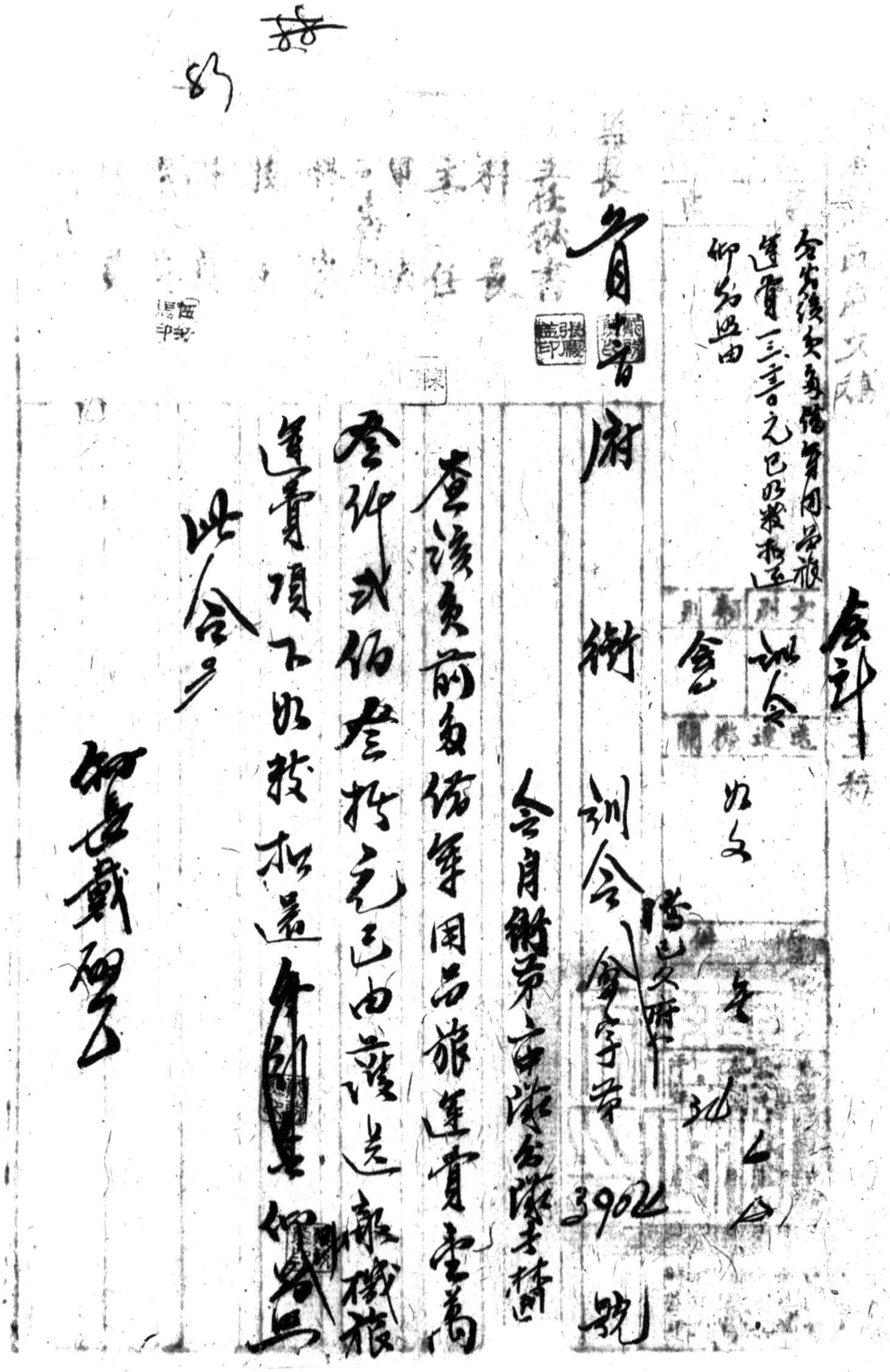

霞浦县政府关于林国斌多借军用品旅运费已由护送敌机旅运费项下扣还的指令

（1945 年 6 月 12 日） 0168-001-0454

103

縣長決定	主管科室簽具意見	縣長核批	呈	簽
發旅運費[illegible]	[illegible] 根(?)相符	交[illegible]運機件[illegible]經會[illegible]	附出差旅費報告表乙份、單據七張 職林金玉謹呈 三、十	職奉派護運飛機零件至福安專署交納等因，遵於一月廿五日乘[illegible]號輪護運機件計[illegible]由該輪[illegible]運費[illegible]計法幣壹萬壹仟陸百叁拾捌元[illegible]出差旅費報告表乙份單據[illegible]呈請鑒核准予照數發給歸墊，[illegible] 謹呈 縣長戴

2/16
3/10

霞浦县政府签呈表　林金玉呈请核发护运机件赴福安专员公署旅运费 11638 元以资归垫

（1945 年 3 月 10 日）　0168-001-0453

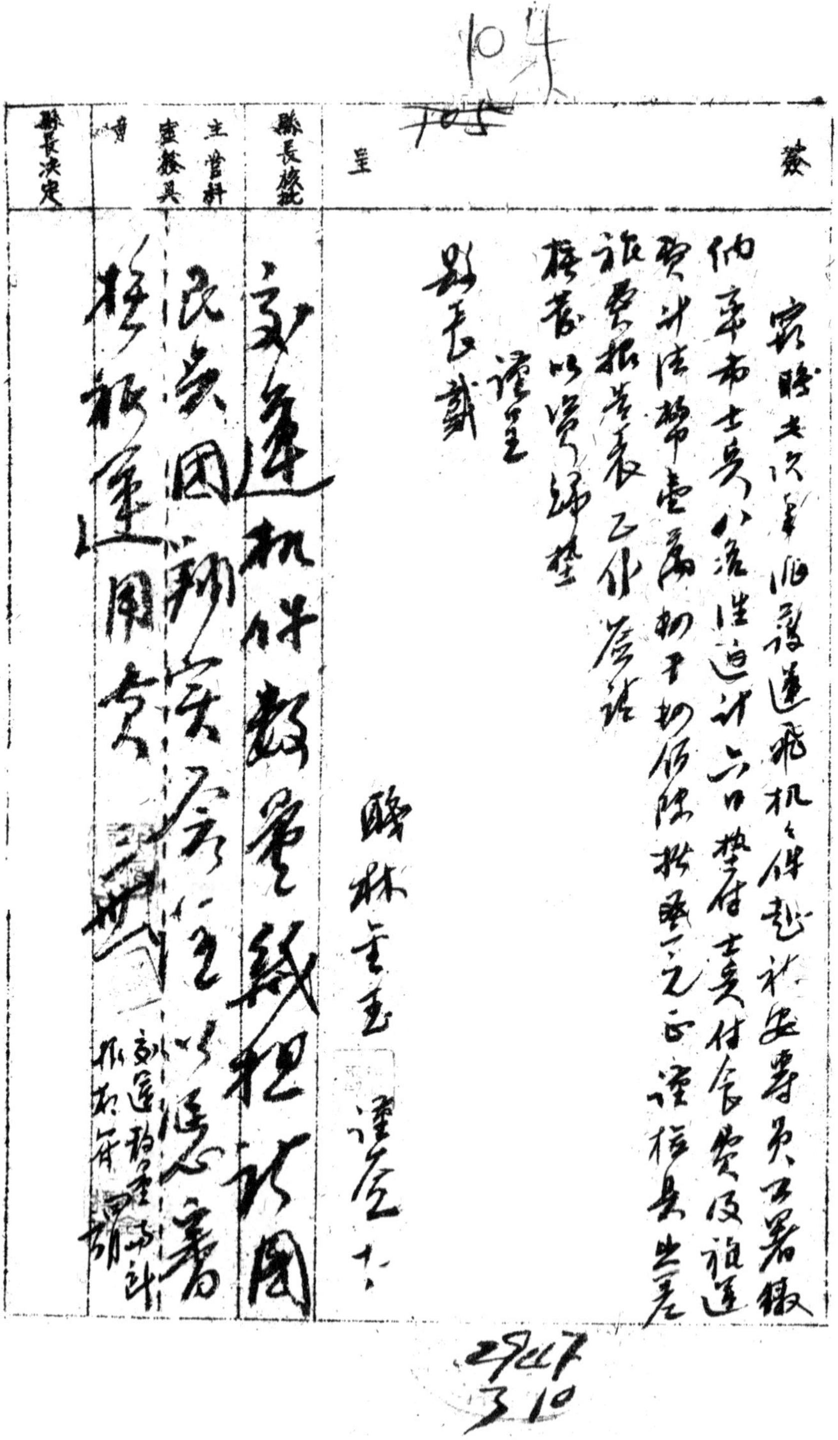
簽呈

竊職於六日奉派護運飛機機件赴福安專員公署繳納率帶士兵八名往返計六日墊付士兵付食費及旅運費計法幣壹萬肆千肆百陸拾叁元正謹檢具出差旅費報告表乙份簽請核發以資歸墊

謹呈

縣長戴

職林金玉 謹簽 十

霞浦县政府签呈表　林金玉呈请核发护运机件赴福安专员公署士兵副食费及旅运费 14463 元以资归垫(1945 年 3 月 10 日)　0168-001-0453

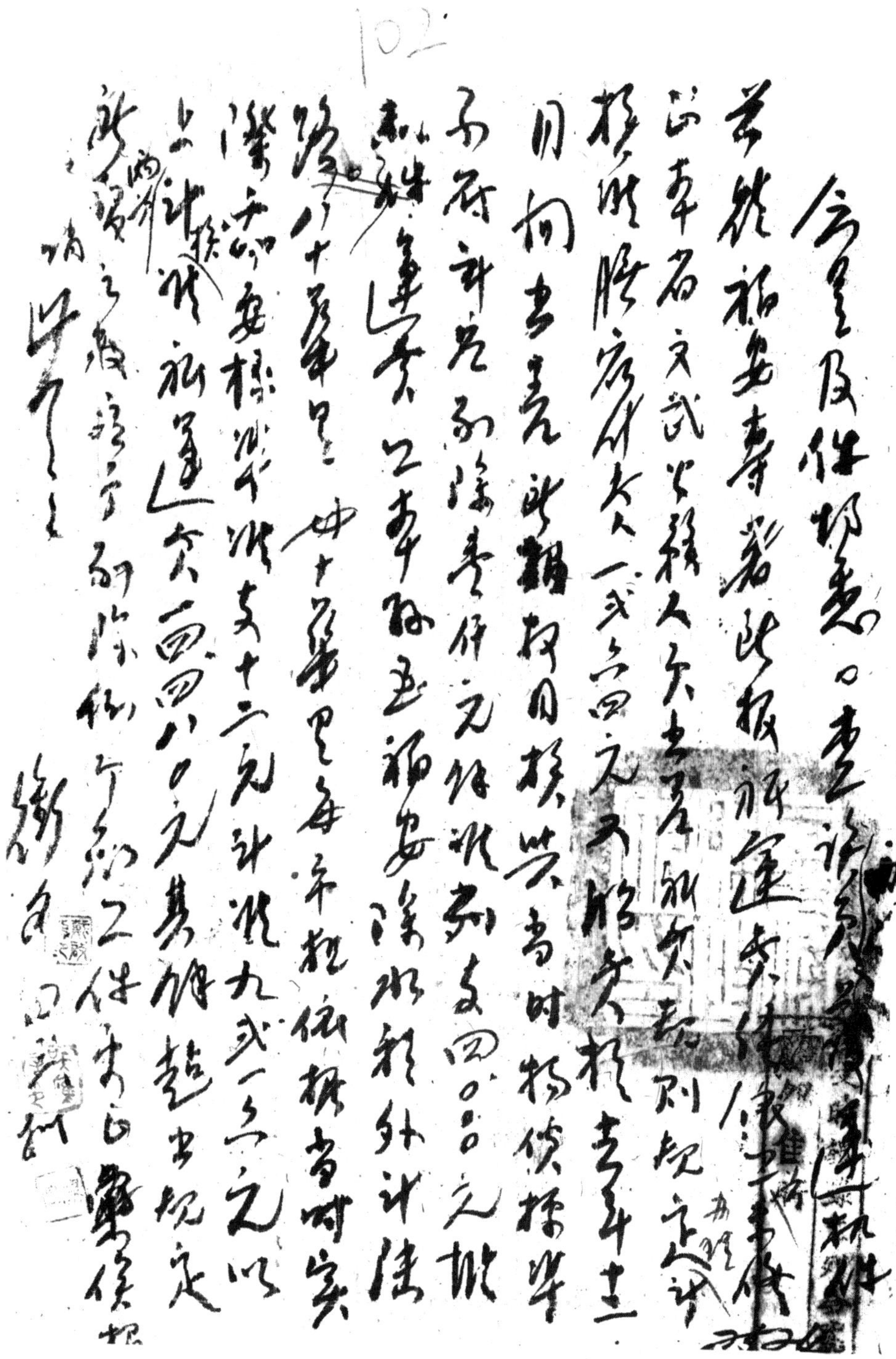

霞浦县政府关于两次护运机件前往福安之旅运费依照规定核准计发 14480 元,超出之数应予列除的指令(1945 年 4 月 9 日)　0168-001-0453

县长决定	主管签注意见	县长核示	呈
			查前年坠落敌机派兵看管发给夜间小费及拆卸技工工资与运送装贮材料等计垫付法币叁万壹仟肆百柒拾玖元正除前已领出壹万元尚差贰万壹仟肆百柒拾玖元正理合检同单据签请 核发归垫 谨呈 县长戴 附呈单据拾张 职 林金标 三月十三日

3035
2 13

霞浦县政府签呈表　林金标呈请核发坠落敌机夜间官兵看管津贴、拆卸技工工资及运送装贮材料费等垫付款(1945 年 3 月 13 日)　0168-001-0453

19

霞浦縣政府代電用紙

來電機關姓名	事由	來電時間	收電年月日	批示
福建省政府 (永安)		三十四年四月二日	34年4月4日	財政科 会計室 速送办

縣政府▲密該縣敵偽落敵机運費十五萬元經省[illegible]政會議議決由庫墊撥茲奉第三戰區司令長官寅宥果利电以將折運霞浦敵机所使用之舟車與人力數量水陸運里程及所耗運費等分列帳取據補報本[illegible]部以便轉請[illegible]航委会核撥歸墊等因仰迅遵送核轉有政府永財丙冬

霞浦县政府译福建省政府关于霞浦县将坠落敌机拆运所耗运费等列账取据报省以转航委会核拨归垫的电文(1945 年 4 月 2 日)　0168-001-0454

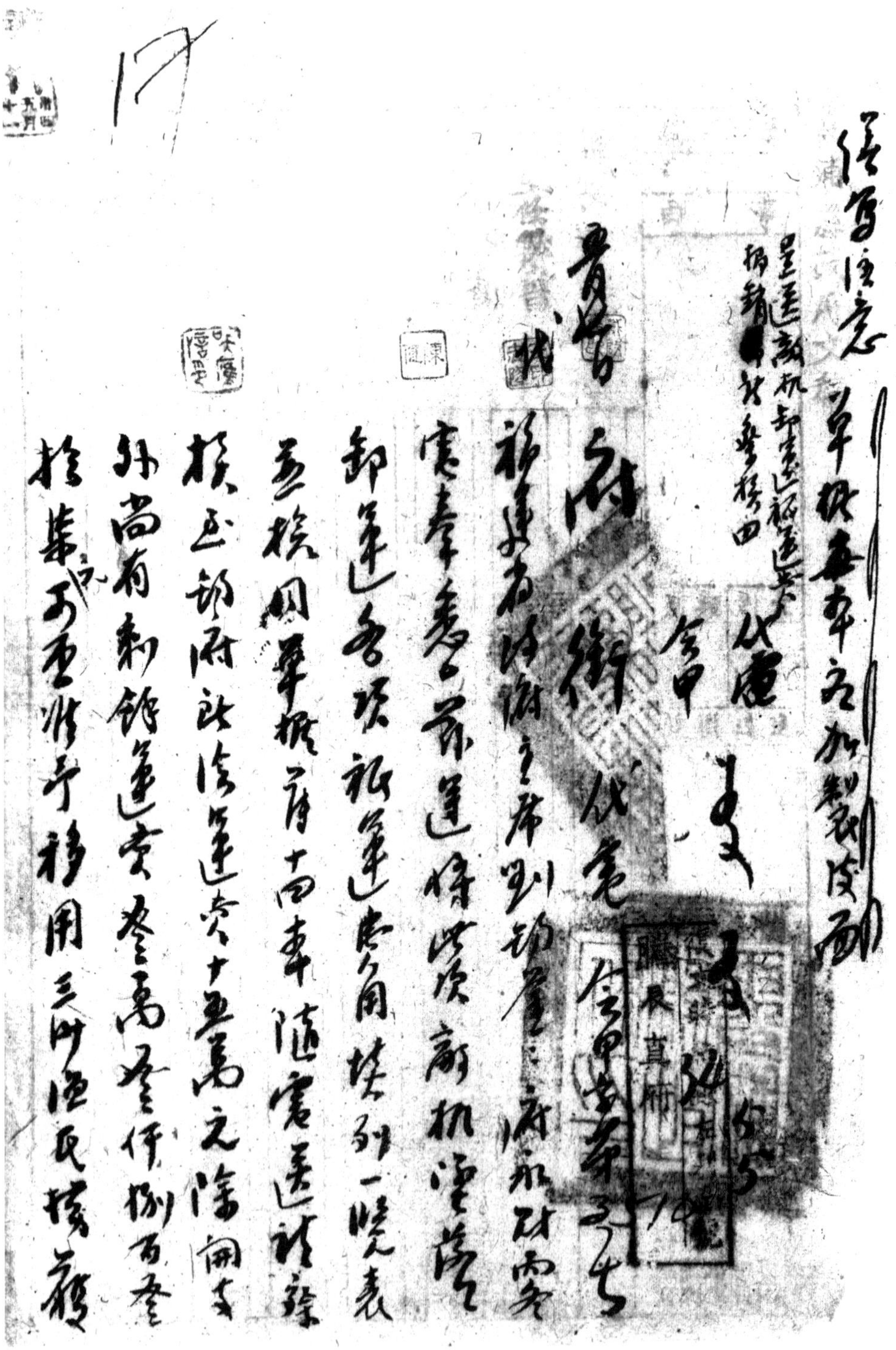

霞浦县政府关于报送坠落敌机卸运各项旅运费报销表据的呈文

（1945 年 5 月 11 日） 0168-001-0454

18

单用二八旅运费共元二角旅运霞浦县长
戴启口八人 仝甲附呈拆运敌机旅运费一
览表二份单据簿壹本

霞浦县政府关于报送坠落敌机卸运各项旅运费报销表据的呈文

（1945 年 5 月 11 日） 0168-001-0454

20

据

霞浦县政府拆运敌机旅运费用一览表

请领机关	用途	金额	单据张数	备考
县政府	飞机拆运及装载看管费用	[illegible]八九[illegible]	1	查一钧府拆运机件运费十五万元，除上项列支计[illegible]，尚有剩余[illegible]元
	飞行员高松大尉伤医药费	五九〇〇〇	六	
警察局	巡官张宝叶护送俘虏及机件赴福安专署旅费	六一七四〇〇	3	
	俘虏飞行员高松大尉在途伙食用费	[illegible]〇〇〇	4	
自卫第三中队	分队长林济民护运机件旅运费	一九八三六〇〇	6-5	
	特务长林金亮护送机件旅运费	一四四八〇〇	8-7	
	分队长林国斌护送机件旅运费	二七八六〇〇〇	10-9	
第二后备队	队长吕希光护送机件旅运费	二一七六八〇〇	11	

附件　霞浦县政府拆运敌机旅运费用一览表(1945 年 5 月 11 日)a 面　0168-001-0454

衛生院	飛行員高振武射給養及醫藥費	四九五〇〇		12
長溪鎮公所	拆運机件前往霞浦等用費	二七、八〇〇		13
第一後備隊	隊長陳健護送机件旅運費	三八五〇〇		12
合計		一一五、八〇〇		12

機關長官

主辦會計人員

附件　霞浦县政府拆运敌机旅运费用一览表(1945年5月11日)b面　0168-001-0454

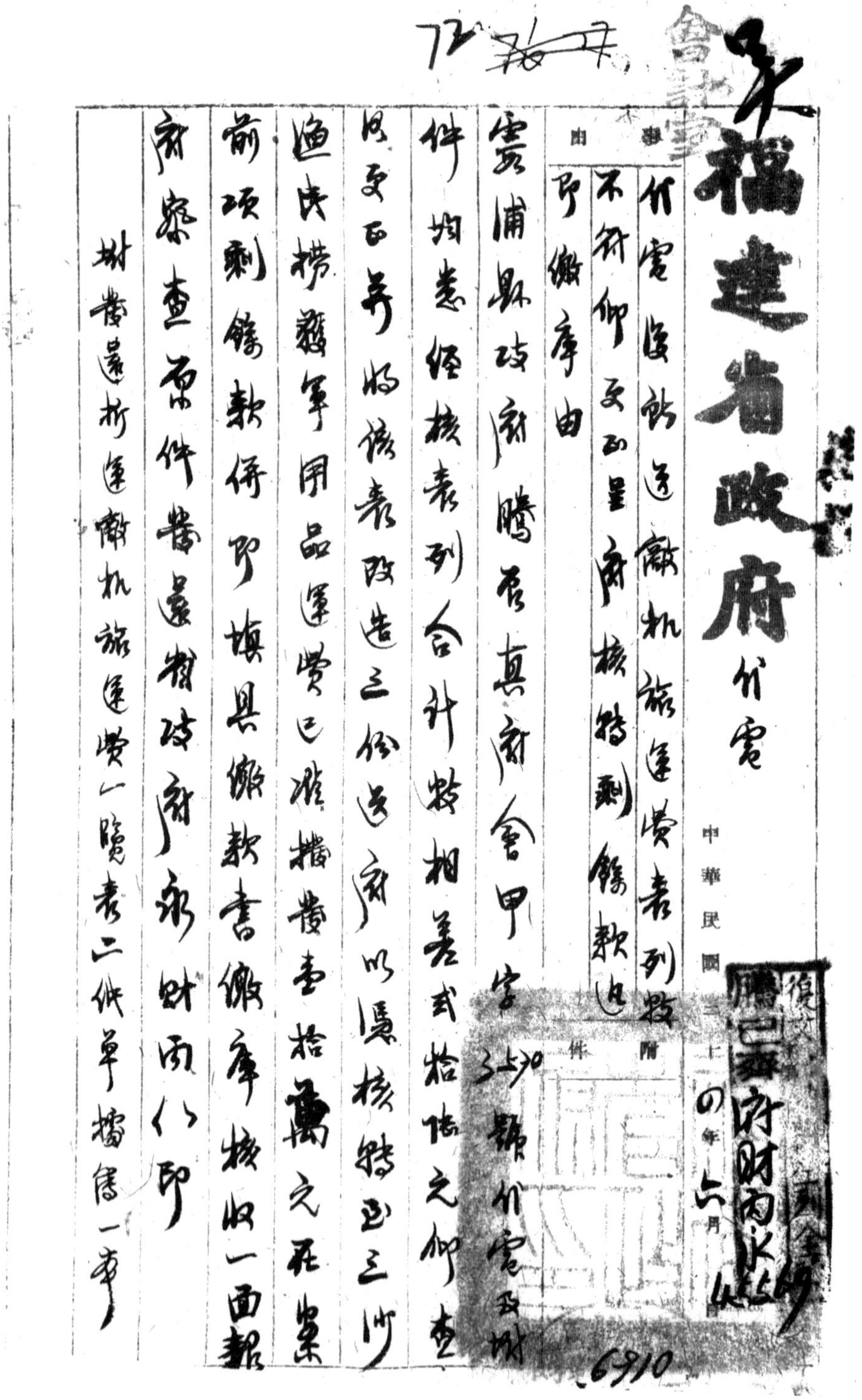

72

福建省政府代电

事由：代电所报敌机旅运费表列数不符仰更正呈府核转并剩余款迅即缴库由

霞浦县政府：腾巳真府会甲字3530号代电并附件均悉。经核表列合计数相差式拾陆元，仰查照更正并将该表改造三份送府以凭核转。至三沙渔民撈获军用品运费已准拨发壹拾万元，其余前项剩余款仰即填具缴款书缴库核收，一面报府察查。原件发还。省政府财丙八。印

附发还敌机旅运费一览表二份单据一本

中华民国三十四年六月

6910

福建省政府关于所报敌机旅运费表列数不符更正呈府核转并剩余款迅即缴库的代电

（1945年6月8日） 0168-001-0454

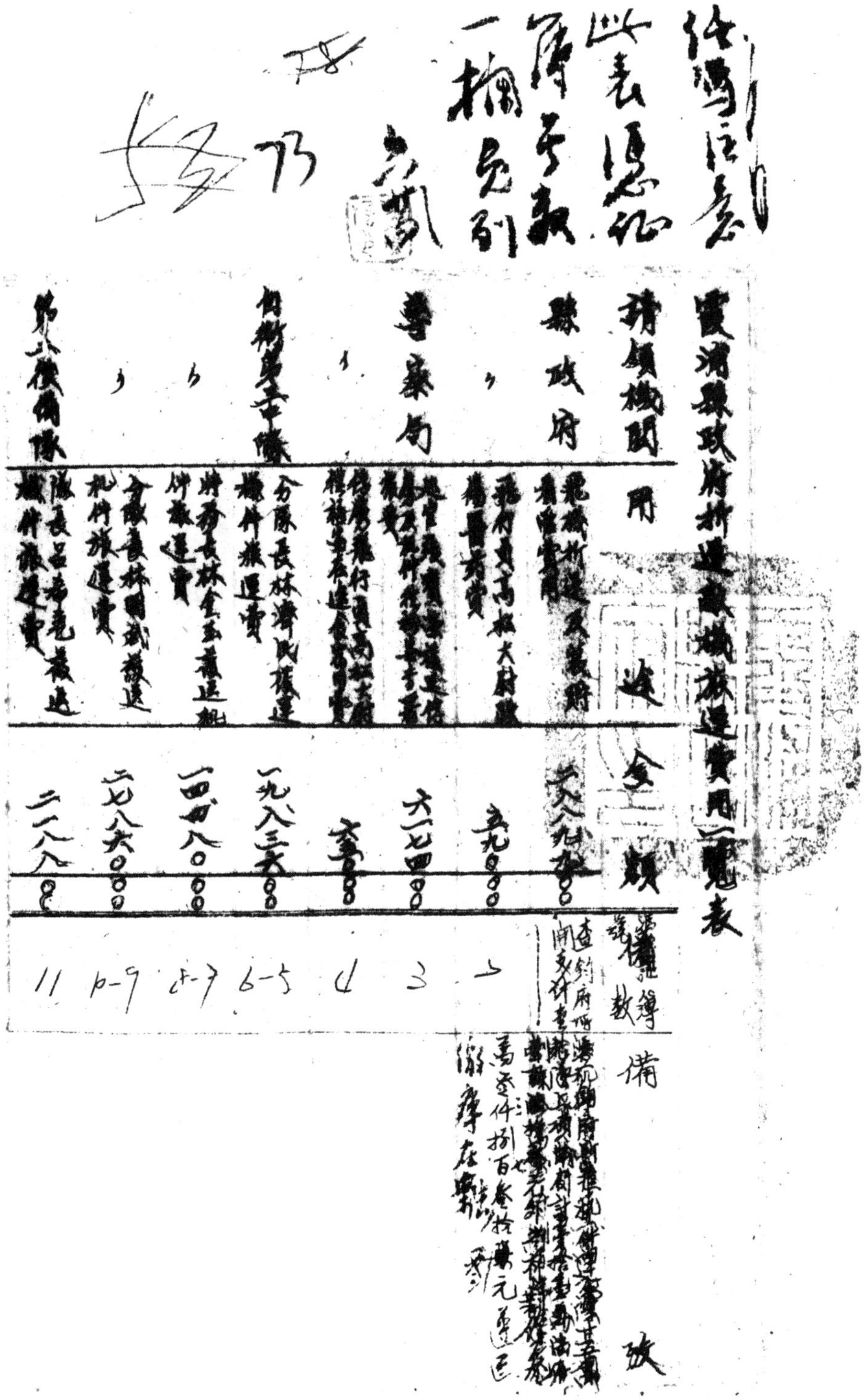
霞浦縣政府拆運敵機旅運費用一覽表

請領機關	用途	金額	備考
縣政府	[illegible]	[illegible]	[illegible]
〃	[illegible]	[illegible]	
警察局	[illegible]	[illegible]	
〃	[illegible]	[illegible]	
自衛第一中隊	分隊長林[illegible]旅運費	[illegible]	
〃	[illegible]	[illegible]	
〃	[illegible]	[illegible]	
第八保[illegible]	[illegible]	[illegible]	

附件　霞浦县政府拆运敌机旅运费用一览表(1945 年 5 月 11 日造表，1945 年 6 月 8 日发还)a 面　0168-001-0454

衛生院	龜村員高松大尉給養及醫藥費	四九五〇〇	12
長溪鎮公所	拆運機件前往寧德等用費	二七八〇〇〇	13
第一後備隊	隊長陳鐵義送機件旅運費	三一八五〇〇	14
合計		二二六六一五〇〇 [illegible]	14

機關長官

主辦會計人員 （印）

附件 霞浦县政府拆运敌机旅运费用一览表(1945 年 5 月 11 日造表，1945 年 6 月 8 日发还)b 面 0168-001-0454

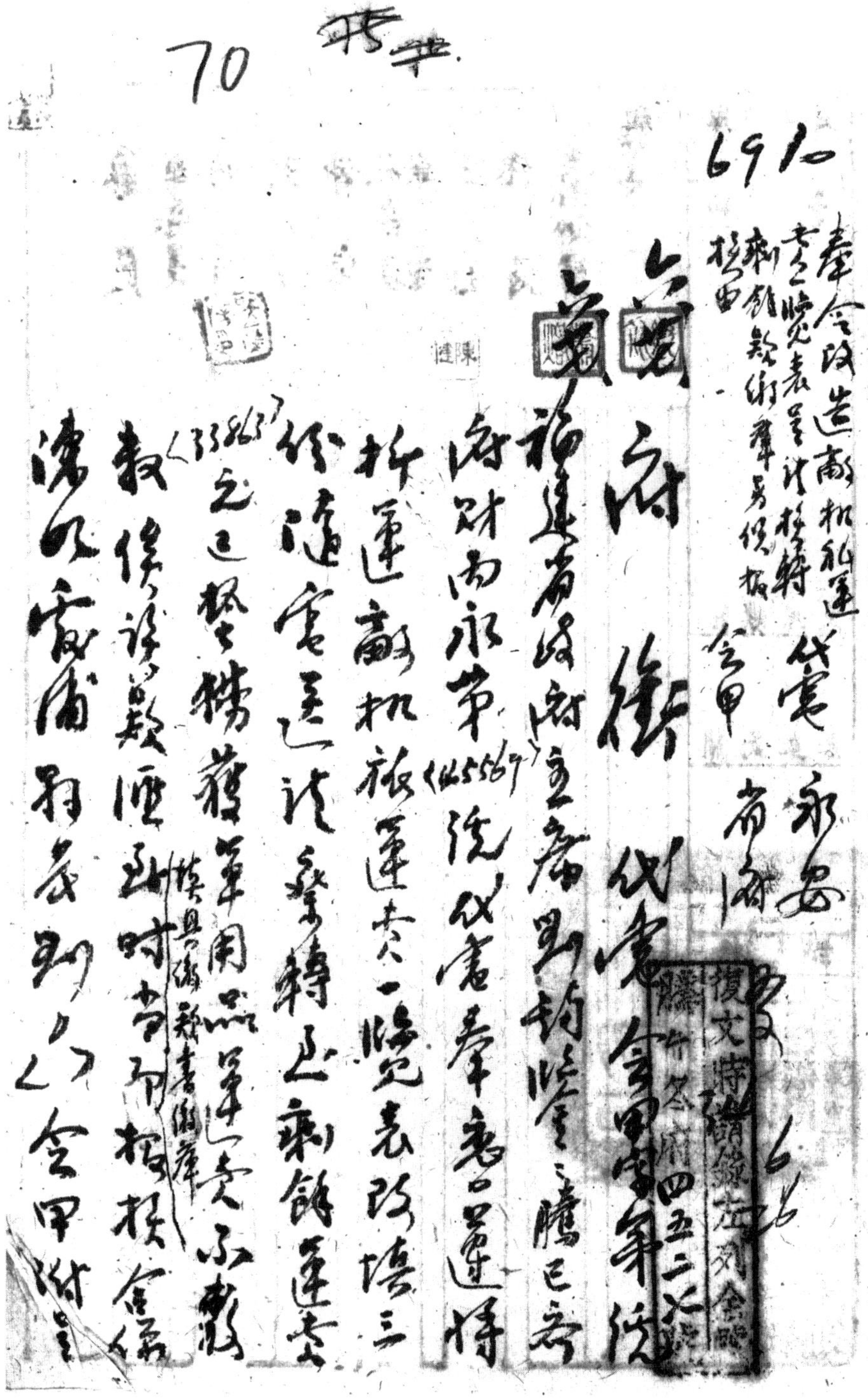

霞浦县政府关于奉令改造拆运敌机旅运费一览表呈核，剩余款缴库另候报核的代电

（1945 年 7 月 2 日） 0168-001-0454

拆運敵機旅運費一覽表

霞浦县政府关于奉令改造拆运敌机旅运费一览表呈核，剩余款缴库另候报核的代电

（1945年7月2日） 0168-001-0454

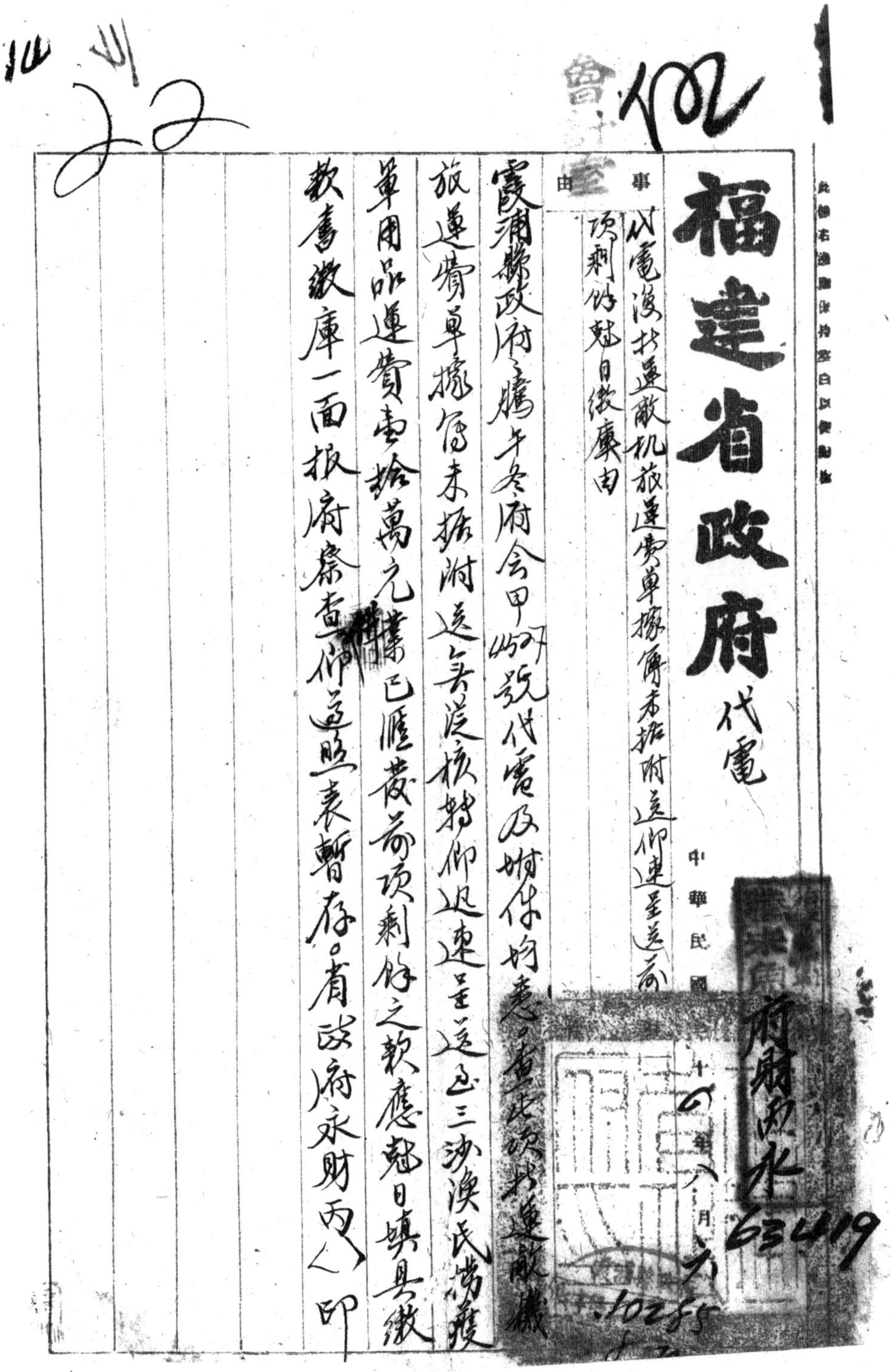

福建省政府关于拆运敌机旅运费单据簿未据附送速呈，三沙渔民运费剩余款克日填具缴款书缴库的代电（1945 年 8 月 6 日） 0168-001-0452

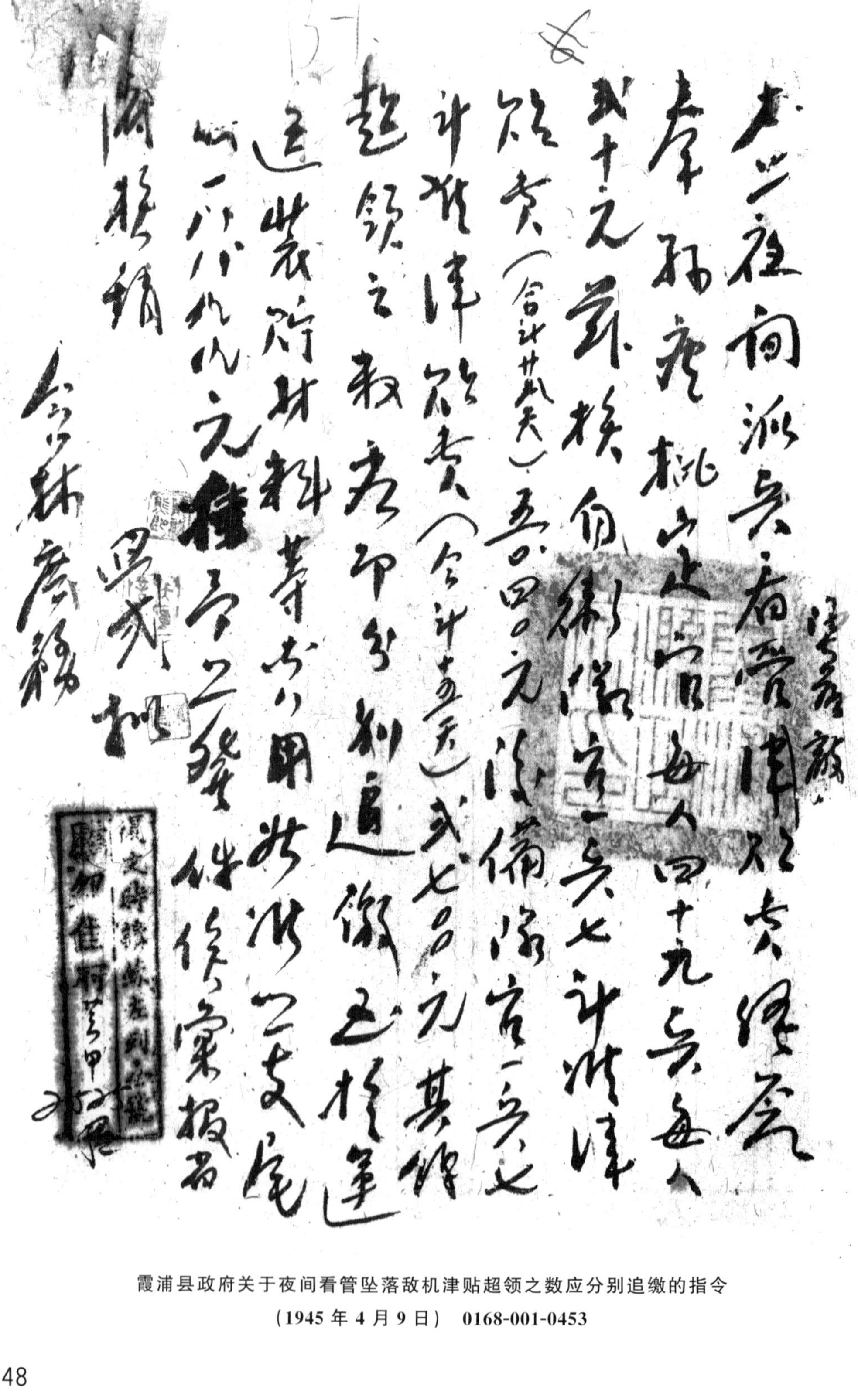

霞浦县政府关于夜间看管坠落敌机津贴超领之数应分别追缴的指令

（1945 年 4 月 9 日）　0168-001-0453

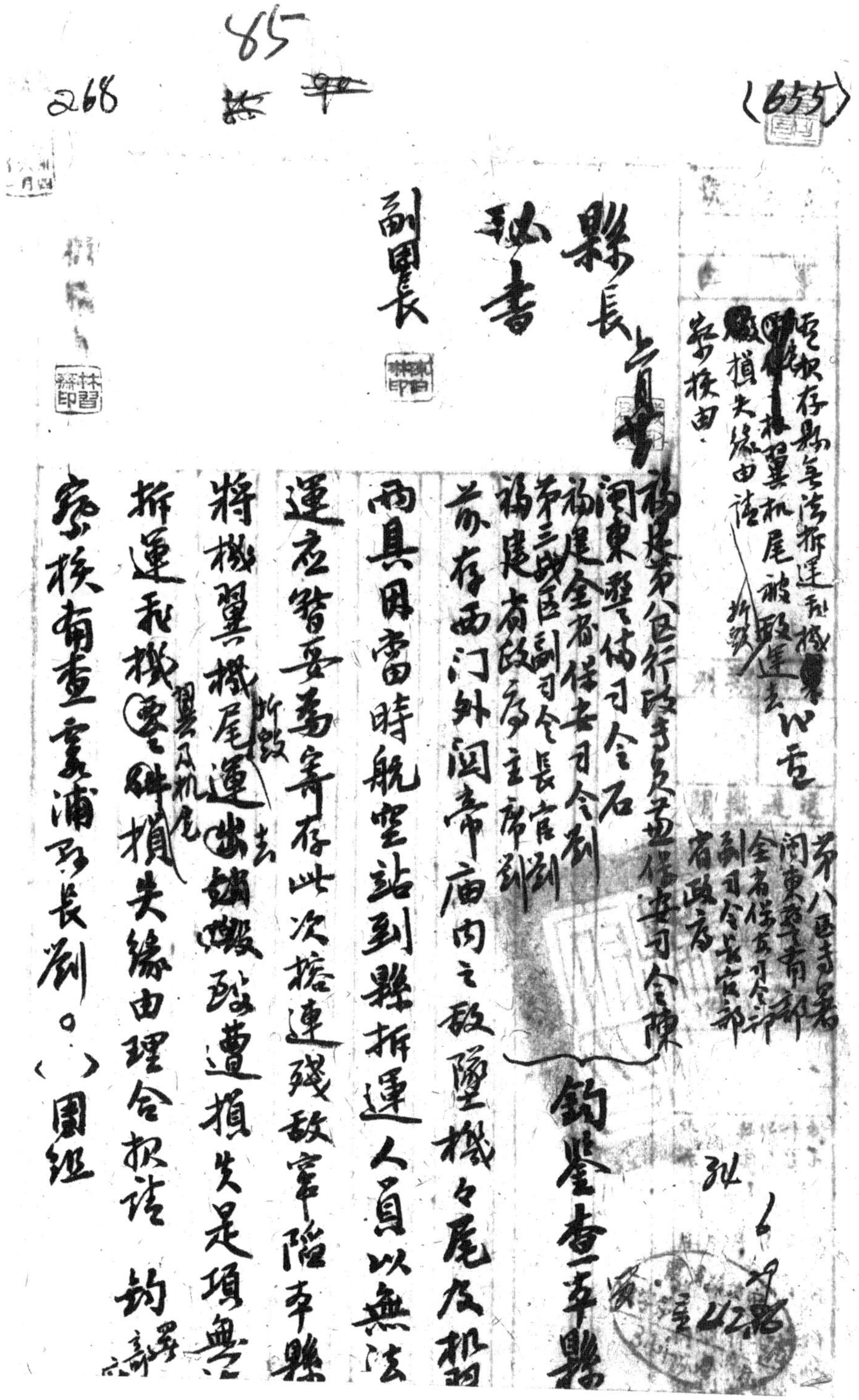
268　85　(655)

縣長
秘書
副團長

電報存縣無法拆運飛機機翼、機尾被敵拆毀運去損失緣由請察核由

第八區專員　閩東警備司令部　全省保安司令部　副司令長官部　省政府

福安第八區行政專員兼保安司令陳、閩東警備司令石、福建全省保安司令劉、第三戰區副司令長官劉、福建省政府主席劉鈞鑒：查本縣前存西門外關帝廟內之敵墜機々尾及機翼兩具，因當時航空站到縣拆運人員以無法運走，暫為寄存。此次搶運殘敵竄陷本縣，將機翼與機尾拆毀運去，遭遭損失。是項無法拆運飛機機翼及機尾損失緣由，理合報請鈞察核。霞浦縣長劉〇〇。（ ）圓組

霞浦县政府关于存县无法拆运之飞机机翼、机尾被敌拆毁运走损失缘由的代电

（1945 年 6 月 30 日） 0168-001-0454

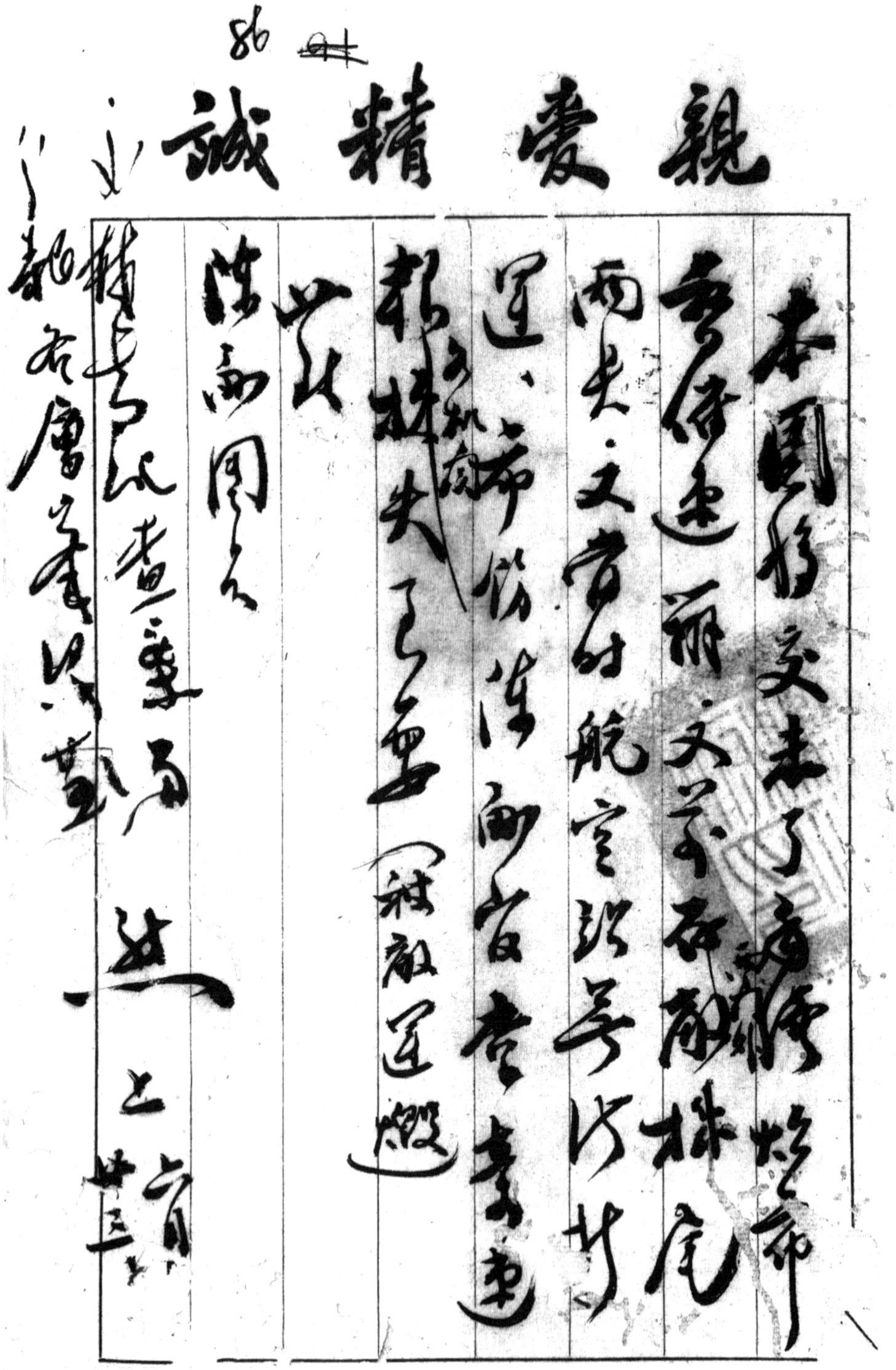

附件 霞浦县国民兵团关于前存西门外航空站无法拆运之机翼、机尾被敌拆毁运走的报告

（1945 年 6 月 23 日） 0168-001-0454

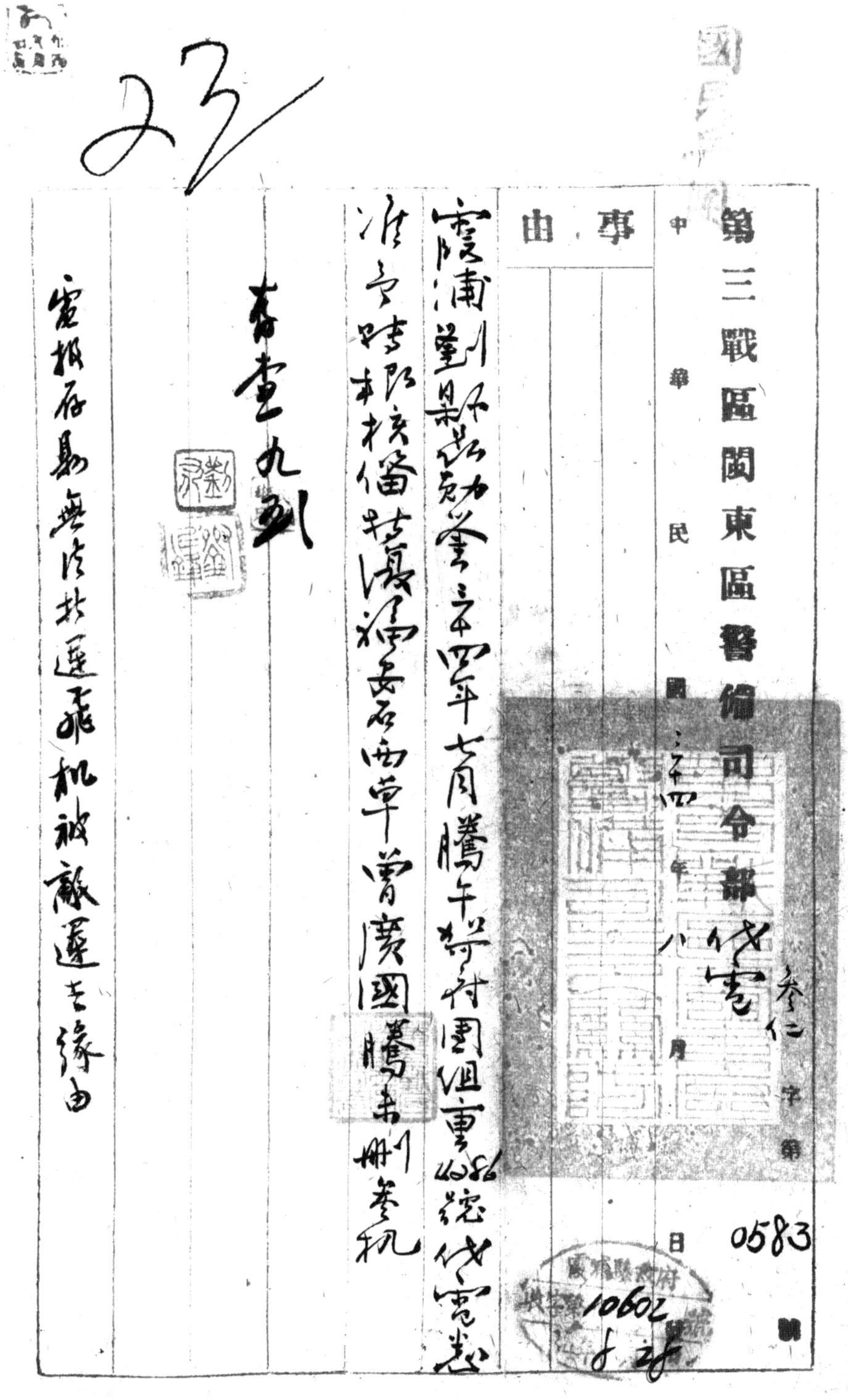
第三戰區閩東區警備司令部代電 參仁字第0583號
中華民國三十四年八月 日
事由

第三战区闽东区警备司令部关于腾午帑电准予转报核备的代电

(1945 年 8 月 15 日) 0168-001-0452

電送拆運敵機旅運費支出憑證簿并請匯寄三沙漁民撈獲軍用品運費尾數由

省政府 代電 會印

府衛 代電 會甲字第6605號

福建省政府主席劉鈞鑒：騰未魚府財丙永63119號代電奉悉。查三沙漁民撈獲軍用品運費詳領府墊發處撥[illegible]元，內扣墊費三五〇六元，實收九六四九四元，支用外尚不敷三四五六五四元，籌由拆運敵機費浮(?)領項下撥付，業經本府以騰未真府會甲敕(?)第6028號代電請核發在案，迄

霞浦县政府关于报送拆运敌机旅运费支出凭证簿并请汇寄三沙渔民捞获军用品运费尾数的代电(1945 年 8 月 30 日)　0168-001-0452

21

未奉钧拨飞机运费剩余之款一并汇解库，兹已运归
前项捞获之军用品运费收据准寄以资结算并清
手续。兹将拆运敌机旅运费支出凭证簿同
[illegible]运，理合检同该项支出凭证簿乙本，随
电报请察核并乞示遵。霞浦县县长刘〇〇〈会印〉附
拆运敌机旅运费支出凭证簿乙本

霞浦县政府关于报送拆运敌机旅运费支出凭证簿并请汇寄三沙渔民捞获军用品运费尾数的代电（1945年8月30日） 0168-001-0452

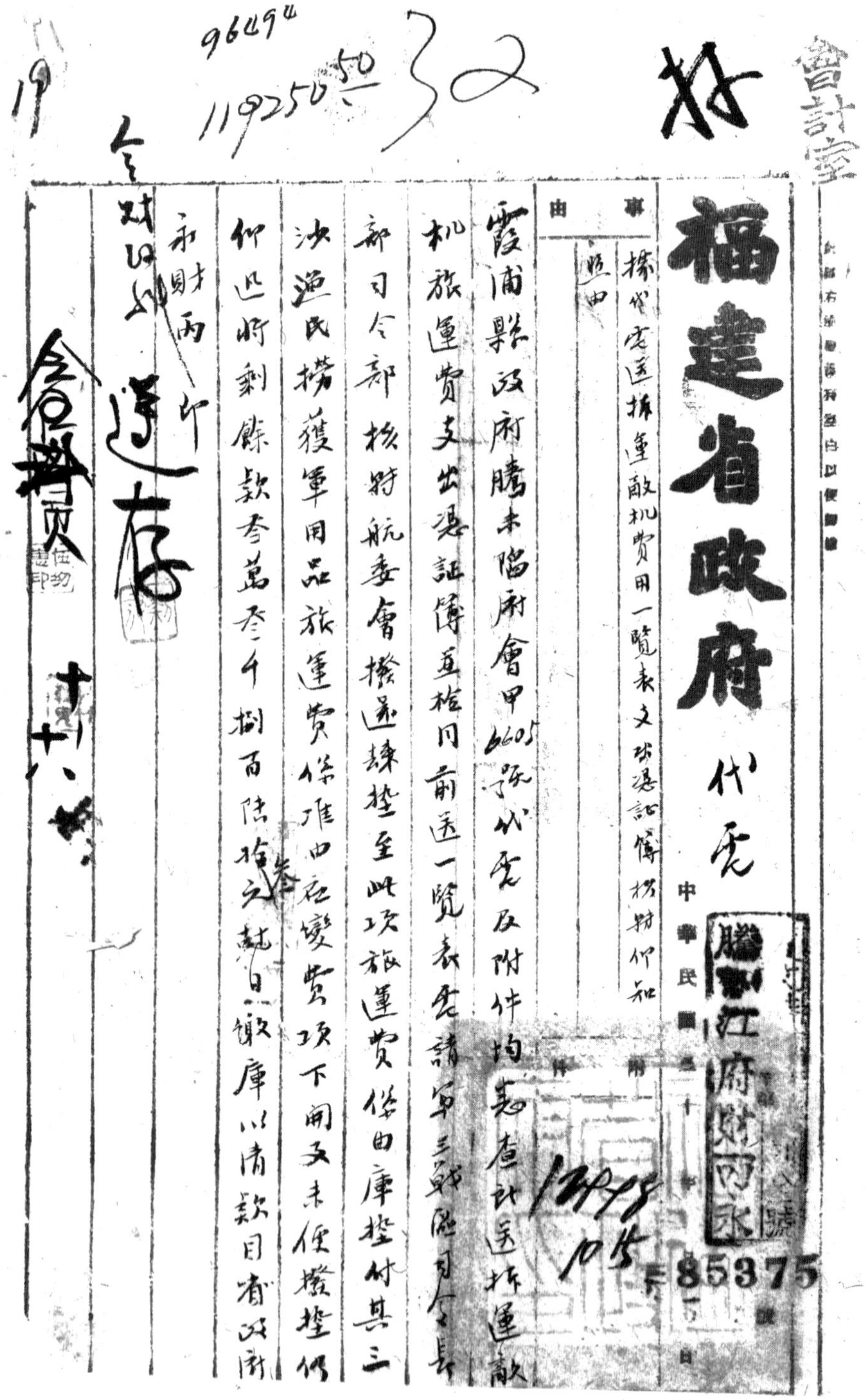

福建省政府代電

事由：據代電送拆運敵机費用一覽表支出憑証簿核轉仰知照由

霞浦縣政府勝未臨府會甲6605號子代電及附件均悉查所送拆運敵机旅運費支出憑証簿並检同前送一覽表電請第三戰區司令長部司令部核轉航委會撥還隸墊至此項旅運費係由庫墊付其三沙漁民撈獲軍用品旅運費係准由在變賣項下開支未便撥墊仰仰迅將剩餘款叁萬叁千捌百陸拾元克日繳庫以清款目省政府

福建省政府关于所送拆运敌机费用一览表、支出凭证簿已核转，三沙渔民旅运费余款克日缴库的代电（1945 年 10 月 2 日）　0168-001-0452

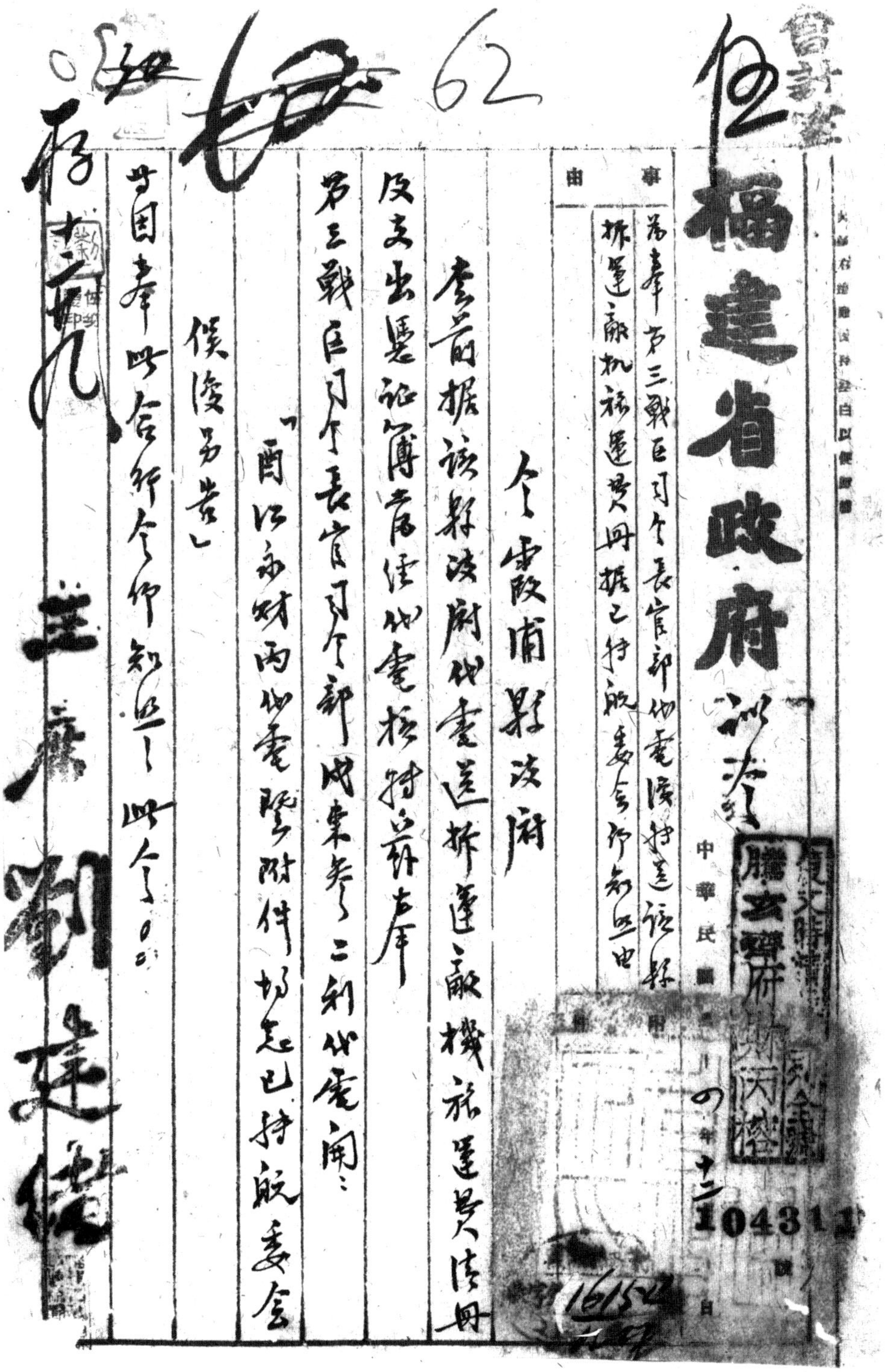

福建省政府关于第三战区司令长官部电复该县拆运敌机旅运费册据已转航委会的训令

（1945 年 12 月 8 日） 0168-001-0452

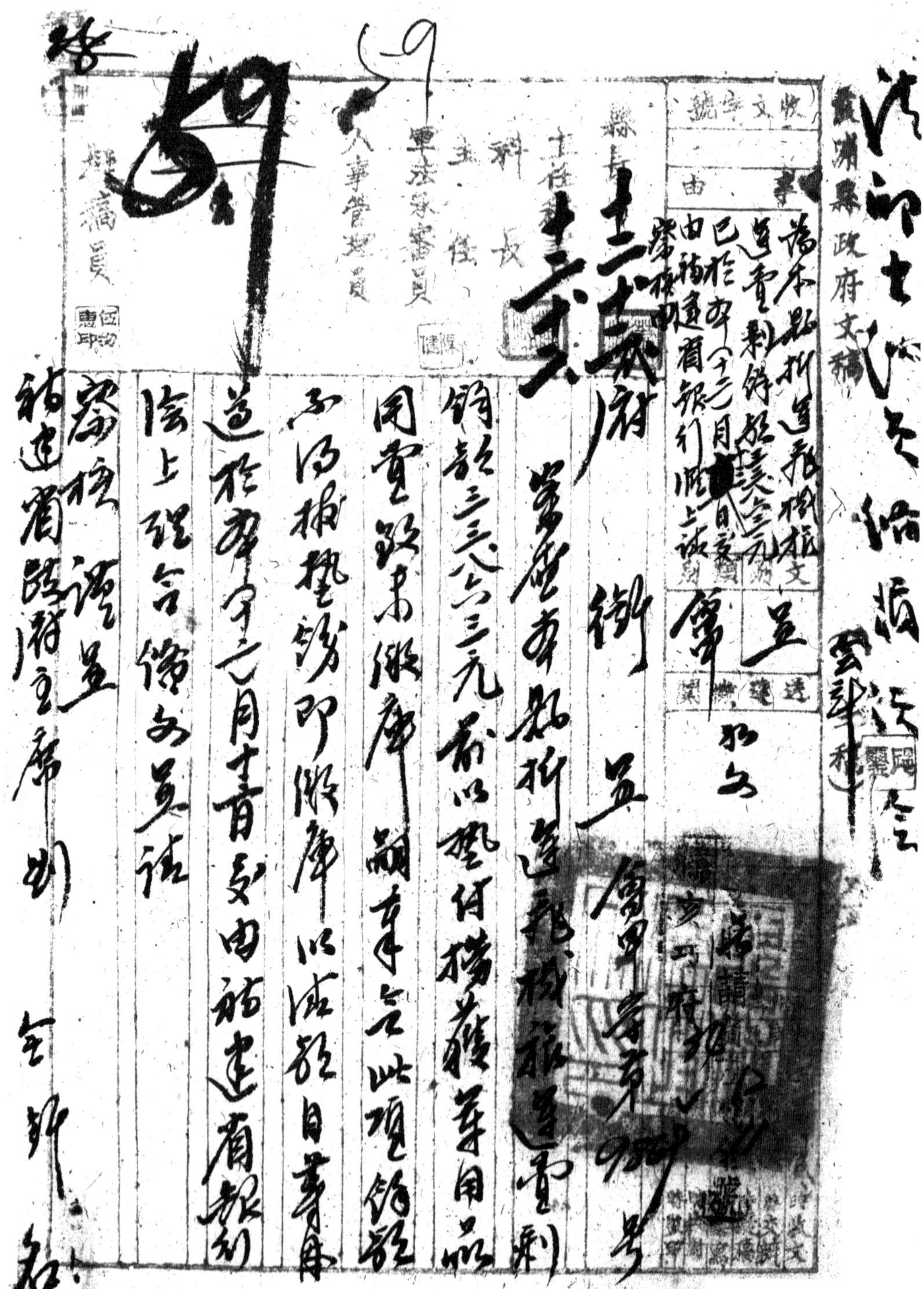

霞浦县政府关于本县拆运飞机旅运费剩余款已交由福建省银行汇缴的呈文

（1945 年 12 月 18 日） 0168-001-0452

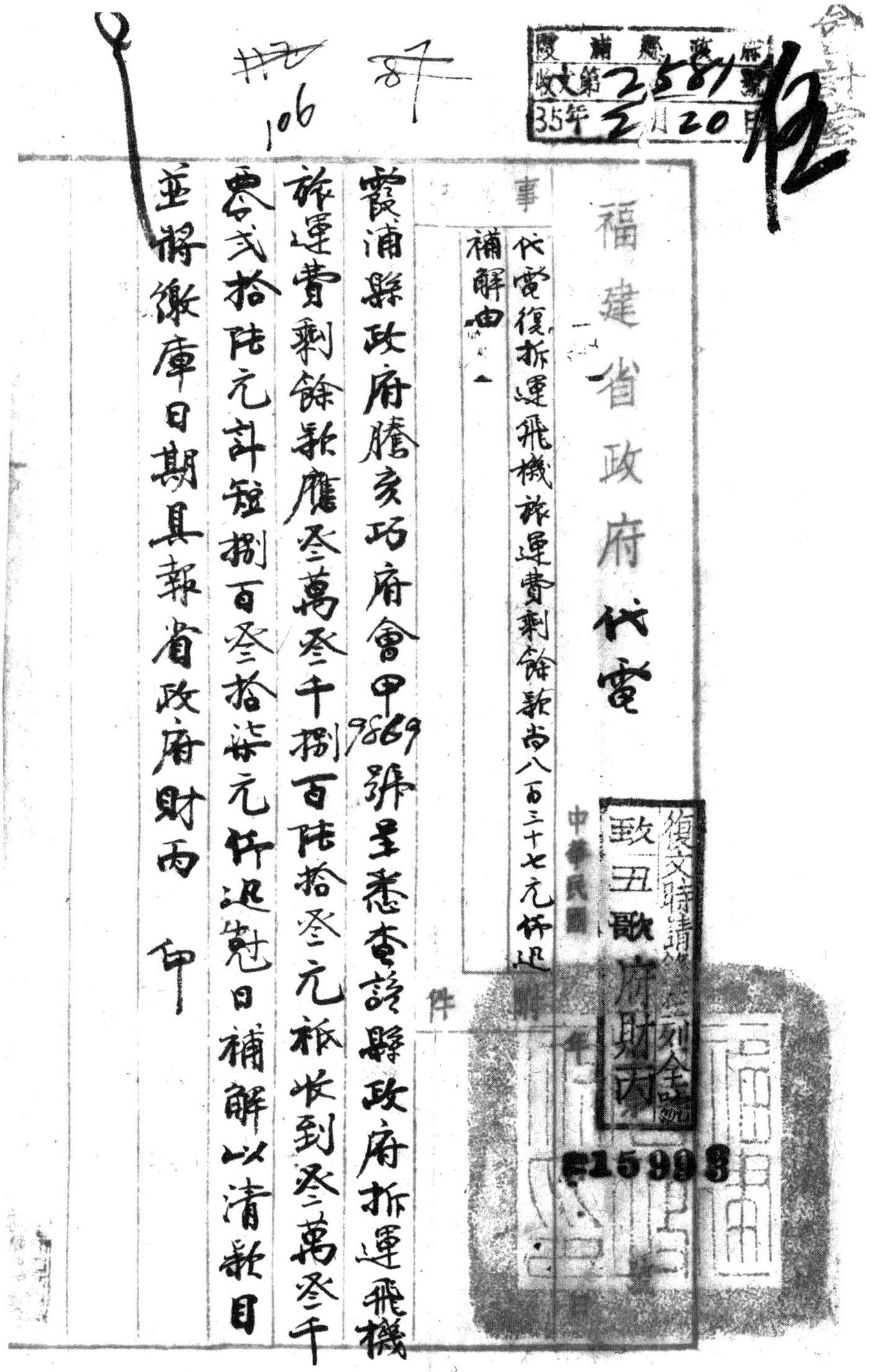

霞浦縣政府 收文第2581號 35年2月20日

福建省政府代電

事由：代電復拆運飛機旅運費剩餘款尚八百三十七元仰迅補解由

霞浦縣政府騰亥巧府會甲9869號呈悉查該縣政府拆運飛機旅運費剩餘款應叁萬叁千捌百陸拾叁元祇收到叁萬叁千零弍拾陆元計短捌百叁拾柒元仰迅尅日補解以清款目並將繳庫日期具報省政府財丙 印

復文時請敘明 致丑歌 府財丙 字第 號

中華民國 年 月 日

F15993

福建省政府关于拆运飞机旅运费剩余款迅补解的代电（1946年2月5日） 0168-001-0454

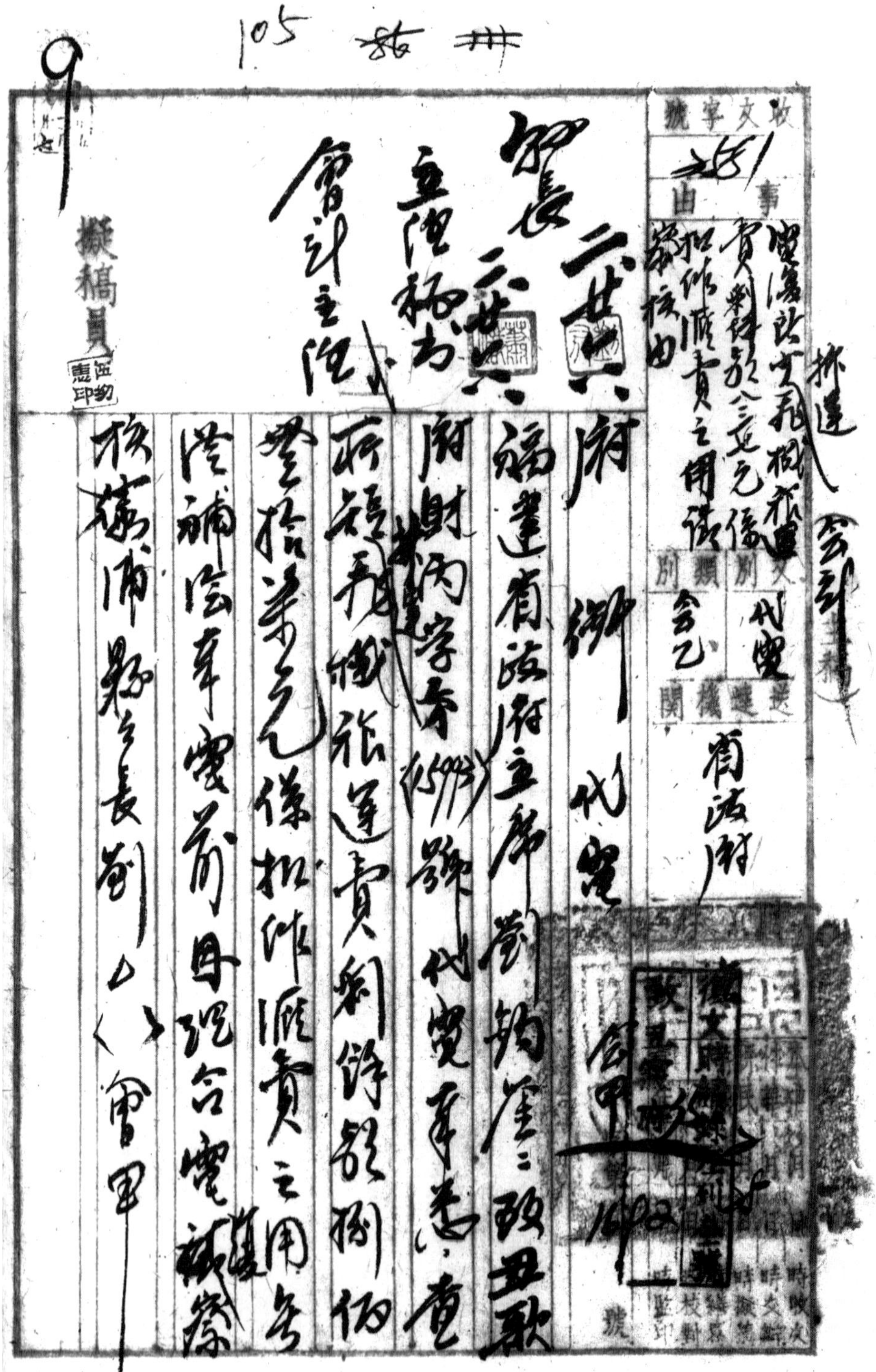

霞浦县政府关于所少拆运飞机旅运费剩余款系扣作汇费之用的复电

（1946年2月26日）　0168-001-0454

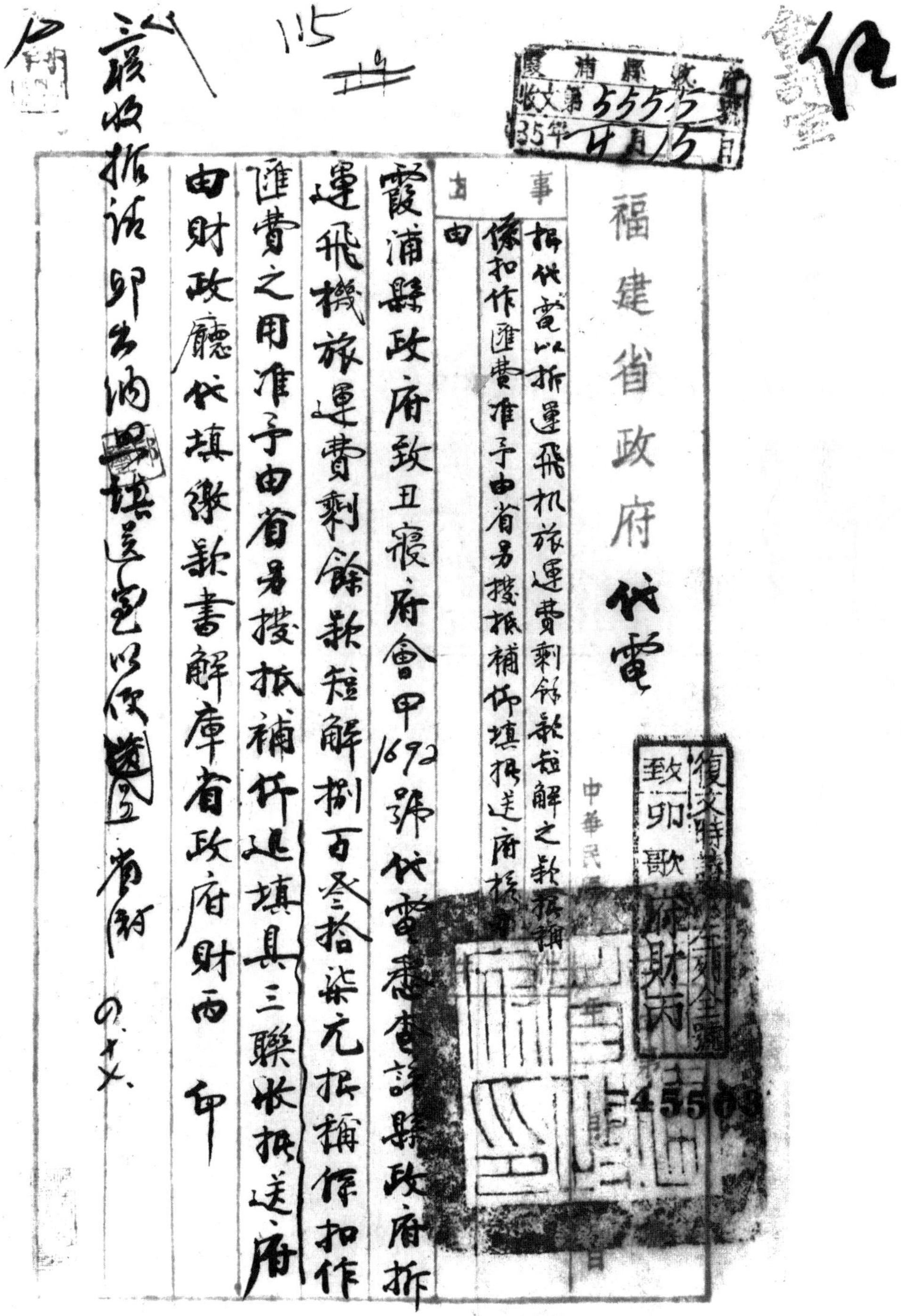
福建省政府代電

事由：据代電以拆運飛机旅運費剩餘款短解之款係扣作匯費准予由省另撥抵補仰填据送府核辦由

霞浦縣政府：致丑寢府會甲1692號代電悉。查該縣政府拆運飛機旅運費剩餘款短解捌百叁拾柒元，据稱係扣作匯費之用，准予由省另撥抵補，仰迅填具三聯收據送府，由財政廳代填繳款書解庫。省政府財丙 印

福建省政府关于拆运飞机旅运费剩余款短解之款扣作汇费，准由省另拨抵补，迅填具三联收据送府核办的代电(1946 年 4 月 5 日)　0168-001-0454

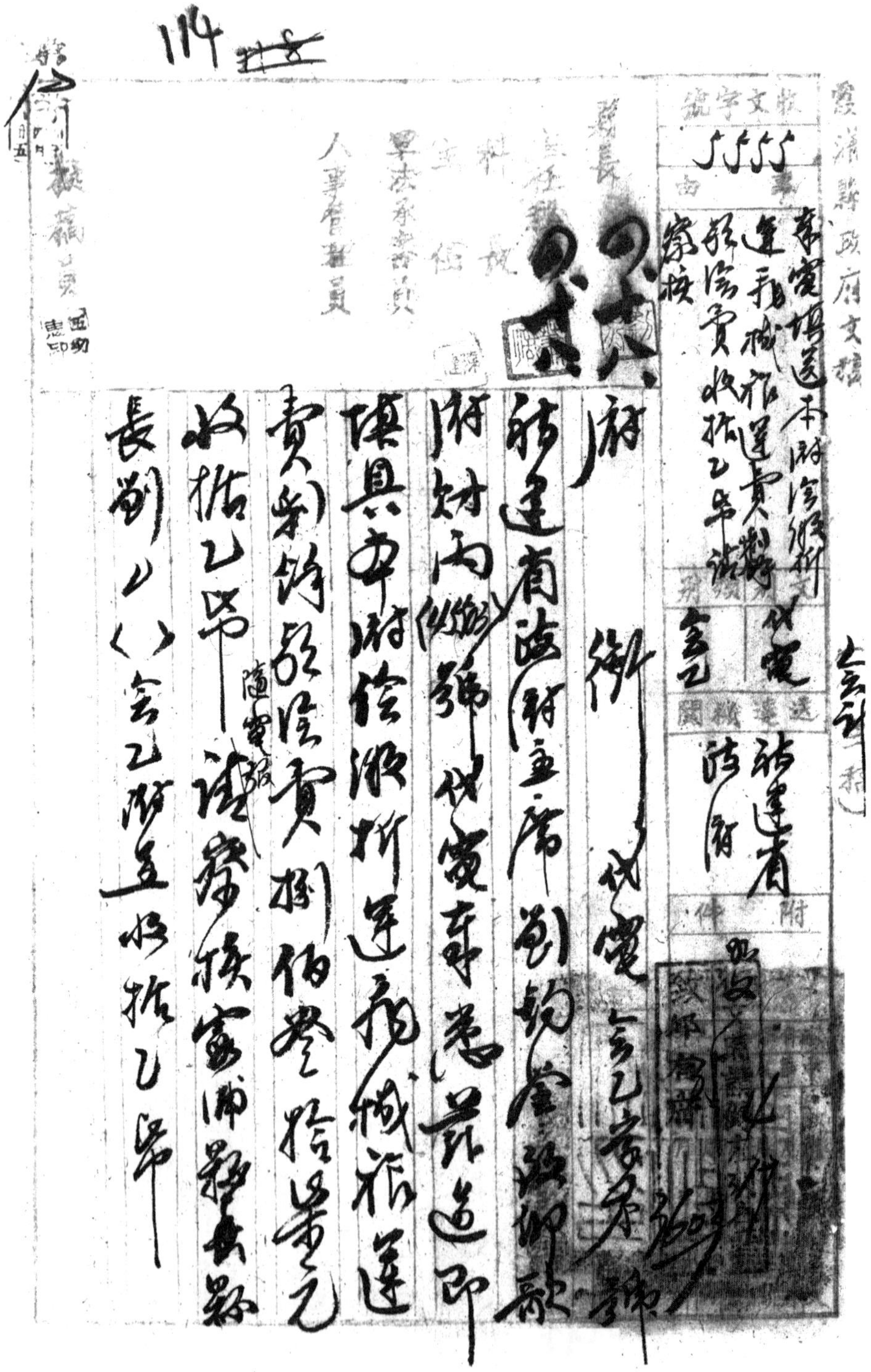

霞浦县政府关于奉令填送本府给缴拆运飞机旅运费剩余款经费收据的代电

（1946 年 4 月 25 日） 0168-001-0454

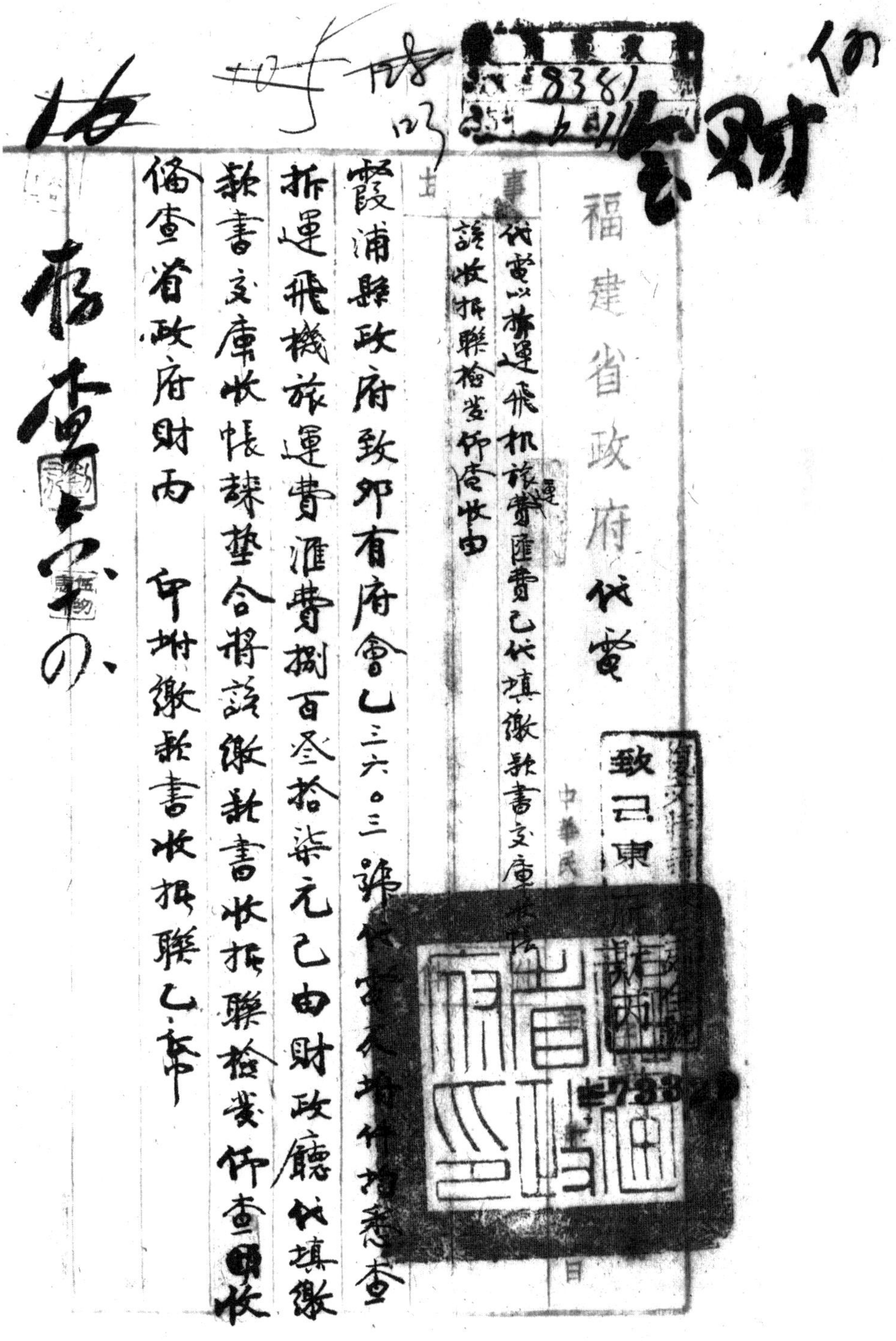
福建省政府代電

事由：代電以拆運飛机旅運費匯費已代填繳款書交庫收帳並檢發收據仰查收由

霞浦縣政府致卯有府會乙三六〇三號代電及附件均悉查拆運飛機旅運費匯費捌百叁拾柒元已由財政廳代填繳款書交庫收帳隸墊合將該繳款書收據聯檢發仰查收備查省政府財丙

附繳款書收據聯乙紙

福建省政府关于拆运飞机旅运费汇费已代填缴款书交库收账并检发收据请查收的代电

（1946 年 6 月 1 日） 0168-001-0454

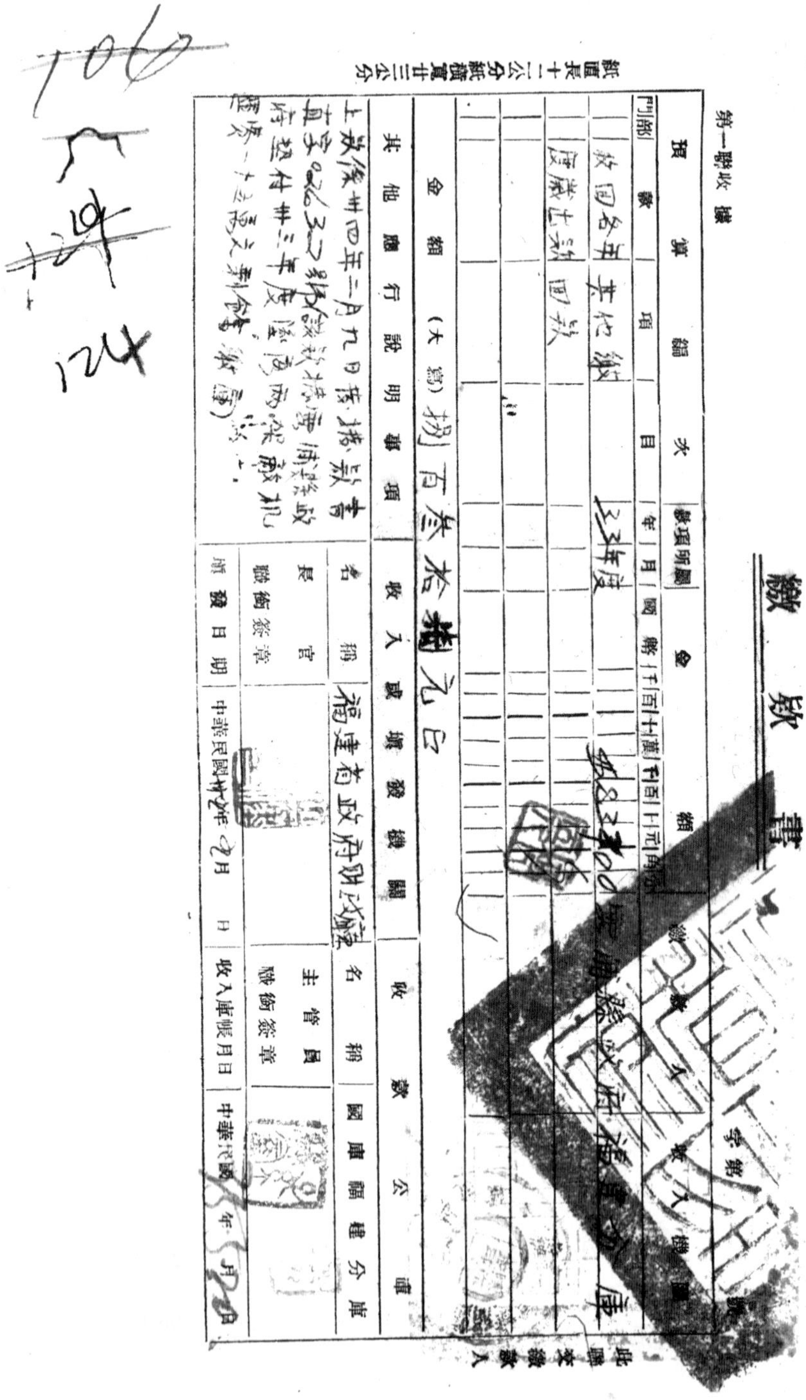

缴款书

第一联收据

预算科目 款 项 目

金额（大写）

其他应行说明事项

收入款项缴款机关 福建省政府财政厅

收款公库 国库福建分库

附件 国库福建分库缴款书（1946 年 5 月 20 日） 0168-001-0454

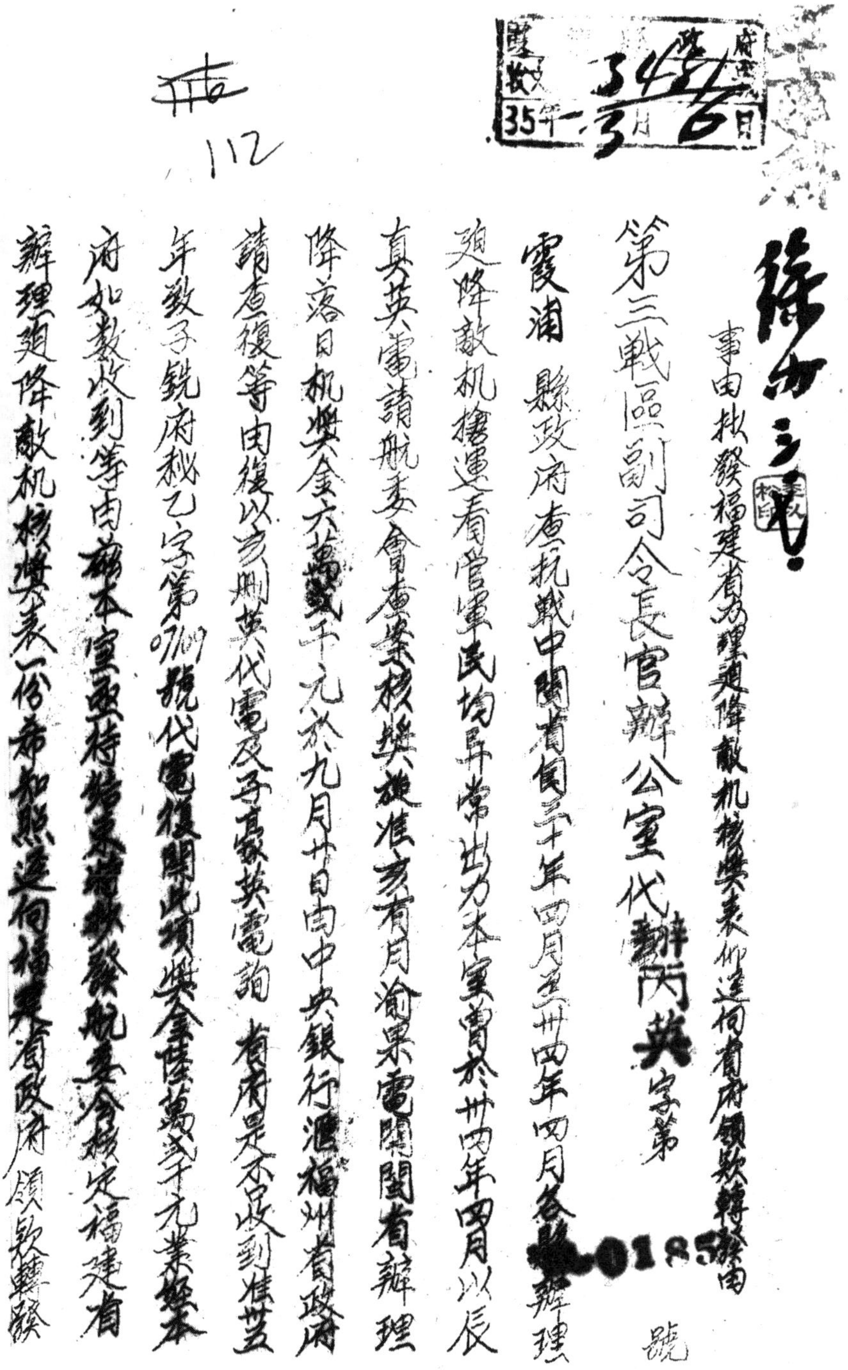
事由抄發福建省办理迫降敵机核奬表仰逕向省府領款轉發由

第三戰區副司令長官辦公室代電 丙奬字第0185號

霞浦縣政府 查抗戰中閩省自三十年四月至卅四年四月各縣辦理迫降敵机搶運看管軍民均異常出力本室曾於卅四年四月以辰真英電請航委會查案核獎旋准該會月渝渠電開閩省辦理降落日机奬金六萬貳千元於九月廿日由中央銀行滙福州省政府請查復等由復以刪英代電及子灰英電詢 省府是否收到旋並年數子銑府秘乙字第07107號代電復開此項奬金陸萬貳千元業經本府如數收到等由茲本室爲特將前發航委會核定福建省辦理迫降敵机核奬表一份希即照逕向福建省政府領款轉發

第三战区副司令长官办公室关于抄发福建省办理迫降敌机核奖表并径向省府领款转发的代电

(1946 年 2 月 24 日)a 面　0168-001-0454

出力人員以昭激劝為要東南第三前副司令長官劉建緒丑敬英

結附抄發福建省核獎表一份

中華民國三十五年二月　日

第三战区副司令长官办公室关于抄发福建省办理迫降敌机核奖表并迳向省府领款转发的代电

(1946年2月24日)b面　0168-001-0454

卅三

福建省辦理迫降敵机核獎表

日期	地點	機種	數量	損壞情形	獎金	附註
卅年四月廿一日	平潭	不明機	一	焚燬	二,000 00	
卅年六月廿一日	霞浦三沙崑	不明機	一	焚燬	二,000 00	
卅年十月十三日	海澄[illegible]坑	中型運輸机	一	局部損壞	四,000 00	
卅二年十月十五日	連江口	小型机	一	机件完好	四,000 00	
卅二年十月十二日	漳浦大鰲[illegible] 澳口	大型練習机	一		二,000 00	撈起飛員八名
卅二年十一月廿八日	惠安附近	戰鬥机	一	机件完整	六,000 00	
卅二年十一月十七日	南日島	運輸机	一	机件尚好	四,800 00	

一、運輸机照轟炸机全額給獎

二、練習机照偵察机全額給獎

附件　福建省办理迫降敌机核奖表(1946 年 2 月 24 日)a 面　0168-001-0454

卅三年十二月八日	霞浦城附近	戰鬥机	二	机件尚完整	八、〇〇〇	〇〇	二架獎金共八、如上
卅三年十二月廿四日	東山海灘	練習机	一	机件尚好	四、〇〇〇	〇〇	
卅三年十二月廿八日	三都海中	戰鬥机	一	机件捞起	二、〇〇〇	〇〇	
卅四年一月廿四日	東山南門	戰鬥机	一	焚燬	二、〇〇〇	〇〇	
卅四年一月一日	莆田	運輸机	一	待修	四、〇〇〇	〇〇	
卅四年一月十四日	南平樟湖坂	戰鬥机	一	机件完整	六、〇〇〇	〇〇	
卅四年三月廿九日	莆田城内	不明机	一	焚燬	二、〇〇〇	〇〇	
卅四年三月十八日	[illegible]安渊口	戰鬥机	一	机件尚好	四、〇〇〇	〇〇	
卅四年四月八日	莆田平海	戰鬥机	一	机件完整	六、〇〇〇	〇〇	
合計			一七		六八、〇〇〇	〇〇	

附件　福建省办理迫降敌机核奖表(1946 年 2 月 24 日)b 面　0168-001-0454

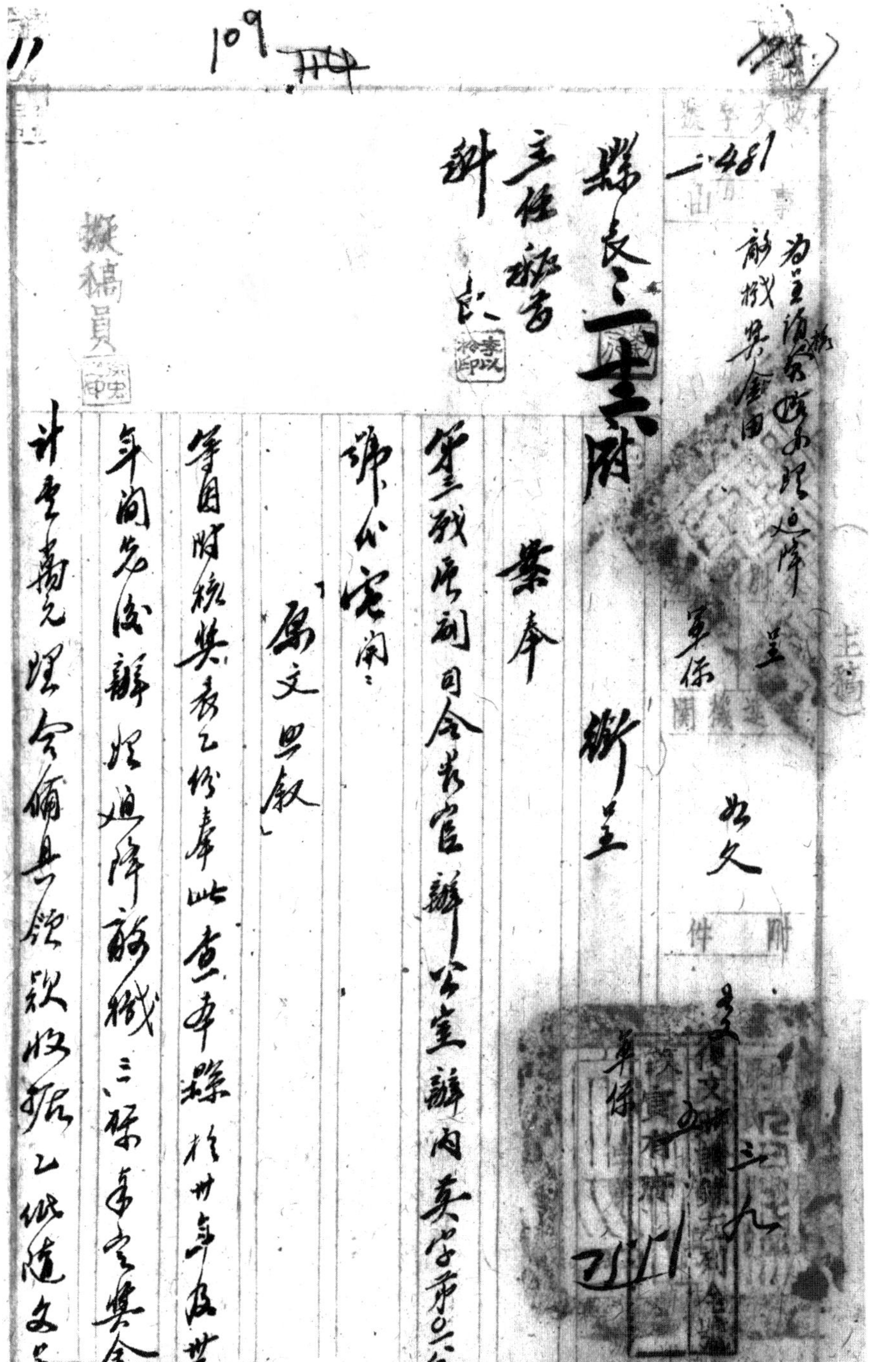

霞浦县政府关于请核发办理迫降敌机奖金的呈文(1946 年 3 月 25 日)　0168-001-0454

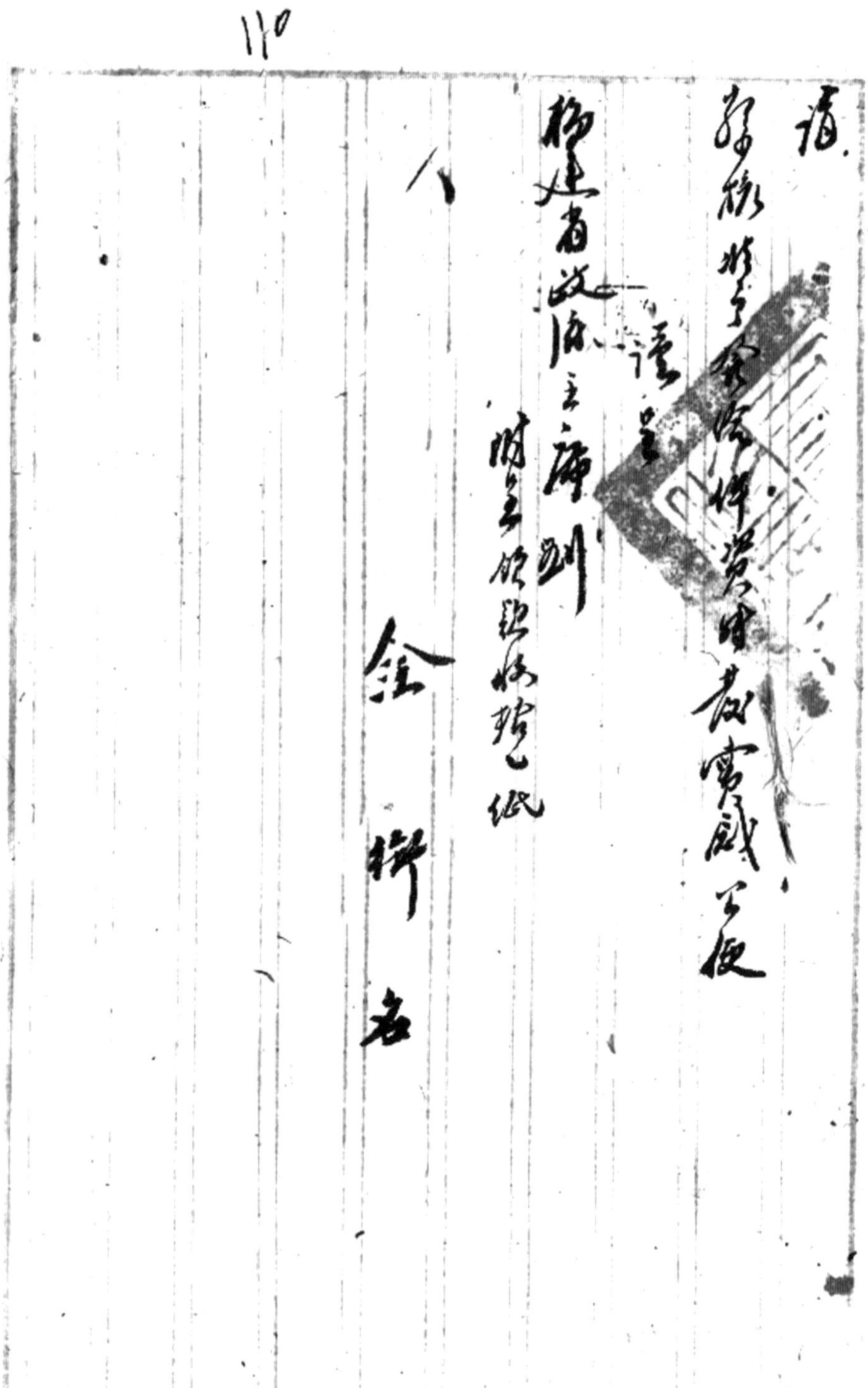
請
察核准予發給俾資鼓勵實感公便
謹呈
福建省政府主席劉
附呈領款收據乙紙
全銜名

霞浦县政府关于请核发办理迫降敌机奖金的呈文(1946 年 3 月 25 日)　0168-001-0454

兹向

福建省政府領到辦理迫降敵機獎金壹萬元正

此據

霞浦縣縣長劉○

中華民國三十五年三月　日

霞浦县政府向福建省政府领到办理迫降敌机奖金一万元的收据(1946 年 3 月)　0168-001-0454

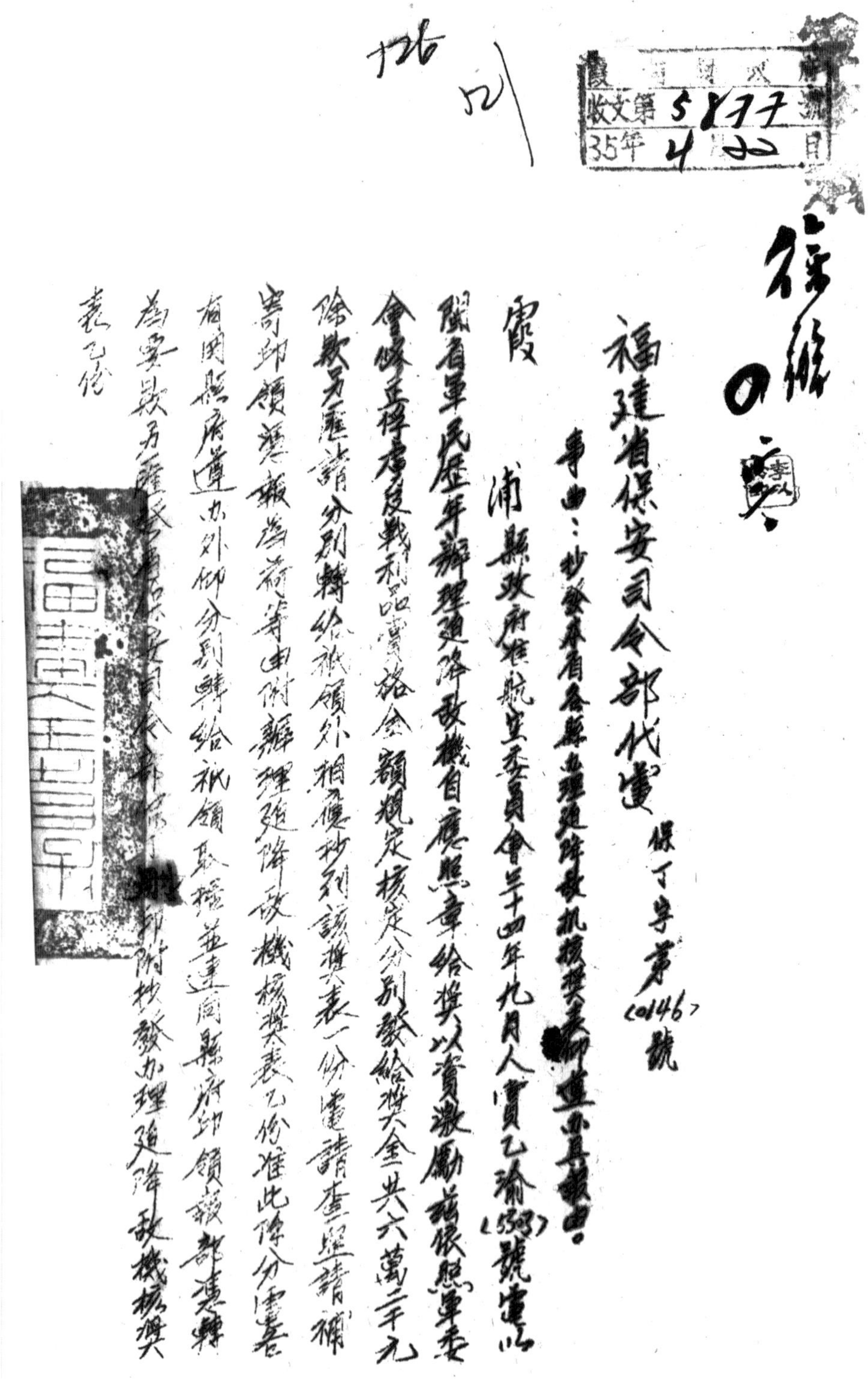
福建省保安司令部代電 保丁字第(0146)號
事由：抄發本省各縣辦理追降敵机核奖表仰遵辦具報由。
霞浦縣政府：准航空委員會三十四年九月人寅乙渝(533)號電以
開：查軍民歷年辦理追降敵機，自應照章給獎，以資激勵。茲依照軍委
會核准獎勵作戰飛機給獎金額規定，核定分別發給獎金共六萬二千元，
除款另匯，請分別轉給祇領外，相應抄列該獎表一份，電請查照轉飭
寄部領獎收據為荷等由。附辦理追降敵機核獎表乙份，准此，除分電各
有關縣府遵辦外，仰分別轉給祇領取據，並連同縣府印領報部憑轉
為要。……附抄發辦理追降敵機核獎
表乙份

福建省保安司令部关于抄发福建省各县办理追降敌机核奖表并遵办具报的代电

（1946年4月15日） 0168-001-0454

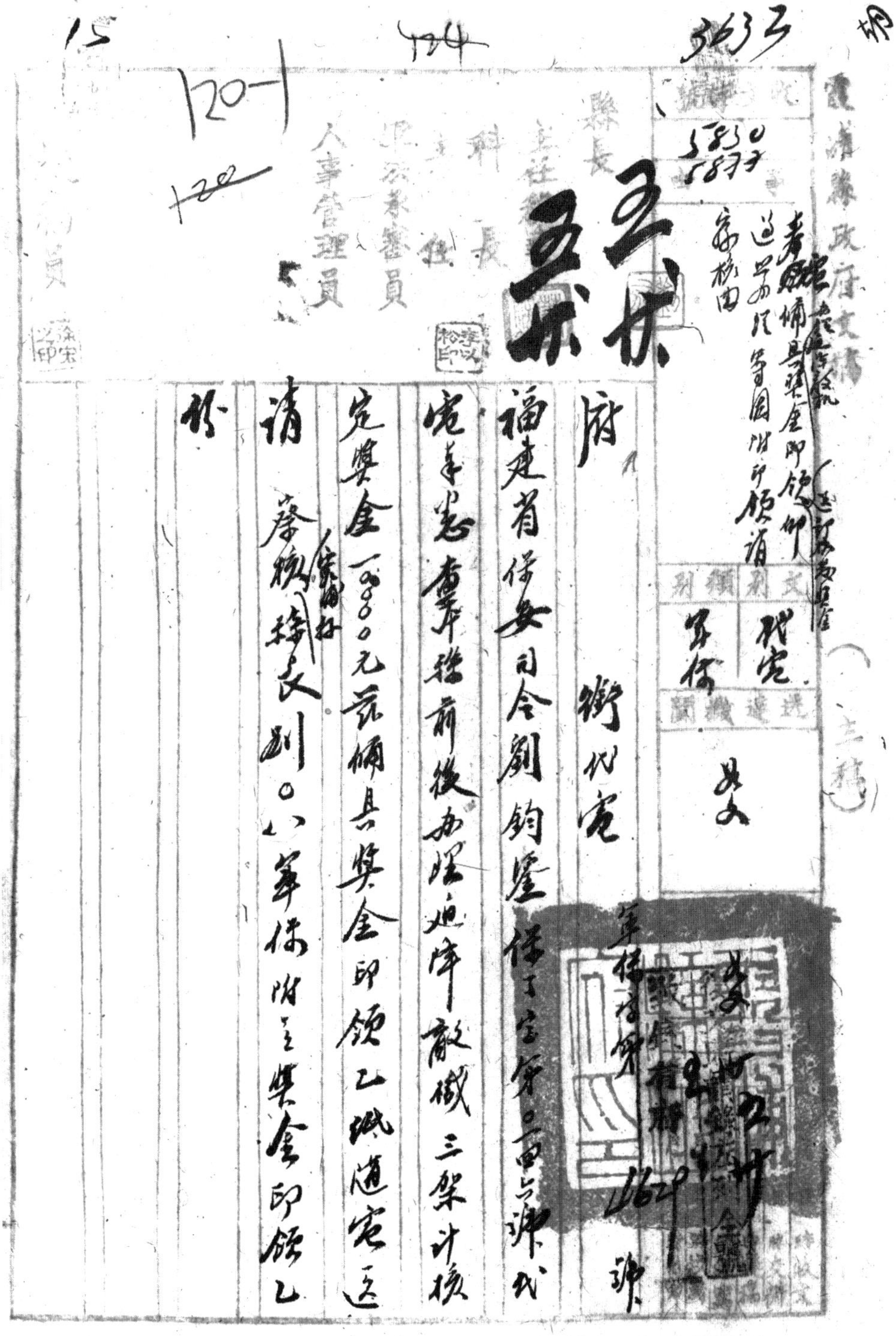
霞浦縣政府代電稿

福建省保安司令劉鈞鑒保丁字第○四六號代電奉悉查本縣前後辦理迫降敵機三架計核定獎金一○○○○元茲備具獎金印領乙紙隨電送請察核

霞浦县政府关于备具办理迫降敌机奖金印领一纸,随电送核的代电

(1946 年 5 月 25 日) 0168-001-0454

茲由

福建省保安司令部領到辦理迫降敵機奬金壹萬元正

此據

霞浦縣縣長劉○

120

~~廿五~~

~~卅~~

中華民國三十五年　五月　日

霞浦县政府向福建省保安司令部领到办理迫降敌机奖金一万元的收据

（1946 年 5 月）　0168-001-0454

3 　　~~𢑥~~ 142 　　2500

霞浦縣政府

發文字號	12607
事由	本縣無此項遺留机件复請察查由
文別	代電
類別	存
送達機關	云发
附件	主稿

縣長 九、七 　秘書 　科長 　主任 　人事管理員 　擬稿員

府銜代電

福建省保安司令劉鈞鑒：（全）任丁字第0497号代電奉悉。查本縣無此迹落盟機，惟卅三年十二月廿九日有敵機弍架墜落於東門外羅漢山，所有機件已於十二月廿七日由建甌空軍總站派技士嚴守廷來縣拆卸運解，其剩餘機殼機翼亦於卅四年五月廿日被敵寇臨本縣即將該件拆毀運去，已於仝年六月廿九日團組字第4286号呈報在案。故本縣尚無遺留機殼及殘件。奉電前因，理合具文電請鑒查。霞浦縣長劉〇。（）軍保

軍保字第8639号

霞浦县政府关于本县无遗留机件的代电(1946 年 10 月 2 日) 0168-001-0454